क्लीनिकल कॉम्बिनेशन्स ऑफ होम्योपैथी एण्ड बायोकैमिक

क्लीनिकल कॉम्बिनेशन्स ऑफ होम्योपैथी एण्ड बायोकैमिक

होम्योपैथी तथा बायोकैमिक की सैद्धान्तिक व्याख्या जैसे ऑर्गेनन, मात्रा विज्ञान, लक्षण संग्रह, मात्राओं की पुनरावृत्ति, प्रतिविष, होम्योपैथिक तथा बायोकैमिक में सम्बन्ध तथा लक्षणावली का प्रयोग, पथ्यापथ्य निर्णय एवं क्लीनिकल निर्देश के साथ-साथ होम्योपैथी तथा बायोकैमिक की आसानी से मिश्रित हो सकने वाली प्रभावशाली औषधियों के योग, सेवन योग्य मात्रा तथा रोगोपसर्गों के संक्षिप्त विवरण सहित।

लेखक

डॉ. वाई. डी. गहराना

एच. एम. बी. एस. (गोल्ड मैडलिस्ट)

ए. आर. एस. एच. (इंगलैण्ड)

(शिशु, स्त्री एवं पुरुष रोग विशेषज्ञ)

भूतपूर्व सदस्य-इण्टरनेशनल मैडीकल सोसायटी

डॉ. शकुन्तला कुलश्रेष्ठ

एच. एम. बी. एस. (गोल्ड मैडलिस्ट)

(शिशु एवं स्त्री रोग विशेषज्ञ)

भूतपूर्व सदस्य-आल इण्डिया मैडीसिन सोसायटी

प्रकाशक

सुमित प्रकाशन

• आगरा • दिल्ली

❑ प्रकाशक
सुमित प्रकाशन

आगरा B–91/A, आलोक नगर, आगरा–282010
Ph No. : (0562) 2511393, 2261220, 9319104669
Email : medicoref@gmail.com
Website : www.medicorefresher.in

दिल्ली 4807/24, भरतराम रोड (चौधरी आई सेन्टर के पास),
दरियागंज, नई दिल्ली–2
Ph No. : (011) 45575254, 9999385254

❑ लेखक
डॉ. वाई. डी. गहराना
डॉ. शकुन्तला कुलश्रेष्ठ

❑ तृतीय संस्करण 2021

❑ मूल्य 270/–

❑ I.S.B.N. 81-87251-16-6

❑ लेजर टाइप सेटिंग
सुमित प्रकाशन, आगरा (डी.टी.पी. यूनिट)

❑ Printed by :
अजय प्रिन्टर्स, आगरा

समर्पण

ज्येष्ठ पितामह

स्व. खुशीलाल जी कुलश्रेष्ठ

के

श्री पादपद्मों

में

समर्पित श्रद्धान्जलि

जिन्होंने

धर्म एवं संस्कृति के संस्कार प्रेरित किये

प्रकाशकीय

होम्योपैथी के विकास के साथ-साथ एलोपैथिक चिकित्सा पद्धति के समान ही होम्योपैथी में भी मिश्रित पद्धति का व्यापक प्रसार हुआ है और बड़ी मात्रा में होम्यो-पेटेण्ट्स बाजार में आये हैं, जो रोगी का स्वास्थ्य अपेक्षाकृत कम समय में ही सुधार देते हैं।

विशिष्ट रोगी को अनावश्यक मिश्रित औषधि सेवन से बचाने के उद्देश्य से डॉ. वाई. डी. गहराना एवं डॉ. (श्रीमती) शकुन्तला कुलश्रेष्ठ ने श्रम करके पुस्तक *'क्लीनिकल कॉम्बिनेशन्स ऑफ होम्योपैथी एण्ड बायोकैमिक'* की रचना की है। रचनाओं में नयापन और नया सूत्र देना तो गहराना दंपत्ति की विशिष्टता है ही। मुझे आशा ही नहीं पूर्ण विश्वास है कि अन्य पुस्तकों के समान यह पुस्तक भी चिकित्सकों में अच्छा सम्मान प्राप्त करेगी।

धन्यवाद !

—**प्रकाशक**

लेखक के अन्य प्रकाशन

- **हेन्डबुक ऑफ होम्योपैथी**
- **एडवांस्ड होम्योपैथी**
- **बायोकैमिक चिकित्सा विज्ञान**
- **कॉम्बिनेशन्स ऑफ होम्यो-डायल्यूशन्स**

आमुख

कर्मफल को हम मानते हैं। जीवन में कर्मफल का चमत्कार हमने देखा है। भाग्य हमारा कर्मफल है, उसे भोगना हमारी विवशता है किन्तु उस नियति को भोगने की बाध्यता हमारे मनुष्य होने का प्रमाण नहीं है। पुराण और इतिहास हमें समझाते हैं कि मनुष्य की क्षमता के आगे विधि नत- मस्तक है। पर असीम साहस, संकल्प और साधना की लगन जिनमें हो वे ही उसे चुनौती दे पाते हैं। ऐसे ही सत्यनिष्ठ, लगनशील, साधक व महात्मा हनीमैन और उनके पश्चात् हनीमैनियन परम्परा से जुड़े हजारों लगनशील चिकित्सक सुदूर पूर्व में अपनी प्रभा से दिग्दिगंत को आलोकित कर चुके हैं।

होम्योपैथी जहाँ बायोफिजिक तथा बायोकेमिस्ट्री पर आविष्कृत वैज्ञानिक विधा रही है, वहीं इसके विकास ने सूक्ष्म रहस्यों को आवृत्त करके रूढ़िवादी परम्पराओं—एकल औषधि विधान आदि से मुक्ति का मार्ग प्रशस्त किया है। जिस युग में एकल औषधि का प्रयोग होता था अथवा जो निष्णात व्यक्ति थे, उनके लिए प्रायोगिक स्तर पर रखी जाने वाली सावधानी और असंगतियाँ अभ्यास में थीं इसलिये उस समय की एकल औषधि जैसी परम्पराओं का निर्वाह करना और पथ्यापथ्य की उतनी सावधानी रख पाना उनके लिए सामान्य बात रही थी। आज हमारे पास उसका सैद्धान्तिक रूप है और एकल औषधि का पहलू उतना महत्त्वपूर्ण नहीं रहा है। इसलिये आगे की बात, अर्थात् उससे उच्च स्तर की पद्धति को अधिक तकनीकी और जटिल मानकर होम्योपैथी में मिश्रित पद्धति की नींव पड़ी है।

विषय तकनीकी है, इसलिये प्रायोगिक ज्ञान, कुशलता और समर्पण भाव के साथ, अचल श्रद्धा सहित निरंतर अभ्यास करने की बात सफलता का आधार बना करती है। इस पुस्तक में दिये गये योग उन तपः पवित्र, सत्यनिष्ठ, लगनशील डॉक्टरों, निरंतर अनुसंधानशील लेबोरेट्रियों, उत्पादन में रत बड़ी-बड़ी होम्योपैथिक तथा बायोकैमिक कंपनियों और उनके विश्लेषणकर्ता - चिकित्सकों के परम्परागत अनुभव हैं। विभिन्न रोगों के चरित्र प्रधान लक्षण स्वयं में असाधारण, विरल, विचित्र एवं विशिष्ट होते हैं। उनके सम्यक् ज्ञान के आधार पर ही किसी विशिष्ट रोग के लिए कतिपय औषधियों का निर्वाचन कर उन्हें मिश्रित करके पेटेंट योग का निर्माण किया जाता है। उपलब्ध पेटेंट योग में कभी ऐसी औषधि भी मिश्रित रहती है जिसकी आवश्यकता उस समय रोगी को नहीं होती परन्तु पेटेंट योग में सम्मिलित होने के कारण वह औषधि रोगी को सेवन करनी पड़ जाती है। इस समस्या के निवारणार्थ रोगी के लक्षणानुसार उचित औषधियाँ क्लीनिक में ही मिश्रित करके देने के लिए इस पुस्तक का निर्माण किया गया है।

औषधियों की तुलना के लिए सम्पूर्ण रेपर्टरी के सहारे मेटीरिया मेडिका का अनवरत अध्ययन ही उत्तम ज्ञान प्राप्त करने की प्रणाली है। आर्गेनन तथा रेपर्टरी तो परिचालक ग्रन्थ के

समान साथ रखनी ही पड़ती हैं। इतना समय प्रत्येक चिकित्सक के लिए आज की द्रुत गति में पाना संभव नहीं हो पाता। इसलिये इस पुस्तक में विभिन्न रोगों में विशिष्ट फार्मेसियों, अस्पतालों तथा विद्वान चिकित्सकों द्वारा प्रयुक्त होम्यो तथा बायोकैमिक योगों का संकलन किया गया है। विषय के आधार पर पुस्तक के आरम्भ में होम्योपैथी के सिद्धान्त, औषधि निर्वाचन, रोग लक्षण संग्रह, होम्यो तथा बायोकैमिक में संबंध, रोगी के लिए पथ्यापथ्य निर्णय, क्लीनिकल निर्देश आदि के स्पष्ट विवरण दे दिये गए हैं। आवश्यक स्थलों पर शरीर के अंग-उपांगों के आवश्यक विवरण तथा शारीरिक विकारों के विस्तृत स्पष्टीकरण दिये गये हैं; फिर भी यदि कोई कमी कहीं दृष्टिगत हो तो इंगित करने में संकोच न करें। और हम कह भी क्या सकते हैं?

पुस्तक की रचना में जिन वैज्ञानिकों, विद्वान चिकित्सकों, ग्रन्थकारों, लेबोरेट्रियों, फार्मेसियों तथा अस्पतालों के सतत् परीक्षणात्मक अनुभवों से हमने लाभ उठाया है हम उनके हृदय से आभारी हैं। सिस्टर श्रीमती सतनाम कौर का सहयोग विशेष रूप से सराहनीय रहा है। श्रीमती परमजीत कौर तथा मंजू कुलश्रेष्ठ के अमूल्य सहयोग को भी भुलाया नहीं जा सकता। धन्यवाद।

डॉ. वाई. डी. गहराना
डॉ. शकुन्तला कुलश्रेष्ठ

अनुक्रमणिका

1 होम्योपैथी एवं बायोकैमिक के सिद्धान्त (PRINCIPLES OF HOMOEOPATHY AND BIOCHEMIC)

आर्गेनन
(ORGANON)

होम्योपैथिक औषधियों के सूक्ष्म गुण-धर्म व्यक्ति की जैविक शक्ति पर सीधे प्रभाव करते हैं। जैविक शक्ति एक प्रकार से आत्मिक शक्ति है जो विभिन्न संस्कारों से प्रेरित होकर मस्तिष्क और शरीर के कार्य संचालन को स्वस्थ रखती है। इसमें गति अथवा अवरोध उत्पन्न हो जाने पर औषधि के सूक्ष्म गुण-धर्म इसी जैविक शक्ति (Vital force) को प्रभावित कर प्राकृतिक स्वास्थ्य प्रदान करने में योग देते हैं।

आर्गेनन के अनुसार औषधि के प्रारम्भिक प्रभाव को व्यक्ति की जीवनी शक्ति ग्रहण करके उपर्युक्त नियमानुसार स्वास्थ्य में परिवर्तन होने देती है। तत्पश्चात् यह जीवनी शक्ति उसकी विपरीत अवस्था उत्पन्न करके औषधि के प्रभाव को शून्य करके स्वास्थ्य देती है। इसमें पहला प्रभाव औषधि का प्रतिषेधक प्रभाव (Counter effect) तथा दूसरा आरोग्यवर्धक प्रभाव (Curative effect) कहलाता है। विशिष्ट अनुभवों से यह प्रमाणित हो चुका है कि *औषधि के 'सूक्ष्म गुण-धर्म' उसी औषधि के 'स्थूल गुण-धर्मों' से विपरीत प्रभाव वाले होते हैं। सभी औषधियाँ रोगों के उन लक्षणों का शमन कर देती हैं जिन्हें वे स्थूल रूप में स्वयं उत्पन्न कर सकती हैं।* यदि किसी औषधि की स्थूल मात्रा स्वस्थ व्यक्ति को वमन और विरेचन प्रारम्भ करा देती है तो उसी औषधि की सूक्ष्म शक्तिकृत मात्रा वमन और विरेचन से पीड़ित व्यक्ति को स्वास्थ्य लाभ करा सकती है। 'सूक्ष्म गुण-धर्म' से तात्पर्य किसी औषधि के ऐसे ही कल्याणकारी प्रभाव से है।

शवच्छेदन, वैज्ञानिक शल्य-क्रिया तथा विभिन्न प्रयोगों द्वारा भिन्न-भिन्न जीवों आदि पर परीक्षण करके भी औषधियों की 'सूक्ष्म शक्ति' को नहीं समझा जा सकता है। इसके लिए तो स्वस्थ मानव शरीर की ही आवश्यकता होती है, चूँकि विशिष्ट लक्षण उत्पन्न करने वाली यह औषधियाँ व्यक्ति की भावनाओं में भी परिवर्तन कर देती हैं। इसलिये किसी रोगी की चिकित्सा प्रारम्भ करते समय उसकी शारीरिक अवस्था, बनावट, मस्तिष्कीय गठन, स्वभाव, व्यवसाय, रहन-सहन, आदतें, सामाजिक एवं पारिवारिक परिस्थिति, आयु तथा लैंगिक कार्य-कलापों के विषय में समुचित ज्ञान प्राप्त कर लेना आवश्यक होता है।

चिकित्सक का प्रधान कर्त्तव्य रोगी को स्वास्थ्य लाभ प्रदान कराना है। रोगी की चिकित्सा विश्वसनीय, गतिपूर्ण और सरल प्रणाली से करनी चाहिए। चिकित्सक को रोग लक्षणों का ज्ञान, औषधि निर्वाचन का ज्ञान, उसकी मात्रा का ज्ञान तथा दो मात्राओं के मध्य के अन्तराल का ज्ञान होना आवश्यक है। चिकित्सक को रोगी की असामान्य स्थिति प्रकट करने वाले लक्षणों पर विशेष ध्यान देना

चाहिए, चूँकि रोगी को प्रतीत होने वाले अनुभव उसके अन्तर की जीवनी शक्ति के रुग्ण होने की स्थिति प्रकट करते हैं। इन्हीं लक्षणों की समग्रता 'रोग' कहलाती है। कहने की आवश्यकता नहीं है कि स्वास्थ्य लाभ के लिए शुद्धता और स्वच्छता तो अनिवार्य है ही। कई बार देखा गया है कि बहुत से रोगों में भोजन तथा जीवन व्यवहार के थोड़े से परिवर्तन से बिना औषधि के ही रोगी को रोगमुक्त कर दिया जाता है। रोगी के पथ्यापथ्य का निर्णय इसी आधार पर किया जाता है।

औषधि को प्रमाणित करने के लिए प्रमाणकों (Provers) को चिकित्सक उनके भोजन, औषधि की मात्रा, शक्ति तथा लक्षणों का सम्पूर्ण लेखा रखने के विषय में पूरे निर्देश दे, जिससे औषधियों के विश्वसनीय, शुद्ध और संदेह रहित प्रभावों को एकत्र करके निघण्टु (मैटेरिया मैडिका) का निर्माण किया जा सके। इस प्रकार प्राप्त औषधि लक्षणों में कोई अनुमान (Supposition) वाली बात नहीं रह जाती, चूँकि सभी प्रमाणक स्वस्थ व्यक्ति होते हैं। ऐसे प्रमाणकों द्वारा जो औषधि पूर्णत: व्यक्ति के स्वास्थ्य परिवर्तन के लिए परीक्षित हो और जिसके लक्षण प्राकृतिक रोग-लक्षणों से अधिकतम मिलते हों वही औषधि उस विशिष्ट रोग से मुक्ति दिलाने में सहयोग करेगी।

रोग दो प्रकार के होते हैं—नया (Acute) तथा चिर (Chronic)। जीवनी शक्ति में तीव्र गति से अव्यवस्था उत्पन्न कर देने वाले रोग नये रोग (Acute Disease) कहलाते हैं। चिर रोग (Chronic Disease) शरीरांगों पर संक्रमण (Infection) के अस्वास्थ्यकर प्रभाव के कारण उत्पन्न होते हैं, जहाँ जीवनी शक्ति पूरी तरह अपनी प्रतिरोध क्षमता नहीं प्रकट कर पाती; यहाँ तक कि अन्तत: अंग विनष्ट होने लगता है। बहुत से स्थलों पर एलोपैथिक या अन्य तीव्र औषधियों की घातक प्रक्रिया शरीरांगों को कभी स्वस्थ न हो पाने की अवस्था में ला देती है और उनका रोग चिर (Chronic) रूप धारण कर लेता है। वास्तविक चिर रोगों (Chronic diseases) का कारण सिफलिस (Syphilis), साइकोसिस (Sycosis) तथा सोरा (Psora) नामक विष होते हैं। सामान्यत: बहुत से चिर रोग सोरा विष के कारण ही शरीर में विकसित हो पाते हैं।

होम्योपैथी में प्रत्येक रोग की औषधि उपलब्ध की जा सकती है, यदि चिकित्सक को औषधियों की रोगोत्पादक क्षमता का सम्पूर्ण ज्ञान हो कि किस औषधि का भौतिक और मानसिक स्तर पर क्या प्रभाव होता है और किस स्तर तक वह क्रियाशील हो सकती है?

औषधि का सही निर्वाचन करने के लिए पक्षपात रहित निष्कर्ष, सूक्ष्म निरीक्षण बुद्धि तथा रोग लक्षणों के सावधानीपूर्वक परीक्षण की आवश्यकता है। इसके लिए सम्पूर्ण रोग लक्षणों को क्रमवार, लिपिबद्ध करना अधिक उपयुक्त रहता है। तत्पश्चात् चिकित्सक को ऐसी औषधि का निर्वाचन करना चाहिए जिसके विशिष्ट लक्षण स्वस्थ व्यक्ति पर समान प्रभाव प्रकट कर चुके हों, उसके पश्चात् सामान्य लक्षणों पर ध्यान देना चाहिए। नये उत्पन्न लक्षणों पर सबसे अन्त में विचार करें। सामान्य लक्षणों पर प्रारम्भ में ही इसलिये ध्यान देना आवश्यक नहीं है चूँकि एक ही रोग के विभिन्न रोगियों में ये लक्षण एक समान (Common) होंगे परन्तु विशिष्ट लक्षण प्रत्येक रोगी के भिन्न-भिन्न होंगे। यह भिन्नता ही औषधि निर्वाचन की कुंजी है।

स्थानीय रोग (Local Diseases) बाह्य दुर्घटनाओं के कारण चोट-चपेट (Injury) आदि से होते हैं, जो बाह्य उपचार, शल्य चिकित्सा, मालिश आदि चाहते हैं। फिर भी बाह्य अंगों में कभी-कभी ऐसी चोट लग जाती है जहाँ औषधि सेवन कराने की आवश्यकता होती है। ऐसे रोगी का परीक्षण करते समय पीड़ित अंग के साथ-साथ अन्य लक्षणों का ध्यान रखते हुए ही बाह्य उपचार तथा आन्तरिक औषधि की व्यवस्था करनी होगी। यदि आन्तरिक चोट हो तो केवल आन्तरिक (खाने की) औषधि से ही स्थानीय तथा सामान्य लक्षणों का शमन करने का प्रयत्न करें। यदि रोग ठीक होने में

विलम्ब हो तो वहाँ सोरा विष का प्रभाव समझें। यह विष शनैः-शनैः रोग को चिर रोग बनाता है, अतः तुरन्त सोरा प्रतिविष सम्बन्धी (Antipsoric) औषधि की व्यवस्था कर दें। यदि बाह्य औषधि की व्यवस्था आवश्यक समझें तो जहाँ तक हो, जिस औषधि का आन्तरिक सेवन किया जा रहा हो उसी का बाह्य उपयोग न करायें। स्थायी उपचार तो आन्तरिक रूप से सेवन की गई औषधि से ही होता है।

ऐसे चिर रोग जिनमें कोई शरीरांग रोगाक्रांत होकर स्थानीय उपचार के योग्य प्रतीत हो और उसको बाह्य उपचार द्वारा दबा दिया जाए तो बहुत से अन्य रोग उत्पन्न हो सकते हैं। उचित चिकित्सा वही है जिसमें प्रधान रूप से स्थानीय एवं आन्तरिक दोनों ही प्रकार के रोग लक्षणों का शमन हो जाए।

कुछ विशेष लक्षणों को प्रकट करने वाले एकांकी (One-sided) रोगों, उदरामय, सर दर्द, सायटिका की अत्यन्त सावधानीपूर्वक परीक्षा करने पर कुछ विशिष्ट लक्षण प्रतीत होंगे। यदि वे न समझ में आ सकें तो जो लक्षण स्पष्ट मुखरित हों, उन्हीं पर ध्यान दें। यदि एकांकी लक्षणों के लिए एकांकी औषधि का प्रयोग कर दिया जाए तो वही शेष लक्षणों को उभार देती है और चिकित्सक का औषधि निर्णय कार्य अत्यन्त सरल हो जाता है, कभी-कभी तो ऐसे उभारे हुए लक्षण वे होते हैं जिनका रोगी को आभास भी नहीं होता।

यदि किसी नवीन रोग में औषधि निर्वाचन करते समय एक से अधिक औषधियाँ रोगी के उपयुक्त जान पड़ें तो सर्वप्रथम अधिकतम लक्षणों से समानता रखने वाली औषधि का सेवन रोगी को करायें। तत्पश्चात् उसके परिणामों के आधार पर शेष लक्षणों के लिए अथवा औषधि सेवन काल में परिवर्तित हुए लक्षणों के आधार पर पुनः औषधि निर्णय करें और प्रत्येक बार ऐसा रोगी के पूर्णतः स्वस्थ हो जाने तक करते रहें। पूर्णत निर्वाचित शक्ति की औषधि की अधिकता के कारण यदि रोग वृद्धि (Aggravation) प्रतीत हो तो उचित अवधि के पश्चात् वही औषधि सामान्य रूप में रोग मुक्ति करने लगती है।

उचित रूप से निर्वाचित औषधि नये रोग को कुछ ही दिनों में ठीक कर देती है। पुराने अर्थात् चिर (Chronic) तथा उलझे हुए रोग के उपचार में कुछ अधिक समय लगेगा। *पूर्णतः असाध्य (Incurable) रोग की बात दूसरी है। वास्तव में 'असाध्य' शब्द होम्योपैथी में नहीं है। प्रत्येक प्रक्रिया अपने पूर्णत्व के लिए कुछ समय चाहती है।* यदि रोगी के पास इतना समय शेष नहीं है, जितने समय में उसका रोग दूर किया जा सके, तो वह 'असाध्य' कह दिया जाता है।

चिकित्सक के लिए आवश्यक है कि पुराने, चिर रोग की चिकित्सा आरम्भ करने से पूर्व रोगी से यह जानकारी लेले कि रोगी को इससे पूर्व सिफलिस (आतशक) अथवा गोनोरिया (सुजाक) आदि तो नहीं हुआ। इन रोगों का पुराना प्रभाव (रोग ठीक हो जाने पर भी) नये रोगों की प्रकृति परिवर्तित कर देता है। कभी-कभी तो उचित चिकित्सा करते हुए भी इन पूर्व रोगों के कारण नये रोग में उलझाव उत्पन्न करने वाले लक्षण मुखरित होने लगते हैं। इन नकली (Artificial) लक्षणों के शमन हेतु सोरा (Psora) आदि विषों पर ध्यान देना होता है। सिफलिस, साइकोसिस एवम् सोरा विषों में से क्षयकारी विष की प्रतिषेधक औषधि को रोगोपचार के आरम्भ में ही प्रयोग करने के लिए रोगी की मानसिक स्थिति एवं स्वभाव को जानना अति आवश्यक है।

रोगी की मानसिक स्थिति का अध्ययन करना औषधि निर्वाचन हेतु अन्य सभी लक्षणों से अधिक महत्त्वपूर्ण होता है चूँकि प्रत्येक औषधि अपने विशिष्ट रूप में मस्तिष्क पर ऐसा प्रभाव छोड़ती है जो रोगी की प्रकृति और व्यवहार में प्रकट होता है। यदि रोगी की मानसिकता सोरा प्रतिषेधक औषधि के सेवन द्वारा स्वस्थ कर दी जाए तब भी उसके भोजन तथा आदतों में परिवर्तन करना आवश्यक होगा,

अन्यथा सोरा विष पुनः विकसित होकर रोग को पुनराक्रमण का मार्ग देगा अथवा उसे दु:साध्य या असाध्य स्तर तक पहुँचा देगा। ऐसे मानसिक रोग जो शारीरिक अस्वस्थता से सम्बन्धित न हों और जिनका प्रभाव शरीर क्षय न कर रहा हो, रोगी की आदतों में सुधार करके स्थूल चिकित्सा द्वारा शीघ्र आरोग्य किये जा सकते हैं, फिर भी ऐसे रोगियों को सोरा प्रतिविष का नियमित चिकित्सा कोर्स देना आवश्यक है, अन्यथा रोग के पुनराक्रमण की सम्भावना रहेगी। ऐसे मानसिक रोगी को शारीरिक यातनाओं से बचाते हुए करुणामय व्यवहार करने की सलाह उसके परिवारीजनों को दें। भौतिक शरीर के कष्ट भी शनैः-शनैः आध्यात्मिक क्षेत्र के मानसिक पटल को सूक्ष्मतः प्रभावित करके चिर रोगों (Chronic Diseases) का 'कारण' बन जाते हैं। इन कष्टों के प्रभाव को मानसिक पटल से अलग करने में शल्यक्रिया भी कोई काम नहीं आती।

सविराम (Intermittent) रोग एक निश्चित अन्तराल से प्रकट होते हैं। यदि कोई ज्वर रहित रोग सविराम गति प्रकट करे तो उसे चिर रोग की संज्ञा दें और उसकी गति को सामान्य करने के लिए उच्च शक्ति की पेरुवियन बार्क (Peruvian bark) प्रयोग करें। बार-बार होने वाले सविराम गति के रोगों में कुछ निश्चित अवधि का नियम अपनाते हैं और कुछ रोग अवधि के विषय में अनिश्चित रहते हैं। ऐसे सविराम रोग अधिकतर सोरा विष से विकसित होते हैं, शायद ही कभी कोई सिफलिस विष का परिणाम हो।

सविराम रोगों में **औषधि सेवन कराने का सर्वोत्तम समय, रोग की चरमावस्था से उतरने का समय होता है,** चूँकि उस काल में जीवन ऊर्जा औषधि के सूक्ष्म प्रभाव को ग्रहण कर शरीर को स्वस्थ बनाने में योग देती है। इस प्रकार उस अवधि में औषधि की क्रिया बिना किसी अवरोध के होती है। यदि यह अवस्था इतने कम समय तक रुके कि औषधि सेवन कराने की स्थिति न हो तो औषधि को स्वेद (पसीना) अवस्था की समाप्ति पर दें। मलेरिया रहित क्षेत्रों में सविराम ज्वर महामारी के रूप में फैले तो सभी रोगियों के लक्षण एक जैसे होने के कारण तत्सम्बन्धी सभी रोगियों की औषधि भी एक ही जैसी होगी। जहाँ सोरा प्रतिविषक (Antipsoric) औषधि उचित लाभ न प्रकट करे वहाँ सल्फर अथवा हिपर सल्फर लम्बे अन्तराल पर दें, उससे लाभ होगा। यदि सविराम ज्वर ऐसे क्षेत्रों में है जहाँ नमी नहीं है वहाँ सामान्य औषधियाँ लक्षणानुसार प्रयोग कर सकते हैं परन्तु उनसे लाभ न होने की अवस्था में सोरा प्रतिविषक औषधि का ही उपयोग कराना होगा।

महामारी के काल में यदि स्वस्थ युवक अधिक परिश्रम से अपने को थकायें नहीं और अपनी आदतें तथा क्रिया व्यवहार सही रखें तो रोग मुक्त बने रहेंगे। सामान्य सरल रहन-सहन वाले लोग यदि महामारी के क्षेत्र में पहुँच जायें तो उच्च शक्ति की 'चायना' ज्वर मुक्त कर देगी, अन्यथा सोरा प्रतिविषक औषधि खोजनी होगी। मलेरिया ज्वर के रोगी को एक ही मात्रा स्वास्थ्य लाभ करा देती है, परन्तु पुनः रोगाक्रांत होने पर यदि लक्षणों में परिवर्तन न हो तो उसी औषधि से लाभ हो जाएगा। यदि रोगी स्वस्थ हो जाने के बाद भी बार-बार रोगाक्रान्त हो उठे तो उसे नमी (Marshy) वाले स्थल से पर्वतीय क्षेत्र में स्थानान्तरित करने का प्रबन्ध कर दें।

होम्योऔषधि की सूक्ष्म मात्रा के कारण विशेषकर चिर (Chronic) रोगों में विशेष सावधानी की आवश्यकता होती है। टहलना, हल्का परिश्रम, रसायन मुक्त पदार्थों का सेवन, नियमित व्यायाम, उचित स्वास्थ्यवर्धक भोजन, जल आदि का समुचित सेवन करायें। रोगी के परिवारीजनों को निर्देश दे दें कि वे उसे कोई भी हानिप्रद वस्तु न दें, *रोगी के कमरे का तापक्रम तथा उसके ओढ़ने-बिछाने के कपड़े रोगी की इच्छानुसार रखें* और जहाँ तक हो रोगी को किसी प्रकार का मानसिक और भावनात्मक संताप न होने दें।

यदि कोई औषधि यथेष्ट प्रभाव न दे तो औषधि से घृणा न करें, न उसका अपमान करें चूँकि औषधि निर्वाचन में भी भूल हो सकती है और फिर मिलावटी औषधि अथवा अनुचित रूप से शक्तिकृत औषधि की सम्भावना से भी इन्कार नहीं किया जा सकता। सही (Genuine) तथा अपरिवर्तित मिलावट रहित (Unadulterated) औषधि अपने सम्पूर्ण गुणों से युक्त रहती है। ऐसी औषधि की सूक्ष्म मात्रा शनैः-शनैः स्वास्थ्य लाभ कराती है परन्तु उसी की स्थूल मात्रा अथवा बड़ी मात्रा पूर्णतः निर्वाचित होते हुए भी रोगी की जीवन ऊर्जा पर अनावश्यक प्रहार करती है, जो भविष्य में रोगी के लिए हानिकारक है।

तन्तु कोष निर्माण

स्नायु कोषों के निर्जीव तत्व *मैगनेशिया फॉस*, काली फॉस, *नेटरम* और *फेरम* हैं। *पेशी तन्तुओं* में इन तत्त्वों के अतिरिक्त *काली म्योर भी* होता है। *संयोजक तन्तु* कोषों में सिलिका विशेष रूप से पाया जाता है। *लचकदार कोषों* में इसी प्रकार *कैल्केरिया फ्लोर* होता है। *अस्थिकोषों* में *कैल्केरिया फ्लोर* एवं *मैगनेशिया फॉस* तथा इन सबसे अधिक कैल्के फॉस होता है। कैल्केरिया फॉस पेशियों, बात नाड़ियों, मस्तिष्क के कोषों और संयोजक तन्तुओं में अल्प मात्रा में होता है। *उपास्थियों तथा श्लैष्मिक कोषों* में *नेटरम म्योर* होता है। *बालों* और *स्वच्छ द्रवों* में *फैरम* भी होता है। डॉ. मोलशॉट की मान्यता है कि कोष निर्माण में कार्बोनेट कोई सहयोग नहीं देते।

श्वास के साथ ली गई ओषजन रक्त द्वारा कोषों में पहुँच कर उन सजीव द्रव्यों पर क्रिया करती है जो कोष के रूप में परिवर्तित होने वाले हैं। इसके परिणामस्वरूप सजीव तत्त्व संयुक्त होकर पेशियों, वात नाड़ियों, संयोजक तन्तुओं और श्लैष्मिक पदार्थों का निर्माण करते हैं। इन पदार्थों का निर्माण अल्ब्यूमन की सहायता से तन्तुओं में होता है। निर्जीव लवण रासायनिक प्रक्रिया द्वारा इनसे संयुक्त होकर नवीन कोषों का निर्माण करते हैं। सजीव पदार्थों तथा ओषजन की क्रिया के परिणामस्वरूप पुराने कोषों का विनाश होता जाता है। सजीव पदार्थों के ओषजनीकरण के कारण शरीर में कार्बोनिक एसिड, लैक्टिक एसिड, फॉस्फोरिक एसिड, सल्फ्यूरिक एसिड, यूरिक एसिड, यूरिया तथा जल आदि का निर्माण होता है। इस प्रक्रिया के मध्य हिपोक्सैन्थीन, एसिटिक एसिड, ब्यूटरिक एसिड आदि अन्य निर्मित द्रव्यों का महत्त्व हमारी चिकित्सा पद्धति के विवरण में नगण्य है। यूरिक एसिड, यूरिया तथा सल्फ्यूरिक एसिड का निर्माण अल्ब्यूमन जैसे तत्त्वों के आक्सीडाइजेशन के कारण होता है। लेसिथिन के ओषजनीकरण से कॉस्फोरिक एसिड बनता है। लेसीथिन स्नायु तन्तुओं, मस्तिष्क मेरुदंड तथा रक्त कणों में पाई जाती है। दुग्ध शर्करा से लैक्टिक एसिड बनता है जो कार्बोनिक एसिड तथा जल में परिवर्तित हो जाता है।

तन्तुओं के विपरीत परिवर्तन के उत्पादन लसिका ग्रंथियों, संयोजक तन्तुओं तथा शिराओं द्वारा पित्तकोष, फुफ्फुस, गुर्दे, मूत्राशय एवं त्वचा तक पहुँचकर शरीर के मलों को मूत्र, स्वेद तथा मल के रूप में विसर्जित हो जाते हैं। डॉ. विरशो तथा फॉन रेकलिंग हासन के उक्त अनुसंधानों से पूर्व संयोजक तत्त्वों को मात्र रक्षात्मक आवरण ही समझा जाता था। इन अनुसंधानों ने इन्हें गर्भकोषों की समानता दी है।

कोषों का प्राकृतिक रूप से निर्माण और प्रातिनिर्माण ही स्वास्थ्य है। तन्तुओं का पोषण करने में रक्त में आई त्रुटियों और हानियों को पूरा करना भोजन के पाचन पर निर्भर है। यह रक्त कोषों की क्षति पूर्ति यदि उचित मात्रा में आवश्यक स्थल पर हो जाए तो परमाणुओं की गति-विधि में कोई अन्तर नहीं आता है। इस प्रक्रिया में ही नवीन कोष निर्मित होते हैं और पुराने विनष्ट होते हैं। विनष्ट द्रव्य मल के रूप में विसर्जित होते रहते हैं।

बायोकैमिक का सिद्धान्त

निर्जीव तन्तु लक्षणों में से किसी एक के परमाणुओं की गति-विधि में अन्तर आ जाने से उत्पन्न उपसर्ग ही रोग कहलाते हैं। जिस लवण के परमाणुओं की गति-विधि में परिवर्तन आया हो उसी लवण की अल्पतम मात्रा देकर परमाणुओं की गति-विधि को सन्तुलित कर देना ही चिकित्सा है। डॉ. विरशो *कोष की स्वाभाविक स्थिति को स्वास्थ्य कहते हैं तथा कोष की परिवर्तित अवस्था को रोग।* कोष रचना का निर्णय उसकी पोषक परिस्थितियों पर निर्भर करता है। प्रत्येक कोष में स्वभावत: कुछ विशिष्ट द्रव्यों का शोषण करने तथा निस्सरण करने की क्षमता है। जब *किसी क्षोभ के परिणामवरूप किसी कोष में किसी लवण का अभाव हो जाता है तो उसकी यह क्षमता गड़बड़ा जाती है, जैसे ही पोषक तत्त्वों द्वारा इसकी अभाव पूर्ति कर दी जाती है, सन्तुलन बहाल हो जाता है। यदि यह पूर्ति पोषक तत्त्वों द्वारा न की जा सके तो वांछित लवण अत्यन्त सूक्ष्म मात्रा में सेवन कराना चाहिए* अर्थात् शक्तिकृत लवण का उपयोग कराना चाहिए। इससे परिवर्तित कोष क्षति पूर्ति के पश्चात् अर्थात् पूर्वावस्था में आकर अपना स्वाभाविक कार्य संपन्न करने लगते हैं। इस प्रकार *बायोकैमिक चिकित्सा पद्धति रोग दूर करने में प्रकृति की ही सहायता करती है,* परन्तु अन्य चिकित्सा पद्धतियाँ रोग निवारणार्थ ऐसे तत्त्वों का उपयोग करती हैं जो मानव शरीर की प्राकृतिक रचना के अंगभूत तत्त्वों से सर्वथा भिन्न होते हैं।

प्रकृति के सम्पूर्ण कार्यों का आधार सूक्ष्म कण अर्थात् परमाणु अथवा उनका समूह है। जीव-जन्तुओं तथा वनस्पतियों का एक साथ सामूहिक विकास वर्तमान परमाणुओं के अतिरिक्त नवीन परमाणुओं पर आश्रित है। स्वस्थ जीव-जन्तुओं में जो लवण पाये जते हैं, वे डॉ. बंगे के अनुसार घोल रूप में ही पाये जाते हैं और यह घोल शक्तिकृत औषधियों के 3X, 4X अथवा 5X शक्ति के घोल के समान होते हैं। कोई खनिज आमाशय में पहुँचते ही आमाशय के म्योरियाटिक एसिड का प्रभाव होता है। कुछ लवण उसके कारण परिवर्तित हो जाते हैं। यदि उन लवणों की सूक्ष्मतम मात्रा बना दी जाए तो उसके कण आमाशय तक पहुँचे बिना मुँह, गल कोष और अन्न नाली की अन्तर त्वचा से क्षुद्र धमनियों के द्वारा रक्त तक पहुँचा दिये जाते हैं। इस उद्देश्य के लिए जल में अघुलनशील द्रव्यों को 6X शक्ति तक का विचूर्ण बना दिया जाता है, जल में घुलने वाले द्रव्य निम्न शक्तियों में ही अन्तर त्वचा के कोषों में समा जाते हैं।

डॉ. बाहनिके ने झरनों के जलों के बारे लिखा है कि झरनों की प्रसिद्धि का एकमात्र कारण उनके जल में रोगनाशक तत्त्वों का सूक्ष्म मात्राओं में पाया जाता है। खनिज जलों के लवण भी 6X, 8X, 5X आदि के बराबर होते हैं। डॉ. डार्विन ने सूक्ष्म मात्रा की शक्ति के बारे में लिखा है कि 'अमोनियम फॉस्फेट के *एक ग्रेन का 2 करोड़वाँ भाग* (बायोकैमिक पद्धति के अनुसार यह मात्रा *6X के समान होती है*) ग्रन्थि में 180 डिग्री पर ऐसे परिवर्तन लाती है कि शरीर की सम्पूर्ण लम्बाई की प्रगति में प्रेरणा उत्पन्न कर देती है।' सूक्ष्म मात्राओं की क्रियात्मक शक्ति के विषय में आधुनिक विज्ञान में कितने ही उदाहरण हैं जो एटम से लेकर इलेक्ट्रॉन और क्वैंटम तक पहुँच गए हैं।

प्रोफेसर लोब के परीक्षणों ने सिद्ध कर दिया है कि रक्त धार में सोडियम के 100 परमाणु, पोटाशियम के 2.2 परमाणु तथा कैल्शियम के 1.5 परमाणु सामान्यत: होते हैं। जब इस अनुपात में असंतुलन होता है तो धात्वाग्नि में न्यूनाधिक अपकर्ष तीव्रता से आता है। जीवन के स्थायित्व के लिए कोष तरल में जो इन कोषों के चारों ओर रहता है, इन लवणों का उचित अनुपात में रहना आवश्यक है। यही आरक्षीय प्रक्रिया है। तात्पर्य यह है कि जिस खनिज लवण के असन्तुलन के कोषों की क्रिया में विकार आये उसी का सेवन कराने से सन्तुलन उत्पन्न करके विकार दूर किया जा सकता है। इस

सिद्धान्त पर कल्पित समता को डॉ. शुसलर ने शरीर रचना सम्बन्धी रसायन शास्त्र तथा तत्सम्बन्धित वैज्ञानिक तथ्यों पर आश्रित बतलाया और इस चिकित्सा प्रणाली का नाम 'बायोकैमिक पद्धति' रखा।

शरीर के रक्त में जल, शर्करा, स्नेह, अल्ब्यूमन, सोडियम क्लोराइड, पोटेशियम क्लोराइड, पोटाश, सोडा, मैंगनीज, कैल्शियम, लाइम फ्लोराइड, सिलिका तथा आयरन आदि पाये जाते हैं। इनमें फॉस्फोरस, कार्बन तथा सल्फ्यूरिक एसिड होता है। रक्त के वर्णहीन तरल में सोडा अधिक होता है। पोटाश रक्त कणों में पाया जाता है। शर्करा, स्नेह तथा अल्ब्यूमन रक्त के सजीव उत्पादन ही हैं परन्तु उपर्युक्त लवण तथा जल रक्त के निर्जीव उपादान हैं। शर्करा तथा स्नेह जिसे वसा भी कहा जाता है। कार्बन, हाइड्रोजन तथा ओषजन के यौगिक हैं तथा अल्ब्यूमन, जो अण्डे की सफेदी जैसा होता है, में गंधक तथा नत्रजन भी होते हैं। गंधक, कार्बन तथा फॉस्फोरस सजीव तत्त्वों के साथ घुले होते हैं, अलग से शरीर में नहीं होते। सल्फर तथा कार्बन अल्ब्यूमन में, कार्बन, शर्करा तथा स्टार्च कार्बन हाइड्रेटों में तथा कुछ सजीव पदार्थों में, फॉस्फोरस लेसिथिन और न्यूक्लीन में पाये जाते हैं। अल्ब्यूमन की गंधक श्वास के द्वारा प्राप्त ओषजन से संयुक्त होकर गंधकाम्ल बनाती है और कार्बोनेटों के साथ मिलकर सल्फेट्स निर्मित होते हैं, जो कार्बोलिक एसिड के रूप में परणित हो जाते हैं।

प्रत्येक कोष का पोषण करना रक्त का कार्य है अर्थात् कोषों के पोषण के लिए जिस तत्त्व की आवश्यकता शरीर को होती है उन सबका वाहक रक्त है। रक्त का वर्णहीन तरल क्षुद्र छिद्रों में से रिसकर क्षुद्र नाड़ियों द्वारा आस-पास के तंतुओं में पहुँचता है। इससे कोष प्रत्यावर्तन के कारण हुई हानि की सम्पूर्ति हो जाती है। आधुनिक जीवशास्त्र के अनुसार यही मूल धातु है जो जीवित पदार्थ है। यह पदार्थ ही सम्पूर्ण शरीर में व्याप्त है। शरीर में इसकी मात्रा पाँचवाँ भाग होती है, शेष 4/5 भाग ठोस होने के कारण अपेक्षाकृत मृतक है। भौतिक रूप में देखें तो यह पदार्थ नत्रजनीय, मुलायम, रचनाविहीन, अर्द्ध-तरल, अर्द्ध-पारदर्शी, धूसर वर्णीय स्नायु पदार्थ जैसा होता है। रिसकर निकले पदार्थ में सूक्ष्म कण होते हैं जिनके संयोग में जीवाणु पाये जाते हैं, इन्हीं जीवाणुओं के संयोग से आगे के कोष बनते हैं। कोषों के संयोग से तन्तु बनते हैं और तन्तुओं के संयोग से शरीर। तन्तु निर्माण हेतु आवश्यक सजीव तथा निर्जीव तत्त्व रक्त में पाये जाते हैं। कोष निर्माण रचना का निर्णय निर्जीव तत्त्वों 'जल तथा लवण' के द्वारा किया जाता है। रक्त में इन तत्त्वों की उपस्थिति से सभी अंगों का निर्माण होता है, उनकी कार्य-प्रणाली में स्थायित्व आता है परन्तु उनका संतुलन बिगड़ने से शारीरिक क्रियाओं में व्यवधान उत्पन्न हो जाते हैं, जिन्हें हम रोग कहते हैं।

बायोकैमिक तथा होम्योपैथिक पद्धति में सम्बन्ध

डॉ. शुसलर बायोकैमिक चिकित्सा पद्धति का होम्योपैथिक पद्धति से कोई साम्य नहीं मानते। उनकी धारणा में बायोकैमिक पूरक-औषधि-शास्त्र है अर्थात् यह औषधियाँ शरीर के लवणों में आई कमी को पूरा करती हैं परन्तु यह विचार भ्रममूलक है, चूँकि यह भी सम्भव है कि शरीर में परमाणुओं की वर्तमान निरन्तरता तथा एकरसता की व्यवस्था में अन्तर पड़ गया हो। कमी पूरी करने के हिसाब से औषधि रूप में दी गई मात्रा असीम कम है। कमी पूरी करने के लिए तो ऐसे लवण भोजन के रूप में दिये जा सकते हैं, परन्तु भोजन में दिये गये लवण कभी रोग की औषधि नहीं बन पाते, जो शक्तिकृत र ण बनते हैं। तात्पर्य यह है कि '**शक्तिकृत लवण औषधि रूप में दिये जाने पर शरीर में उस लवण के परमाणुओं की निरन्तरता, शृंखला अथवा एकरसता में आयी अव्यवस्था को**

दूर कर उन्हें अपना कार्य उचित रीति से करने में सहायता देता है' यह सिद्धान्त ही फॉन ग्राफोगल तथा हेरिंग आदि विशेषज्ञों के विचार में उचित है।

जहाँ तक होम्योपैथिक औषधियों से शुसलर के बारह लवणों में साम्य क़ी बात है, हमारी अनेक परीक्षित होम्योपैथिक औषधियों के अंगभूत लक्षण विभिन्न लवणों में देखे जा सकते हैं।

फैरम फॉस चायना, जेल्सीमियम, एनिसम स्टलेटम, आर्निका, बाइबरनम, बर्वेरिस वल्गे, फाइटोलक्का, एलेंथस रूमेक्स आदि औषधियों का अंगभूत लवण है। यहाँ तक कि असाफोटिडा में 4% सीकेल में 0.25% तथा ग्रेफाइटिस में 2.74% पाया गया है।

कैल्केरिया फॉस चाइना बर्वेरिस वल्गे, फाइटोलक्का, एलेंथस, वाइबरनम प्रुन, ग्रेफाइटिस का अंगभूत लवण है तथा कोलोसिन्थ में भी 27% पाया जाता है।

नैट्रम फॉस नामक लवण रह्यूम इलेंथस, एनिसम स्टेलेटम, हेमामेलिस आदि औषधियों का अंगभूत है।

काली फॉस पल्साटीला, बैप्टीशिया, रसटॉक्स, विरेट्रम, इपीफेगस, वाइबरनम प्रुन, डिजिटेलिस, सिमिसिफ्यूगा, कैक्टस ग्रा, स्ट्रेमोनियम, जैन्थाक्सीलम, एलेंथस, एनिसम स्टेलेटम, हेमामेलिस, फाइटोलक्का आदि का अंगभूत लवण है।

कालीम्योर फाइटोलक्का, सेंग्वीनेरिया, स्टिलिंजिया, पाइनस, कैनाबिस, एवक्लेपियस, वाइबरनम प्रुन, एलेंथन, ऐनिसम स्टेलेटम, हेमामेलिस, सिमिसिफ्यूगा आदि का अंगभूत लवण है।

नैट्रम म्योर सिडरन, आरम ट्राइफलम, एनिस स्टेलेटम, सिमिसिफ्यूगा आदि औषधियों का अंगभूत है तथा सीकेल में 50% पाया जाता है।

कैल्केरिया फ्लोर फाइटोलक्का का अंगभूत लवण है।

साइलेशिया में इक्वीजेटम 18.2%, सिमिसिफ्यूगा 4%, ग्रेफाइटिस 13%, सीकेल 15% पाया जाता है। लाइकोपोडियम तथा चेलीडोनियम की मात्रा भी इस लवण में होती है।

कैल्केरिया सल्फ में अपोसाइनम, एलेंथस तथा एसाफोटिडा 6.2% होती है।

नैट्रम सल्फ एपोसाइनम, आईरिस, कैमोमिला, चियोनेंथस, लाइकोपोडियम, ब्रायोनिया, डिजिटेलिस, चेलीडोनियम, नक्स वामिका, ऐनिसम स्टेलेटम, हेमामेलिस तथा सिमीसिफ्यूगा का अंगभूत लवण है।

काली सल्फ पल्साटीला, हाइड्रास्टिस, माइरिस्टिका, सिमिसिफ्यूगा, फाइटोलक्का, वाइबरनम, एनिसम स्टेलेटम, हेमामेलिस का अंगभूत लवण है।

मैग्नेशिया फॉस वाइबरनम ऑपु, बैला, लोबेलिया, स्ट्रेमी, वाइबरनम प्रुन, एलेंथस, जैल्सीमियम, रसटॉक्स, ग्रेफाइटिस का अंगभूत लवण है। इसमें सीकेल 0.50% तथा कोलोसिंथ 3% भी पाया जाता है।

नैट्रम म्योर ऑरम ट्राइफलम का अंगभूत लवण है।

उक्त सूची से ज्ञात होता है कि हमें वानस्पतिक तथा पशु-जगत से प्राप्त होने वाली औषधियों में से बहुत कम का विश्लेषण हो सका है। उनमें से अधिकांश औषधियों में लवणों की उपस्थिति ही अंकित की गई है अनुपात नहीं दिया गया।

सामान्य रूप में कोई भी खनिज कच्चे रूप में अप्रवृत्त तथा निष्क्रिय रहता है। शारीरिक अम्ल भी कोई विशिष्ट परिवर्तन नहीं करते परन्तु उन खनिजों का विचूर्ण बना देने पर वे शक्तिकृत हो जाते हैं। उनमें सम्पर्क-क्रिया प्रारम्भ हो जाती है। खनिज औषधियों के विचूर्ण बनाकर उन पर सम्पर्क क्रिया की जाती है। जब उसे स्वस्थ व्यक्तियों को खिलाया जाता है तो लक्षण उत्पन्न करती है। इस प्रकार

अप्रवृत्त तथा गतिहीन पदार्थों को रोग निवारणार्थ प्रवृत्त कर दिया जाता है। डॉ. शुसलर ने माना है कि 'निर्जीव कोष लवणों के विक्षुब्ध परमाणुओं की गति-विधि को, जो रोग के रूप में प्रकट हुई हो, समान धर्मा औषधि देकर बायोकेमिस्ट्री द्वारा प्रत्यक्ष रूप से दूर किया जा सकता है परन्तु होम्योपैथी में उसी विकार की अप्रत्यक्ष रूप से विपरीत धर्मा औषधि देकर दूर किया जाता है।'

मात्रा विज्ञान
(Posology)

स्वस्थ अथवा रोगी पर औषधि के लक्षण प्रकट होने के लिए कम-से-कम जितनी मात्रा की आवश्यकता होती है वह 'एक मात्रा' कहलाती है। Posos का अर्थ How much (कितना) ? इस प्रश्न चिह्न का उत्तर प्रत्येक चिकित्सक को अपने विवेक, बुद्धि और अनुभव से खोजना होता है। औषधि की मात्रा परीक्षणों और अनुभवों से ही निश्चित की जाती है, जो व्यक्ति की आयु, प्रकृति तथ.. व्यवहार के अनुसार परिवर्तित होती रहती है।

होम्योपैथी के अनुसार किसी औषधि की स्थूल मात्रा तथा सूक्ष्म मात्रा सेवन करने के पश्चात् प्रकट हुए लक्षणों में एकदम विरोधाभास होता है। एक चम्मच भर पोडोफायलस का आसव एकदम पानी से पतले झोंके से होने वाले अतिसार आदि लक्षण प्रकट कर देता है जबकि इसी औषधि की सूक्ष्म मात्रा इस रोग से मुक्ति दिला देती है। इसलिये आरोग्य प्राप्ति के लिए *होम्योपैथी में औषधि की स्थूल मात्रा से सूक्ष्म मात्रा का अधिक महत्त्व है।*

इस विषय को आगे समझने के लिए हमें औषधि और भेषज के अन्तर को समझना होगा। कोई पदार्थ जिसमें क्रियाओं और संवेदनाओं में परिवर्तन लाने की शक्ति हो, औषधि कहलाता है। ऐसी औषधियाँ खनिज, रसायन, पेड़-पौधे, पशु तथा अन्य रोग-विषों से निर्मित की जाती हैं। जब औषधियाँ विभिन्न प्रक्रियाओं से होकर रोगी को सेवन कराने के लिए विधिवत् निर्मित हो जाती हैं तब भेषज कहलाती हैं। भेषज निर्माण औषधि कोष (Pharmacopia) में निर्दिष्ट सिद्धान्तों के आधार पर होता है और इस बात पर विशेष बल दिया जाता है कि औषधि के विषाक्त तत्त्वों (Toxic properties) को हटा कर उसके हानिकारक प्रभाव में कमी करते हुए औषधि की भेषज शक्ति (Medicinal force) को अधिक प्रभावशाली बनाया जाए। इसके लिए *होम्योपैथिक भेषजों की निर्माण विधि में तनुकरण (Dilution), अवपेषण (Trituration) और आस्फालन (Succussion)* प्रक्रियाओं का निर्देश मिलता है।

डॉ. हनीमैन ने प्रारम्भ में अपने रोगियों को सामान्य पूरी मात्रा—जैसे, इपीकाक पाँच ग्रेन, नक्स वोमिका चार ग्रेन, सिनकोना छाल एक या दो ड्राम आदि देना प्रारम्भ किया था। उससे बहुत से रोग लक्षणों में उत्तेजक प्रभाव (Aggravation) हो जाते थे। शनैः-शनैः वे मात्रा कम करते गये और परीक्षण करते गये। अन्त में मात्रा के शक्तिकरण पर उतर आये। इस प्रकार हमें होम्योपैथी में तीन प्रकार की भेषज प्राप्त होती हैं—मूलार्क (Mother tincture), तनुकृत (Diluted) तथा अवपेषित (Triturated)।

मूलार्क निर्माण करने के लिए औषधि का सुरासार (Alcohol) में संतृप्त (Concentrated) घोल फार्माकोपिया में निर्दिष्ट नियमों के अनुसार बना लेते हैं इसके लिए किसी औषधि के सम्पूर्ण पौधे अथवा उसके अंश के छोटे-छोटे टुकड़े करके मद्यसार (Alcohol) में डालकर अँधेरे ठंडे स्थल में कुछ दिनों तक पड़ा रहने देते हैं। तत्पश्चात् इस घोल को छान कर अवशिष्ट भाग को अलग कर देते हैं। इस प्रकार प्राप्त औषधि सार ही मूलार्क कहा जाता है।

तनुकरण (Dilution) हेतु औषधियों को कुछ परिणाम में पानी में गलाकर औषधियों की विषाक्तता निर्बल करते हैं। विषाक्त तथा सशक्त (Strong) औषधियाँ रोगी के लिए हानिकारक होती हैं तथा तनुकृत (Diluted) औषधियाँ बिना किसी विषाक्त प्रभाव के ही भेषज्य प्रभाव (Medicinal effect) प्रकट करती हैं। तनुकरण में तीन प्रकार के मानकों का प्रयोग होता है—दशमलव, शतमलव तथा शतार्द्ध सहस्त्रमलव।

अवपेषण (Trituration) की प्रक्रिया उन पदार्थों के तनुकरण हेतु सम्पादित की जाती है जो जल अथवा महासार में नहीं घुलते। उन्हें दुग्ध शर्करा (Sugar of milk) के आवश्यक अनुपात में मिलाकर घोटा जाता है। दुग्ध शर्करा मद्यसार के समान ही तनुकरण हेतु एक ऐसा माध्यम है जो औषधि की भेषज शक्ति को चिर काल तक अक्षुण्य रखता है। खड़िया-चाक (Chalk), सोना (Gold), चाँदी (Silver), लाइकोपोडियम (Lycopodium), कोलतार (Tar), कोयला (Charcoal) आदि, धातु (Metals) तथा उनके मिश्रण (Compounds) एवं अन्य *अघुलनशील (Insoluble) पदार्थों को अवपेषण (Trituration) की प्रक्रिया से तनुकृत (Dilute) किया जाता है।*

भेषज पदार्थ का एक भाग तथा दुग्ध शर्करा के 9 अथवा 99 भाग एक ओखली (Mortar) में डालकर रगड़ते-घोटते हैं और औषधि की प्रथम शक्ति निर्मित करते हैं। पुनः यह परीक्षण करते हैं कि ऐसी निर्मित शक्ति जल अथवा सुरासार में घुल जाती है अथवा नहीं। यदि नहीं तो और अधिक औषधि को अवपेषित करते हैं और इस योग्य कर लेते हैं कि वह जल या मद्यसार में घुलने लगे। उस शक्ति को मूलार्क (Mother tincture) मान कर आगे की शक्तियाँ निर्माण कर लेते हैं।

होम्यो औषधियाँ अरिष्ट (Tincture), चूर्ण (Powder), द्रव (Liquid), छोटी गोलियों (Globules), बड़ी गोलियों (Tabletes & Diskets), शर्बत (Syrup) तथा कैपसूल, इंजेक्शन आदि रूपों में निर्मित होने लगी हैं। डॉ. हनीमैन छोटी गोलियों (Globules) की मात्राओं का व्यवहार करते थे चूँकि उनके रख-रखाव तथा लाने-ले जाने में कोई भय नहीं था। गोलियाँ जल में घोल कर देने के लिए परिश्रुत जल (Distilled water) अथवा झरने के पानी को उबालने के पश्चात् ठंडा करके प्रयोग में लाया जाता था, तब उस घोल की छोटी-छोटी मात्राओं का सेवन रोगी को आवश्यकतानुसार कराया जाता था। चूर्ण की मात्रा आधा ग्रेन रखी जाती थी अथवा एक मात्रा में चाकू की नोंक पर जितना चूर्ण आ जाता था उतना लेकर जलीय घोल बना कर प्रयोग में लाते थे। घोल की प्रत्येक मात्रा सेवन कराते समय अच्छी प्रकार घोल लेते थे अथवा जलीय घोल को एक शीशी में डालकर कार्क लगाकर झटके देते थे और मानते थे कि ऐसा करने से औषधि की संजीवनी शक्ति जाग्रत हो जाती है।

औषधि सेवन कराने के लिए डॉ. हनीमैन का निर्देश है कि बड़ों (Adults) के लिए नूतन (Acute) रोग के जलीय घोल की एक-एक चाय के चम्मच भर (Tea spoonful) दो से छः घण्टे के अन्तराल पर देने की व्यवस्था करें। यदि आपात स्थिति (Emergency) हो तो अन्तराल 15 मिनट से 30 मिनट भी रख सकते हैं। यूँ औषधि का शक्ति निर्वाचन, मात्रा तथा मात्राओं के मध्य अन्तराल का निर्णय चिकित्सक की विवेक-क्षमता और अनुभव पर आधारित होता है।

बच्चों के चिर (Chronic) रोगों में बड़ों के समान एक मात्रा को तीन विभिन्न मात्राओं में विभाजित करके देने की आवश्यकता नहीं होती, क्योंकि बच्चों के टिशूज अपने विकास की गति मन्द नहीं करते। डॉ. कैण्ट बच्चों को निर्वाचित औषधि की शक्तिकृत मात्रा के जलीय घोल की सम्पूर्ण एक मात्रा एक ही बार में देकर दूसरी मात्रा में 15 दिन से 2 मास तक का अन्तराल (औषधि की शक्ति तथा

रोग की उग्रता के आधार पर) बनाये रखने का निर्देश देते हैं। डॉ. फैरिंगटन 200 से 1000 शक्ति की औषधियों का प्रयोग करना अधिक लाभदायी बताते हैं और चाय के चम्मच बराबर की जलीय मात्राओं का सेवन इस प्रकार कराने की सलाह देते हैं—

नव जात से 1-2 मास तक के शिशु	जलीय घोल की 1 बूँद की एक मात्रा
3 से 4 मास का शिशु	घोल की 2 बूँद
5 से 6 मास का शिशु	घोल की 3 बूँद
7 से 12 मास का शिशु	घोल की 4 से 8 बूँद की एक मात्रा (बच्चों के स्वास्थ्य के आधार पर)
1 से 3 वर्ष तक	चौथाई चम्मच
4 से 12 वर्ष तक	आधे से एक चाय का चम्मच

डॉ. बी. बी. सिंह एक वर्ष तक के बच्चों की मात्रा उनकी संवेदनशीलता (Sensitiveness) के आधार पर सीमित करने का निर्देश देते हैं। जो अधिक संवेदनशील (More Sensitive) हो उन्हें कम मात्रा में औषधि दें तथा जो कम संवेदनशील (Less sensitive) हैं उन्हें कुछ अधिक मात्रा में। डॉ. हनीमैन सामान्यत: 30 शक्ति की औषधि के उपयोग की सलाह देते हैं। यदि उससे यथोचित लाभ न हो तो 200 शक्ति के जलीय घोल की मात्राओं को सेवन कराने का निर्देश देते हैं।

होम्योऔषधि की सूक्ष्म मात्रा को देखकर उसे कम नहीं आँकना चाहिए क्योंकि भौतिक गणनांक (Physical Quantity) का होम्योपैथी में इतना महत्त्व नहीं है जितना औषधि की गुणात्मक (Qualitative) प्रकृति अर्थात् 'शक्ति' (Potency) का। बच्चे चूँकि औषधियों के प्रति अधिक संवेदनशील (Sensitive) होते हैं, अत: उनकी भेषज-मात्रा आयु अनुसार सूक्ष्म रखना ही उचित है।

श्वास रोग—दमा (Asthama), अतिसार (Diarrhoea) तथा ज्वर (Fever) आदि रोगों में 1 से 3 घंटे का अंतराल रोग की अवस्था के आधार पर रखना होता है और विशूचिका—हैजा (Cholera) में प्रति 15 मिनट या 1 घंटे के अंतराल से औषधि की पुनरावृत्ति कर दी जाती है और जब तक रोगी को स्वास्थ्य लाभ न होने लगे तब तक इसी क्रम में औषधि सेवन की व्यवस्था की जाती है। डॉ. हनीमैन सामान्यत: एक मात्रा प्रात: और एक सायं देना ही उचित मानते हैं।

मात्राओं की पुनरावृत्ति
(Repetition of Doses)

नूतन अथवा चिर रोग में, यदि लगातार लाभ हो रहा हो तो औषधि की मात्रा का पुन: सेवन न करायें, चूँकि ऐसी मात्रा स्वास्थ्य लाभ की प्रक्रिया में अवरोध उत्पन्न करती है। सामान्यत: एक मात्रा का क्रिया काल परिस्थिति अनुसार 40 से 100 दिन तक शरीर पर रहता है।

शक्तिकृत औषधि की मात्राओं का अन्तराल नूतन रोगों में कम (छोटा) होगा तथा चिर रोगों में दीर्घ; एक सप्ताह, एक पक्ष, एक मास, तीन मास यहाँ तक कि औषधि की शक्ति तथा रोग की तीव्रता के आधार पर यह एक वर्ष भी हो सकता है। *पाठक यह समझने की भूल न करें कि ऊँची शक्ति की मात्रा को लम्बे अन्तराल से ही दिया जाएगा।* एक लाख की शक्ति वाली औषधि को प्रत्येक आधा घण्टे के अन्तराल पर भी दिया जा सकता है, तथा तीस शक्ति की मात्रा का अन्तराल 12 अथवा 24 घण्टे हो सकता है। अन्तराल का निर्णय सदैव रोग की तीव्रता, गहनता तथा भेषज शक्ति के आधार पर किया जाएगा।

यदि रोग लक्षणों में सुधार होना रुक जाय अथवा औषधि का प्रभाव रुक जाय तो मात्रा की पुनरावृत्ति कर देनी चाहिए। ब्रायोनिया, इग्नेशिया, बैलाडोना, रस-रैड आदि ऐसी औषधियाँ हैं कि यदि निश्चित अवधि में समुचित प्रभाव न मिले तो उसी औषधि की अन्य शक्ति सेवन करा सकते हैं। किसी सोरा-रोग में सोरा प्रतिविषक (Antipsoric) औषधि लाभ न कर रही हो तो रोग के किसी विशिष्ट लक्षण पर ध्यान दें, बिना उसे दूर किये स्थायी लाभ नहीं होगा। *ऐसे रोग लक्षणों में हो रहे आरोग्य लाभ अथवा हानि का अनुमान लगाने के लिए चिकित्सक को रोगी के साथ मित्रवत् व्यवहार करके सूक्ष्म लक्षणों की परीक्षा करनी होगी। औषधि सेवन के पश्चात् यदि नये और महत्त्वपूर्ण लक्षण रोगी द्वारा बतलाये जाएँ तो समझ लें कि औषधि का निर्वाचन सही नहीं था, भले ही रोगी कुल मिलाकर, स्वयं के स्वास्थ्य में सुधार बतलाये।* ऐसे सुधार स्थायी नहीं होते। रोग लक्षणों से अलग भेषज-लक्षण उत्पन्न होने का अर्थ है कि सेवन कराई गई औषधि का निर्वाचन होम्योपैथी के सिद्धान्तों के विरुद्ध हुआ है। ऐसी औषधि के लिए तुरन्त प्रतिशामक (Antidote) औषधि की व्यवस्था कर देनी चाहिए। यदि तीव्र गति से विकसित होने वाले रोग में अनुचित औषधि का प्रयोग हो जाए तो पुनः सावधानी से औषधि निर्णय करके रोगी को सेवन करा दें।

डॉ. हनीमैन ने पूर्ण निर्वाचित औषधि की प्रथम मात्रा के प्रभाव को रोगी पर पूरी तरह निरीक्षण कर लेने का निर्देश दिया है, उसके पश्चात् ही अन्य औषधि अथवा उसी औषधि की मात्रा की पुनरावृत्ति की बात की है। डॉ. हनीमैन ने देखा कि एक ही मात्रा में देने वाला सिद्धान्त चिर रोगी (Chronic patient) को स्वस्थ करने में अत्यधिक समय लगाता है, इसलिए उन्होंने अपने अन्तिम काल में एक नवीन प्रणाली का उपयोग किया—शक्तिकृत औषधि को जल में घोलकर विभिन्न मात्राओं में सेवन कराने की व्यवस्था। इससे रोगी अपेक्षाकृत शीघ्र रोग मुक्त हो जाते थे। इस सन्दर्भ में डॉ. हनीमैन रचित *आर्गेनन नामक ग्रन्थ में षष्ठम् संस्करण के पृष्ठ 248 पर कहा गया है*— एक शक्तिकृत भेषज की पोस्त के दाने के समान छोटी गोली (Globules No. 10) को 7 या 8 चम्मच जल में घोल दें और उसमें 10-12 आस्फालन (झटके) देकर रख लें। उसमें से प्रत्येक बार रोगी को, चिर रोगों में प्रतिदिन एक बार अथवा एक-एक दिन छोड़कर मात्र एक-एक चम्मच जल की मात्रा सेवन करायें। नूतन रोगों में दो से छः घण्टे का अन्तर देकर मात्रायें दें तथा बहुत तीव्रता से बढ़ने वाले रोगों में प्रत्येक घंटे अथवा इससे भी कम अन्तराल पर परिस्थिति अनुसार मात्रायें सेवन करायें। इस प्रकार बहुत देर से अपनी प्रतिक्रिया प्रकट करने वाली औषधि को भी बिना बार-बार झटके लगाये प्रतिदिन महीनों तक सेवन करा सकते हैं। ऐसा परिश्रुत (Distilled) जल में निर्मित घोल यदि एक-दो सप्ताह तक सेवन कराया जा चुका हो तो उसी औषधि का घोल पुनः तैयार करके प्रयोग में लायें। यदि आवश्यक हो तो उच्च शक्ति का घोल भी प्रयोग कराया जा सकता है। यदि इतने उपचार के उपरान्त कुछ भिन्न प्रकार के रोग लक्षण रोगी में प्रकट हो उठें तो निःसंकोच पुनः सम्पूर्ण लक्षणों के आधार पर औषधि निर्वाचन करके इसी प्रकार जलीय घोल तैयार करके रोगी को सेवन करायें। प्रत्येक बार घोल को 10-12 आस्फालन देकर शक्तिकृत अवश्य कर दें।

औषधि के अधिक मात्रा में सेवन कर लेने के फलस्वरूप जो लक्षण प्रकट हो उठते हैं वे शरीर पर कोई बुरा प्रभाव छोड़े बिना ही धीरे-धीरे शमन हो जाते हैं। यदि औषधि सेवन काल में रोग के आरोग्य होते-होते अन्त में रोग वृद्धि के लक्षण प्रतीत होने लगें तो मात्राओं का अन्तराल (Duration) बढ़ा दें और मात्रा का आयतन (Volume) कम कर दें अथवा कुछ दिन के लिए औषधि सेवन कराना बन्द कर दें।

नूतन रोगां के लिए 6, 12, 30, 200 या 1000 शक्ति की भेषज रोगी की आयु, शरीर बल, रोग की प्रकृति तथा रोगी के स्वंभाव और क्षमता का ध्यान रखते हुए लक्षणानुसार प्रयोग कर सकते हैं। 30 शक्ति सामान्यत: प्रयुक्त होती है और मध्यम शक्ति मानी जाती है। 200 शक्ति का प्रयोग संवेदनशील (Sensitive) रोगियों पर सामान्यत: किया जाता है। पुरातन सिद्धान्तों के आधार पर 200 शक्ति सर्वोच्च मानी गई और नवीन होम्यो प्रणाली के अनुसार 30,000 शक्ति। इन तीस सौ शक्ति (0/30) को पुरानी औषधि पद्धति से कई हजार गुना शक्तिपूर्ण माना है। आज भी औषधियों का निर्माण पुरातन विधि से ही किया जाता है।

एक अन्य विधि के अनुसार चिर रोग में औषधि सेवन कराने के लिए तीन विभिन्न शक्तियों (30, 200, 1000) में लगातार तीन दिन तक प्रात:काल ही दें और तत्पश्चात् कुछ परिवर्तन प्रकट होने तक प्रतीक्षारत रहें। यह विधि भी क्रियात्मक रूप में एकल भेषक पद्धति (Single Medicine System) से अधिक लाभदायी पाई गई है। इन भेषजों को रोगियों को सेवन कराने हेतु उचित शक्ति की एक छोटी गोली आधा गिलास पानी में घोल कर दो से छ: घंटे के अन्तर पर एक-एक चम्मच घोल की मात्रा रोगी तथा रोग की प्रकृति आदि के आधार पर दें। प्रत्येक मात्रा सेवन कराते समय घोल को भली प्रकार चम्मच से एक मिनट तक घोलते रहें, अथवा यदि घोल बन्द मुँह की शीशी में हो तो 10-12 आस्फालन देकर घोल की क्रिया-शक्ति बढ़ा लें। यदि रोगी आरोग्य पथ पर अग्रसर हो रहा हो तो पुन: इसी प्रकार 2-4 छोटी गोली जल में घोलकर अधिक झटके दें अथवा अधिक देर तक चम्मच से घोलते रहें, जिससे इस घोल की शक्ति भी पहले दिये गये घोल के लगभग समान हो जाए। यदि रोगी को कम लाभ हो रहा हो तो इससे उच्च शक्ति का प्रयोग इसी प्रकार जलीय घोल बना कर करें, परन्तु मात्रा की पुनरावृत्ति का अंतराल बढ़ा दें।

चिर रोगों में कम शक्ति की मात्रायें न देने का निर्णय डॉ. हनीमैन ने लिया था परन्तु बाद में कम शक्ति की औषधियों को भी रोग लक्षणों के आधार पर पूर्णत: लाभदायी देखा गया। एक रोगी को पन्द्रह वर्ष पुराना कमर दर्द 'रस टक्स 6' की एक मात्रा देकर मैंने आरोग्य कर दिया था। सामान्यत: चिर रोगों में 30, 200, I M, 10 M, 50 M, CM, DM तथा M M की शक्ति की भेषजें प्रयुक्त होती हैं। उक्त पद्धति में प्रारम्भ में 30, 200 तथा I M (100) शक्ति की एक-एक मात्रा तीन दिन लगातार (एक दिन में एक शक्ति की एक मात्रा) प्रात:काल रोगी को लक्षणानुसार सेवन करायें और इसका परिणाम प्राप्त होने तक प्रतीक्षारत रहें। यदि परिणाम यथोचित न हो तो इसी क्रम में 200, I M तथा 10 M शक्ति का सेवन करायें। अधिक वर्ष पुराने रोगों की चिकित्सा 1000 शक्ति से आरंभ करें और मात्राओं के मध्य लम्बा अंतराल रखें।

जिन लोगों को भेषज सेवनोपरांत रोगवृद्धि (Aggravation) हो जाती हो अथवा जो अधिक संवेदनशील (Sensitive) हों *उन्हें एक गोली एक औंस जल में घोलकर तीन मात्राओं में तीन से छ: घंटे के अंतराल से सेवन करायें।* इसी क्रम में कुछ चिकित्सक एक लाख शक्ति की मात्रा को तीन भागों में विभाजित करके प्रत्येक भाग को आधा घंटे के अन्तराल पर रोगी को सेवन कराते हैं और अपने रोगी को भेषज-लक्षण वृद्धि (Aggravation) से मुक्त रखते हैं। अत्यधिक संवेदनशील (Sensitive) रोगी को दूसरी और तीसरी मात्रा तीन से सात दिन तक के अंतराल से सेवन करायें।

प्रथम मात्रा देने के उपरांत रोगी में प्रकट होने वाले परिवर्तन पर सूक्ष्म दृष्टि रखें। बहुत हानिकर और तीव्र दर्द वाले रोगों में 10 से 30 मिनट तक प्रतीक्षा करने की बात डॉ. हनीमैन ने की है तथा दूसरे खतरनाक रोगों में एक से दो घंटे तक। चिर (Chronic) रोग में 3 दिन से एक सप्ताह तक

प्रतीक्षा कर लें। यदि रोगी इतने समय में आरोग्य लाभ प्राप्त करने लगे तो जब तक रोगी को लाभ होता रहे, औषधि की दूसरी मात्रा न दें।

नूतन रोग में औषधि सेवन के पश्चात् यदि रोगी को नींद आ आए तो अति उत्तम है। हो सकता है कि एक अथवा दो मात्राओं से रोगी के स्थानीय लक्षणों में कोई परिवर्तन न आये फिर भी रोगी को औषधि से स्वास्थ्य लाभ का अनुभव हो जाएगा। चूँकि नूतन रोग में रोगी का मानसिक तल पर स्वस्थ हो जाना एक शुभ लक्षण है, स्थानीय लक्षण शीघ्र ही रोगी में भौतिक तल पर प्रकट होने प्रारम्भ हो जायेंगे। यदि आरोग्य लक्षण प्रकट होते-होते अचानक लाभ बन्द हो जाए और रोग लक्षणों में वृद्धि हो उठे तो मात्रा की पुनरावृत्ति कर दें। इस पुनरावृत्ति से यदि रोग लक्षण बढ़ जायें तो वे शीघ्र ही समाप्त हो जायेंगे और रोगी स्थायी रूप से आरोग्य हो सकेगा। यदि एक रोग एक औषधि से आरोग्य हो चुका हो और उन्हीं लक्षणों के साथ पुन: प्रकट हो तो दूसरी उचित औषधि का निर्वाचन करें। रोगी कुछ दिन औषधि सेवन के पश्चात् थोड़ा भी लाभ अनुभव करे तो जब तक लाभ होता रहे दूसरी मात्रा की पुनरावृत्ति न कर और जब लाभ होना रुक जाय तो उसी औषधि को छोटी-छोटी मात्राओं में सेवन कराते जायें। यदि लक्षणों में कुछ परिवर्तन प्रकट हो तो उनके आधार पर औषधि का पुन: निर्वाचन करें।

इस ग्रन्थ में सामान्यत: मूलार्क तथा निम्न शक्ति की औषधियों का ही प्रयोग हुआ है अत: मात्राएँ प्रत्येक योग के साथ आवश्यकतानुसार लिख दी गई हैं। निम्न शक्ति की औषधियों में सामान्य मात्रा '5 ग्रेन अथवा 5 से 10 बूँद प्रतिदिन चार बार' रहती है।

●●●

2 क्रियात्मक निर्देश (PRACTICAL INSTRUCTIONS)

लक्षण संग्रह

रोग निर्णायक लक्षण औषधि निर्वाचन हेतु अधिक महत्त्वपूर्ण नहीं माने जाते फिर भी रोग की ह्रास-वृद्धि तथा उतार-चढ़ाव का ध्यान रखते हुए उन लक्षणों के आधार पर भी औषधि निर्वाचन कर लिया जाता है। उदाहरणार्थ, पेचिश में मरोड़ होना एक सामान्य लक्षण है परन्तु यदि इस मरोड़ के ह्रास-वृद्धि पर ध्यान दें तो औषधि के चयन में एक दिशा मिलती है, जैसे *दस्त के पश्चात् मरोड़ में थोड़ा आराम हो जाता हो तो नक्स वॉमिका* दी जा सकती है और *यदि दस्त के पश्चात् भी मरोड़ बनी रहे तो मर्क्यूरियस* दी जाती है, इसी प्रकार सामान्य लक्षण भी महत्त्वपूर्ण औषधि खोजने में सहायक हो जाते हैं।

होम्योपैथी 'सदृश विधान' के सन्दर्भ में उचित औषधि के चुनाव के लिए चिकित्सक को रोग लक्षणों से, विभिन्न औषधियों के उन लक्षणों से समानता खोजनी पड़ती है जो स्वस्थ व्यक्ति में वैसे ही रोग लक्षण उत्पन्न करने की क्षमता रखती हो। जितना अधिक निकट यह तुलनात्मक सम्बन्ध होगा उतना ही अधिक निश्चितता के साथ औषधि अपनी प्रतिक्रिया व्यक्त कर रोग मुक्ति दे सकेगी। तात्पर्य यह है कि *जितना अधिक विस्तृत रोग की लक्षणावली हम तैयार कर सकेंगे उतना ही अधिक उपयुक्त हमारा औषधि निर्वाचन होगा।* इसके लिए कुछ नूतन और चिर रोगों के लिए कुछ विशिष्ट सूत्रों पर ध्यान देना होगा।

नूतन रोग (Acute Disease) में चारित्रिक लक्षणों का समझ लेना अधिक सुगम होता है अतः औषधि निर्वाचन चिर रोग की अपेक्षा सरल होता है। महामारी प्रसार काल में सर्दी, पेट दर्द, चर्म रोग आदि में दो या तीन औषधियों का सेवन कराना ही पर्याप्त रहता है। नूतन रोग में रोग का त्वरित कारण (Immediate cause) का विशेष महत्त्व होता है चूँकि रोगी का अवस्था परिवर्तन का आधार वही होता है; जैसे—सर्दी लग जाना, लू लग जाना, वर्षा में भीग जाना, शारीरिक तथा मानसिक श्रम से पूर्णतः क्लांत हो पड़ना, जीवन द्रव्य (रस, रक्त, वीर्य आदि) का अधिक क्षरण होने से कमजोरी हो जाना आदि। अचानक भावनात्मक समाचार सुनने से कभी-कभी व्यक्ति के मस्तिष्क पर ऐसा प्रभाव पड़ता है जो रोग लक्षणों के रूप में प्रकट होता है। ऐसे समाचार भय, क्रोध, चिड़चिड़ाना, कोई भारी दुःख अथवा हर्षातिरेक के भी हो सकते हैं।

भूख से अधिक भोजन करना रोग उत्पन्न करने में विशेष सहायक होता है। मनुष्य को भय होता है कि मैंने खाना नहीं खाया तो मैं मर जाऊँगा। इसी प्रकार *माता-पिता अथवा सेवादारों को भय रहता है कि रोगी ने कुछ खाया नहीं तो वह मर जायेगा और यह हानिकारक धारणा अधिकतर रोगी के रोग की वृद्धि करती है। कम खाने से आज तक के इतिहास में कोई नहीं मरा, न रोगी हुआ, परन्तु अधिक खाने से बीमार पड़ने वालों की संख्या की कमी नहीं है।* संसार में आवश्यकता से कम खाने वाले व्यक्ति भी हैं और अनावश्यक चराई करते रहने वाले भी। ये दोनों ही अनुचित मार्ग पर हैं। *उचित है सम्यक् भोजन का मार्ग, संतुलित आहार का मार्ग।* असंतुलित भोजन से व्यक्ति कुपोषण का शिकार

हो जाता है। संतुलन के साथ-साथ व्यक्ति की रुचि का ध्यान रखना भी आवश्यक है, कहा गया है कि 'आप रुचि आहार, पर रुचि सिंगार'। *रुचि, संतुलन तथा उचित मात्रा का ध्यान रखते हुए किया गया भोजन ही अमृत बनकर शरीर की पुष्टि करता है।* रोग लक्षण संग्रह करते समय रोगी द्वारा लिये गये आहार और उससे उत्पन्न व्यतिक्रमों पर ध्यान देना चिकित्सक का कर्त्तव्य है।

कुछ रोगी मद्य सेवी होते हैं जिनमं कुछ शौकिया होते हैं और कुछ आदत से मजबूर। रोग लक्षण संग्रह में यह बात कम महत्त्वपूर्ण नहीं है। कॉफी, चाय, तम्बाकू, अम्लीय पदार्थ, अफीम, गाँजा, कुनैन तथा पारे से निर्मित औषधियों आदि हानिकारक द्रव्यों का सामान्य प्रयोग रोग लक्षणों में जटिलता उत्पन्न कर देता है। ऐसा ही प्रभाव नाक द्वारा श्वास में ली गई विभिन्न प्रकार की गैसों का होता है। औषधियों के नाम पर व्यक्ति विभिन्न प्रकार के विषों तथा अनावश्यक तत्त्वों का प्रयोग कर लेता है। रोग लक्षण एकत्र करते समय इन सबके प्रभावों से उत्पन्न लक्षणों पर भी चिकित्सक को दृष्टि रखनी होती है। लक्षण संग्रह के समय रोगी को दिये जा रहे बाह्य उपचारों पर भी ध्यान देना है जो कि घाव, चोट-चपेट, मोच, जल जाना, कुचल जाना जैसी स्थितियों में प्रारम्भिक चिकित्सा (First Aid) के रूप में विभिन्न व्यक्तियों द्वारा रोगी के उपचार स्वरूप दे दिये जाते हैं।

किसी नूतन रोग के औषधि निर्वाचन हेतु किये गये *'रोग लक्षण संग्रह'* के समय रोगी की शारीरिक गठन की प्रकृति, उसकी मानसिक तथा भावनात्मक स्थिति, रोगी के निवास स्थान की अवस्था (जैसे सील भरा क्षेत्र है, पानी भरा क्षेत्र है, पर्वतीय क्षेत्र है, समुद्री क्षेत्र है आदि) का ध्यान रखना होगा। रोगी के द्वारा बताये गये इन्द्रियानुभवों पर ध्यान दें, जैसे यदि दर्द है तो कैसा है—फाड़ने वाला, काटने वाला, पीटने जैसा अथवा टपक जैसा। रोगी अवस्था में समय के अनुसार होने वाले ह्रास-वृद्धि का ध्यान रखना भी आवश्यक है। कुछ रोग ऋतु परिवर्तन से प्रभावित होते हैं तो कुछ प्रातः तथा सायंकाल के लक्षणों में अन्तर प्रकट करते हैं। कुछ रोग दोपहर में वृद्धि को प्राप्त होते हैं तो कुछ ह्रास को। कुछ रोग शरीर के गतिमय होने पर ठीक प्रतीत होते हैं तो कुछ शारीरिक विश्राम के समय। कुछ रोग भोजन के बाद वृद्धि को प्राप्त होते हैं तो कुछ ह्रास को। पीड़ित शरीरांग पर स्पर्श तथा दबाव के प्रभाव का भी रोग लक्षण संग्रह में विशेष महत्त्व है। ह्रास-वृद्धि के लक्षणों के साथ ही चिकित्सक को रोग लक्षणों के अन्य संयोजनों पर भी ध्यान देना होगा; जैसे—खाँसी के साथ सिर दर्द अथवा खाँसते समय मूत्र निकल जाना। सिर दर्द के साथ वमन। अन्य उपसर्गों के साथ कँपकपी इत्यादी।

चिर रोग (Chronic Disease) में रोग लक्षण संग्रह हेतु चिकित्सक को नूतन रोगों में रोग के लक्षण संग्रह करने की अपेक्षा अधिक पैनी दृष्टि रखनी होती है। इसके लिए रोगी से ऐसे प्रश्न करने होते हैं कि रोगी उनका उत्तर मात्र 'हाँ' अथवा 'ना' में न देकर विशिष्ट लक्षणों के विषय में बोल सके। इन प्रश्नों को पूछते समय रोगी की मानसिक अवस्था तथा बौद्धिक क्षमता का ध्यान रखना आवश्यक है। रोगी से रोग के ह्रास-वृद्धि सम्बन्धी प्रश्न करने के साथ-साथ रोग आरम्भ होने की अवस्था के लक्षण अवश्य पूछें, चाहे रोग कितना ही पुराना हो। चिर रोगों में रोगी के पारिवारिक इतिहास तथा पैतृकता के विषय में एक चिकित्सक को जानना आवश्यक है। रोगी के जन्म से वर्तमान काल तक के मध्य होने वाली पुरानी लम्बी बीमारियाँ, चर्म रोग, दाने उभरने वाले रोग तथा स्थानीय उपचारों के विषय में अवश्य जानकारी लें। हो सकता है वर्तमान रोग लक्षणों का उनसे कोई सम्बन्ध निकल आये। दाने दब जाने से भी बहुत से उपसर्ग प्रकट हो उठते हैं। कुछ रोगी कब्ज निवारक औषधियाँ, खनिज लवण, पेटेंट औषधियाँ, स्वादिष्ट चूर्ण-चटनी आदि खाने के आदी होते हैं, रोग निर्णय करने में तत्सम्बन्धी लक्षणों का ध्यान रखना होगा।

शरीर के किसी यंत्र में जब विशेष रोग लक्षणों का बाहुल्य हो तो अन्य अंगों में कुछ दूसरे लक्षण मिल सकते हैं और हो सकता है कि वे शरीरांग पास-पास न हों, यह भी संभव है कि जब तक रोगी को ध्यान न दिलाया जाए उन लक्षणों का उसे आभास भी न हो, जैसे बहुत से सिर दर्दों में मूत्र अथवा दृष्टि सम्बन्धी उपसर्ग उत्पन्न हो जाते हैं, अर्श के साथ श्वास सम्बन्धी उपसर्ग प्रकट हो उठते हैं। रोगाक्रांत शरीरावयवों से सम्बन्ध रहित अंगों के लक्षण अधिक महत्त्वपूर्ण होते हैं जैसे सुजाक (Gonorrhoea) पीड़ित व्यक्ति को स्राव के पश्चात् मूत्र नली में जलन हो तो इतना महत्त्व का लक्षण नहीं माना जाता जितना स्राव के पश्चात् जाँघों, पेड़ू तथा कमर में दर्द हो उठने का लक्षण। भोजन के पश्चात् पेट में दर्द हो जाना इतना महत्त्वपूर्ण नहीं माना जाएगा जितना सिर में दर्द हो जाना। रोग लक्षणों के वर्ग में कोई परिवर्तन हो तो उस पर अवश्य ध्यान दें; जैसे—पेट सम्बन्धी रोगों के साथ गठिया बात के उपसर्ग प्रकट हो उठें अथवा वात रोगों के साथ नजला और श्वास सम्बन्धी लक्षण प्रकट हो उठें, परन्तु परावर्तित रूप से प्रकट होने वाले लक्षण महत्त्वपूर्ण नहीं होते, वे द्वितीयक (Secondary) लक्षण कहलाते हैं, जैसे गुर्दे के रोगी को रक्तहीनता अथवा शोथ के लक्षण प्रकट हो उठें।

'रोग निर्वाचन' के लिए जो लक्षण जितने अधिक महत्त्व के हैं, उनका उतना ही कम महत्त्व 'औषधि निर्वाचन' के विषय में होता है। 'रोग निर्णय' के विचार से सामान्य लक्षणों का विशेष महत्त्व है जो कि एक प्रकार के रोगियों में एक समान पाये जाते हैं, जैसे न्यूमोनिया के रोगी को ज्वर, खाँसी, थूक में रक्त, श्वास कष्ट, पसली में दर्द आदि होना। 'औषधि निर्णय' के विचार से विशिष्ट लक्षण अधिक महत्त्वपूर्ण हैं जो एक ही वर्ग के प्रत्येक रोगी में भिन्न-भिन्न होते हैं। चिकित्सक को यह जान लेना अत्यावश्यक है कि किस विशिष्ट लक्षण के आधार पर रोगी का रोग उसी प्रकार के दूसरे रोगी से सम्पूर्ण लक्षणावली के आधार पर भिन्न है? यह ज्ञात होने पर आरोग्यदायिनी औषधि का निर्वाचन सहज हो जाता है चूँकि **यह भिन्नता ही औषधि और रोग के लक्षणों के मिलाने की कुंजी है।** एकांगीय (One sided) अथवा खण्ड (Partial) रोग में जितने रोग लक्षण प्रकट हो सकें उनके आधार पर ही भेषज सेवन कराने से शेष रोग लक्षण उभर आते हैं, जो आगे की औषधि के निर्वाचन में सहायक होते हैं।

औषधि सेवन कराने से पूर्व रोगी के स्वास्थ्य के लिए हानिकारक आदतों को सुधारना आवश्यक होता है जिनमें भोजन तथा शुचिता सम्बन्धी आदतें प्रमुख हैं। कभी-कभी तो इन अस्वास्थ्यकर आदतों के सुधार मात्र से ही व्यक्ति रोग मुक्त हो जाता है। अस्वास्थ्यकर वे सभी आदतें हैं, जो शरीर को रोगी बनाती हैं। जैसे शरीर में अस्वस्थता अनुभव होने पर भी पूजा पाठ के नाम पर ब्रह्म मुहूर्त में स्नान आदि अथवा इसके विपरीत थोड़ी सी अस्वस्थता के नाम पर तीन-तीन दिन स्नान आदि न करना। रूग्णावस्था में भी व्रत के नाम पर औषधि ग्रहण न करना। सीलन भरे वातावरण में रहना। रोग लक्षणों के आधार पर चिकित्सा व्यवस्था करने में उपर्युक्त लक्षणों का ध्यान रखना आवश्यक है। फिर भी किसी भी अवस्था में निर्दिष्ट औषधि वही होगी जो रोग लक्षणों की तुलनात्मक समानता में अपने लक्षण प्रकट करती है, न कि मात्र रोग निर्णायक लक्षण प्रकट करती हो। पूर्ण सावधानी से निर्वाचित औषधि अवश्य रोग मुक्त करती है। यदि रोग असाध्य अर्थात् ठीक न होने वाला हो तो भी रोगी को राहत तो देती ही है।

औषधि निर्वाचन हेतु सम्पूर्ण रोग लक्षणों को लिख लेने के पश्चात् उनमें से रोग निर्णायक (सामान्य) लक्षणों को काट दें और रोग को व्यक्तिगत बनाने का प्रयास करें। व्यक्तिगत से तात्पर्य यह है कि यदि ज्वर रोग से रामसिंह, काले खाँ तथा जॉन थामस ग्रसित हुए हैं तो सामान्य लक्षण इन तीनों के एक समान होते हुए भी वे इतने भिन्न हैं कि रामसिंह का ज्वर केवल रामसिंह का है। उसी प्रकार के सम्पूर्ण लक्षण काले खाँ अथवा जॉन थॉमस के नहीं हो सकते। रोग को व्यक्तिगत बनाने के लिए रोग

लक्षण लिखते समय निष्पक्ष निर्णय, पूर्ण ध्यान, सावधानीपूर्वक निरीक्षण तथा रोगी द्वारा कहे गये भाव में ही लक्षणों को समझ लेना आवश्यक है।

हमारा उद्देश्य 'सदृश विधान' के सिद्धान्त के अनुसार अधिक-से-अधिक समानता के आधार पर औषधि निर्णय करना है। फिर भी दुर्भाग्य से मैटेरिया मैडिका की वर्तमान अवस्था तथा सदृश विधान की विशिष्ट सीमाओं के कारण बायोकैमिक चिकित्सा पद्धति में किसी-किसी रोग में सम्पूर्ण रोग लक्षण एक ही औषधि के लक्षणों से नहीं मिल पाते। सभी होम्योपैथ्स केवल एक औषधि अकेली ही देने की सलाह देते हैं और यह भी नहीं चाहते कि ऐसी निर्वाचन औषधि किसी औषधि के साथ मिश्रित की जाए अथवा पर्यायक्रम से (एक के बाद एक करके) दी जाए। चूँकि ऐसा करने से ही औषधि का सम्पूर्ण प्रभाव रोगी पर प्रकट हो सकेगा। यह एकल औषधि भी अत्यन्त सूक्ष्म मात्रा में दी जानी चाहिए। इससे रोग मुक्ति की प्राकृतिक प्रक्रिया स्पष्ट हो उठती है और औषधि की विशिष्ट शक्ति के लक्षण रोगी पर देखे जा सकते हैं।

एक ही औषधि देने वाला सिद्धान्त शोध (Research) हेतु एक अत्यावश्यक सिद्धान्त है, परन्तु **जहाँ किसी रोग को उसके सम्पूर्ण परिप्रेक्ष्य में रोग विनष्ट करके पूर्ण स्वास्थ्य लाभ कराने की बात हो तो एकल औषधि पद्धति से मिश्रित औषधि पद्धति क्रियात्मक रूप में अधिक प्रभावशाली रहती है।** इसके बहुत से कारण हैं, जैसे रोगी के शरीर में विजातीय द्रव्यों का पाया जाना, विजातीय विषों का पाया जाना, जो हमारे खाद्यान्नों में मिश्रित खाद तथा रक्षक औषधियों के कारण आ जाते हैं। एलोपैथिक औषधियों का अधिकतम उपयोग तथा एलोपैथिक पेटेण्ट्स के द्वारा अनावश्यक औषधियों का शरीर में प्रवेश आदि भी विजातीय विष शरीर में पहुँचाने में विशेष भूमिका निभाते हैं। कुल मिलाकर यह कहा जा सकता है कि **किसी रोगी में जितनी औषधियों के लक्षण एक बार में निर्देशित हो रहे हों, उनसे सम्बन्धित समान धर्मा औषधियों को मिश्रित करके देने से रोगी पर उनका मिश्रित प्रभाव अति शीघ्र रोग लक्षणों का शमन करता है।** चिर रोगों में ऐसी मिश्रित औषधि का कुछ दिन सेवन कराने के पश्चात् पुनः रोग लक्षण संग्रह करने चाहिए और शेष बचे लक्षणों के आधार पर पुनः औषधि निर्णय करके मिश्रण तैयार करके रोगी को देना चाहिए, पुनः कुछ दिन बाद यही क्रिया दुहरायें और तब तक चलाते रहें जब तक कि रोगी पूर्णतः रोग मुक्त न हो जाए। **यदि रोग के अन्त में अथवा चिकित्सा के मध्य में कभी एकल औषधि के लक्षण प्रकट हो जायें तो एक ही औषधि देने की व्यवस्था करनी चाहिए। व्यर्थ ही अनावश्यक औषधियों का मिश्रण नहीं देना चाहिए।**

इस ग्रन्थ में रोग लक्षणों के आधार पर रोग के नामों से ही औषधि योगों का संकलन किया गया है अतः रोग लक्षणों में अधिक समय लगाने की आवश्यकता चिकित्सक को नहीं पड़ेगी।

लक्षणावली प्रयोग
(Use of Repertory)

सावधानीपूर्ण परीक्षण हेतु चिकित्सक को लक्षणावली का प्रयोग करना आना चाहिए। केवल मैटेरिया मैडिका (निघण्टु) के आधार पर स्मरण शक्ति की सीमा के कारण कोई भी चिकित्सक किसी रोगी के लिए उचित औषधि निर्वाचन में सफल नहीं हो सकता। डॉ. जे. टी. कैंट ने इस विषय में बड़े महत्त्वपूर्ण सूत्र बतलाये हैं।

किसी रोगी के सम्पूर्ण लक्षण लिख लेने के पश्चात् प्रथमतः सामान्य स्थिति प्रदर्शित करने वाले, ह्रास-वृद्धि वाले, लक्षणों पर ध्यान दें। उसके पश्चात् रोगी की शारीरिक तथा मानसिक अवस्था,

उत्सुकता (Longings), इच्छा, घृणा, भय आदि पर ध्यान दें। तब रोगी की कारण-विधि, स्मरण शक्ति तथा मानसिक कष्ट के कारण पर ध्यान दें और इनके आधार पर चार, छः; आठ, दस औषधियाँ लक्षणावली में देखकर (प्रत्येक लक्षण के अनुसार अलग-अलग) लिख लें। तत्पश्चात् इन औषधियों में से कम लक्षणों वाली औषधि को काटते चलें तो आप देखेंगे कि बहुत कम संख्या में शेष औषधियाँ बचेंगी। इनमें तुलनात्मक अध्ययन करके संख्या और भी कम हो जायेगी। अब रोगी के विशिष्ट लक्षणों (Peculiar symptoms) पर ध्यान दें। विशिष्ट चारित्रिक लक्षण वे हैं जो इसी प्रकार के दूसरे रोगी में नहीं होते। इससे हमारी औषधि सूची में एक या दो औषधि ही शेष रह जायेंगी। अब रोगी के सम्पूर्ण लक्षणों पर एक बार पुन: निर्वाचित औषधियों के आधार पर मैटेरिया मैडिका की सहायता से विचार करें कि निर्वाचित औषधि रोगी के सम्पूर्ण लक्षणों से किस सीमा तक मेल खाती है।

अब, रोगी द्वारा कहे गये लक्षणों के आधार पर उक्त प्रकार औषधि चुनाव बड़ा ही सरल प्रतीत होता है परन्तु जब रोगी अपनी भाषा में कुछ ऐसे लक्षण बताता है जो रैपर्टरी में नहीं हैं अथवा प्रामाणिक नहीं हुए, स्थिति तनावपूर्ण हो उठती है। अधिकतर रोगी न सामान्य लक्षण बताते हैं, न मानसिक और न विशिष्ट लक्षण ही प्रकट करते हैं, केवल वे लक्षण बतलाते हैं जो इस प्रकार के सभी रोगियों में सामान्यत: पाये जाते हैं। ऐसे में औषधि निर्णय मात्र 'भाग्य का खेल' होता है यह वैज्ञानिक विधि नहीं है।

डॉ. मागरिट टेयलर (Margaret Tyler) लक्षणों के श्रेणी विभाजन (Grading) पर जोर देते हैं। उनके अनुसार प्रथम श्रेणी के लक्षणों में रोगी के मानसिक लक्षण (Mental symptoms) आते हैं। किसी भी रोगी के लिए औषधि निर्वाचन में इनका विशेष महत्त्व है। इनके लिए रैपर्टरी के मस्तिष्क विभाग (Mind Section) को पढ़ें। इसके त्वरित निर्णय के लिए *चिकित्सक को लक्षणावली के पृष्ठों को बराबर देखते रहना चाहिए।* मानसिक लक्षणों के पश्चात् शारीरिक प्रभाव प्रदर्शित करने वाले लक्षणों पर ध्यान दें, जैसे समय और ऋतु, गर्मी अथवा ठंडी, भीगी और शुष्क, तूफान, स्थितियाँ, दबाव, गति, स्पर्श आदि के प्रभाव। तृतीय श्रेणी के लक्षणों में इच्छा एवं घृणा प्रकट करने वाले लक्षण आते हैं परन्तु इसे रोगी की पसंद अथवा नापसंद न समझ लें। स्त्रियों के लिए मासिक धर्म सम्बन्धी लक्षण प्रमुख होते हैं; जैसे—रोग मासिक धर्म से पूर्व प्रकट होता है अथवा उसके पश्चात् या होते समय। मासिक स्राव देर से होता है, समय से पूर्व ही होता है अथवा अधिक होता है आदि लक्षण निम्न श्रेणी में आते हैं। इनका महत्त्व उसी रोग में है जो केवल इसी से सम्बन्धित हो जैसे मांस-वृद्धि, नाकड़ा (Polypus), गाँठ (Fibroid) अथवा रजोनिवृत्ति (Menopause)। अब *रोगी द्वारा दिये गये विशिष्ट (Particular)* लक्षणों को जो रोगी द्वारा प्रारम्भ में ही चिकित्सक को बतलाये जाते हैं, *सबसे अन्त में देखता है,* क्योंकि अधिकतर ऐसे लक्षण औषधि निर्वाचन की दृष्टि से सामान्य लक्षणों की श्रेणी में आते हैं। विशिष्ट लक्षणों में प्रथम श्रेणी के अन्तर्गत वे लक्षण माने जाते हैं, जो रोग के आधार पर असामान्य तथा आशातीत हों अर्थात् यहाँ रोगी के सम्पूर्ण क्रिया व्यवहार को खण्ड-खण्ड करके परखना है कि रोगी का सिर क्या कहता है, पेट क्या कहता है, जोड़ क्या कहते हैं आदि। एक सिर दर्द में रोगी हाथ नहीं लगाने देता तो दूसरे प्रकार के सिर दर्द में जोर से दबाने के लिए कहता है।

सामान्य लक्षणों में रोगी के सम्पूर्ण क्रिया-कलाप एक साथ देखना है जिसमें रोगी 'मैं' शब्द का उपयोग करेगा 'मेरा' का नहीं; जैसे—मैं अकेला नहीं रह सकता, मुझे सर्दी लगती रहती है आदि। मेरा सिर ठंडा है, घुटने में दर्द है और लक्षण इस श्रेणी के नहीं हैं, अपितु विशिष्ट लक्षणों में होते हैं।

कभी-कभी सामान्य तथा विशिष्ट लक्षणों में विरोध भी मिलता है जैसे आर्सेनिक में ठंड से वृद्धि होती है परन्तु आर्सेनिक का सिर दर्द ठंड से आराम अनुभव करता है। लाइकोपोडियम गर्म

औषधि है अर्थात् इसका रोगी गर्मी नहीं सह सकता परन्तु उसे पेट के रोग में गर्म भोजन तथा पेय से आराम मिलेगा। फासफोरस ठंडे व्यक्ति के लिए निर्देशित औषधि है परन्तु फासफोरस के दर्दों में जलन होती है। फासफोरस का रोगी ठंड नहीं सह सकता परन्तु उसका पेट ठंडा पेय ही माँगता है, जो कि पेट में जाकर गर्म होते ही वमन होकर निकल आता है। **डॉ. कैण्ट इसीलिए कहते हैं कि जितना असामान्य लक्षण हो उतना ही वह अधिक महत्त्वपूर्ण होगा।** अतः किसी भी रोग के प्रति पूर्व विचारधारा के प्रतिकूल प्रतीत होने वाले लक्षण ही औषधि निर्णय की कुंजी हैं।

अन्तिम और सबसे कम महत्त्वपूर्ण बात रोग-निदान अर्थात् रोग का नाम जान लेना है। यदि हमें ज्ञात हो जाए कि अमुक रोगी को अस्थमा (श्वास रोग) है तो श्वास रोग के अध्याय में दी हुई विशिष्ट औषधियों की सूची भर में से ही लक्षणानुसार औषधि निर्वाचित की जा सकती है अन्यथा सम्पूर्ण औषधियों के लक्षणों पर चिकित्सक का ध्यान जाता है। *जहाँ तक होम्यो पद्धति का प्रश्न है वहाँ रोग के नाम का कोई महत्त्व नहीं है।* एलोपैथी, आयुर्वेदिक आदि पद्धतियाँ रोग के नामकरण के आधार पर अपने चिकित्सकीय विवरण स्पष्ट करती हैं अतः उसी श्रृंखला में होम्योपैथी में भी रोगों के आधार पर औषधि विवरण प्रस्तुत किये जाते हैं। मुझे याद है कि जब अन्य पद्धतियों के जानकार रोगी मेरे पिताश्री डॉ. बी. बी. सिंह के पास आकर पूछते थे कि आपने मुझे क्या रोग 'डायग्नोस' किया है तो वे रोग नाम जानते हुए भी उन्हें कहते थे कि तुम्हें 'आर्सेनिक' रोग है अथवा 'बैलाडोना' है आदि। *एक होम्योपैथ के लिए पैथोलौजिकल टैस्ट एक दम बे-मानी हैं, रोगी जो-जो कष्ट बोलता है वह महत्त्वपूर्ण है।* डॉ. कैण्ट ने इसी कारण कहा है कि 'रोग की चिकित्सा मत करो रोगी की करो।' और जब विभिन्न विशिष्ट लक्षण एक रोगी में इस प्रकार के पाये जायें एकल औषधि का निर्णय न हो पा रहा हो लक्षणावली (Repertory) का प्रयोग करो।

इस ग्रन्थ में लक्षणावली (Repertory) के उपयोग द्वारा रोगों के आधार पर औषधियाँ चुन-चुनकर मिश्रित करने के लिए निर्देशित की गई है अतः चिकित्सकों को लक्षणावली के झंझट से भी यथासाध्य मुक्त रखने का प्रयत्न किया गया है।

प्रतिविष
(Antidote)

चिकित्सकों के पास बहुत से रोगी ऐसे आते हैं जो अंग्रेजी (Allopathic) अथवा अन्य पद्धतियों की औषधियाँ सेवन कर चुके होते हैं। ऐसे रोगियों के लिए यह आवश्यक हो जाता है कि उन औषधियों के सूक्ष्म प्रभाव को निष्क्रिय बनाने के लिए उचित प्रतिविष (Antidote) का उपयोग किया जाए। *कुछ होम्योपैथ्स इसके लिए आँख बन्द करके सल्फर अथवा नक्स वॉमिका आदि जैसी औषधियों की एक मात्रा उपचार प्रारम्भ करने से पूर्व देकर अपने कर्त्तव्य की इतिश्री समझ लेते हैं यह उचित नहीं है। होम्योपैथी आँख बन्द करके चलने वाली पद्धति नहीं है।* चिकित्सक को चाहिए कि वह रोगी को दी गई अन्तिम औषधि का पता लगाये फिर उसकी क्रिया को निष्क्रिय बनाने हेतु योग्य होम्यो औषधि की एक मात्रा चिकित्सा प्रारम्भ करने से पूर्व रोगी को सेवन कराये। इस विषय में औषधि की शक्ति पर भी ध्यान देना आवश्यक है। शक्ति का सम्बन्ध अन्तिम औषधि की अवधि से है। यदि औषधि एक दो दिन ही सेवन की है तो 6 शक्ति देना ही पर्याप्त होगा। यदि एक सप्ताह प्रयुक्त हुई है तो 30 शक्ति, 15 दिन से 90 दिन तक के लिए 200 शक्ति, इससे अधिक के लिए 1000 शक्ति। 10 M आदि जैसी शक्तियाँ प्रतिविष (Antidote) रूप में प्रयोग करना व्यर्थ है चूँकि इतनी सूक्ष्म स्थिति में अन्य पद्धतियों में औषधियाँ प्रयुक्त नहीं होतीं। आयुर्वेद भी सामान्यतः सहस्रपुटी से अधिक की भस्में कदाचित ही प्रयोग में लाता है। आयुर्वेद का शतपुटी तथा

सहस्रपुटी वाला सिद्धान्त होम्योपैथी की 100 शक्ति तथा 1 M शक्ति निर्मित करने के अनुरूप ही है, अन्तर केवल माध्यम का है, एक में माध्यम अग्नि है तो दूसरे में जल अथवा मद्यसार। जहाँ अग्नि का प्रयोग नहीं होता वहाँ आघातों का प्रयोग होता है। आयुर्वेद 'लक्षाघात' औषधियों का निर्माण करता है।

चिकित्सा प्रारम्भ करने से पूर्व रोगी को उचित प्रतिविष (Antidote) देकर रोग के सही लक्षण उभर कर सामने आने तक प्रतीक्षा करनी चाहिए। तत्पश्चात् ही लक्षणानुसार उचित औषधि का निर्वाचन कर रोगी को सेवन करानी चाहिए। मैंने देखा है कि चिकित्सक लोग रोगी के आते ही एक मात्रा प्रतिविष दे देते हैं और दस मिनट के पश्चात् ही उपचारार्थ निर्वाचित औषधि की मात्रा भी दे डालते हैं। वे नहीं सोचते कि प्रतिविष (Antidote) का प्रभाव प्रकट होने से पूर्व के लक्षण 'वास्तविक रोग लक्षण' हैं ही नहीं। यदि चिकित्सक यह कहें कि जो लक्षण हमारे सम्मुख थे उनके आधार पर औषधि निर्वाचित की गई थी अब अगली बार जो लक्षण सम्मुख आयेंगे तब उनके अनुसार औषधि चुन ली जाएगी, फिर तो प्रतिविष रूप में किसी औषधि के देने की आवश्यकता ही नहीं है। मैं ऐसे कुछ चिकित्सकों को जानता हूँ जो चिकित्सा आरम्भ करने से पूर्व दी जाने वाली प्रतिविष (Antidote) को मान्यता नहीं देते। डॉ. बोरिक तेज असर कारक औषधियों का प्रभाव समाप्त करने के लिए चिकित्सा प्रारम्भ करने से पूर्व एक या अधिक मात्राओं में जलीय घोल के रूप में प्रतिविष (Antidote) औषधि का सेवन अपने रोगी को कराते थे। जब पूर्व सेवित औषधियों का प्रभाव समाप्त हो जाता था तब शेष रोग लक्षणों के आधार पर होम्यो औषधि का निर्वाचन करते थे।

मिश्रित योग पद्धति में प्रतिविषों को अधिक महत्त्व नहीं दिया जाता, फिर भी औषधियों के आधार पर प्रतिविष का ज्ञान रखना उचित है। आवश्यकता के अनुरूप इन्हें उपयोग करने में कोई बुराई नहीं है।

पथ्यापथ्य निर्णय

होम्योपैथी की सूक्षम मात्रा के प्रभाव को कोई अनुपयुक्त और अव्यवस्थित भोजन नष्ट न कर दे इस हेतु डॉ. हनीमैन ने रोगी के पथ्यापथ्य पर ध्यान देने का निर्देश दिया है। रोगी का कर्त्तव्य है कि शीघ्र आरोग्य लाभ के लिए खान-पान के प्रतिबन्ध सम्बन्धी नियमों का निष्ठा से पालन करें।

होम्योऔषधि सेवन काल में सामान्यतः कड़ी कॉफी, कड़ी चाय, कपूर, इत्र, तीखी गन्ध के द्रव्य, पुष्प, अगरबत्ती आदि भारी पानी, औषधियुक्त साबुन, सुगन्धित साबुन, क्रीम, तेल, पाउडर, पेस्ट, पान मसाला, तीखे मसाले, केशर, हींग, प्याज, लहसुन, मूली, अचार, कड़वी, शाक-भाजी, धुआँ, धूप, धनियाँ, सभी प्रकार की अन्य औषधियाँ, औषधि युक्त भोजन अथवा पेय, टॉनिक, इन्फेक्शन दूर करने वाले रसायन, फिनायल, नैफ्थलीन, बाह्योपचार की दवायें जैसे-प्लास्टर, आइण्टमैण्ट्स, जड़ी-बूटी, कैस्ट्रॉइल, पारा युक्त द्रव्य, कब्ज निवारक औषधियाँ तथा लवणदि का निषेध रहता है।

उक्त सूची को यदि कोई रोगी पढ़ेगा तो सोचेगा कि फिर मेरे खाने के लिए बचा ही क्या? ऐसे रोगियों को यह जानकर खुशी होगी और प्रसन्नता होगी कि होम्योपैथी में औषधि सेवन काल में सामान्यतः कोको, ओवलटीन, बोर्नविटा, ओटहोले, सत्तू तथा हल्की चाय, कॉफी का निषेध नहीं है। दाँतों की सफाई के लिए बबूल की दाँतोन, सुगन्ध रहित कोयले का चूर्ण उपले का चूर्ण आदि महीन करके प्रयोग कर सकते हैं और अन्त में उनके कण निकालने के लिए खाली ब्रश कर सकते हैं। सिर में नारियल तेल तथा साधारण साबुन, ग्लिसरीन सोप, गोदरेज टायलेट सोप नं. 2, टरकिशबाथ सोप, टाटा हमाम सोप आदि तीखी गन्ध रहित वस्तुओं को प्रयोग कर सकते हैं। तम्बाकू का प्रयोग या तो बन्द

कर दें अथवा औषधि की मात्रा देने के बीच तीन घण्टे का अन्तर रखें। इन सभी वस्तुओं का प्रयोग सीमित ही किया जाए और चिर रोगों में इन वस्तुओं का भी निषेध कहा है।

सामान्यत: भोजन हल्का, सुपाच्य तथा स्वास्थ्यवर्धक रखना चाहिए परन्तु वह मात्रा में इतना अल्प होना चाहिए कि भूख की सन्तुष्टि कर दे, पेट को फुलाये नहीं। अच्छा हो यदि रोगी को भूख लगने पर ही भोजन की व्यवस्था की जाए। 'घड़ी देख मत खाना माँगो' वाल सिद्धान्त रोगी कड़ाई से पालन करे। पाचन समस्या वालों को बेसन का उपयोग नहीं करना चाहिए। क्रीम, घी, मक्खन का प्रयोग कम करें। चीनी, गुड़, खांड़ खाना अच्छा है। शहद प्राकृतिक चीनी है। चाय, कॉफी का प्रयोग नाड़ियों को शिथिल करता है और मन्दाग्नि, नाड़ी क्षीणता, गुर्दा और मसाने के रोग, रक्तचाप आदि को निमन्त्रण देता है। सफेद ब्रेड, मसाले मैदा की वस्तुएँ कब्ज करती हैं। पालिश किये हुए चावलों से बचे, दालें साबुत लें चूँकि छिलकों में आवश्यक लवण होते हैं। टमाटर, हरी ताजी सब्जी उबालें और बिना उनका जल फेंके सेवन करें तो प्राकृतिक लवण शरीर को मिलेंगे। इससे शरीर पोषण के साथ-साथ मल विसर्जन में सरलता रहती है।

ऋतु के अनुरूप स्वस्थ व्यक्ति के भोजन के विषय में विशेष स्पष्टीकरण मैं अपनी पुस्तक 'क्रियात्मक कुण्डलिनी तन्त्र, प्रकाशक—दीप पब्लिकेशन हॉस्पीटल रोड, आगरा' में विशद रूप से दे चुका हूँ। अस्वस्थ व्यक्ति सामान्यत: अपने भोजन के घण्टे निश्चित रखे, जिससे मल विसर्जन आदि क्रियाऐं उचित रूप से होती रहें। भोजन को भली प्रकार से चबा-चबाकर शान्त बैठकर खाना चाहिए। शीघ्रता में भोजन करना विष के समान है। भोजन ठीक से चबा लेने से उसमें लार अच्छी प्रकार मिश्रित हो जाती है। उसमें आँतों की क्रिया सही रहती है। पाचन संस्थान सक्रिय बना रहता है। दूध धीरे-धीरे पीना चाहिए। मेरे पितामह श्री मगन लाल कुलश्रेष्ठ कहा करते थे कि 'दूध को पिओ मत' खाओ। धीरे-धीरे चबा-चबा कर दूध को खाओ। उनका यह सिद्धान्त बड़ा रहस्यपूर्ण है। रोग काल में रोगी मानसिक तथा शारीरिक रूप से विश्राम करे, इतना ही उचित है। विश्राम का अर्थ सो जाना नहीं है। औषधि खाली पेट में प्रात: ले लेनी चाहिए। भोजन या पेय के तुरन्त पश्चात् कभी होम्यो अथवा बायोकैमिक औषधि न लें। नूतन रोगों में आधा घण्टा पूर्व अथवा दो घण्टे पश्चात् तथा चिर रोग में लगभग एक घण्टे का अन्तराल रखें। मूली वाली सब्जी, आलू वाली सब्जी आदि छिलके के साथ खाने से वे गैस नहीं बनाते। पाचन सम्बन्धी चिर रोगी तली वस्तुएँ न प्रयोग करें। मट्ठा का प्रयोग लाभदायक रहेगा। खुली हवा में टहलना तथा उपयुक्त आसन, व्यायाम आदि करना आवश्यक है। आसन, प्राणायाम आदि अष्टांग योग के सरल अभ्यास मैंने 'क्रियात्मक कुण्डलिनी तन्त्र' में विशद स्पष्टीकरणों सहित दे दिये हैं। इच्छुक व्यक्ति वहाँ देख लें। विस्तार के भय से यहाँ देना उचित नहीं है।

मन्दाग्नि के रोगी को घी-तेल में तली वस्तुएँ, बेसन, मैदा, खोया, आदि दुग्ध खाद्य, भूमि के अन्दर पैदा होने वाले मूल, चाय, कॉफी, चीनी आदि का निषेध है। भाप या पानी में पकाये हुए भोजन, छाछ, हरी सब्जियाँ, टमाटर, सेला चावल आदि मन्दाग्नि के रोगी को लाभप्रद हैं। प्रमेह, मधुमेह (Diabeties) रोगी को चाय, कॉफी, कोको, चीनी, मीठे फल, शहद, आलू आदि स्टार्च वाली सब्जियाँ, केला, अचार, मसाले, मद्यपान, मांस आदि त्याज्य हैं। लगातार सैक्रीन का प्रयोग अनुचित है चूँकि यह तारकोल से निर्मित होती है और संतृप्त (Concentrate) रूप में शर्करा युक्त होती है। कुल मिलाकर यह पाचन संस्थान पर विपरीत प्रभाव डालती है। ऐसे रोगी सीमित मात्रा में दूध, छाछ, मटर, सेम, टमाटर तथा हरी सब्जियों का सेवन कर सकते हैं।

कब्ज (कोष्ठबद्धता, Constipation) के रोगी को चाहिए कि वे भूख के समय अवश्य खायें, छोड़ें नहीं। अंकुर फूटा चना (कच्चा) खाली पेट प्रात: या भोजन के समय सेवन करें। केला,

खजूर, अंजीर, हरी सब्जी, टमाटर अधिक खायें। सोते समय अथवा जागते समय मूत्राशय खाली होते ही एक गिलास ठंडा जल पीयें। मल विसर्जन की इच्छा होते ही अवश्य मल त्याग के लिए जायें। भोजन के बाद या पेय के बाद मल त्याग हेतु जाना ऐसे रोगी के लिए लाभदायक होता है।

सरल अभ्यास के रूप में कोष्ठबद्धता के रोगी एक गिलास ठंडा पानी पीने के पश्चात् चालीस बार टाँगें ऊपर उठायें और धीरे-धीरे नीचे लायें अथवा टहलें। ठंडे पानी से प्रातः स्नान तथा स्नान के समय पेड़ू पर ठंडे पानी की धारा डालना लाभप्रद होता है। कब्ज निवारक औषधियों तथा लवणों का प्रयोग वर्जित है। खनिज लवण युक्त जल भी त्याज्य है। इन वस्तुओं से रोग और गहरा हो जाता है। कोष्ठबद्धता बहुत से जीर्ण रोगों का आधार बनती है। इसलिए इसके पथ्यापथ्य पर विशेष स्पष्टीकरण प्रस्तुत किये गये हैं। अन्य रोगों के विषय में यथा स्थान खाद्य-अखाद्य के स्पष्टीकरण दिये जायेंगे।

क्लीनीकल निर्देश

1. भूखे अथवा प्यासे होने की अवस्था में रोगी देखने से रोग जीवाणु चिकित्सक पर आक्रमण कर सकते हैं।
2. रोगी के घर में चिकित्सक को कुछ नहीं खाना चाहिए संक्रमण का भय रहता है।
3. चिकित्सालय में श्वेत वर्ण के खाद्य खाना मना होता है। दुग्ध खाद्यों में जीवाणु प्रवेश सरल होता है।
4. रोगी के निरीक्षण के पश्चात् चिकित्सक को चाहिए कि अपने हाथ जीवाणु विरोधी (Antiseptic) द्रव्य से धो लें।
5. चिकित्सालय से सम्बन्धित सभी वस्तुयें पूर्णतः शुद्ध तथा स्वच्छ रहनी चाहिए। गन्दगी में जीवाणु शीघ्र पनपते हैं।
6. रोगी को स्पर्श करने वाली वस्तुओं की सफाई पर विशेष ध्यान दें तथा आवश्यकतानुसार उन्हें मैथिलेटेड स्प्रिट, डेटॉल अथवा कार्बोलिक आदि से साफ कर दें।
7. निश्चित अवधि के पश्चात् तथा औषधि का रंग परिवर्तन होने के पश्चात् उसका उपयोग वर्जित है।
8. चिकित्सक के हाथ धोने वाले तौलिया तथा साबुन अलग रखने चाहिए।
9. चिकित्सालय में वायु के आने-जाने का समुचित प्रबन्ध होना चाहिए परन्तु औषधियों की धूप नहीं लगनी चाहिए।
10. अधिक गहरे रंग के पर्दे चिकित्सालय में उचित नहीं होते।
11. प्रकाश व्यवस्था न अधिक तीव्र हो न कम ही हो।
12. जिस स्थल पर रोगी बैठते हों वहाँ स्वस्थ लोगों को नहीं बैठना चाहिए।
13. रोगी की परीक्षा करते समय चिकित्सक के पास कोई दूसरा व्यक्ति नहीं होना चाहिए।
14. चिकित्सक को अपना चरित्र रोगी के सम्मुख एक आदर्श रूप में प्रकट करना चाहिए।
15. रोगी से ऐसा प्रेमपूर्ण व्यवहार करना चिकित्सक का कर्त्तव्य है कि वह अपने लक्षण बतलाने में कोई संकोच न करे।
16. रोगी परीक्षण करते समय उसकी श्वास-प्रश्वास से चिकित्सक को अपने को बचाना चाहिए।
17. औषधियाँ देते समय एक बार में एक कार्क खोलें, उसे बन्द करके तब दूसरी शीशी खोलें।

3 ताप विकार
(FEVERS)

देश काल परिस्थिति के अनुसार ज्वर अर्थात् 'तापमान विकार' विभिन्न प्रकार के हुआ करते हैं। जो ज्वर बिना किसी विशेष कारण के हल्के ढंग से आता है उसमें भय नहीं होता। ठण्ड लगने, गर्मी लगने, अधिक भोजनादि, अधिक परिश्रम तथा मानसिक उद्वेग आदि के कारण अविराम ज्वर (Continued fever) हो जाता है। इस रोग से अधिकतर बच्चे प्रभावित होते हैं। इसे फेब्रिक्युल्स, गैस्ट्रिक, साइनोकैल बिलियस आदि नामों से शरीरावयवों के प्रभावित होने के आधार पर पुकारा जाता है।

अविराम ज्वर में कम्पन, शरीर दर्द, वमन आदि उपसर्ग प्रारम्भ में प्रकट होते हैं, फिर एकाएक ताप वृद्धि होकर सिर दर्द, प्यास, मिचली, अग्निमांद्य, वमन, बेचैनी, त्वचा शुष्क, नाड़ी तीव्र पूर्ण तथा वेगवान, जीभ पर मैल आदि लक्षण प्रकट हो जाते हैं। ऐसा ज्वर निरन्तर एक भाव से बना रहता है।

पथ्य रूप में ज्वर काल में दूध, साबूदाना, मीठे फल, चिउड़ा, अनार, बिदाना, बिस्कुट, मिश्री, बार्ली, अरारोट आदि की व्यवस्था की जाती है। ज्वर न रहने पर रोटी, चावल, शाक भाजी दे दिये जाते हैं।

स्वल्पविराम (Remittent) ज्वर प्रारम्भ में अविराम ज्वर के समान लक्षणों वाला ही होता है। यही बाद में सविराम ज्वर (Intermittent fever) का रूप ले लेता है। ज्वर प्रभेद के अनुसार यह बिलियस, कन्टीन्यूड तथा मलेरियल आदि कहा जाता है।

इस ज्वर के लक्षणों में शरीर दर्द, जलन, वमन, मिचली क्षुधा न रहे, सिर दर्द, चक्कर, आँख तथा चेहरा लाल, प्रलाप, अनिद्रा, बेचैनी, वमन आदि उपसर्ग प्रकट होते हैं। वमन में खाद्य तथा पेय, पित्त आदि निकलता है। जिह्वा शुष्क, गन्दी, ओष्ठ फटे, तीव्र तृषा रहती है। यह ज्वर सविराम (Intermittent) ज्वर के समान पूरी तरह नहीं उतरता। अधिकांश प्रात:काल में दो एक अंश कम हो जाता है और बाद में पुन: ताप वृद्धि हो जाती है। कभी अर्धरात्रि से ज्वर में कमी आती है तो कभी अर्धरात्रि से वृद्धि होती है। प्रबल ज्वर मध्याह्न तथा मध्य रात्रि से बढ़ता है और 24 घंटे में दो बार आक्रमण करता है। यदि यह ज्वर अधिक दिनों तक बना रहे तो मियादी ज्वर (Typhoid fever) जिसे आंत्रिक ज्वर (Entric fever) भी कहा जाता है, में परणित हो जाता है। इस रोग में मस्तिष्कावरण प्रवाह, फुफ्फुस प्रदाह, पाकाशय प्रदाह, यकृत प्रदाह, प्लीहा प्रदाह तथा अचानक शीतावस्था हो जाना भयावह उपसर्ग हैं।

सामान्य ज्वर
(Simple Fever)

कॉम्बिनेशन नं.1

एकोनाइट नेपलेस (Aconite Napelis) 6X

बैलाडोना (Belladona) 6X

बैप्टीशिया (Baptisia) 6X

जैल्सीमियम (Gelsemium) 6X

उक्त योग का उपयोग ज्वर-सर्दी-प्रतिश्याय आदि जैसे-उपसर्गों में सामान्यत: किया जाता है। इस योग की 5 बूँदें थोड़े से जल में मिश्रित कर प्रतिदिन एक बार देने से ही उत्तम लाभ प्राप्त होता है।

कॉम्बिनेशन नं. 2

फैरम फॉस (Ferrum Phos) 12X

काली म्योर (Kali Mur) 6X

नेट्रम म्योर (Natrum Mur) 6X

नेट्रम सल्फ (Natrum Sulph) 6X

उक्त औषधियों को समान भाग में मिश्रित करके 5 ग्रेन की मात्रा में प्रतिदिन चार बार सेवन करायें।

कॉम्बिनेशन नं. 3

एकोनाइट नैपलेस (Aconite Nap) 30X

ब्रायोनिया एल्बम (Bryonia Alb) 6X

फैरम फॉस (Ferrum Phos) 12X

काली म्योर (Kali Mur) 3X

फास्फोरस (Phosphorus) 12 X

उक्त औषधियों को समान भाग में मिश्रित करके 6 बूँद, अथवा 5 ग्रेन (पाउडर) की मात्रा में सर्दी, खाँसी, ज्वर तथा फ्लू के रोगियों के लिए दिन में चार बार सेवन करायें।

कॉम्बिनेशन नं. 4

फैरम फॉस (Ferrum Phos) 12X

काली म्योर (Kali Mur) 3X

काली फॉस (Kali Phos) 3X

उक्त औषधियों को समान भाग में मिश्रित कर 5 ग्रेन की मात्रा में दिन में चार बार रोगी को प्रतिदिन सेवन करायें। ज्वर के समय जिह्वा पर सफेद मोटी तह जमे, कोष्ठबद्धता के कारण ज्वर विकार हो, नाड़ी अनियमित तीव्र हो, नजला, जुकाम तथा गठिया के साथ ज्वर हो तो इस योग को प्रथम औषधि के रूप में प्रयोग किया जा सकता है।

कॉम्बिनेशन नं. 5

नेट्रम म्योर (Natrum Mur) 6X

फैरम फॉस (Ferrum Phos) 6X

उक्त औषधियों को सम भाग मिश्रित कर 5 ग्रेन की मात्रा में गर्म जल के साथ दिन में चार बार सेवन करें। यह योग सर्दी, जुकाम, बुखार की प्रथमावस्था में उत्तम काम करता है। हे-फीवर में आँख से जल स्रवित होने तथा ज्वर के आरम्भ में अधिक श्लेष्मा संचित होने, श्वास कष्ट होने आदि में यह सद्य फलप्रद योग है। इन्फ्युएन्जा, झुकने अथवा श्वास लेने से नाक शुष्क

हो जाना, गंध का अनुभव न होना, नाक से साफ झाग युक्त जल गिरना (जो सर्दी तथा परिश्रम से बढ़ता हो), जुकाम में अण्डे की सफेदी जैसा श्लेष्मा निकलना आदि कष्टों में यह औषधि विशेष रूप से लाभ देती है।

कॉम्बिनेशन नं. 6

आरनिका मॉण्ट (Arnica Mont) 6X
बैलाडोना (Belladona) 6X
एकोनाइट नेप (Aconite Nap) 6X

शूल के अलावा किसी भी प्रकार के दर्द के लिए यह योग अति उत्तम है। यदि अत्यधिक ऊँचा ज्वर हो जाए तब भी यह योग अच्छा परिणाम देता है। इस योग की 2 से 5 बूँद की मात्रा थोड़े जल में मिश्रित करके सेवन कराने से आशातीत लाभ मिलता है। आवश्यकता के समय मात्रा को प्रति घंटे के अंतराल पर भी दिया जा सकता है।

कॉम्बिनेशन नं. 7

एकोनाइट (Aconite Nap) Q
फेरम फॉस (Ferrum Phos) 12X
जेलसीमियम (Gelsemium) Q

उक्त औषधियाँ सम भाग मिश्रित कर योग तैयार कर लें। 5 से 10 बूँद की मात्रा में थोड़े जल के साथ दिन में चार बार सेवन कराने से हल्के प्रकार के ज्वर, सर्दी, जुकाम, खाँसी, ऋतु कालीन ज्वर, मलेरिया आदि में लाभ मिलता है।

कॉम्बिनेशन नं. 8

नेट्रम म्योर (Natrum Mur) 3X
फेरम फॉस (Ferrum Phos) 12 X
काली सल्फ (Kali Sulph) 3X

उक्त औषधियाँ मिश्रित कर गर्म जल से 5 ग्रेन की मात्रा में प्रतिदिन चार बार रोगी को सेवन कराने से ज्वर के उपसर्गों में आशातीत लाभ मिलता है। ज्वर का रात्रि में बढ़ना अथवा सायंकाल पाँच बजे से रात्रि में बरह बजे तक बढ़ना, स्वेद स्राव न होना, खुली हवा में अच्छा लगना आदि उपसर्गों में यह योग सद्य फलप्रद है।

कॉम्बिनेशन नं. 9

नेट्रम फॉस (Natrum Phos) 3X
काली म्योर (Kali Mur) 3X
कल्केरिया सल्फ (Calcarea Sulph) 3X
काली फॉस (Kali Phos) 3X
फैरम फॉस (Ferrum Phos) 12X
नेट्रम म्योर (Natrum Mur) 3X
कैल्केरिया प्लोर (Calcarea Fluor) 3X

काली सल्फ (Kali Sulph) 3X

उक्त औषधियाँ मिश्रित कर प्रतिदिन चार बार 5 ग्रेन की मात्रा में गर्म जल के साथ सविराम ज्वर में सेवन करायें।

मलेरिया ज्वर
(Malaria Fever)

मलेरिया ज्वर सामान्यत: आठ प्रकार का पाया जाता है—सविराम (Intermittent), जूड़ी ताप (Ague), दलदली ताप (Marsh), ऋतु ताप (Climatic), वर्धवान, चटगाँव तथा पेशावर ताप (Burdwan, Chittagaon and Peshawar Fever), तराई ताप (Tarai fever), स्वल्प विराम (Remittent) तथा मयाज्मैटिक (Miasmatic)। ये सभी प्रकार के मलेरिया 'प्लैज्मोडियम मैलेरि' नामक जीवाणु के कारण उत्पन्न होते हैं।

इस ज्वर में तीन अवस्थाएँ होती हैं—शीत (Cold), उष्ण (Heat) तथा स्वेद (Sweat), अर्थात् ठण्ड लगकर ज्वर होना, फिर शरीर का तापक्रम बढ़ना एवं स्वेद स्राव होकर ज्वर उतर जाना किसी-किसी रोगी में कोई-सी दो अवस्थाएँ ही प्रकट होती हैं। मलेरिया प्राय: एक ही समय पर आता है, परन्तु कभी-कभी व्यतिक्रम भी हो जाता है।

अंतराल के आधार पर मलेरिया ज्वर की प्रधान तीन श्रेणियाँ हैं—इकतरा (Quotidian), जो 24 घण्टे में किसी एक निश्चित समय पर एक बार आक्रमण करता है। तिजारी (Tertian), जो 48 घण्टों में एक बार आता है। चौथैया (Quartan), जो 72 घण्टों में एक बार आता है। यदि दिन में दो बार ज्वराक्रमण हो तो वह द्विपारी ताप (Double Quotidian) कहलाता है। अनियमित समय से आने वाले मलेरिया को अनिश्चित पारी ताप (Double tertian) कहते हैं। जो ज्वर तीन दिनों में एक दिन न आता हो उसे दून (Doubel quarian) कहते हैं। जो मलेरिया किसी भी नियम के अन्तर्गत न आता हो वह अनियमित (Irregular) ताप कहलाता है।

पथ्य रूप में साबू, बार्ली, अरारोट, मिश्री का चूरा तथा नींबू के रस को मिश्रित कर देना लाभप्रद है। ज्वर के समय वमन होने पर गर्म जल पिलायें। ज्वर उतर जाने पर दूध तथा दूध साबू लाभप्रद है। ज्वर आना बन्द हो जाने पर सूजी की रोटी तथा जीवित छोटी मछली का शोरवा दें। तीन-चार दिन के पश्चात् पुराने चावल, गूलर, केला, परवल, बैंगन तथा केले के फूल आदि की सब्जियाँ एवं रोटी दें। गर्म जल में कपड़ा भिगो कर रोगी के शरीर को एक अथवा दो दिन के अंतराल से अँगोछ देना उचित है।

कॉम्बिनेशन नं. 1

चिनियम सल्फ (Chin. Sulph) 6

आर्सेनिक एल्बम (Aresenic Alb) 30

यूपेटोरियम पर्फ (Eupat. Purf) 6

उक्त औषधियाँ समान भाग में मिश्रित करके 5 बूँद की मात्रा में प्रतिदिन चार बार मलेरिया से ग्रस्त रोगी को थोड़े जल में मिलाकर सेवन करायें।

कॉम्बिनेशन नं. 2

बैलाडोना (Belladonna) 6X

यूपेटोरियम पर्फ (Eupatorium Perf) 6X

चायना (China) 6X

निक्टेन्थिस (Nyctanthes) 6X

उक्त औषधियों की समान मात्रा मिश्रित कर दो से पाँच बूँद की मात्रा में प्रतिदिन चार बार थोड़े जल के साथ सेवन कराने से मलेरिया ज्वर में विशेष रूप से लाभ होता है। ज्वर के साथ सिर दर्द, आँखें रक्तिम, नाड़ी तीव्र, कोष्ठबद्धता, यकृत तथा प्लीहा वृद्धि के लक्षण तथा पित्त युक्त वमन आदि ऐसे उपसर्ग हैं जहाँ यह योग सद्य फलप्रद है।

कॉम्बिनेशन नं. 3

नैट्रम म्योर (Natrum Mur) 3X

कैल्केरिया फॉस (Calcarea Phos) 6X

फैरम फॉस (Ferrum Phos) 12 X

कैल्केरिया सल्फ (Calcarea Sulph) 6X

उक्त औषधियाँ सम भाग मिश्रित कर 5 ग्रेन की मात्रा में प्रतिदिन चार बार सेवन कराने से तिजारी तथा चौथैया ज्वर में आशातीत लाभ मिलता है।

कॉम्बिनेशन नं. 4

हाइड्रोकोटाइल (Hydrocotyle) Q

कालमेघ (Kalmegh) Q

हाइग्रोफिला (Hygrophila) Q

लूफा बिंदल (Lufa Bendal) Q

बोरेविया डी. (Boerhaevia D.) Q

उक्त औषधियाँ मिश्रित कर 2 से 5 बूँद की मात्रा में रोगी की अवस्थानुसार थोड़े जल के साथ दिन में 4 बार सेवन कराने से क्षुधा वृद्धि होती है तथा यकृत विकारों में लाभ मिलता है। यकृत तथा प्लीहा वृद्धि होने पर यह लाभप्रद योग है, पित्त के निस्सारण में वृद्धि करता है। बच्चों के यकृत, कृमि तथा अजीर्ण विकारों में विशेष रूप से लाभदायी है। अधिक मलेरिया भोगने के पश्चात् यकृत तथा प्लीहा के विकारों में सद्य फलप्रद है।

कॉम्बिनेशन नं. 5

आरनिका मॉण्ट (Arnica Mont) 6X

बैलाडोना (Belladona) 6X

एकोनाइट नेप (Aconite Nepe) 6X

शूल के अलावा किसी भी प्रकार के दर्द के लिए यह योग अति उत्तम है। यदि अत्यधिक ऊँचा ज्वर हो जाए तब भी यह योग अच्छा परिणाम देता है। इस योग की 2 से 5 बूँद की मात्रा थोड़े जल में मिश्रित करके सेवन कराने से आशातीत लाभ मिलता है। आवश्यकता के समय मात्रा को प्रति घंटे अंतराल पर भी दिया जा सकता है।

कॉम्बिनेशन नं. 6

नैट्रम म्योर (Natrum Mur) 6X

यूपेटोरियम पर्फ (Eupetorium Perf) 1X

एलियम सीपा (Allium Cepa) 3X

बैलाडोना (Belladona) 1X

जस्टिशिया आधा (Justi Adha) 1X

सेना (Senna) 1X

उक्त औषधियाँ सम भाग मिश्रित कर योग तैयार कर लें। 5 से 10 बूँद की मात्रा में थोड़े जल के साथ दिन में 4 बार सेवन कराने से नजला-जुकाम (प्रतिश्याय), खाँसी, श्वास, मलेरिया ज्वर, इन्फ्लुएन्जा, पसली में दर्द, वक्ष में दर्द, श्लेष्मा तथा बच्चों की पसली चलने जैसी अवस्थाओं में आशातीत लाभ मिलता है। ब्रॉन्काइटिस, हे अस्मा, स्नोफीलिया वृद्धि जैसे विकारों में भी यह औषधि सद्य फलप्रद है।

कॉम्बिनेशन नं. 7

एकोनाइट (Aconite Napa) Q

फेरम फॉस (Ferrum Phos) 12 X

जेलसीमियम (Gelsemium) Q

उक्त औषधियाँ सम भाग मिश्रित कर योग तैयार कर लें। 5 से 10 बूँद की मात्रा में थोड़े जल के साथ दिन में चार बार सेवन कराने से हल्के प्रकार के ज्वर, सर्दी, जुकाम, खाँसी, ऋतुकालीन ज्वर, मलेरिया आदि में लाभ मिलता है।

कॉम्बिनेशन नं. 8

नैट्रम म्योर (Natrum Mur) 3X

कल्केरिया फॉस (Calcarea Phos) 12X

नैट्रम सल्फ (Natrum Sulph) 3X

उक्त औषधियाँ सम भाग मिश्रित कर 5 ग्रेन की मात्रा में प्रतिदिन चार बार सेवन कराने से रोगी को ज्वर से पूर्व कँपकँपी, रोमांच, हाथ पैर के ठण्डे, रोमांच से पूर्व खुजली होना, होठों पर छाले हो जाना आदि उपसर्गों में आशातीत लाभ मिलता है।

मियादी बुखार

मोतीझरा एक संक्रामक रोग है। यह साल्मोनेला टाइफी नामक जीवाणु से उत्पन्न होता है। अधिकांशतः टाइफाइड 5 से 10 वर्ष की आयु में होता है परन्तु किसी भी आयु में हो सकता है। आजकल जिन ऐन्टिबायोटिक औषधियों से उपचार किया जाता है उससे रोग की अवधि कम हो जाती है। इसलिए रोग क्षमता पूर्ण रूप से पनप नहीं पाती और इसका दुबारा आक्रमण अथवा पहले आक्रमण का पुनरावर्तन होने का भय होता है।

उद्भवन काल—5 से 28 दिन तक है।

रोगी के सीधे सम्पर्क में आने से या उसकी प्रयोग की हुई वस्तुओं के माध्यम से भी यह रोग फैलता है।

रोग फैलने के कारण

1. **वाहनिक पदार्थों द्वारा**— जैसे जल, भोजन, दूध से बने पदार्थ, कच्ची सब्जियाँ आदि। इनका संदूषण सीधे रोगी के मलमूत्र से मक्खियों द्वारा होता है।

2. **सीधे रोगी द्वारा**—रोगी की संक्रमित वस्तुओं से यह रोग फैलता है।

3. व्यक्तिगत स्वच्छता का अभाव तथा स्वास्थ्य नियमों का पालन न करना।

4. सुरक्षित जल व्यवस्था न होना रोग का एक कारण है।

5. कूड़े-कचरे, मल-मूत्र निकास आदि का प्रबन्ध न होना।

लक्षण—ज्वर होने से पहले रोगी के सिर में दर्द और साथ ही कमर में दर्द होने लगता है। 12 से 24 घण्टे के भीतर ज्वर होता है जो प्रारम्भ में 101°F से 102°F तक होता है। दूसरे सप्ताह में ज्वर 104°F तक पहुँच सकता है तथा संध्या के समय ज्वर अधिक होता है। जिह्वा के किनारों पर सफेद विलयन सा जम जाता है। तीसरे सप्ताह में आँतों में पड़े जख्मों से रक्त बहने की सम्भावना पैदा हो जाती है, चौथे सप्ताह में ज्वर में धीरे-धीरे उतार आने लगता है।

बायोकैमिक दृष्टि से सर्वाधिक विवेकपूर्ण मार्ग शरीर के तन्तु लवणों की कमी पूरी करना तथा लवणाधिक्य को कम करने की प्रकृति की सहायता करना है। टायफाइड ज्वरों में आने वाली दुर्बलता कुछ तत्त्वों के परमाणुओं के परिवर्तन से आती है। इस विषय में कुछ चिकित्सक बैप्टीशिया तथा रस टॉक्स से सफलता पाने की बात करते हैं तो कुछ ब्रायोनिया, एसिड फॉस, चायना, सिमिसिफ्यूगा, फैरम फॉस, नैट्रम म्योर तथा नैट्रम फॉस आदि का लक्षणानुसार सफल प्रयोग करते हैं।

टायफॉयड ज्वर आंत्र ग्रन्थियों पर शोथ आने से प्रकट होता है। यदि हम किसी प्रकार यह प्रदाह हटा सकें तो रोग घट जाता है। यदि जिह्वा श्वेत हो तो फैरमफॉस सर्वोत्तम ज्वर निवारक औषधि है तथा काली म्योर इन लक्षणों में सर्वोत्तम दोषघ्न। प्रलाप, घबराहट तथा घातक उपसर्गों में जिह्वा भूरी होने पर काली फॉस लाभ देती है। मैगनेशिया फॉस उदर शूल तथा आमाशय में दबाव की अनुभूति के साथ जिह्वा पर पीले रंग की चमकदार मैल आने पर प्रयोग किया जाता है। जिह्वा की मैल सुनहरे पीले रंग की अथवा क्रीम वर्ण की तर हो तो नैट्रम फॉस का प्रयोग किया जाता है। नैट्रम सल्फ जिह्वा भूरे से हरित वर्ण की गंदी सी होने पर प्रयुक्त होती है। यहाँ आप देखेंगे कि इन औषधियों का चुनाव विशेषकर जिह्वा के लक्षणों के आधार पर ही किया जाता है। जब रोगी स्वास्थ्य लाभ की ओर अग्रसर होने लगता है तो कैल्केरिया फॉस का सेवन कराया जाता है। यह उन निर्जीव तत्त्वों की पूर्ति करती है जो रोगावस्था में घट जाते हैं।

कॉम्बिनेशन नं. 1

आर्सेनिक एल्बम (Arsenic Album) 6X
जैल्सीमियम (Gelsemium) 6X
बैप्टीशिया (Baptitia) 6X

उक्त योग का उपयोग मोतीझला के उपसर्गों में किया जाता है। 5 बूँद की मात्रा में प्रतिदिन एक बार थोड़े जल में मिश्रित कर सेवन करायें।

कॉम्बिनेशन नं. 2

काली म्योर (Kali Mur) 3X
फैरम फॉस (Ferrum Phos) 12X
नैट्रम म्योर (Natrum Mur) 3X
काली फॉस (Kali Phos) 3X
साइलीशिया (Silicea) 12X

उक्त औषधियाँ सम भाग मिश्रित कर 5-5 ग्रेन की मात्रा में प्रतिदिन चार बार सेवन कराने से टायफायइड ज्वर के उपसर्गों में आशातीत सफलता मिलती है।

कॉम्बिनेशन नं. 3

काली म्योर (Kali Mur) 6X
नैट्रम फॉस (Natrum Phos) 6X
साइलीशिया (Silicea) 12X

उक्त औषधियाँ सम भाग मिश्रित कर 5 ग्रेन की मात्रा में प्रतिदिन चार बार सेवन कराने से, रोगी के पेट में कीड़ा, केंचुआ की संभावना के साथ टायफाइड ज्वर के उपसर्ग प्रकट होने पर आशातीत लाभ देती है।

इन्फ्लुएन्जा
(Influenza)

यह भी तीव्र छूत की बीमारी है। एक आक्रमण के बाद सक्रिय रोग क्षमता अधिक अवधि के लिए उपार्जित नहीं होती। यह इन्फ्लुएन्जा वाइरस नामक जीवाणु द्वारा फैलती है।

उद्भव काल— 24 से 72 घण्टे।

प्रसार—यह वायु द्वारा संवाहित होती है तथा रोगी की संक्रमित वस्तुओं में। जैसे—रूमाल, तौलिया, कप, गिलास, खिलौने आदि।

सर्दी या शीत कम्प से ज्वर 101° से 103°F तक का हो सकता है। इसके साथ जुकाम, खाँसी, सिरदर्द, कमर, कन्धे तथा हाथ-पावों में दर्द भी होता है। रोगी शक्तिहीनता का अनुभव करता है।

1. रोग के फैलते ही स्वास्थ्य अधिकारी को सूचना देनी चाहिए।
2. रोगी का पृथक्कीकरण करना।
3. रोगी के नाक, मुँह से निकले आस्रावों को जला देना चाहिए।
4. रोगी के प्रयोग के बर्तनों वगैरह को उबाल कर साफ करना चाहिए।
5. कमरे तथा बिस्तर को धोकर धूप लगवाना।

कॉम्बिनेशन नं. 1

इन्फ्लुएन्जिनम (Influenzinum) 6X
परिश्रुत जल (Sterile Aqueous Solvent)

उक्त योग सर्दी, ज्वर, खाँसी, शरीर दर्द आदि इन्फ्लुएन्जा के उपसर्गों में उपयोगी रहता है। रोगी के आरोग्य होने तक प्रतिदिन एक बार 5 बूँद की मात्रा में इस योग का सेवन करायें।

कॉम्बिनेशन नं. 2

एकोनाइट नैपलेस (Aconite Nep) 30X
ब्रायोनिया एल्बम (Bryonia Alb) 6X
फैरम फॉस (Ferrum Phos) 12X
काली म्योर (Kali Mur) 3X
फास्फोरस (Phosphorus) 12X

उक्त औषधियों को समान भाग में मिश्रित करके 5 बूँद अथवा 5 ग्रेन (पाउडर) की मात्रा में सर्दी, खाँसी, ज्वर तथा फ्लू के रोगियों के लिए दिन में चार बार सेवन करायें।

कॉम्बिनेशन नं. 3

एकोनाइट नेप (Aconite Nep) 6X
बैलाडोना (Belladona) 6X
ब्रायोनिया (Bryonia) 6X
सैन्गुनेरिया (Sanguneria) 6X

उक्त योग खाँसी के विकार में अत्यन्त फलदायी है। 5 बूँद की मात्रा में थोड़े जल के साथ प्रतिदिन एक बार सेवन करायें।

कॉम्बिनेशन नं. 4

जस्टीशिया (Justisia Adha) 50 ग्राम
ग्लिसरीजा ग्लैबरा (Glycerrhiza Glabra) 50 भाग
ओपियम (Opium) Q 1 भाग
कैम्फर (Camphor) Q 1 भाग
एसिड बेन्जोइक (Acid Banzoic) 10 भाग
एफेड्रीन (Ephedrine) Q 10 भाग

उक्त औषधियाँ उचित मात्रा में मिश्रित कर 5 बूँद की मात्रा में थोड़े जल के साथ खाँसी तथा वक्ष के अन्य विकार, श्वास कष्ट, श्वास फूलना, स्वास्थ्य भंग आदि के लिए सेवन करायें। सामान्यत: औषधि दिन में चार बार देना ही लाभप्रद रहता है परन्तु रोग की उग्रता के आधार पर मात्रा की पुनरावृत्ति की जा सकती है।

कॉम्बिनेशन नं. 5

नैट्रम म्योर (Natrum Mur) 6X
फैरम फॉस (Ferrum Phos) 6X

उक्त औषधियों को सम भाग मिश्रित कर 5 ग्रेन की मात्रा में गर्म जल के साथ दिन में चार बार सेवन करें। यह योग सर्दी, जुकाम, बुखार की प्रथमावस्था में उत्तम काम करता है। हे-फीवर में आँख, नाक से जल स्रावित होने तथा ज्वर के आरम्भ में अधिक श्लेष्मा संचित होने, श्वास कष्ट होने आदि में यह सद्य फलप्रद योग है। इन्फ्लुएन्जा, झुकने अथवा श्वास लेने से नाक शुष्क हो जाना, गंध का अनुभव न होना, नाक से साफ झाग युक्त जल गिरना (जो सर्दी तथा परिश्रम से बढ़ता हो), जुकाम में अण्डे की सफेदी जैसा श्लेष्मा निकलना आदि कष्टों में यह औषधि विशेष रूप से लाभ देती है।

कॉम्बिनेशन नं. 6

बैलाडोना (Belladona) 3X
लोबेलिया (Lobelia) 3X
सेबाडिल्ला (Sabadilla) 3X
यूपेटोरियम पर्फ (Eupat Perf) 3X
जैल्सीमियम (Gelsemium) 3X

उक्त औषधियों को समान भाग लेकर मिश्रण तैयार करें और 2 से 5 बूँद की मात्रा में दिन में चार बार रोगी को सेवन करायें। सम्पूर्ण शरीरावयवों में वेदना हो, ज्वर, सिरदर्द, बेचैनी तथा मिचली होती हो तो उक्त योग अपना चमत्कार दिखाता है।

कॉम्बिनेशन नं. 7

आरनिका मॉण्ट (Arnica Mont) 6X
बैलाडोना (Belladona) 6X
एकोनाइट नेप (Aconite Nepa) 6X

शूल के अलावा किसी भी प्रकार के दर्द के लिए यह योग अति उत्तम है। यदि अत्यधिक ऊँचा ज्वर हो जाए तब भी यह योग अच्छा परिणाम देता है। इस योग की 2 से 5 बूँद की मात्रा थोड़े जल में मिश्रित करके सेवन कराने से आशातीत लाभ मिलता है। आवश्यकता के समय मात्रा को प्रति घण्टे के अन्तराल पर भी दिया जा सकता है।

कॉम्बिनेशन नं. 8

ओसिमम सेन्क्टम (Ocimum S) Q
इपीकॉकुआन्हा (Ipecacuanha) Q
जस्टीशिया आधाटोडा (Justitia Adha) Q
नक्स वॉमिका (Nux Vomica) Q
ड्रोसेरा (Drossera) Q
मेफाइटिस (Mephitis) Q
ब्रायोनिया (Bryonia) Q
जिन्जीबर (Zungiber) Q
स्ट्रोसिओनम (Strontia) Q
बैलाडोना (Belladona) Q

उक्त औषधियों के सम भाग मिश्रण से निर्मित योग का उपयोग सर्दी, खाँसी, नूतन अथवा चिरकालीन कास, सामान्य सर्दी, श्वास रोग, इन्फ्लुएन्जा, शुष्क खाँसी (जो प्रथम निद्रा के पश्चात् अर्ध रात्रि में प्राय हो जाती है), वक्ष में दर्द, घरघराहट आदि व्याधियों में सफलता के साथ किया जाता है। इस योग की 5 से 10 बूँद की मात्रा में थोड़े जल में मिश्रित कर दिन में 3–4 बार सेवन कराने से उक्तोक्त उपसर्गों में लाभ मिलता है।

कॉम्बिनेशन नं. 9

नैट्रम म्योर (Natrum Mur) 6X
यूपेटोरियम पर्फ (Eupetorium Perf) 1X
एलियम सीपा (Allium Cepa) 3X
बैलाडोना (Belladona) 1X
जस्टिशिया आधा (Just Adha) 1X
सेना (Senna) 1X

उक्त औषधियाँ सम भाग में मिश्रित कर योग तैयार कर लें। 5 से 10 बूँद की मात्रा में थोड़े जल के साथ दिन में 4 बार सेवन कराने से नज़ला--जुकाम (प्रतिश्याय) खाँसी, श्वास, मलेरिया ज्वर,

इन्फ्लुएन्जा, पसली में दर्द, वक्ष में दर्द, श्लेष्मा तथा बच्चों की पसली चलने जैसी अवस्थाओं में आशातीत लाभ मिलता है। ब्रान्काइटिस, हे अस्मा, स्नोफीलिया वृद्धि जैसे विकारों में भी यह औषधि सद्य फलप्रद है।

कॉम्बिनेशन नं. 10

फैरम फॉस (Ferrum Phos) 12X
काली म्योर (Kali Mur) 3X
नैट्रम म्योर (Natrum Mur) 6X
नैट्रम सल्फ (Natrum Sulph) 6X
कल्केरिया फॉस (Calcarea Phos)12X
काली फॉस (Kali Phos)3X

उक्त औषधियाँ सम भाग में मिश्रित कर 5-5 ग्रेन की मात्रा में प्रतिदिन चार बार गर्म जल के साथ रोगी को सेवन कराने से इन्फ्लुएन्जा के उपसर्गों में आशातीत लाभ मिलता है।

हे-फीवर
(Hay-Fever)

कॉम्बिनेशन नं. 1

कैल्केरिया फ्लोरिका (Calcarea Fluor) 6X
फैरम फॉसफोरिकम (Ferrum Phos) 12X
काली म्यूरियेटिकम (Kali Mur) 6X
नैट्रम फॉस्फोरिकम (Natrum Phos) 6X

उक्त औषधियों को समान भाग में मिश्रित करके 5 ग्रेन की मात्रा में रोगी को प्रतिदिन चार बार सेवन करायें।

कॉम्बिनेशन नं. 2

नैट्रम म्योर (Natrum Mur) 6X
फैरम फॉस (Ferrum Phos) 6X

उक्त औषधियों को सम भाग मिश्रित कर 5 ग्रेन की मात्रा में गर्म जल के साथ दिन में चार बार सेवन करें। यह योग सर्दी, जुकाम, बुखार की प्रथमावस्था में उत्तम काम करता है। हे-फीवर में आँख, नाक से जल स्रावित होने तथा ज्वर के आरम्भ में अधिक श्लेष्मा संचित होने, श्वास कष्ट होने आदि में यह सद्य फलप्रद योग है। इन्फ्लुएन्जा, झुकने अथवा श्वास लेने से नाक शुष्क हो जाना, गंध का अनुभव न होना, नाक से साफ झाग युक्त जल गिरना (जो सर्दी तथा परिश्रम से बढ़ता हो), जुकाम में अण्डे की सफेदी जैसा श्लेष्मा निकलना आदि कष्टों में यह औषधि विशेष रूप से लाभ देती है।

कॉम्बिनेशन नं. 3

नैट्रम म्योर (Natrum Mur) 6X
यूपेटोरियम पर्फ (Eupetorim Perf) 1X
एलियम सीपा (Allium Cepa) 3X

बैलाडोना (Belladona) 1X

जस्टिशिया आधा (Justi Adha) 1X

सेना (Senna) 1X

उक्त औषधियाँ सम भाग मिश्रित कर योग तैयार कर लें। 5 से 10 बूँद की मात्रा में थोड़े जल के साथ दिन में 4 बार सेवन कराने से नजला-जुकाम (प्रतिश्याय), खाँसी, श्वास, मलेरिया ज्वर, इन्फ्लुएन्जा, पसली में दर्द, वक्ष में दर्द, श्लेष्मा तथा बच्चों की पसली चलने जैसी अवस्थाओं में आशातीत लाभ मिलता है। ब्रॉन्काइटिस, हे अस्मा, स्नोफीलिया वृद्धि जैसे विकार में भी यह औषधि सद्य फलप्रद है।

कॉम्बिनेशन नं. 4

फैरम फॉस (Ferrum Phos) 12 X

काली म्योर (Kali Mur) 3X

कैल्केरिया सल्फ (Calcarea Sulph) 3X

काली फॉस (Kali Phos) 3X

कैल्केरिया फॉस (Calcarea Phos) 3X

नैट्रम म्योर (Natrum Mur) 3X

उक्त औषधियाँ सम भाग मिश्रित कर 5 ग्रेन की मात्रा में गर्भ जल से प्रतिदिन चार बार सेवन कराने से इस्नोफीलिया के उपसर्गों में आशातीत लाभ मिलता है।

कॉम्बिनेशन नं. 5

नैट्रम म्योर (Natrum Mur) 6X

नैट्रम सल्फ (Natrum Sulph) 6X

कैल्केरिया फॉस (Calcarea Phos) 6X

साइलीशिया (Silicea) 12X

उक्त औषधियाँ सम भाग में मिश्रित कर 5 ग्रेन की मात्रा में प्रतिदिन चार बार जल के साथ सेवन कराने से तेज चलने अथवा परिश्रम के समय श्वास छोटी हो उठने पर लाभ मिलता है।

कॉम्बिनेशन नं. 6

सेनेगा (Senega) Q

स्पोन्जिया टोस्टा (Spongia Tosta) Q

एरालिया (Aralia) Q

लोबेलिया (Lobelia) Q

एरिस्टो (Aristo) Q

एब्रासान्ला (Abrasanla) Q

ब्लाटा ओरिये (Blata Ori) Q

एफीडीन (Aphdin) Q

उक्त औषधियों को मिश्रित कर 5 से 10 बूँद की मात्रा में थोड़े जल के साथ प्रतिदिन चार बार सेवन कराने से ब्रॉन्काइटिस, अस्थमा तथा प्रत्येक प्रकार की सर्दी खाँसी में राहत मिलती है। श्वास कष्ट, हाँफना, कुकर खाँसी, कार्डियक अस्मा, शुष्क खाँसी आदि जैसे उपसर्गों में भी इस योग से

आराम मिलता है। श्वास के रोगी के लिए केला वर्जित होता है। पान का उपयोग औषधि सेवन काल में न करें।

कॉम्बिनेशन नं. 7

नैट्रम म्योर (Natrum Mur) 6X
यूपेटोरियम पर्फ (Eupetorim Perf) 1X
एलियम सीपा (Allium Cepa) 3X
बैलाडोना (Belladona) 1X
जस्टिशिया आधा (Justi Adha) 1X
सेना (Senna) 1X

उक्त औषधियाँ सम भाग मिश्रित कर योग तैयार कर लें। 5 से 10 बूँद की मात्रा में थोड़े जल के साथ दिन में 4 बार सेवन कराने से नजला-जुकाम (प्रतिश्याय), खाँसी, श्वास, मलेरिया ज्वर, इन्फ्लुएन्जा, पसली में दर्द, वक्ष में दर्द, श्लेष्मा तथा बच्चों की पसली चलने जैसी अवस्थाओं में आशातीत लाभ मिलता है। ब्रॉन्काइटिस, हे-अस्मा, स्नोफीलिया वृद्धि जैसे विकारों में भी यह औषधि सद्य फलप्रद है।

कॉम्बिनेशन नं. 8

लस्टीसिया आधाटोडा (Justicia Adha) Q
यर्बा सेण्टा (Yerba Santa) Q
कोडीन फास (Codein Phos) 2X
एस्पीडोस्पर्मा (Aspidosperma) Q
इपीकॉक (Ipecac) Q
पासीफ्लोरा (Passiflora) Q

उक्त औषधियाँ सम भाग मिश्रित कर योग तैयार करें और 2 से 5 बूँद की मात्रा में दिन में चार बार प्रतिदिन सेवन करायें। यह योग श्वास मार्ग के तीव्र नजले में लाभप्रद है। श्वास नलिका में दर्द, नाक में रुकावट, जुकाम के साथ खाँसी, खाँसी के साथ श्वास कष्ट, वक्ष में कसाव, आक्षेपक खाँसी, दमा के दौरे, कुकर खाँसी, क्षय रोग आदि उपसर्गों में यह योग सद्य फलप्रद है।

कॉम्बिनेशन नं. 9

फेरम फॉस (Ferrum Phos) 12 X
काली म्योर (Kali Mur) 6X
कैल्केरिया फ्लोर (Calcarea Fluor) 6X
नैट्रम फॉस (Natrum Phos) 6X

उक्त औषधियाँ सम भाग में मिश्रित कर प्रतिदिन चार बार 5 ग्रेन की मात्रा में सेवन कराने से इस्नोफीलिया (Esinophilia) के कारण हो रहे श्वास कष्ट में आशातीत लाभ मिलता है।

●●●

4 शिरो विकार (HEAD PROBLEMS)

सिर दर्द
(Headache)

यह रोग कारणानुसार विभिन्न प्रकार का होता है। **ट्यूबर्कुलर सिर दर्द** माता पिता के धातुगत दोष से सामान्यत: उत्पन्न होता है। इसका उत्पत्ति काल बचपन तथा किशोर वय है। रोगी का सिर सामान्य से बड़ा होता है, कान गर्म, ओष्ठ लाल तथा तृषा रहती है। परिणाम भयावह ही होता है। **मस्तिष्क विकृति के कारण सिर दर्द** होने पर नींद से बढ़ता है, रोगी की स्मरण शक्ति क्षीण हो जाती है, वह बोल नहीं पाता और उसका चेहरा बदरंग हो जाता है। **कृमिजनित सिर दर्द** आंतों के अन्दर सूत्रवत छोटे कृमि रहने पर होता है, खाली पेट में दर्द बढ़ता है, खुली हवा में घटता है। रोगी की चँदिया गर्म होती है, शरीर गर्म, आँखें बैठीं, श्वास में दुर्गन्ध तथा चेहरा रक्तिम रहता है। **पैत्तिक सिर दर्द** पित्त दोष के कारण होता है। इसमें यंत्रणा तो अधिक नहीं होती, परन्तु खाने की इच्छा नहीं होती, मिचली सी होती रहती है, सिर में गर्मी प्रतीत होती है, रोगी ठंडी वायु चाहता है। मल साफ नहीं होता, मल में पित्त नहीं होता, मूत्र लाल होता है, स्वाद तीता होता है, वमन में अनपचा खाद्य तथा पित्त एवं श्लेष्मा रहता है। वमन में सिर दर्द घटता है।

अजीर्ण जनित सिर दर्द आरम्भ होने से पूर्व अंग-प्रत्यंग में ऐंठन तथा सिर पर भार सा प्रतीत होता है। यह दर्द सोने पर भी घटता नहीं है। इसमें उदरामय, नाड़ी दौर्बल्य तथा मिचली होती है, वमन कम होता है। जीभ कटी-फटी सी रहती है। रोग पुराना हो जाने की अवस्था में अजीर्ण आरोग्य हो जाने पर भी सिर दर्द बन्द नहीं होता। शारीरिक परिश्रम न करने वाले, आलसी, आहार के तुरन्त बाद शारीरिक अथवा मानसिक परिश्रम प्रारम्भ कर देने वाले, ग्रन्थकार, कम्पोजीटर आदि इस रोग से अधिक प्रभावित होते हैं। **वात जनित सिर दर्द** में रोगी को प्रतीत होता है कि मस्तक की पेशी खींच कर पकड़ी हुई है। यह दर्द निर्दिष्ट क्षेत्र में सीमाबद्ध रहता है। यदि शरीर में किसी अन्य स्थल पर वात शूल प्रारम्भ हो जाए तो सिर दर्द कम होने लगता है। वायु प्रकृति के व्यक्तियों के मूत्र में नीला लिटमस पेपर लाल हो जाता है।

स्नायविक सिर दर्द सामान्यत: सिर में रक्त संचय होने पर होता है। इसका प्रधान कारण स्नायु दौर्बल्य है। यह दर्द एक निश्चित समय पर नियमित अंतराल से आक्रमण करता है। दर्द मस्तक के आधे भाग में अधिक होता है, मिचली होती है, वमन होती है, परन्तु सिर दर्द प्रारम्भ होने के चिर काल पश्चात् ही वमन अथवा मिचली होती है। दर्द वाली ओर की आँख में जल भरा प्रतीत होता है। इस दर्द की उत्पत्ति दु:ख, शोक, भय, क्रोध, उद्वेग, उपवास, परिश्रम, आनन्द अथवा शरीर के किसी अवयव की विकृति आदि के कारण भी होती है।

मस्तिष्क में रक्त संचय होने के कारण जो सिर दर्द होता है वह कन्जस्टिव हैडेक कहलाता है। धमनी में कोई उत्तेजनावश तीव्र वेग से मस्तक में रक्त संचालित होने तथा शिरा की रक्त संचालन प्रक्रिया घट जाने के कारण धमनी में रक्त लौट आने पर ऐसा दर्द होता है। अर्श से रक्त स्राव

अचानक बन्द हो जाने पर, रज:स्राव बन्द हो जाने पर, वात रोग अचानक दब जाने पर, चर्म रोग अचानक बैठ जाने पर अथवा अधिक परिश्रम के पश्चात् आलसी के समान बैठ जाने आदि कारणों से ऐसा दर्द उत्पन्न हो जाता है। अधिक दिनों तक रज:स्राव होते रहने, अधिक स्तन पान कराने, अधिक वीर्य क्षय करने, कोई धातु गत रोग, मज्जा ज्वर, वायु कर्कट, उपदंश आदि से ग्रस्त होने पर भी ऐसा दर्द उत्पन्न हो जाता है।

इस सामान्य रोग में रोग का कारण, रोग का प्रकार तथा इसके सहयोगी कष्टों के बारे में जान लेना अति आवश्यक है। सिर दर्द विभिन्न प्रकार का होता है; जैसे—पित्तज (Bilious), नाड़ी सम्बन्धी (Neuralgic), वातज (Rheumatic), सर्दी जुकाम से (Catarrhal), रक्तधिक्य के कारण (Congestive), एकांगीय (One sided) आदि। सिर दर्द के कारणों की खोज करें तो कुछ दर्द ऐसे होंगे जो कँपकँपी (Chill) सर्दी से होंगे, तो कुछ बहुत खुशी होने पर होंगे। चाय अथवा कॉफी न मिलने से होंगे, भय से, दु:ख से, कब्ज से, मासिक धर्म रुक जाने से, लू अथवा धूप लग जाने से, किसी रोग के दाने दब जाने से, मद्य सेवन से, मानसिक श्रम से आदि में से किसी विशेष कारण से होंगे। इनमें कुछ प्रात: वृद्धि को प्राप्त होंगे तो कुछ सायंकाल अथवा रात्रि में। कुछ दर्द तीव्र प्रकाश में वृद्धि पायेंगे तो कुछ गति में होने पर अथवा चलने-फिरने से। कुछ शोर-गुल से बढ़ेंगे तो कुछ मानसिक श्रम से। इसी प्रकार कुछ दर्दों में आँखें बंद करके पड़े रहने से रोगी राहत अनुभव करेगा तो कुछ में सिर बाँध लेने से। कुछ में सोने से राहत मिलेगी तो कुछ में विश्राम से। सामान्यत: सिर दर्द की प्रधान औषधियों में बैलाडोना, पुल्साटिल्ला, मर्क्यूरिस, इपीकाक, नक्स वामिका तथा ब्रायोनियाँ, एकोनाइट आदि के नाम आते हैं। परन्तु लाक्षणिक विश्लेषण के आधार पर निम्नलिखित औषधियों का प्रयोग कर सकते हैं :

कॉम्बिनेशन नं. 1

आर्निका मॉण्ट (Arnica Mont) 6X
बैलाडोना (Belladona) 6X
एकोनाइट नेप (Aconite Nepalis) 6X

उदर शूल के अतिरिक्त सभी प्रकार के दर्दों के लिए अति उत्तम योग है। इस योग की 5 बूँद की मात्रा थोड़े जल में मिश्रित कर रोग की उग्रता के आधार पर एक-एक घंटे के अंतराल पर भी सेवन कराई जा सकती है।

कॉम्बिनेशन नं. 2

कैल्केरिया फॉस (Calcarea Phos) 6X
फैरम फॉस (Ferrum Phos) 12X
काली म्योर (Kali Mur) 6X
काली फॉस (Kali Phos) 6X
मैगनेशिया फॉस (Magnesia Phos) 6X
नैट्रम म्योर (Natrum Mur) 6X
नैट्रम फॉस (Natrum Phos) 6X
नैट्रम सल्फ (Natrum Sulph) 6X
साइलीशिया (Silicea) 6X

उक्त औषधियों को समान भाग में मिश्रित करके 5 ग्रेन की मात्रा में प्रतिदिन चार बार रोगी को सेवन करायें।

कॉम्बिनेशन नं. 3

आर्निका मॉण्ट (Arnica Mont) Q 1 Oz

पाइलोकारपिन (Pilocarpin) Q 1 Oz

कैन्थराइडिस (cantharids) Q 1 Oz

चायना (China) Q 1 Oz

ओलियम सेण्टल (Olium Santalis) ½ Oz

ओलिव ऑयल (Olium Oliv) 1 Ltr

सभी औषधियों को व्यवस्थानुसार मिश्रित कर देने से अति उत्तम सुवासित केश तेल निर्मित हो जाता है जो बालों को झड़ने से रोकता है। रूसी नहीं रहने देता। बाल घने करता है, कालेपन तथा चमक की रक्षा करता है। मस्तिष्क में शुष्कता नहीं रहती तथा मस्तिष्क को यह तेल ठण्डा भी रखता है। अनिद्रा, असमय बाल सफेद होना, मानसिक थकान, मस्तिष्क दौर्बल्य आदि विकारों में इस तेल की मालिश सिर में करने से बहुत आराम मिलता है।

कॉम्बिनेशन नं. 4

काली फॉस (Kali Phos) 3X

कैल्केरिया फॉस (Calcarea Phos) 3X

उक्त औषधियाँ मिश्रित कर 5 ग्रेन की मात्रा में प्रतिदिन चार अथवा छः बार देने से सिर दर्द के साथ मानसिक दुर्बलता होने, जरा भी जोर पड़ने पर सिर दर्द बढ़ने, ठण्डे स्थान पर रोग कम होने अथवा अपने विचारों को दूसरी ओर ले जाने से रोग कम होने जैसे उपसर्गों में आशातीत लाभ मिलता है।

कॉम्बिनेशन नं. 5

आर्सेनिक एल्बम (Ars. Alb) 12X

राउवोल्फिया सर्प (Rawolfia Serp) 3X

बैरायटा म्योर (Baryta Mur) 12X

ग्लोनॉयन (Glonoin) 3X

उक्त सभी औषधियाँ समान भाग लेकर निर्मित योग की 2 से 5 बूँद की मात्रा में दिन में 3 या 4 बार उच्च रक्त चाप (High blood pressure) के रोगी को सेवन कराने से आशातीत लाभ प्राप्त होता है। सिर दर्द, सिर तथा हृदय में रक्त का प्रवाह बढ़ना, सिर झुकाने से चक्कर आना, आँखों के आगे अँधेरा होना, चेहरा तमतमा जाना आदि विभिन्न रक्त चाप सम्बन्धी उपसर्गों में यह औषधि सद्य फलप्रद है। आँखों के आगे काले धब्बे उड़ते दिखाई दें तब भी यह योग लाभप्रद है।

कॉम्बिनेशन नं. 6

जेनोशिया अशोका (Jano. Ashoka) Q

एलेट्रिस (Aleteris, F) Q

चायना ऑफ (China. Off.) Q

सीपिया (Sepia) Q
हेलोनियास (Helonias) Q
सेबाइना (Sabina) Q
कॉलोफायलम (Caulophyllum) Q
हाइड्रास्टिस (Hydrastis) Q
एब्रोमा रेडिक्स (Abroma Rad) Q

उक्त औषधियों का सम्मिश्रण महिलाओं के ऋतु सम्बन्धी उपसर्गों में आशातीत लाभ देता है। अजीर्ण, सिर दर्द, चक्कर आना, उदासी आना, गर्भाशय का स्नान च्युति होना, प्रदर में जलन, बाँझपन, ऋतु शूल तथा रक्तस्रावी अर्श जैसे रोगों में यह योग सद्य फलप्रद है। 2 से 5 बूँद की मात्रा में थोड़े जल के साथ प्रतिदिन चार बार सेवन कराने से लाभ मिलता है।

कॉम्बिनेशन नं. 7

नैट्रम म्योर (Natrum Mur) 3X
फैरम फॉस (Ferum Phos) 12X
कैल्केरिया फॉस (Calcarea Phos) 12X

उक्त औषधियाँ सम भाग मिश्रित कर 5 ग्रेन की मात्रा में प्रतिदिन चार बार सेवन कराने से गर्मी से उत्पन्न होने वाले अथवा गर्मी से बढ़ने वाले सिर दर्द में आशातीत लाभ मिलता है।

कॉम्बिनेशन नं. 8

कैल्केरिया फॉस (Calcarea Phos) 3X
काली म्योर (Kali Mur) 3X
साइलीशिया (Silicea) 12X
नैट्रम म्योर (Natrum Mur) 3X

उक्त औषधियाँ सम भाग मिश्रित कर 5 ग्रेन की मात्रा में प्रतिदिन चार बार सेवन कराने से ठंडक लगने से सिर में दर्द होने के उपसर्ग में आशातीत लाभ मिलता है।

कॉम्बिनेशन नं. 9

सेन्ना (Senna) Q
फिनोल्फ्थलीन (Phenolphthalein) Q
आयल नीओ (Oil Nioe) Q
हाइड्रास्टिस (Hydrastis) Q

उक्त औषधियाँ सम भाग में मिश्रित कर 2 से 5 बूँद की मात्रा में थोड़े गर्म जल अथवा दूध के साथ लेने से यह मन पसन्द हल्के जुलाब (Laxative) का काम करती हैं। जिन्हें पुराना कब्ज हो और पेट में दर्द का दबाव पड़ता हो, मल त्याग में खुश्की हो, जलन, घबराहट सिर दर्द आदि हो जाता है, ऐसे उपसर्गों में यह योग सद्य फलप्रद है।

कॉम्बिनेशन नं. 10

आर्निका (Arnica) 1 भाग
कैन्थरिस (Cantharis) 1 भाग

चायना (China) 1 भाग

सीसेम ऑयल (Seasame Oil) 10 भाग

उक्त औषधियाँ आवश्यक मात्रा में मिश्रित कर केश तेल तैयार कर लें और प्रतिदिन एक बार अथवा सप्ताह में चार बार एक चम्मच केश तेल सिर में भली प्रकार मालिश करें। सिर की त्वचा तथा बालों में शुष्कपन, बाल गिरना, सिर में फ्यास (रूसी), सिर तथा नेत्रों में दर्द, अनिद्रा आदि उपसर्गों में इस केश तेल की मालिश से बड़ा लाभ मिलता है। बालों की जड़ों में रक्त प्रवाह सन्तुलित रहता है और जड़ें मजबूत होती हैं। तेल को अँगुलियों के पोरों के बालों की जड़ों में रगड़ने से बाल गिरने बन्द होते हैं तथा असमय में सफेद नहीं होते। यह योग लगभग सभी केश-विकारों में विश्वसनीय है।

कॉम्बिनेशन नं. 11

एबिज नाइग्रा (Abies Nigra) Q

क्वासिया (Quassia) Q

चायना (China) Q

जेनटिआना (Gentiana) Q

कार्डुअस मरि (Carduas M.) Q

हाइड्रास्टिस (Hydrastis) Q

अल्फाल्फा (Alfalfa) Q

कैल्केरिया फॉस्फेट (Calcarea Phos) 3X

फैरम फॉस (Ferrum Phos) 12X

नैट्रम फॉस (Natrum Phos) 3X

मैगनेशिया फॉस (Magnesia Phos) 3X

काली फॉस (Kali Phos) 3X

उक्त औषधियाँ सम भाग में लेकर भली प्रकार मिश्रित करके योग तैयार कर लें। शिशुओं को 2 बूँद, बच्चों को 5 बूँद तथा वयस्कों को 10 बूँद की मात्रा में थोड़े जल अथवा दूध के साथ दिन में चार बार प्रतिदिन सेवन करायें। यह योग कुपोषण के शिकार, लम्बी बीमारी के बाद की दुर्बलता, विशेष सिर दर्द, थकावट, जीवनी शक्ति की कमी, भोजन के अरुचि, क्षुधा क्षीणता जैसे उपसर्गों में सद्य फलप्रद है।

कॉम्बिनेशन नं. 12

फैरम फॉस (Ferrum Phos) 12 X

काली म्योर (Kali Mur) 3X

नैट्रम म्योर (Natrum Mur) 3X

काली सल्फ (Kali Sulph) 3X

उक्त औषधियाँ सम भाग में मिश्रित कर 5 ग्रेन की मात्रा में प्रतिदिन चार बार सेवन कराने से प्रतिश्याय (जुकाम) के साथ सिर दर्द होने अथवा जुकाम के कारण सिर दर्द होने के उपसर्ग में आशातीत लाभ मिलता है।

कॉम्बिनेशन नं. 13

काली सल्फ (Kali Sulph) 3X

मैगनेशिया फॉस (Mag. Phos) 3X

उक्त औषधियाँ सम भाग मिश्रित कर 5 ग्रेन की मात्रा में थोड़े गर्म जल के साथ प्रतिदिन चार बार सेवन कराने से स्थान परविर्तन करने वाले सिर दर्द में आशातीत लाभ मिलता है।

अधकपारी-आधाशीशी
(Hemicrania–Migraine)

मस्तक के अर्धांश में होने वाला यह शूल भी स्नायविक दर्द के समान ही होता है। इस रोग की उत्पत्ति सिफैलिस नर्व की विकृति के कारण ही मानी जाती है। बच्चे तथा पचास वर्ष से ऊपर की आयु के व्यक्ति सामान्यत: इस रोग से बचे रहते हैं, परन्तु पन्द्रह से पचास वर्ष की आयु के मध्य इसका आक्रमण प्रबल होता है।

इसका आक्रमण काल निश्चित समय तथा अन्तराल के अनन्तर रहा करता है। यदि दर्द आरम्भ हो जाय तो अठारह से छत्तीस घंटे तक रुकता है। यह दर्द अक्षि गह्वर तथा नासिका मूल तक यन्त्रणा देता है। रोगोपसर्ग आरम्भ होने से पूर्व ठण्ड भी लगती है। जिस ओर ठण्ड लगे उसी ओर का मस्तक आक्रान्त होता है। मस्तक के दाहिनी ओर के साइनस की अपेक्षा बायां साइनस अधिक विस्तृत होने के कारण प्राय: बाईं ओर का मस्तक ही अधिक आक्रान्त होता है। कारण जो भी हो होम्योपैथी तो मात्र लक्षणानुसार औषधि निर्वाचन की आज्ञा देती है।

ब्राह्म मुहूर्त में टहलने वाले व्यक्ति प्राय: इस रोग से मुक्त रहते हैं। आहार तथा व्यायाम पर ध्यान देने से, समुद्र, नदी आदि पर भ्रमण करने से, अत्यल्प सुरापान से तथा धूम्रपान, चाय आदि त्याग देने से विशेष लाभ होता है।

कॉम्बिनेशन नं. 1

सिमिसिफ्यूगा (Cimicifuga) 3X

आइरिस वर्स (Iris Vers) 3X

सेन्यूनेरिया (Sanguinaria) 3X

जैल्सीमियम (Gelsemium) 3X

उक्त औषधियाँ समान मात्रा में मिश्रित कर आधाशीशी (Migraine) अथवा स्नायु शूल (Nuralgia) के रोगी को 5 बूँद की मात्रा में प्रतिदिन चार बार थोड़े जल के साथ सेवन करायें।

कॉम्बिनेशन नं. 2

आरनिका मॉण्ट (Arnica Mont) 6X

बैलाडोना (Bellodona) 6X

एकोनाइट नेप (Aconite Nepa) 6X

शूल के अलावा किसी भी प्रकार के दर्द के लिए यह योग अति उत्तम है। यदि अत्यधिक ऊँचा स्वर हो जाए तब भी यह योग अच्छा परिणाम देता है। इस योग की 2 से 5 बूँद की मात्रा थोड़े जल में मिश्रित करके सेवन कराने से आशातीत लाभ मिलता है। आवश्यकता के समय मात्रा को प्रति घंटे के अन्तराल पर भी दिया जा सकता है।

सिर में चक्कर
(Vertigo)

'सिर में चक्कर आना' किसी रोग की विशेष शाखा है स्वयं रोग नहीं है। अजीर्ण, ऋतु दोष, मानसिक परिश्रम, शुक्र क्षय, मद्य सेवन, रात्रि जागरण, चिन्ता, अधिक कुनैन का सेवन, वात रोग, रक्ताल्पता, रक्ताधिक्य अथवा मस्तिष्क के उपसर्ग स्वरूप यह रोग उत्पन्न होता है।

इस रोग में रोगी को प्रतीत होता है कि उसका शरीर झूल रहा है और रोगी दाहिनी ओर, बाईं ओर, सामने अथवा पीछे की ओर गिर पड़ता है। गिर जाने के भय से कोई वस्तु पकड़ लेता है। आँखों के आगे अँधेरा, सिर में चक्कर, चेहरा फीका तथा मिचली आदि लक्षण भी रोगी को प्रकट होते हैं।

आनुसंगिक चिकित्सा के रूप में सिर पर दही, तेल बादाम, तेल तिल, दही का पानी, घृत कुमारी का गूदा, सौ बार धोया हुआ घी आदि का प्रयोग किया जाता है। ठंडे जल से स्नान तथा शुद्ध वायु में भ्रमण करना लाभदायी है, अधिक मानसिक परिश्रम तथा पेट भर कर भोजन करना मना है।

कॉम्बिनेशन नं. 1

आर्निका मॉण्ट (Arnica Mont) V
पाइलोकारपिन (Pilocarpin) Q
कैन्थराइटिस (Cantharitis) Q
चायना (China) Q
ओलियम सेण्टल (Olium Santales)
ओलियम ऑयल (Olium Oliv)

सभी औषधियों को व्यवस्थानुसार मिश्रित कर देने से अति उत्तम सुवासित केश तेल, निर्मित हो जाता है जो बालों को झड़ने से रोकता है। रूसी नहीं रहने देता। बाल घने करता है। कालेपन तथा चमक की रक्षा करता है। मस्तिष्क में शुष्कता नहीं रहती तथा मस्तिष्क को यह तेल ठंडा भी रखता है। अनिद्रा, असमय बाल सफेद होना, मानसिक थकान, मस्तिष्क दौर्बल्य आदि विकारों में इस तेल की मालिश सिर में करने से बहुत आराम मिलता है।

कॉम्बिनेशन नं. 2

अल्फाल्फा (Alfalfa) Q
एवेना सैटाइवा (Avena Sat.) Q
काली फॉस (Kali Phos) 3X
कैल्केरिया फॉस (Calcarea Phos) 3X
फेरम फॉस (Ferrum Phos) 12 X
नैट्रम फॉस (Natrum Phos) 3X
मैगनेशिया फॉस (Mag. Phos) 3X
चायना (China) Q
हाइड्रास्टिस केन (Hydrastis Cana) Q
पासीफ्लोरा इन्कार (Passiflora Inc) Q
अश्वगंधा (Ashwagandha) Q

सभी द्रव औषधियाँ समान भाग मिली लीटर की मात्रा में तथा सभी लवण औषधियाँ उतने ही भाग ग्रेन्स की मात्रा में प्रयोग करते हुए मिश्रण तैयार कर लें। इस योग को 10 से 15 बूँद की मात्रा थोड़े जल में मिश्रित करके दिन में चार बार सेवन कराने से रक्तहीनता, अजीर्ण, स्नायविक दौर्बल्य तथा बच्चों की जन्मजात दुर्बलता में आशातीत लाभ मिलता है। शारीरिक तथा मानसिक परिश्रम करने वालों के लिए यह एक उत्तम टानिक है। अनिद्रा, चक्कर, यकृत विकार, अम्लता तथा स्वास्थ्य भंग आदि जैसे विकारों में भी यह योग टॉनिक के रूप में रोगी के लिए उपयोगी रहता है।

कॉम्बिनेशन नं. 3

जेनोशिया अशोका (Jano. Ashoka) Q
एलेट्रिस (Aleteris F) Q
चायना ऑफ (China Off.) Q
सीपिया (Sepia) Q
हेलोनियास (Helonias) Q
सेबाइना (Sabina) Q
कॉलोफायलम (Caulophyllum) Q
हाइड्रास्टिस (Hydrastis) Q
एब्रोमारेडिक्स (Abroma Rad) Q

उक्त औषधियों का सम्मिश्रण महिलाओं के ऋतु सम्बन्धी उपसर्गों में आशातीत लाभ देता है। अजीर्ण, सिर दर्द, चक्कर आना, उदासी आना, गर्भाशय की स्थान च्युति होना, प्रदर में जलन, बाँझपन, ऋतु शूल तथा रक्तस्रावी अर्श जैसे रोगों में यह योग सदा फलप्रद है। 2 से 5 बूँद की मात्रा में थोड़े जल के साथ प्रतिदिन चार बार सेवन कराने से लाभ मिलता है।

कॉम्बिनेशन नं. 4

नेट्रम म्योर (Natrum Mur) 3X
काली फॉस (Kali Phos) 3X
साइलीशिया (Silicea) 12X

उक्त औषधियाँ सम भाग में मिश्रित कर 5 ग्रेन की मात्रा में प्रतिदिन चार बार सेवन कराने से लेटने के पश्चात् उठने पर चक्कर आने के उपसर्ग में आशातीत लाभ मिलता है।

कॉम्बिनेशन नं. 5

कैल्केरिया फॉस (Calcarea Phos) 3X
साइलीशिया (Silicea) 12X
फैरम फॉस (Ferrum Phos) 12 X
काली फॉस (Kali Phos) 3X

उक्त औषधियाँ सम भाग में मिश्रित कर 5 ग्रेन की मात्रा में प्रतिदिन चार बार सेवन कराने से झुककर काम करने पर चक्कर आने के उपसर्ग में आशातीत लाभ मिलता है।

कॉम्बिनेशन नं. 6

क्रैटागस आक्स (Cratagus Ox) Q

पासीफ्लोरा (Passiflora) Q

ग्लोनॉइन (Glonine) 6X

अर्जुना (Arjuna) Q

राउवोल्फिया सर्प (Rauwolfia Serp) Q

उक्त औषधियों को सम भाग में मिश्रित कर योग तैयार करें और 2 से 5 बूँद की मात्रा में जल में मिश्रित कर दो अथवा तीन बार सेवन करायें अथवा चिकित्सक के परामर्शानुसार सेवन करायें। यह योग रक्तचाप कम होते हुए भी हार्ट फेल होने जैसी अवस्था होने पर, चक्कर आने, ब्रेन हेमरेज तथा बेचैनी होने जैसे विकारों से रक्षा करती है।

कॉम्बिनेशन नं. 7

आर्सेनिक एल्बम (Ars. Album) 12X

राउवोल्फिया सर्प (Rauwolfia Serp) 3X

बैरायटा म्योर (Baryta Mur) 12X

ग्लोनॉयन (Glonoin) 3X

उक्त सभी औषधियाँ समान भाग में लेकर निर्मित योग की 2 से 5 बूँद की मात्रा दिन में 3 या 4 बार उच्च रक्त (High blood pressure) के रोगी को सेवन कराने से आशातीत लाभ प्राप्त होता है। सिर दर्द, सिर तथा हृदय में रक्त का प्रवाह बढ़ना, सिर झुकाने से चक्कर आना, आँखों के आगे अंधेरा प्रतीत होना, चेहरा तमतमा जाना आदि विभिन्न रक्तचाप सम्बन्धी उपसर्गों में यह औषधि सद्य फलप्रद है। आँखों के आगे काले धब्बे उड़ते दिखाई दें तब भी यह योग लाभप्रद है।

कॉम्बिनेशन नं. 8

क्रेटेगस आक्स (Cratagus Ox) Q

चायना (China) Q

पासीफ्लोरा (Passiflora) Q

केकटस ग्रेण्डी (Cactus. G.) Q

कनवेलेरिया (Convalaria) Q

अर्जुना (Arjuna) Q

सभी औषधियाँ सम भाग मिश्रित कर योग तैयार करें और रोगी को 5 से 10 बूँद की मात्रा में थोड़े जल में मिलाकर दिन में चार बार सामान्यत: सेवन करायें। यह योग उच्च रक्तचाप (High blood pressure), धमनी विकार, हृत् शूल, छाती धड़कना आदि उपसर्गों में अतिशय लाभप्रद है। ऐसी ही दीर्घ स्थायी बीमारियों से उत्पन्न दुर्बलता में भी यह सद्य फलप्रद है।

कॉम्बिनेशन नं. 9

अल्फाल्फा (Alfalfa) Q

मॉस्कस (Mosquos) Q

नूफर लुटियम (Nuphar Leut) Q

हाइड्रास्टिस (Hydrastis) Q

लुपुलिन (Lupuline) Q

योहिम्बनम (Yohimbinum) Q

उक्त औषधियाँ सम भाग मिश्रित करके 5 से 10 बूँद की मात्रा में दिन में चार बार थोड़े जल के साथ देने से स्नायु दौर्बल्य पौरुष शक्ति क्षीणता, पाण्डु, अनिद्रा आदि विकारों में आशातीत लाभ होता है और व्यक्ति को स्फूर्ति प्रदान करता है।

कॉम्बिनेशन नं. 10

नैट्रम म्योर (Natrum Mur) 3X
काली फॉस (Kali Phos) 3X
नैट्रम सल्फ (Natrum Sulph) 3X

उक्त औषधियाँ सम भाग मिश्रित कर 5 ग्रेन की मात्रा में प्रतिदिन चार बार सेवन कराने से गर्भावस्था में आने वाले चक्करों में आशातीत लाभ मिलता है।

रूसी (फ्यास)
(Dandruf)

कॉम्बिनेशन नं. 1

आर्निका मूल (Arnica Root) Q
चायना (China) Q
कैन्थरिस (Cantheris) Q
ब्राह्मी (Brahmi)
जैबोरेण्डी (Jaborandi) Q

उक्त औषधियाँ समान भाग लेकर मिश्रण का दस गुना धुली तिली के तेल में आवश्यकतानुसार सुगंध मिला कर बाल झड़ने, रूसी होने, खोपड़ी की त्वचा शुष्क हो जाने तथा बालों के असमय प ़ जाने में लाभ देता है। निरन्तर उपयोग से मस्तिष्क ठंडा रहता है और बाल घने, सुन्दर तथा मुलायम उत्पन्न होते हैं। यह योग मानसिक कार्य करने वाले व्यक्तियों के लिए अति उत्तम है।

कॉम्बिनेशन नं. 2

आर्निका मॉण्ट (Arnica Mont) Q 1 Oz
पाइलोकारपिन (Pilocarpin) Q 1 Oz
कैन्थराइडिस (Cantharidis) Q 1 Oz
ओलियम सेण्टल (Olium Santalis) Q 1 Oz
ओलिव ऑयल (Olium Oliv) 1 Ltr.

सभी औषधियों को व्यवस्थानुसार मिश्रित कर देने से अति उत्तम सुवासित केश तेल निर्मित हो जाता है जो बालों को झड़ने से रोकता है। रूसी नहीं रहने देता। बाल घने करता है, कालेपन तथा चमक की रक्षा करता है। मस्तिष्क में शुष्कता नहीं रहती तथा मस्तिष्क को यह तेल ठण्डा भी रखता है। अनिद्रा, असमय बाल सफेद होना, मानसिक थकान, मस्तिष्क दौर्बल्य आदि विकारों में इस तेल की मालिश सिर में करने से बहुत आराम मिलता है।

कॉम्बिनेशन नं. 3

आर्निका (Arnica M.) Q
चायना (China) Q

आमलकी (Amloki) Q

जेबोरेण्डी (Jabarandi) Q

एसिड फॉस (Acid Phos) Q

केन्थरिस (Cantharis) Q

ओलियम सेण्टल (Olium Santalis) Q

सभी औषधियों को अनुपात के अनुसार मिश्रित कर लोशन तैयार करके दिन में दो बार बालों में मालिश करें। इस योग से बालों की खुश्की, गंजापन तथा रूसी आदि विकारों में लाभ मिलता है।

कॉम्बिनेशन नं. 4

आर्निका (Arnica) Q 1 भाग

कैन्थरिस (Cantharis) Q 1 भाग

चायना (China) Q 1 भाग

सीसेम आयल (Seasame Oil) 10 भाग

उक्त औषधियाँ आवश्यक मात्रा में मिश्रित कर केश तेल तैयार कर लें और प्रतिदिन एक बार अथवा सप्ताह में चार बार एक चम्मच केश तेल सिर में भली प्रकार मालिश करें। सिर की त्वचा तथा बालों में शुष्कपन, बाल गिरना, सिर में फ्यास (रूसी), सिर तथा नेत्रों में दर्द, अनिद्रा आदि उपसर्गों में इस केश तेल की मालिश से बड़ा लाभ मिलता है। बालों की जड़ों में रक्त प्रवाह संतुलित रहता है और जड़ें मजबूत होती हैं। तेल को अँगुलियों के पोरों से बालों की जड़ों में रगड़ने से बाल गिरने बंद होते हैं तथा असमय सफेद नहीं होते। यह योग लगभग सभी केश-विकारों में विश्वसनीय है।

बाल पकना

(समय से पूर्व बाल सफेद होना)

(Premature Graying of Hair)

कॉम्बिनेशन नं. 1

सेलिनियम (Selenium) 30

लाइकोपोडियम (Lycopodium) 30

नेट्रम म्योर (Natrum Mur) 12X

ग्रेफाइटिस (Graphitis) 30

हाइपेरिकम (Hypericum) 30

एल्युमिना (Alumina) 30

सल्फर (Sulphur) 30

फासफोरस (Phosphorus) 30

साइलीशिया (Silicea) 12X

एसिड फॉस (Acid Phos) 30

उक्त औषधियों को समान भाग में मिश्रित कर 5 बूँद अथवा 5 ग्रेन (पाउडर) की मात्रा में प्रतिदिन तीन अथवा चार बार जल के साथ सेवन करायें।

कॉम्बिनेशन नं. 2

आर्निका मूल (Arnica Root) Q
चायना (China) Q
कैन्थरिस (Cantharis) Q
ब्राह्मी (Brahmi) Q
जैबोरेण्डी (Jaborandi) Q

उक्त औषधियाँ समान भाग लेकर मिश्रण का दस गुना धुली तिली के तेल में भली प्रकार मिला दें। इस प्रकार निर्मित केश तेल में आवश्यकतानुसार सुगंध मिलाकर बाल झड़ने, रूसी होने, खोपड़ी की त्वचा शुष्क हो जाने तथा बालों के असमय पक जाने में लाभ देता है। निरंतर उपयोग से मस्तिष्क ठंडा रहता है और बाल घने, सुन्दर तथा मुलायम उत्पन्न होते हैं। यह योग मानसिक कार्य करने वाले व्यक्तियों के लिए अति उत्तम है।

कॉम्बिनेशन नं. 3

आर्निका मॉण्ट (Arnica Mont) Q 1 भाग
पाइलोकारपिन (Pilocarpin) Q 1 भाग
कैन्थराइडिस (Cantharidis) Q 1 भाग
चायना (China) Q 1 भाग
ऑलियम सेण्टल (Olium Santalis) Q 1 भाग
ओलिव ऑयल (Olium Oliv) 10 भाग

सभी औषधियों को व्यवस्थानुसार मिश्रित कर देने से अति उत्तम सुवासित केश तेल निर्मित हो जाता है जो बालों को झड़ने से रोकता है। रूसी नहीं रहने देता। बाल घने करता है, कालेपन तथा चमक की रक्षा करता है। मस्तिष्क में शुष्कता नहीं रहती तथा मस्तिष्क को यह तेल ठंडा भी रखता है। अनिद्रा, असमय बाल सफेद होना, मानसिक थकान, मस्तिष्क दौर्बल्य आदि विकारों में इस तेल की मालिश सिर में करने से बहुत आराम मिलता है।

कॉम्बिनेशन नं. 4

आर्निका मूल (Arnica Root) 1 Oz
चायना (China) 1 Oz
कैन्थरिस (Cantharis) 1 Oz
नारियल तेल (Coconuut oil) 1 Lb

उक्त औषधियाँ उचित अनुपात में मिलाकर केश तेल तैयार कर लें। यह योग बालों का झड़ना, बालों की दुर्बलता, असमय बाल पक जाना आदि उपसर्गों में लाभप्रद है। मस्तिष्क को ठंडा रखता है। इसे अच्छी प्रकार बालों में मलने के पश्चात् दो घंटे तेल लगा रहने दें। बाद में किसी अच्छे शैम्पू या साबुन से बाल धो लें।

कॉम्बिनेशन नं. 5

आर्निका (Arnica) 1 भाग
कैन्थरिस (Cantharis) 1 भाग

चायना (China) 1 भाग

सीसेम आयल (Seasame Oil) 10 भाग

उक्त औषधियाँ आवश्यक मात्रा में मिश्रित कर केश तेल तैयार कर लें और प्रतिदिन एक बार अथवा सप्ताह में चार बार एक चम्मच केश तेल सिर में भली प्रकार मालिश करें। सिर की त्वचा तथा बालों में शुष्कपन, बाल गिरना, सिर में फ्यास (रूसी), सिर तथा नेत्रों में दर्द, अनिद्रा आदि उपसर्गों में इस केश तेल की मालिश से बड़ा लाभ मिलता है। बालों की जड़ों में रक्त प्रवाह संतुलित रहता है और जड़ें मजबूत होती हैं। तेल को अँगुलियों के पोरों से बालों की जड़ों में रगड़ने से बाल गिरने बंद होते हैं तथा असमय में सफेद नहीं होते। यह योग लगभग सभी केश-विकारों में विश्वसनीय है।

बाल झड़ना
(Falling of Hair)

कॉम्बिनेशन नं. 1

सेलिनियम (Selenium) 30

लाइकोपोडियम (Lycopodium) 30

नेट्रम म्योर (Natrum Mur) 12X

ग्रेफाइटिस (Graphitis) 30

हाइपेरिकम (Hypericum) 30

एल्युमिना (Alumina) 30

सल्फर (Sulphur) 30

फासफोरस (Phosphorus) 30

साइलीशिया (Silicea) 12X

एसिड फॉस (Acid Phos) 30

उक्त औषधियों को समान भाग में मिश्रित कर 5 बूँद अथवा 5 ग्रेन (पाउडर) की मात्रा में प्रतिदिन तीन अथवा चार बार जल के साथ सेवन करायें।

कॉम्बिनेशन नं. 2

आर्निका मूल (Arnica Root) Q

चायना (China) Q

कैन्थरिस (Cantharis) Q

ब्राह्मी (Brahmi) Q

जैबोरेण्डी (Jaborandi) Q

उक्त औषधियाँ समान भाग लेकर मिश्रण का दस गुना धुली तिली के तेल में भली प्रकार मिला दें। इस प्रकार निर्मित केश तेल में आवश्यकतानुसार सुगंध मिलाकर बाल झड़ने, रूसी होने, खोपड़ी की त्वचा शुष्क हो जाने तथा बालों के असमय पक जाने में लाभ देता है। निरंतर उपयोग से मस्तिष्क ठंडा रहता है और बाल घने, सुन्दर तथा मुलायम उत्पन्न होते हैं। यह योग मानसिक कार्य करने वाले व्यक्तियों के लिए अति उत्तम है।

कॉम्बिनेशन नं. 3

आर्निका मॉण्ट (Arnica Mont) Q 1 Oz
पाइलोकारपिन (Pilocarpin) Q 1 Oz
कैन्थराइडिस (Cantharidis) Q 1 Oz
चायना (China) Q 1 Oz
ऑलियम सेण्टल (Olium Santalis) Q 1 Oz
ओलिव ऑयल (Olium Oliv) 1 Ltr.

सभी औषधियों को व्यवस्थानुसार मिश्रित कर देने से अति उत्तम सुवासित केश तेल निर्मित हो जाता है जो बालों को झड़ने से रोकता है। रूसी नहीं रहने देता। बाल घने करता है, कालेपन तथा चमक की रक्षा करता है। मस्तिष्क में शुष्कता नहीं रहती तथा मस्तिष्क को यह तेल ठंडा भी रखता है। अनिद्रा, असमय बाल सफेद होना, मानसिक थकान, मस्तिष्क दौर्बल्य आदि विकारों में इस तेल की मालिश सिर में करने से बहुत आराम मिलता है।

कॉम्बिनेशन नं. 4

आर्निका मूल (Arnica Root) 1 Oz
चायना (China) 1 Oz
कैन्थरिस (Cantharis) 1 Oz
नारियल तेल (Coconuut oil) 1 Lb

उक्त औषधियाँ उचित अनुपात में मिलाकर केश तेल तैयार कर लें। यह योग बालों का झड़ना, बालों की दुर्बलता, असमय बाल पक जाना आदि उपसर्गों में लाभप्रद है। मस्तिष्क को उंडा रखता है। इसे अच्छी प्रकार बालों में मलने के पश्चात् दो घंटे तेल लगा रहने दें। बाद में किसी अच्छे शैम्पू या साबुन से बाल धो लें।

कॉम्बिनेशन नं. 5

आर्निका (Arnica) 1 भाग
कैन्थरिस (Cantharis) 1 भाग
चायना (China) 1 भाग
सीसेम आयल (Seasame Oil) 10 भाग

उक्त औषधियाँ आवश्यक मात्रा में मिश्रित कर केश तेल तैयार कर लें ओर प्रतिदिन एक बार अथवा सप्ताह में चार बार एक चम्मच केश तेल सिर में भली प्रकार मालिश करें। सिर की त्वचा तथा बालों में शुष्कपन, बाल गिरना, सिर में फ्यास (रूसी), सिर तथा नेत्रों में दर्द, अनिद्रा आदि उपसर्गों में इस केश तेल की मालिश से बड़ा लाभ मिलता है। बालों की जड़ों में रक्त प्रवाह संतुलित रहता है और जड़ें मजबूत होती हैं। तेल को अँगुलियों के पोरों से बालों की जड़ों में रगड़ने से बाल गिरने बंद होते हैं तथा असमय में सफेद नहीं होते। यह योग लगभग सभी केश- विकारों में विश्वसनीय है।

कॉम्बिनेशन नं. 6

नैट्रम म्योर (Satrum Mur) 3X
कैल्केरिया फ्लोर (Calcarea Fluor) 3X

साइलीशिया (Silicea) 12X

काली सल्फ (Kali Sulf) 3X

उक्त औषधियाँ सम भाग मिश्रित कर 5 ग्रेन की मात्रा में प्रतिदिन चार बार सेवन कराने से बाल झड़ने के उपसर्गों में आशातीत लाभ मिलता है। चकत्तों के रूप में बाल झड़ते हों तो यह योग अति उत्तम है।

कॉम्बिनेशन नं. 7

कैल्केरिया फ्लोर (Calcarea Fluor) 3X

नैट्रम म्योर (Natrum Mur) 3X

कैल्केरिया फॉस (Calcarea Phos) 3X

उक्त औषधियाँ सम भाग में मिश्रित कर 5 ग्रेन की मात्रा में प्रतिदिन चार बार सेवन कराने से कंघी करने में बहुत बाल झड़ने तथा दाढ़ी के बाल झड़ने जैसे उपसर्गों में आशातीत लाभ मिलता है।

गंजापन
(Baldness)

कॉम्बिनेशन नं. 1

आर्निका (Arnica. M.) Q 1 Oz

चायना (China) Q 1 Oz

आन्लॉकी (Anloki) Q 1 Oz

जेबोरेण्डी (Jaborandi) Q 1 Oz

एसिड फॉस (Acid Phos) Q 1 Oz

केन्थरिस (Cantharis) Q 1 Oz

ओलियम सेण्टल (Olium Santalis) 1/2 Oz

सभी औषधियों को अनुपात के अनुसार मिश्रित कर लोशन तैयार करके दिन में दो बार बालों में मालिश करें। इस योग से बालों की खुश्की, गंजापन तथा रूसी आदि विकारों में लाभ मिलता है।

कॉम्बिनेशन नं. 2

आर्निका (Arnica) 1 भाग

कैन्थरिस (Cantharis) 1 भाग

चायना (China) 1 भाग

सीसेम आयल (Seasame Oil) 10 भाग

उक्त औषधियाँ आवश्यक मात्रा में मिश्रित कर केश तेल तैयार कर लें और प्रतिदिन एक बार अथवा सप्ताह में चार बार एक चम्मच केश तेल सिर में भली प्रकार मालिश करें। सिर की त्वचा तथा बालों में शुष्कपन, बाल गिरना, सिर में फ्यास (रूसी), सिर तथा नेत्रों में दर्द, अनिद्रा आदि उपसर्गों में इस केश तेल की मालिश से बड़ा लाभ मिलता है। बालों की जड़ों में रक्त प्रवाह संतुलित रहता है और जड़ें मजबूत होती हैं। तेल को अँगुलियों के पोरों से बालों की जड़ों में रगड़ने से बाल गिरने बंद होते हैं तथा असमय में सफेद नहीं होते। यह योग लगभग सभी केश-विकारों में विश्वसनीय है।

5 मानसिक विकार
(MENTAL DISORDERS)

अधिकतर मानसिक रोग वास्तव में शरीर रोग होते हैं। यूँ शरीर रोग तथा मानसिक रोग लक्षण अलग ही होते हैं परन्तु मानसिक रोगों में भावनात्मक लक्षणों की अधिकता पाई जाती है। ये लक्षण कुछ इस प्रकार वृद्धि पाते हैं कि शेष सभी लक्षणों को दबाकर मस्तिष्क के सूक्ष्म अंगों में प्रतिष्ठित हो जाते हैं। यही कारण है कि मानसिक रोग आरम्भ होने से पूर्व के शारीरिक लक्षणों का ज्ञान प्राप्त करना एक चिकित्सक के लिए आवश्यक हो जाता है। ऐसे पूर्व लक्षणों तथा वर्तमान लक्षणों को तुलनात्मक अध्ययन करने से ऐसे शारीरिक रोग का भी ज्ञान हो जाता है जो प्रकट न हो।

अचानक पागलपन का दौरा सिद्धान्ततः सोरा विष होते हुए भी उसका उपचार सोरा प्रतिरोधक औषधियों (Anti psoric remedies) से आरम्भ नहीं करना चाहिए। ऐसे दौरे में एकोनाइट, बैलाडोना आदि उच्च शक्ति में सेवन कराना चाहिए, तत्पश्चात सोरा प्रतिविष (Anti Psoric) औषधियाँ उचित पथ्य तथा संयत जीवन व्यवहार के निर्देश सहित रोगी को सेवन करायें। पागलपन (Insauity) में औषधियाँ रोगी को सामान्य खान-पान की वस्तुओं में मिश्रित करके देनी चाहिए, जिसका रोगी को ज्ञान न हो।

मस्तिष्क दौर्बल्य
(Mental Weakness)

कॉम्बिनेशन नं.1

अल्फाल्फा (Alfalfa) Q
ऐवेना सेटाइवा (Avena Sat) Q
हाइड्रास्टिस (Hydrastis) Q

उक्त तीनों औषधियाँ समान मात्रा में मिश्रित कर वयस्कों को 5 बूँद तथा बच्चों को 2-3 बूँद की मात्रा में थोड़े जल में मिश्रित करके सेवन करानी चाहिए। एकाएक दुर्बलता तथा शक्तिहीनता दूर करने में यह योग अति उत्तम है। मानसिक चिन्ता, मस्तिष्क की थकावट, मानसिक दौर्बल्य तथा स्नायु दौर्बल्य में यह लाभप्रद औषधि है। यह योग क्षुधावर्धक भी है।

कॉम्बिनेशन नं. 2

आर्निका मूल (Arnica Root) Q
चायना (China) Q
कैन्थरिस (Cantharis) Q
ब्राह्मी (Brahmi) Q
जैबोरेण्डी (Jaborandi) Q

उक्त औषधियाँ समान भाग में लेकर मिश्रण का दस गुना धुली तिली के तेल में भली प्रकार मिला दें। इस प्रकार निर्मित केश तेल में आवश्यकतानुसार सुगंध मिलाकर बाल झड़ने, रूसी होने, खोपड़ी की त्वचा शुष्क हो जाने तथा बालों के असमय पक जाने में लाभ देता है। निरंतर उपयोग से मस्तिष्क ठंडा रहता है और बाल घने, सुन्दर तथा मुलायम उत्पन्न होते हैं। यह योग मानसिक कार्य करने वाले व्यक्तियों के लिए अति उत्तम है।

कॉम्बिनेशन नं. 3

चायना (China) Q
हाइड्रास्टिस (Hydrastis) Q
डैमियाना (Demiana) Q
कार्डुअस मरि (Carduus M.) Q
एवेना सैटाइवा (Avena Sat.) Q
काली फॉस (Kali Phos) 3X
कैल्केरिया फॉस (Calcarea Phos) 12X
नेट्रम फॉस (Natrum Phos) 3X
मैगनेशिया फॉस (Magnesia Phos) 3X
फैरम फॉस (Ferrum Phos) 12X

उक्त औषधियाँ को सम भाग (तरल औषधियाँ 5 एम एल तो विचूर्ण औषधियाँ 5 ग्रेन) मिश्रित कर दुर्बल रोगी को 5 से 10 बूँद की मात्रा में प्रतिदिन 3 बार सेवन कराने से शक्ति संचार करती है। यह योग शरीर को पुष्ट कर शक्तिपूर्ण कार्य करने योग्य बनाता है। किसी भी प्रकार की दुर्बलता को दूर करने में यह अनुपम है।

कॉम्बिनेशन नं. 4

अल्फाल्फा (Alfalfa) Q
एवेना सैटाइवा (Avena Sat.) Q
काली फॉस (Kali Phos) 3X
कैल्केरिया फॉस (Calcarea Phos) 12X
नैट्रम फॉस (Natrum Phos) 3X
फैरम फॉस (Ferrum Phos) 12X
मैगनेशिया फॉस (Magnesia Phos) 3X
चायना (China) Q
हाइड्रास्टिस केन (Hydrastis Cana) Q
पासीफ्लोरा इन्कार (Passiflora Inc.) Q
अश्वगंधा (Ashwagandha) Q

सभी द्रव औषधियाँ समान भाग मिली लीटर की मात्रा में तथा सभी लवण औषधियाँ उतने ही भाग ग्रेन्स की मात्रा में प्रयोग करते हुए मिश्रण तैयार कर लें। इस योग की 10 से 15 बूंद की मात्रा थोड़े जल में मिश्रित करके दिन में चार बार सेवन कराने से रक्तहीनता, अजीर्ण, स्नायविक दौर्बल्य तथा बच्चों की जन्मजात दुर्बलता में आशातीत लाभ मिलता है। शारीरिक तथा मानसिक परिश्रम

करने वालों के लिए यह एक उत्तम टानिक है। अनिद्रा, चक्कर, यकृत विकार, अम्लता तथा स्वास्थ्य भंग आदि जैसे विकारों में भी यह योग टॉनिक के रूप में रोगी के लिए उपयोगी रहता है।

कॉम्बिनेशन नं. 5

आर्निका मॉण्ट (Arnica Mont) Q 1 Oz
पाइलोकारपिन (Pilocarpin) Q 1 Oz
कैन्थराइटिस (Cantharitis) Q 1 Oz
चायना (China) Q 1 Oz
ओलियम सेण्टल (Olium Santalis) 1/2 Oz
ओलियम ऑयल (Olium Oliv) 1 Ltr.

सभी औषधियों को व्यवस्थानुसार मिश्रित कर देने से अति उत्तम सुवासित केश तेल, निर्मित हो जाता है जो बालों को झड़ने से रोकता है। रूसी नहीं रहने देता। बाल घने करता है। कालेपन तथा चमक की रक्षा करता है। मस्तिष्क में शुष्कता नहीं रहती तथा मस्तिष्क को यह तैल ठंडा भी रखता है। अनिद्रा, असमय बाल सफेद होना, मानसिक थकान, मस्तिष्क दौर्बल्य आदि विकारों में इस तेल की मालिश सिर में करने से बहुत आराम मिलता है।

कॉम्बिनेशन नं. 6

ए. एच. ऑक्साइड (A. H. Oxide) 6X
बिस्मथ कार्ब (Bismuth Carb) 6X
मैग कार्ब (Mag. Carb) 6X
हाइड्रास्टिम (Hydrastis) 6X
कैरिका पपइया (Carica Papaya) 6X
नैट्रम कार्ब (Nat. Carb) 6X

उक्त औषधियाँ सम भाग में मिश्रित कर 5 से 10 ग्रेन की मात्रा में थोड़े जल के साथ दिन में चार बार सेवन कराने से गैस विकार में बड़ा आराम मिलता है। मानसिक चिन्तायें अधिक नहीं सतातीं। मानसिक तनाव उत्पन्न होने पर कॉफी, मदिरा, तम्बाकू आदि उत्तेजक वस्तुओं के प्रति उत्पन्न होने वाला आकर्षण समाप्त हो जाता है। पेट दर्द, खट्टे डकार, अजीर्ण कोष्ठबद्धता (कब्ज), पित्त वमन, वक्ष में जलन तथा गुर्दे के दर्द आदि उपसर्गों में भी यह औषधि अत्यन्त लाभप्रद है।

कॉम्बिनेशन नं. 7

हाइड्रोकोटाइल (Hydrocotyle) Q
चायना ऑफ (China Off.) Q
अल्फाल्फा (Alfalfa) Q
सेलिक्स नाइग्रा (Salix Nigra) Q
एसिड फॉस (Acid Phos) 3X

उक्त औषधियाँ सम भाग में मिश्रित कर 10 से 15 बूँद की मात्रा में थोड़े जल के साथ प्रतिदिन चार बार सेवन कराने से विद्यार्थियों की स्मरण शक्ति की कमी, स्नायविक दुर्बलता, वीर्य विकार तथा शारीरिक दुर्बलता आदि में आशातीत लाभ देती है। स्वास्थ्य क्षीण हो जाने पर यह औषधि नव शक्ति का संचार करती है।

कॉम्बिनेशन नं. 8

काली फॉस (Kali Phos) 3X

कैल्केरिया फॉस (Calcarea Phos) 3X

साइलीशिया (Silicea) 12X

उक्त औषधियाँ सम भाग मिश्रित कर 5 ग्रेन की मात्रा में प्रतिदिन चार बार सेवन कराने से अधिक परिश्रम के कारण उत्पन्न बुद्धि मन्दता में आशातीत लाभ मिलता है। यह योग स्नायविक दुर्बलता के साथ शारीरिक दुर्बलता भी दूर करता है।

अनिद्रा
(Sleeplessness)

शारीरिक परिश्रम के फलस्वरूप शरीर के अनेक टिशू क्षय होते हैं। इस क्षय की पूर्ति हमारे द्वारा किये गये भोजन से होती है। भोजन द्वारा क्षति पूर्ति करते समय स्नायुमण्डल में जो अचेतन भाव आता है वह 'निद्रा' कहलाता है।

निद्रावस्था में मस्तिष्क में रक्त संचालन कम हो जाता है और पाचन संस्थान में रक्ताधिक्य हो जाता है। ज्ञान शक्ति कम हो जाती है और व्यक्ति सो जाता है। यही नींद बहुत गहरी हो जाए तो कोमा या स्टुपर का रूप ले लेती है। ऐसी निद्रा से शांति नहीं मिलती। क्लोरैल, मर्फिया, अफीम आदि नशीली वस्तुओं के सेवन के पश्चात् आई हुई निद्रा भी उचित नहीं है। इससे मानसिक शक्ति में उत्तेजना तथा सुस्ती आती है। ऐसी ही निद्रा के मध्य चिल्लाना भा होता हो तो उसे हाइड्रोकेफालस का लक्षण समझना चाहिए। मेनिंजाइटिस में भी रोगी गहरी नींद में सोया प्रतीत होता है।

किसी औषधि के प्रयोग के पश्चात् यदि कोई रोगी ठीक से सो सके और कोई विशिष्ट उपसर्ग न हो तो वह शुभ कारक होता है। ऐसी निद्रा को तोड़ना नहीं चाहिए। यहाँ तक कि यदि किसी रोगी को ऐसी निद्रा के बीच औषधि सेवन करानी हो तो भी निद्रा तोड़ कर औषधि सेवन न करायें, चूँकि ऐसी नींद स्वयं औषधि से अधिक उपचार करती है।

स्वाभाविक नींद में गड़बड़ी होने पर अर्थात् नींद न आने पर लोग ट्रेंक्विलाइजर तथा हिप्नोटिक औषधियाँ लेते हैं जो अन्ततः हानिप्रद रहती हैं।

कॉम्बिनेशन नं. 1

अल्फाल्फा (Alfalfa) Q

एवेना सैटाइवा (Avena Sat.) Q

चायना ऑफ (China Off.) Q

एसिड फॉस (Acid Phos) Q

अश्वगंधा (Ashwagandha) Q

हाइड्रास्टिस (Hydrastis) Q

फेरम फॉस (Ferrum Phos) 12 X

कैल्केरिया फॉस (Calcarea Phos) 12X

काली फॉस (Kali Phos) 3X

नैट्रम फॉस (Natrum Phos) 3X

मैगनेशिया फॉस (Magnesium Phos) 3X

उक्त सभी औषधियाँ लगभग समान मात्रा में मिश्रित करके टॉनिक ड्रॉप्स तैयार कर लें और थोड़े जल के साथ 5 से 10 बूँद की मात्रा में दिन में 4 बार सेवन करायें। यह योग शरीर के कोषाणुओं को विशेष रूप से प्रभावित करता है। शरीर में चर्बी बढ़ाये बिना मांसपेशियों का भार बढ़ाता है। भूख बढ़ाता है जिससे मानसिक एवं शारीरिक रूप से व्यक्ति स्वास्थ्य लाभ करता है। कुपोषण के शिकार रोगियों के लिए अति उत्तम है। स्नायु दौर्बल्य, अनिद्रा आदि दूर करता है। दुग्ध-पान कराने वाली माताओं में दूध की मात्रा बढ़ाता है। मूत्रमेह (Diabetes inisipidus) तथा मूत्र में फॉस्फेट्स आने के समय भी इसका व्यवहार रोग मुक्ति में अन्य औषधियों के साथ लाभप्रद रहता है। संधिवात तथा प्रोस्टेट ग्रन्थि रोगियों को भी टॉनिक के रूप में यह योग दिया जा सकता है। स्नायुमंडल तथा मस्तिष्क सम्बन्धी थकान, जननेन्द्रिय की दुर्बलता, रोगों के बाद की दुर्बलता, अफीमचियों की दुर्बलता आदि में यह योग लाभ देता है। शरीर से रस रक्तादि का क्षरण हो जाने के कारण उत्पन्न दुर्बलता, अधिक वीर्य स्राव होने के पश्चात् की शेष दुर्बलता तथा दुग्ध पान कराने वाली माता में पौष्टिक दुग्ध उत्पन्न करने के लिए यह योग अति उत्तम है।

कॉम्बिनेशन नं. 2

अल्फाल्फा (Alfalfa) Q
एवेना सैटाइवा (Avena Sat.) Q
काली फॉस (Kali Phos) 3X
कैल्केरिया फॉस (Calcarea Phos) 3X
नैट्रम फॉस (Natrum Phos) 3X
फेरम फॉस (Ferrum Phos) 12 X
मैगनेशिया फॉस (Mag. Phos) 3X
चायना (China) Q
हाइड्रास्टिस केन (Hydrastis Cana) Q
पासीफ्लोरा इन्कार (Passiflora Inc) Q
अश्वगंधा (Ashwagandha) Q

सभी द्रव औषधियाँ समान भाग मिली लीटर की मात्रा में तथा सभी लवण औषधियाँ उतने ही भाग ग्रेन्स की मात्रा में प्रयोग करते हुए मिश्रण तैयार कर लें। इस योग की 10 से 15 बूँद की मात्रा थोड़े जल में मिश्रित करके दिन में चार बार सेवन कराने से रक्तहीनता, अजीर्ण, स्नायविक दौर्बल्य तथा बच्चों की जन्मजात दुर्बलता में आशातीत लाभ मिलता है। शारीरिक तथा मानसिक परिश्रम करने वालों के लिए यह एक उत्तम टॉनिक है। अनिद्रा, चक्कर, यकृत विकार, अम्लता तथा स्वास्थ्य भंग आदि जैसे विकारों में भी यह योग टॉनिक के रूप में रोगी के लिए उपयोगी रहता है।

कॉम्बिनेशन नं. 3

आर्निका मॉण्ट (Arnica Mont) Q
पाइलोकारपिन (Pilocarpin) Q
कैन्थराइडिस (Cantharidis) Q
चायना (China) Q
ओलियम सेण्टल (Olium Santales)

ओलियम ऑयल (Olium Oliv)

सभी औषधियों को व्यवस्थानुसार मिश्रित कर देने से अति उत्तम सुवासित केश तेल निर्मित हो जाता है जो बालों को झड़ने से रोकता है। रूसी नहीं रहने देता। बाल घने करता है। कालेपन तथा चमक की रक्षा करता है। मस्तिष्क में शुष्कता नहीं रहती तथा मस्तिष्क को यह तैल ठंडा भी रखता है। अनिद्रा, असमय बाल सफेद होना, मानसिक थकान, मस्तिष्क दौर्बल्य आदि विकारों में इस तेल की मालिश सिर में करने से बहुत आराम मिलता है।

कॉम्बिनेशन नं. 4

अल्फाल्फा (Alfalfa) Q
चायना (China) Q
मस्कस (Moschus) Q
हाइड्रास्टिस (Hydrastis) Q
फैरम फॉस (Ferrum Phos) 12X
कैल्केरिया फॉस्फेट (Calcarea Phos) 3X
मैगनेशियम फॉस (Mag. Phos) 3X

उक्त औषधियाँ सम भाग मिश्रित कर घोल तैयार कर लें और 5 से 10 बूँद की मात्रा में थोड़े जल के साथ रोगी को दिन में चार बार सेवन करायें। इस योग से वृद्धावस्था में भी पाचन संस्थान सुचारु रूप से कार्य करता है। स्नायु दौर्बल्य, माताओं में दुग्ध ह्रास, मानसिक अशान्ति तथा अधिक व्यस्त रहने के कारण उत्पन्न अनिद्रा आदि उपसर्गों में आशातीत लाभ मिलता है।

कॉम्बिनेशन नं. 5

कैक्टस ग्रैण्डि (Cactus Grand) Q
क्रेटेगस ऑक्स (Creatagus Ox) Q
फेसियोलस (Phaseolus Nanus) Q
कैल्मिया लैटि फोलिया (Kalmia Lati folia) Q

उक्त औषधियाँ सम भाग में मिश्रित कर 5 से 10 बूँद की मात्रा में प्रतिदिन चार बार सेवन कराने से जीर्ण हृदय रोग, दुर्बलता, निम्न रक्तचाप, हृदय सम्बन्धी शोथ, अनिद्रा, रक्ताल्पता, श्वास कष्ट, हृद् स्पंदन, अनियमित दुर्बल नाड़ी, संकोचन, नया दर्द आदि उपसर्गों में आशातीत लाभ मिलता है।

कॉम्बिनेशन नं. 6

मर्क डलकिस (Merc Dul) Q
सेण्टोनाइन (Sentonine) Q
थाइमोल (Thymol) Q
पाइपर साइट (Piper Cit) Q
सिना (Cina) Q
ट्यूक्रियम (Teucrium) Q
चेनोपोडियम (Chenopodium) Q

उक्त औषधियाँ सम भाग में मिश्रित कर योग तैयार करें और 2 से 5 बूँद की मात्रा में थोड़े जल के साथ सोते समय रोगी को सेवन करायें। यह योग चिड़चिड़ापन, क्षुधा क्षीणता, रात्रि में मूत्र विसर्जन हो जाना, दाँत किटकिटाना, हाथ पैर जकड़ जाना, आँतों में जलन होना, नाक में खुजली होना, नींद में बेचैनी, उदरशूल, पुट्ठों में दर्द, गुदा में जलन तथा खुजली आदि कृमि के कारण उत्पन्न उपसर्गों में आशातीत सफलता देता है। बच्चों में कृमि रोग की यह उत्तम औषधि है।

कॉम्बिनेशन नं. 7

एसिड फॉस (Acid Phos) 3X
सेलिनियम (Selenium) 3X
हाइड्रोकोटाइल (Hydrocotyl) Q
लाइकोपोडियम (Lycopodium) 3X
अल्फाल्फा (Alfalfa) Q
एगनस कास्टस (Agnus Castus) 3X

उक्त औषधियाँ सम भाग में मिश्रित कर योग बना लें और 10 से 15 बूँद की मात्रा में थोड़े जल के साथ प्रतिदिन चार बार रोगी को सेवन करायें। यह योग विवाहित पुरुषों के लिए आदर्श औषधि है। स्वास्थ्य पोषक है। स्नायु तंत्र से सम्बन्धित समस्त उपसर्गों अनिद्रा, उदासी, रुहानी-शक्ति (Vitality) में कमी, स्मैक, अफीम तथा अन्य ड्रग्स लेने की आदत तथा उनसे उत्पन्न कुप्रभाव, हृदय सम्बन्धी वात पीड़ा, पुराना प्रतिश्याय (नजला), अजीर्ण, कोष्ठबद्धता, सुस्ती, स्मरण शक्ति ह्रास, पुरुषों का शुक्र क्षय, वीर्य विकार, महिलाओं के ऋतु सम्बन्धी उपसर्गों आदि में यह योग आशातीत सफलता देता है।

कॉम्बिनेशन नं. 8

अश्वगंधा (Ashwagandha) Q
एवेना सेटाइवा (Avena Sat) Q
डेमियाना (Demiana) Q
अल्फाल्फा (Alfalfa) Q
नक्स वॉमिका (Nux Vom) Q
जेण्टियाना (Gentiana) Q

उक्त औषधियाँ समान भाग में मिश्रित करके योग तैयार कर लें और 5 से 10 बूँद की मात्रा में दिन में चार बार थोड़े जल के साथ रोगी को सेवन करायें। यह औषधि शारीरिक दुर्बलता के साथ-साथ मानसिक दुर्बलता को दूर करती है। रक्ताल्पता, इन्द्रिय दौर्बल्य, अनिद्रा, भग्न स्वास्थ्य, तथा क्षुधा क्षीणता जैसे उपसर्गों में यह योग सद्य फलप्रद है।

कॉम्बिनेशन नं. 9

अल्फाल्फा (Alfalfa) Q
मॉस्कस (Mosquos) Q
नूफर लुटियम (Nupher Leut) Q
हाइड्रास्टिस (Hydrastis) Q
लुपुलिन (Lupuline) Q
योहिम्बिनम (Yohimbinum) Q

उक्त औषधियाँ सम भाग में मिश्रित करके 5 से 10 बूँद की मात्रा में दिन में चार बार थोड़े जल के साथ देने से स्नायु दौर्बल्य, पौरुष शक्ति क्षीणता, पाण्डु, अनिद्रा आदि विकारों में अशातीत लाभ होता है और व्यक्ति को स्फूर्ति प्रदान करता है।

कॉम्बिनेशन नं. 10

अल्फाल्फा (Alfalfa) Q
चायना (China) Q
हाइड्रास्टिस (Hydrastis) Q
एवेना सैटाइवा (Avena Sat.) Q

उक्त औषधियों को सम भाग में मिश्रित करके टॉनिक ड्रॉप्स तैयार कर लें और 5 से 10 बूँद की मात्रा में दिन में दो बार भोजन से आधा घंटा पहले थोड़े जल में मिश्रित करके सेवन करायें। यह योग रोगों के पश्चात् स्वास्थ्य प्रदान करता है, भूख वृद्धि करता है। चिड़चिड़ापन, घबराहट, अनिद्रा आदि उपसर्गों में सद्य फलप्रद, स्फूर्तिदायक, पुष्टिवर्धक, टॉनिक का कार्य करता है।

कॉम्बिनेशन नं. 11

आर्निका (Arnica) 1 भाग
कैन्थरिस (Cantharis) 1 भाग
चायना (China) 1 भाग
सीसेम आयल (Seasame Oil) 10 भाग

उक्त औषधियाँ आवश्यक मात्रा में मिश्रित कर केश तैल तैयार कर लें और प्रतिदिन एक बार अथवा सप्ताह में चार बार एक चम्मच केश तेल सिर में भली प्रकार मालिश करें। सिर की त्वचा तथा बालों में शुष्कपन, बाल गिरना, सिर में फ्यास (रूसी), सिर तथा नेत्रों में दर्द, अनिद्रा आदि उपसर्गों में इस केश तेल की मालिश से बड़ा लाभ मिलता है। बालों की जड़ों में रक्त प्रवाह संतुलित रहता है और जड़ें मजबूत होती हैं। तेल को अँगुलियों के पोरों से बालों की जड़ों में रगड़ने से बाल गिरने बंद होते हैं तथा असमय सफेद नहीं होते। यह योग लगभग सभी केश-विकारों में विश्वसनीय है।

कॉम्बिनेशन नं. 12

अल्फाल्फा (Alfalfa) Q
एवेना सेटाइवा (Avena Sat.) Q
हाइड्रास्टिस केन (Hydrastis Can) Q
चायना (China) Q
अश्वगंधा (Ashwagandha) Q
डेमियाना (Demiana) Q
हरपीज मोनीरा (Herpes Moneira) Q
फार्मिक एसिड (Formic Acid) Q
कैल्केरिया फॉस (Calcarea Phos) 3X
मैगनेशिया फॉस (Magnesia Phos) 3X
काली फॉस (Kali Phos) 3X
नैट्रम फॉस (Natrum Phos) 3X

उक्त औषधियाँ सम भाग मिश्रित कर योग तैयार कर लें तथा 5 से 10 बूँद की मात्रा में प्रतिदिन चार बार थोड़े जल में मिश्रित कर सेवन करायें। यह औषधि अति मैथुन के कारण आये उपद्रव, स्वप्न दोष, नस नाड़ियों की दुर्बलता, शीघ्र पतन, अनिद्रा, रक्तहीनता, भूख कम, ऋतु अल्प अथवा दर्द से आए, प्रसव के पश्चात् की दुर्बलता आदि उपसर्गों में लाभप्रद है।

कॉम्बिनेशन नं. 13

काली फॉस (Kali Phos) 6X

फेरम फॉस (Ferrum Phos) 200 X

उक्त औषधियाँ सम भाग मिश्रित कर 5 ग्रेन की मात्रा में प्रतिदिन चार बार सेवन कराने से अनिद्रा के उपसर्गों में आशातीत लाभ मिलता है। विशेषकर यदि अनिद्रा का कारण अज्ञात हो तो यह योग उत्तम लांभ देता है।

कॉम्बिनेशन नं. 14

काली फॉस (Kali Phos) 3X

नैट्रम फॉस (Natrum Phos) 3X

मैगनेशिया फॉस (Mag. Phos) 3X

उक्त औषधियाँ सम भाग मिश्रित कर स्नायु विकार के कारण होने वाले अनिद्रा के उपसर्गों में 5 ग्रेन की मात्रा में प्रतिदिन चार बार सेवन करायें।

मानसिक उद्वेग
(Irritations)

कॉम्बिनेशन नं. 1

अल्फाल्फा (Alfalfa) Q

चायना (China) Q

मस्कस (Moschus) Q

हाइड्रास्टिस (Hydrastis) Q

फेरम फॉस (Ferrum Phos.) 12X

कैल्केरिया फॉस (Calcarea Phos) 3X

मैगनेशिया फॉस (Magnesia Phos) 3X

उक्त औषधियाँ सम भाग मिश्रित कर घोल तैयार कर लें और 5 से 10 बूँद की मात्रा में थोड़े जल के साथ रोगी को दिन में चार बार सेवन करायें। इस योग से वृद्धावस्था में भी पाचन संस्थान सुचारु रूप से कार्य करता है। स्नायु दौर्बल्य, माताओं में दुग्ध ह्रास, मानसिक अशान्ति तथा अधिक व्यस्त रहने के कारण उत्पन्न अनिद्रा आदि उपसर्गों में आशातीत लाभ मिलता है।

कॉम्बिनेशन नं. 2

आर्निका (Arnica) 1 भाग

कैन्थरिस (Cantharis) 1 भाग

चायना (China) 1 भाग

सीसेम आयल (Seasame Oil) 10 भाग

उक्त औषधियाँ आवश्यक मात्रा में मिश्रित कर केश तेल तैयार कर लें और प्रतिदिन एक बार अथवा सप्ताह में चार बार एक चम्मच केश तेल सिर में भली प्रकार मालिश करें। सिर की त्वचा तथा बालों में शुष्कपन, बाल गिरना, सिर में फ्यास (रूसी), सिर तथा नेत्रों में दर्द, अनिद्रा आदि उपसर्गों में इस केश तेल की मालिश से बड़ा लाभ मिलता है। बालों की जड़ों में रक्त प्रवाह संतुलित रहता है और जड़ें मजबूत होती हैं। तेल को अँगुलियों के पोरों से बालों की जड़ों में रगड़ने से बाल गिरने बंद होते हैं तथा असमय सफेद नहीं होते। यह योग लगभग सभी केश-विकारों में विश्वसनीय है।

कॉम्बिनेशन नं. 3

ए. एच. ऑक्साइड (A. H. Oxide) 6X
बिस्मथ कार्ब (Bismuth Carb) 6X
मैग कार्ब (Mag. Carb) 6X
हाइड्रास्टिस (Hydrastis) 6X
कैरिका पपाया (Carica Papaya) 6X
नैट्रम कार्ब (Nat. Carb) 6X

उक्त औषधियाँ सम भाग में मिश्रित कर 5 से 10 ग्रेन की मात्रा में थोड़े जल के साथ दिन में चार बार सेवन कराने से गैस विकार में बड़ा आराम मिलता है। मानसिक चिन्तायें अधिक नहीं सतातीं। मानसिक तनाव उत्पन्न होने पर कॉफी, मदिरा, तम्बाकू आदि उत्तेजक वस्तुओं के प्रति उत्पन्न होने वाला आकर्षण समाप्त हो जाता है। पेट दर्द, खट्टे डकार, अजीर्ण कोष्ठबद्धता (कब्ज), पित्त वमन, वक्ष में जलन तथा गुर्दे के दर्द और उपसर्गों में भी यह औषधि अत्यन्त लाभप्रद है।

कॉम्बिनेशन नं. 4

नेट्रम म्योर (Natrum Mur) 3X
साइलेशिया (Silicea) 12X
काली फॉस (Kali Phos) 3X

उक्त औषधियाँ सम भाग मिश्रित कर प्रतिदिन 5 ग्रेन की मात्रा में चार बार सेवन कराने से मानसिक अशांति के विकार में लाभ मिलता है। रोग ग्रस्त होने की चिन्ता, जीवन से निराशा परन्तु आत्महत्या से भय हो, सन्देह, रोना, उत्तेजनीयता, मानवातङ्क (एन्थ्रोफोबिया), उलझन, अनिद्रा, उदासीनता, बोलने में थकावट, विचार शक्ति हीनता, पसोपेश में होना आदि उपसर्गों में यह योग सद्य फलप्रद है।

स्मरण शक्ति

(Power of Remembrance)

कॉम्बिनेशन नं. 1

पोडोफाइलम (Podophylum) Q
कैमोमिला (Chamomilla) Q
कैल्केरिया फ्लोर (Calcarea) 3X
कैल्केरिया फॉस (Calcarea Phos) 3X

अनेथाइ (Anethai) Q
ओसिमम पेप्सीन (Occimum Pepsin) Q
लेसिथिन (Lecithin) Q

उक्त औषधियों को सम भाग मिश्रित कर 5 से 10 बूँद की मात्रा में दिन में चार बार थोड़े जल अथवा दूध के साथ देने से बच्चों की पाचन शक्ति संतुलित रहती है। आयु के अनुरूप बच्चे का चलना तथा बोलना न आने पर यह योग अत्युत्तम प्रभाव देता है। स्मरण शक्ति तीव्र करने के लिए भी यह योग सद्य फलप्रद है।

कॉम्बिनेशन नं. 2

हाइड्रोकोटाइल (Hydrocotyle) Q
चायना ऑफ (China Off) Q
अल्फाल्फा (Alfalfa) Q
सेलिक्स नाइग्रा (Salix Nigra) Q
एसिड फॉस (Acid Phos) 3X

उक्त औषधियाँ सम भाग में मिश्रित कर 10 से 15 बूँद की मात्रा में थोड़े जल के साथ प्रतिदिन चार बार सेवन कराने से विद्यार्थियों की स्मरण शक्ति की कमी, स्नायविक दुर्बलता, वीर्य विकार तथा शारीरिक दुर्बलता आदि में आशातीत लाभ देती है। स्वास्थ्य क्षीण हो जाने पर यह औषधि नव शक्ति का संचार करती है।

कॉम्बिनेशन नं. 3

एसडि फॉस (Acid Phos) 3X
सेलिनियम (Selenium) 3X
हाइड्रोकोटाइल (Hydrocotyl) Q
लाइकोपोडियम (Lycopodium) 3X
अल्फाल्फा (Alfalfa) Q
एगनस कास्टस (Agnus Castus) 3X

उक्त औषधियाँ सम भाग में मिश्रित कर योग बना लें और 10 से 15 बूँद की मात्रा में थोड़े जल के साथ प्रतिदिन चार बार रोगी को सेवन करायें। यह योग विवाहित पुरुषों के लिए आदर्श औषधि है। स्वास्थ्य पोषक है। स्नायु तंत्र से सम्बन्धित समस्त उपसर्गों अनिद्रा, उदासी, रुहानी– शक्ति (Vitality) में कमी, स्मैक, अफीम तथा अन्य ड्रग्स लेने की आदत तथा उनसे उत्पन्न कुप्रभाव, हृदय सम्बन्धी वात पीड़ा, पुराना प्रतिश्याय (नजला), अजीर्ण, कोष्ठबद्धता, सुस्ती आदि में लाभ देती है।

कॉम्बिनेशन नं. 4

कैल्केरिया फॉस (Calcarea Phos) 3X
काली फॉस (Kali Phos) 3X

बुद्धि मंदता, सिर दर्द के साथ जोर पड़ने से बढ़े, ठंडे पानी से धोने से अथवा दिमागी काम करने से उपसर्ग कम हों तो उक्त औषधियाँ सम भाग में मिश्रित कर 5 ग्रेन की मात्रा में प्रतिदिन चार बार सेवन कराने से आशातीत लाभ मिलता है।

6 स्नायु विकार
(LIGAMENTARY PROBLEMS)

स्नायु दौर्बल्य
(Neurasthenia)

यह रोग कभी अचानक तथा कभी शनैः-शनैः प्रकट होता है। यह दो प्रकार का होता है—

(1) सेरिब्रल।

(2) स्पाइनल।

इसमें प्रधान लक्षण मस्तिष्क सम्बन्धी उत्तेजना होती है। सिर गर्म, सिर दर्द, वमन, मिचली, दृष्टिदोष, आँखों के विकार, कर्ण शूल, कान में विभिन्न प्रकार की ध्वनियाँ, स्वाद तीता अथवा बुरा, हाथ-पैरों में झनझनाहट, चेहरे का स्नायु शूल आदि उपसर्ग भी इस रोग में पाये जाते हैं। रोगी किसी विषय पर स्थिर नहीं रहता, लिखने-पढ़ने में अपने को असमर्थ पाता है, स्मरण शक्ति क्षीण हो जाती है। ऐसे रोगी को लोगों से बात करने में भय होता है। अकेले में भी डरता है, बादल तूफान से भी डरता है, अँधेरे तथा मार्ग में भी भयभीत रहता है। रोगी ठीक से सो नहीं पाता, अनिद्रा होती है अथवा स्वप्न से नींद टूटती है। यदि रोगी सो पाता है तो रात्रि के अन्तिम प्रहर में एकाध घण्टे के लिए ही। रोगी की धड़कन थोड़ी सी उत्तेजना अथवा शोर, भ्रम आदि में ही बहुत बढ़ जाती है। नाड़ी की गति कभी तीव्र, कभी सविराम हो जाती है।

रोगी को अजीर्ण रहता है, कभी कोष्ठबद्धता हो जाती है तो कभी उदरामय। रोगी बिल्कुल भी भूख नहीं सह पाता। प्रातः बिस्तर से उठते समय शरीर दर्द करता है, जो गति करने से कम हो जाता है। कभी-कभी शरीर के एक अंग में कोंचने जैसा दर्द होता है, हाथ पैर ठण्डे हो जाते हैं, अंग सुन्न हो जाता है।

रोगोत्पत्ति के कारणों में हस्तमैथुन अथवा अन्य प्रकार से अत्यधिक शुक्र क्षय, काम चिन्तन, शीघ्र पतन, अस्वाभाविक रति क्रिया, अत्यधिक परिश्रम, अपौष्टिक भोजन, कोई चिर रोग अथवा रोग चिन्तन, बाल विवाह तथा अधिक सन्तानोत्पत्ति एवं श्वेत प्रदर आदि के नाम गिनाए जा सकते है।

रोगी को खुले हवादार स्वच्छ बाग बगीचे में रखना चाहिए जहाँ भीड़ न हो। रोगी को अपने खानपान, नींद, भ्रमण, स्नान, शौच आदि के प्रति नियमबद्ध रहना चाहिए। सरलता से पचने वाले पुष्टिकर आहार की व्यवस्था करें। सहन होने पर मुर्गी के अण्डे का पीला अंश, दूध तथा चीनी के साथ दे सकते हैं, इसी प्रकार पके फल, बादाम, पिस्ता, किशमिश, खजूर आदि मेवे लाभदायक हैं। बकरे की टाँग का जूस भी लाभदायी होता है।

कॉम्बिनेशन नं. 1

काली सिट (Kali Cit) 3X
कैफीन (Caffein) Q
फेरम फॉस (Ferrum Phos) 12X
कैल्केरिया फॉस (Calcarea Phos) 3X
काली फॉस (Kali Phos) 3X
नैट्रम फॉस (Natrum Phos) 3X

उक्त औषधियाँ सम भाग में मिश्रित कर दिल बैठने के उपसर्ग में 5 ग्रेन की मात्रा में प्रति 10 मिनट पर देना लाभप्रद रहता है। थकावट, शक्ति क्षीणता, नाड़ी कष्ट, मानसिक चिन्ता, मानसिक तनाव तथा स्नायु दौर्बल्य में यह योग लाभप्रद रहता है। बीमारी के बाद की दुर्बलता, गर्भवती तथा दुग्ध पान कराने वाली माताओं के लिए टॉनिक है। क्षुधा वृद्धि के साथ-साथ भोजन पचाने में भी यह योग लाभदायी है।

कॉम्बिनेशन नं. 2

कैल्केरिया फॉस (Calcarea Phos) 3X
फेरम फॉस (Ferrum Phos) 12X
काली फॉस (Kali Phos) 3X
मैगनेशिया फॉस (Magnesia Phos) 3X
नैट्रम फॉस (Natrum Phos) 3X

उक्त औषधियाँ समान भाग में मिश्रित कर योग तैयार करें और 5 ग्रेन की मात्रा में दिन में चार बार प्रयोग करें। यह योग तन्तुओं की वृद्धि करता है और दाँतों को सरलता से निकालता है। नवयुवकों की रक्ताल्पता तथा संतानोत्पत्ति के कारण दुर्बल महिलाओं के लिए लाभप्रद है। स्नायविक दौर्बल्य एवं थकान में उपयोगी है। हृदय, मस्तिष्क एवं नाड़ियों को शाक्ति देता है।

कॉम्बिनेशन नं. 3

आर्सेनिक अल्बम (Arsenic Alb) 1X
स्ट्रिकनीन फॉस (Strychnin Phos) 1X
योहिम्बिनम (Yohimbinum) 1X
फेरम फॉस (Ferrum Phos) 12X
काली फॉस (Kali Phos) 3X
नैट्रम फॉस (Natrum Phos) 3X
मैगनेशिया फॉस (Magnesia Phos) 3X

सभी औषधियों को भली प्रकार मिश्रित कर 5 ग्रेन की मात्रा में दिन में तीन बार दूध, पानी या चाय के साथ सेवन करायें। यह योग शक्तिहीनता, स्वास्थ्य भंग, स्वप्न दोष, शुक्र पात तथा अन्य पुरुष रोगों में लाभदायी है। शरीर की नस-नाड़ियों में नये सिरे से शक्ति संचार करने में यह औषधि उत्तम है।

कॉम्बिनेशन नं. 4

अल्फाल्फा (Alfalfa) Q 4 भाग

एसिड फॉस (Acid Phos) Q 8 भाग

चायना (China) Q 2 भाग

आर्सेनिक अल्बम (Arsenic Alb) Q 1 भाग

नक्स वॉमिक (Nux Vomica) Q 2 भाग

कैफीन (Caffein) 1X 10 भाग

कैल्केरिया फॉस (Calcarea Phos) 6X 20 भाग

फेरम फॉस (Ferrum Phos) 6X 20 भाग

काली फॉस (Kali Phos) 6X 20 भाग

मैगनेशिया फॉस (Magnessia Phos) 6X 20 भाग

नैट्रम फॉस (Natrum Phos) 6X 20 भाग

जल (Pure Water) 1000 भाग

उक्त औषधियों को निर्देशानुसार मिश्रित कर तैयार करें और एक चाय के चम्मच की मात्रा में प्रतिदिन तीन बार रोगी को सेवन करायें। यह योग सभी प्रकार की दुर्बलता में लाभ देता है। नस-नाड़ियों की थकान दूर करता है। लम्बी बीमारी के पश्चात् शेष दुर्बलता में लाभ पहुँचाता है। मानसिक कार्य करने वाले, गर्भवती महिलायें, दूध पिलाने वाली मातायें इस औषधि से विशेष रूप से लाभान्वित हो सकते हैं इस योग की बच्चों के लिए मात्रा आधी चम्मच रखनी चाहिए।

कॉम्बिनेशन नं. 5

काली सिट (Kali Cit) Q 2 भाग

नैट्रम फॉस (Natrum Phos) 3X 6 भाग

काली फॉस (Kali Phos) 3X 6 भाग

कैल्केरिया फॉस (Calcarea Phos) 3X 6 भाग

फेरम फॉस (Ferrum Phos) 12X 6 भाग

कैफीन (Caffein) Q 6 भाग

ग्लूकोज (Glucose) 15 भाग

उक्त औषधियों को निर्देशानुसार मिश्रित कर वयस्कों को 10 बूँद की मात्रा में जल में मिश्रित कर भोजन के उपरांत दिन में दो बार प्रतिदिन सेवन करायें और बच्चों को इसी प्रकार आधी मात्रा में दें। इस योग में मिश्रित किये गये फास्फेट उसी अवस्था में होते हैं जिसमें शरीर में पाये जाते हैं इसलिए शीघ्र ही शरीर में मिल जाते हैं। एकाएक दुर्बलता, हृदय बैठना, थकावट, नाड़ी कष्ट, मानसिक चिन्ता तथा स्नायु दौर्बल्य में यह औषधि सद्य फलप्रद है।

कॉम्बिनेशन नं. 6

अल्फाल्फा (Alfalfa) Q

ऐवेना सेटाइवा (Avena Sat) Q

हाइड्रास्टिस (Hydrastis) Q

उक्त तीनों औषधियाँ समान मात्रा में मिश्रित कर वयस्कों को 5 बूँद तथा बच्चों को 2-3 बूँद की मात्रा में थोड़े जल में मिश्रित करके सेवन करानी चाहिए। एकाएक उत्पन्न दुर्बलता, शक्तिहीनता दूर करने में यह योग अति उत्तम है। मानसिक चिन्ता, मस्तिष्क की थकावट, मानसिक दौर्बल्य तथा स्नायु दौर्बल्य में यह लाभप्रद औषधि है। यह योग क्षुधावर्धक भी है।

कॉम्बिनेशन नं. 7

चायना (China) Q
हाइड्रास्टिस (Hydrastis) Q
डैमियाना (Demiana) Q
कार्डुअस मरि (Carduus M.) Q
एवेना सैटाइवा (Avena Sat.) Q
काली फॉस (Kali Phos) 3X
कैल्केरिया फॉस (Calcarea Phos) 3X
नैट्रम फॉस (Natrum Phos) 3X
मैगनेशिया फॉस (Magnesia Phos) 3X
फैरम फॉस (Ferrum Phos) 3X

सभी औषधियाँ सम भाग में मिश्रित कर योग तैयार करें ओर रोगी को 5 से 10 बूँद की मात्रा में थोड़े जल में मिलाकर दिन में चार बार सामान्यतः सेवन करायें। यह योग उच्च रक्तचाप (High Blood Pressure), धमनी विकार, हृद् शूल, छाती धड़कना आदि उपसर्गों में अतिशय लाभप्रद है। ऐसी ही दीर्घ स्थायी बीमारियों से उत्पन्न दुर्बलता में भी यह सद्य फलप्रद है।

कॉम्बिनेशन नं. 8

अश्वगंधा (Ashwagandha) Q
एवेना सेटाइवा (Avena Sat) Q
डेमियाना (Damiana) Q
अल्फाल्फा (Alfalfa) Q
नक्स वॉमिका (Nux Vom) Q
जेण्टियाना (Gentiana) Q

उक्त औषधियाँ समान भाग में मिश्रित कर योग तैयार कर लें और 5 से 10 बूँद की मात्रा में दिन में चार बार थोड़े जल के साथ रोगी को सेवन करायें। यह औषधि शारीरिक दुर्बलता के साथ-साथ मानसिक दुर्बलता को भी दूर करती है। रक्ताल्पता, इन्द्रिय दौर्बल्य, अनिद्रा, भगन स्वास्थ्य तथा क्षुधा क्षीणता जैसे उपसर्गों में यह योग सद्य फलप्रद है।

कॉम्बिनेशन नं. 9

कैल्केरिया फॉस (Calcarea Phos) 3X 1 भाग
फेरम फॉस (Ferrum Phos) 3X 1 भाग
नैट्रम फॉस (Natrum Phos) 3X 1 भाग
काली फॉस (Kali Phos) 3X 1 भाग
मैग फॉस (Mag. Phos) 3X 1 भाग
अल्फाल्फा (Alfalfa) Q 4 भाग
शहद (Honey) 2 भाग

उक्त योग को व्यवस्थानुसार तैयार कर भोजन के पश्चात् 1/2 से 1 चाय के चम्मच की मात्रा में दिन में दो बार सेवन कराने से पाचन शक्ति में वृद्धि होती है। इस योग से स्टार्च शुगर में परिणत हो जाती है। बच्चों तथा वृद्धों के लिए सामान्य टॉनिक का कार्य यह योग करता है।

कॉम्बिनेशन नं. 10

अल्फाल्फा (Alfalfa) Q
चायना (China) Q
मस्कस (Moschus) Q
हाइड्रास्टिस (Hydrastis) Q
फेरम फॉस (Ferrum Phos) 12X
कैल्केरिया फॉस्फेट (Calc. Phos) 3X
मैगनेशिया फॉस (Mag. Phos) 3X

उक्त औषधियों को सम भाग (तरल औषधियाँ 5 एम एल तो विचूर्ण औषधियाँ 5 ग्रेन) मिश्रित कर दुर्बल रोगी को 5 से 10 बूँद की मात्रा में प्रतिदिन 3 बार सेवन कराने से शक्ति संचार करती हैं। यह योग शरीर को पुष्ट कर शक्ति पूर्ण कार्य करने योग्य बनाता है। किसी भी प्रकार की दुर्बलता को दूर करने में यह अनुपम है।

कॉम्बिनेशन नं. 11

अशोका (Ashoka) Q
एलेट्रिस फ. (Aletris F.) Q
वाइबर्नम प्रुन (Vibernum P.) Q
अर्जुना (Arjuna) Q
वर्बेरिस वल्गे (Verb. V.) Q
पल्साटिल्ला (Puls) Q
वेलेरियाना (Velariana) Q
एब्रोमा ऑग (Abroma Aug) Q
एब्रोमा रेड (Abroma Rad) Q
काली ब्रोम (K. Brom) Q

उक्त औषधियाँ सम भाग में मिश्रित कर ड्रॉप्स तैयार कर लें और 5 से 10 बूँद की मात्रा में दिन में चार बार थोड़े जल के साथ सेवन करायें। यह योग श्वेत प्रदर, दुर्गन्ध युक्त रक्तस्राव, उदर में दर्द, ऋतु सम्बन्धी अनियमितताओं तथा कष्टों में सद्य फलप्रद है। इन कष्टों के साथ रक्तहीनता स्नायविक दुर्बलता, थकान आदि हो तब भी यह योग लाभ देता है।

कॉम्बिनेशन नं. 12

अल्फाल्फा (Alfalfa) Q
मॉस्कस (Mosquos) Q
नूफर लुटियम (Nupher Leut) Q
हाइड्रास्टिस (Hydrastis) Q
लुपुलिन (Lupuline) Q
योहिम्बिनम (Yohimbinum) Q

उक्त औषधियाँ सम भाग में मिश्रित करके 5 से 10 बूँद की मात्रा में दिन में चार बार थोड़े जल के साथ देने से स्नायु दौर्बल्य, पौरुष शक्तिक्षीणता, पाण्डु, अनिद्रा आदि विकारों में अशातीत लाभ होता है और व्यक्ति को स्फूर्ति प्रदान करता है।

कॉम्बिनेशन नं. 13

अल्फाल्फा (Alfalfa) Q
एवेना सैटाइवा (Avena Sat.) Q
चायना ऑफ (China Off.) Q
एसिड फॉस (Acid Phos) Q
अश्वगंधा (Ashwagandha) Q
हाइड्रास्टिस (Hydrastis) Q
फेरम फॉस (Ferrum Phos) 3 X
कैल्केरिया फॉस (Calcarea Phos) 3X
काली फॉस (Kali Phos) 3X
नैट्रम फॉस (Natrum Phos) 3X
मैगनेशियम फॉस (Magnesium Phos) 3X

उक्त सभी औषधियाँ लगभग समान मात्रा में मिश्रित करके टॉनिक ड्रॉप्स तैयार कर लें और थोड़े जल के साथ 5 से 10 बूँद की मात्रा में दिन में 4 बार सेवन करायें। यह योग शरीर के कोषाणुओं को विशेष रूप से प्रभावित करता है। शरीर में चर्बी बढ़ाये बिना मांसपेशियों का भार बढ़ाता है। भूख बढ़ाता है जिससे मानसिक एवं शारीरिक रूप से व्यक्ति स्वास्थ्य लाभ करता है। कुपोषण के शिकार रोगियों के लिए अति उत्तम है। स्नायु दौर्बल्य, अनिद्रा आदि दूर करता है। दुग्ध-पान कराने वाली माताओं में दूध की मात्रा बढ़ाता है। मूत्रमेह (Diabetes Insipidus) तथा मूत्र में फॉस्फेट आने के समय भी इसका व्यवहार रोग मुक्ति में अन्य औषधियों के साथ लाभप्रद रहता है। संधिवात तथा प्रोस्टेट ग्रन्थि के रोगियों को भी टॉनिक के रूप में यह योग दिया जा सकता है। स्नायुमण्डल तथा मस्तिष्क सम्बन्धी थकान, जननेन्द्रिय की दुर्बलता, रोगों के बाद की दुर्बलता, अफीमचियों की दुर्बलता आदि में यह योग लाभ देता है। शरीर से रस रक्तादि का क्षरण हो जाने के कारण उत्पन्न दुर्बलता, अधिक वीर्य स्राव होने के पश्चात् की दुर्बलता तथा दुग्धपान कराने वाली माताओं में पौष्टिक दुग्ध उत्पन्न करने के लिए यह योग अति उत्तम है।

कॉम्बिनेशन नं. 14

अल्फाल्फा (Alfalfa) Q
एवेना सैटाइवा (Avena Sat.) Q
काली फॉस (Kali Phos) 3X
कैल्केरिया फॉस (Calcarea Phos) 3X
नैट्रम फॉस (Natrum Phos) 3X
फेरम फॉस (Ferrum Phos) 12 X
मैगनेशिया फॉस (Magnesia Phos) 3X
चायना (China) Q
हाइड्रास्टिस केन (Hydrastis Cana) Q
पासीफ्लोरा इन्कार (Passiflora Inc) Q
अश्वगंधा (Ashwagandha) Q

सभी द्रव औषधियाँ समान भाग मिलीलिटर की मात्रा में तथा सभी लवण औषधियाँ उतने ही भाग ग्रेन्स की मात्रा में प्रयोग करते हुए मिश्रण तैयार कर लें। इस योग की 10 से 15 बूँद की मात्रा थोड़े जल में मिश्रित करके दिन में चार बार सेवन कराने से रक्तहीनता, अजीर्ण, स्नायविक दौर्बल्य तथा बच्चों की जन्मजात दुर्बलता में आशातीत लाभ मिलता है। शारीरिक तथा मानसिक परिश्रम करने वालों के लिए यह एक उत्तम टॉनिक है। अनिद्रा, चक्कर, यकृत विकार, अम्लता तथा स्वास्थ्य भंग आदि जैसे विकारों में भी यह योग एक टॉनिक के रूप में रोगी के लिए उपयोगी रहता है।

कॉम्बिनेशन नं. 15

क्रेटेगस आक्स (Cratagus Ox) Q

चायना (China) Q

पासीफ्लोरा (Passiflora) Q

कनवेलेरिया (Convalaria) Q

केक्टस ग्रेण्डी (Cactus. G.) Q

अर्जुना (Arjuna) Q

उक्त औषधियाँ सम भाग में मिश्रित कर घोल तैयार कर लें और उसे 10 बूँद की मात्रा में थोड़े जल के साथ मिलाकर रोगी को दिन में चार बार सेवन करायें। इस योग में वृद्धावस्था में भी पाचन संस्थान सुचारु रूप से कार्य करता है। स्नायु दौर्बल्य, माताओं के दुग्ध ह्रास, मानसिक अशान्ति तथा अधिक व्यस्त रहने के कारण उत्पन्न अनिद्रा आदि उपसर्गों में आशातीत लाभ मिलता है।

कॉम्बिनेशन नं. 16

अल्फाल्फा (Alfalfa) Q

चायना (China) Q

हाइड्रास्टिस (Hydrastis) Q

एवेना सैटाइवा (Avena Sat.) Q

उक्त औषधियों को सम भाग में मिश्रित करके टॉनिक ड्रॉप्स तैयार कर लें और 5 से 10 बूँद की मात्रा में दिन में दो बार भोजन से आधा घण्टा पहले थोड़े जल में मिश्रित करके सेवन करायें। यह योग रोगों के पश्चात् स्वास्थ्य प्रदान करता है, भूख वृद्धि करता है। चिड़चिड़ापन, घबराहट, अनिद्रा, आदि उपसर्गों में सद्य फलप्रद, स्फूर्तिदायक, पुष्टिवर्धक, टॉनिक का कार्य करता है।

कॉम्बिनेशन नं. 17

क्रेटागस (Cratagus) Q

कैक्टस (Cactus) Q

अर्जुना (Arjuna) Q

कनवेलेरिया (Convelaria) Q

स्ट्रोफेन्थस (Strophenthus) Q

आरम म्यो. नैट (Aur. M. Nat) Q

उक्त औषधियाँ सम भाग में मिश्रित कर 5 से 10 बूँद की मात्रा में थोड़े जल के साथ दिन में तीन बार सेवन कराने से हृदय के रोगों में आशातीत लाभ मिलता है। हृदय रोग के आरम्भ में यह

औषधि अत्यधिक लाभदायी होती है। दुर्बलता, थकान, कमजोरी, स्नायु उत्तेजना, हृदय सम्बन्धी बेचैनी, मूर्छा, धड़कन, वक्ष में धीमा, दोषपूर्ण रक्त प्रवाह, अधिक धूम्रपान का हृदय पर प्रभाव, गला खराब, हृदय की दुर्बलता तथा असामान्य रक्तचाप उपसर्गों में यह योग सद्य फलप्रद है।

कॉम्बिनेशन नं. 18

एवेना सैटाइवा (Avena Sat) Q
अश्वगंधा (Ashwagandha) Q
डैमियाना (Damiana) Q
योहिम्बिनम (Yohimbinum) Q
नक्स वा. (Nux Vom) Q
कैन्थेरिस (Cantharis) Q

उक्त औषधियों को सम भाग मिश्रित कर योग तैयार करें। थोड़े जल में मिश्रित कर 5 से 10 बूँद की मात्रा में प्रतिदिन चार बार रोगी को सेवन कराने से नाड़ियों की दुर्बलता, नामर्दी, पौरुषता तथा शक्ति की कमी जैसे उपसर्गों में आशातीत सफलता मिलती है। यह योग कामेन्द्रिय को बहुत देर तक उत्तेजित बने रहने के लिए तैयार करता है और स्वास्थ्य, शक्ति एवं प्रसन्नता प्रदान करता है।

कॉम्बिनेशन नं. 19

एसडि फॉस (Acid Phos) 3X
सेलिनियम (Selenium) 3X
हाइड्रोकोटाइल (Hydrocotyl) Q
लाइकोपोडियम (Lycopodium) 3X
अल्फाल्फा (Alfalfa) Q
एग्नस कास्टस (Agnus Castus) 3X

उक्त औषधियाँ सम भाग में मिश्रित कर योग बना लें और 10 से 15 बूँद की मात्रा में थोड़े जल के साथ प्रतिदिन चार बार रोगी को सेवन करायें। यह योग विवाहित पुरुषों के लिए आदर्श औषधि है। स्वास्थ्य पोषक है। स्नायु तंत्र से सम्बन्धित समस्त उपसर्गों अनिद्रा, उदासी, रुहानी-शक्ति (Vitality) में कमी, स्मैक, अफीम तथा अन्य ड्रग्स लेने की आदत तथा उनसे उत्पन्न कुप्रभाव, हृदय सम्बन्धी वात पीड़ा, पुराना प्रतिश्याय (नजला), अजीर्ण, कोष्ठबद्धता, सुस्ती, स्मरण शक्ति ह्रास, पुरुषों का शुक्र क्षय, वीर्य विकार, महिलाओं के ऋतु सम्बन्धी उपसर्गों आदि में यह योग आशातीत सफलता देता है।

कॉम्बिनेशन नं. 20

अल्फाल्फा (Alfalfa) Q
एवेना सेटाइवा (Avena Sat.) Q
हाइड्रास्टिस केन (Hydrastis Can) Q
चायना (China) Q
अश्वगंधा (Ashwagandha) Q
डेमियाना (Demiana) Q
हरपीज मोनीरा (Herpes Moneira) Q

फार्मिक एसिड (Formic Acid) Q
कैल्केरिया फॉस (Calcarea Phos) 3X
मैगनेशिया फॉस (Magnesia Phos) 3X
काली फॉस (Kali Phos) 3X
फेरम फॉस (Ferrum Phos) 12X
नैट्रम फॉस (Natrum Phos) 3X

उक्त औषधियाँ सम भाग में मिश्रित कर योग तैयार कर लें तथा 5 से 10 बूँद की मात्रा में प्रतिदिन चार बार थोड़े जल में मिश्रित कर सेवन करायें। यह औषधि अति मैथुन के कारण आये उपद्रव, स्वप्न दोष, नस-नाड़ियों की दुर्बलता, शीघ्र पतन, अनिद्रा, रक्तहीनता, भूख कम, ऋतु अल्प अथवा दर्द से आये, प्रसव के पश्चात् की दुर्बलता आदि उपसर्गों में लाभप्रद है।

कॉम्बिनेशन नं. 21

हाइड्रोकोटाइल (Hydrocotyle) Q
चायना ऑफ (China Off.) Q
अल्फाल्फा (Alfalfa) Q
सैलिक्स नाइग्रा (Salix Nigra) Q
एसिड फॉस (Acid Phos) Q

उक्त औषधियाँ सम भाग में मिश्रित कर 10 से 15 बूँद की मात्रा में थोड़े जल के साथ प्रतिदिन चार बार सेवन कराने से विद्यार्थियों की स्मरण शक्ति की कमी, स्नायविक दुर्बलता, वीर्य विकार तथा शारीरिक दुर्बलता आदि में आशातीत लाभ देती हैं। स्वास्थ्य क्षीण हो जाने पर यह औषधि नव शक्ति का संचार करती है।

स्नायु शूल
(Neuralgia)

जिस स्नायु से व्यक्ति स्पर्शानुभव करता है उसकी क्रिया में एक विलक्षण शूल होता है, वह स्नायु शूल कहलाता है। यह अचानक किसी स्नायु विशेष में पकट हो जाता है और कोई बाहरी उपसर्ग नहीं दिखाई पड़ता। कभी-कभी दबाने से आराम मिलता है, परन्तु प्रदाहिक शूल में दबाने से कष्ट बढ़ जाता है। यह रोग वंश-परम्परा से भी संतान में आता है। चिर कालीन मलेरिया, चोट, वात रोग, कैंसर, बहुमूत्र आदि के कारण भी स्नायु शूल के उपसर्ग प्रकट हो जाते हैं।

रोग के उपसर्ग रूप आक्रांत स्थान असार तथा ठण्डा होता है, सरसराहट होती है, तन जाता है, दर्द अचानक कभी अधिक, कभी कम प्रतीत होता है और एक ही स्थान पर बार-बार होता है। शूल का प्रकार—फाड़ डालने, छुरी लगने, बिजली की चमक मारने जैसा आदि कोई भी हो सकता है। स्नायु से जब शूल चलता है तो विद्युत गति के समान होता है। स्नायु के छोर पर चुभने, जलन करने अथवा कोंचने जैसा होता है। एक ही स्थान पर तीक्ष्ण स्नायु शूल हो तो हाइपरस्थीसिया कहलाता है। यदि दर्द वाला स्थल सुन्न हो तो एनिस्थिसिया कहा जाता है। कभी-कभी यह दर्द स्थान परिवर्तन भी कर लेता है।

रोगाक्रान्त होने पर जल में भीगना, सील भरे स्थानों में रहना, ठण्डा लगना, अधिक मानसिक अथवा शारीरिक परिश्रम करना, अत्यधिक भोजन, मद्यपान आदि से बचना आवश्यक है। शुद्ध वायु

सेवन, चिंता रहित जीवन बिताना, मानसिक तेज वर्धन आदि के उपाय करने चाहिए। अफीम तथा मार्फिया आदि निद्रा वाली औषधियाँ सामयिक रूप से कष्ट कम करती हैं परन्तु रोग का भोग काल लम्बा कर देती हैं।

कॉम्बिनेशन नं. 1

बैलाडोना (Belladona) Q

चायना (China) Q

फायटोलक्का (Phytolucca Beri) Q

यूपेटोरियम पर्फ (Eupatorium Perf) Q

एकोनाइट नेपल्स (Aconite Nepales) Q

ब्रायोनिया एल्बा (Bryonia Alb) Q

थूजा ऑक्सी (Thuja Oxid) Q

सभी औषधियाँ समान भाग लेकर इस योग की 5 से 10 बूँद की मात्रा में थोड़े जल के साथ दिन में 4 बार सेवन कराने से गठिया (Gout), कटिवात (Lumbago); स्नायु शूल (Neuralgia) तथा इसी प्रकार के अन्य वेदनापूर्ण कष्टों में रोगी को लाभ मिलता है।

कॉम्बिनेशन नं. 2

काली फॉस (Kali Phos) 3X

मैगनेशिया फॉस (Mag. Phos) 3X

साइलीशिया (Silicea) 12X

उक्त औषधियाँ सम भाग में मिश्रित करके 5 ग्रेन की मात्रा में दिन में चार बार गर्म जल में घोलकर पिलाने से विभिन्न शरीरांगों के स्नायु शूल तथा गठिया आदि रोगों में आशातीत लाभ मिलता है।

कॉम्बिनेशन नं. 3

फैरम फॉस (Ferrum Phos) 12X

काली फॉस (Kali Phos) 3X

मैगनेशिया फॉस (Mag. Phos) 3X

उक्त औषधियाँ सम भाग मिश्रित कर 5 ग्रेन की मात्रा में प्रतिदिन चार बार सेवन कराने से चेहरे के स्नायु शूल में आशातीत लाभ होता है।

कॉम्बिनेशन नं. 4

मैगनेशिया फॉस (Magnesia Phos) 3X

कैल्केरिया फॉस (Calcarea Phos) 3X

नैट्रम म्योर (Natrum Mur) 3X

नैट्रम सल्फ (Natrum Sul) 3X

उक्त औषधियाँ सम भाग मिश्रित कर 5 ग्रेन की मात्रा में गर्म जल से प्रतिदिन चार बार देने से उदर के तीव्र स्नायु शूल में लाभ मिलता है।

स्नायु वात (गृध्रसी)
(Sciatica)

कॉम्बिनेशन नं. 1

कैल्केरिया फॉस (Calcarea Phos) 6X
कैल्केरिया सल्फ (Calcarea Phos) 6X
फेरम फॉस (Ferrum Phos) 12X
काली फॉस (Kali Phos) 6X
मैगनेशिया फॉस (Magnesia Phos) 6X
नैट्रम म्योर (Natrum Mur) 6X
नैट्रम फॉस (Natrum Phos) 6X
नैट्रम सल्फ (Natrum Sulph) 6X
साइलीशिया (Silicea) 12X

उक्त औषधियों को समान भाग में मिश्रित करके 5 ग्रेन की मात्रा में रोगी को दिन में चार बार सेवन करायें।

कॉम्बिनेशन नं. 2

एकोनाइट नेप (Aconite Nap) 6X
आर्सेनिक एल्बम (Arsenic Album) 6X
मैगनेशिया फॉस (Magnesia Phos) 6X
नेफालियम (Gnaphalium) 6X
कोलोसिंथ (Colocynth) 6X

उक्त औषधियों को समान मात्रा में लेकर 5 बूँद की मात्रा में रोगी को प्रतिदिन चार बार थोड़े जल के साथ सेवन करायें। रोग की उग्र अवस्था में मात्रा की पुनरावृत्ति की जा सकती है।

कॉम्बिनेशन नं. 3

बैलाडोना (Belladona) Q
चायना (China) Q
फाइटोलक्का (Phytolacca) Q
यूपेटोरियम पर्फ (Eupetorium Perf) Q
एकोनाइट (Aconite) Q
ब्रायोनिया एल्बा (Bryonia Alb.) Q
थूजा आक्सी (Thuja Ox) Q

सभी औषधियाँ समान भाग लेकर इस योग की 5 से 10 बूँद की मात्रा में थोड़े जल के साथ दिन में 4 बार सेवन कराने से गठिया (Gout), कटि वात (Lumbago), स्नायु शूल (Neuralgia) तथा इसी प्रकार के अन्य वेदनापूर्ण कष्टों में रोगी को लाभ मिलता है।

कॉम्बिनेशन नं. 4

आर्निका मॉण्ट (Arnica Mont) 6X

बैलाडोना (Belladona) 6X

एकोनाइट नेप (Aconite Nepa) 6X

शूल के अलावा किसी भी प्रकार के दर्द के लिए यह योग अति उत्तम है। यदि अत्यधिक ऊँचा ज्वर हो जाए तब भी यह रोग अच्छा परिणाम देता है। इस योग की 2 से 5 बूँद की मात्रा थोड़े जल में मिश्रित करके सेवन कराने से आशातीत लाभ मिलता है। आवश्यकता के समय मात्रा को प्रति घण्टे के अन्तराल पर भी दिया जा सकता है।

कॉम्बिनेशन नं. 5

मैगनेशिया फॉस (Mag. Phos) 6X

कैल्केरिया फॉस (Calcarea Phos) 12X

साइलीशिया (Silicea) 12X

नैट्रम म्योर (Natrum Mur) 3X

नैट्रम सल्फ (Natrum Sul) 6X

नैट्रम फॉस (Natrum Phos) 6X

उक्त औषधियाँ सम भाग में मिश्रित कर 5 ग्रेन की मात्रा में प्रतिदिन चार बार सेवन कराने से जांघिक स्नायु शूल (साइटिका) में आशातीत लाभ मिलता है। जिसमें दर्द तीव्र गति से दौरे के समान आता हो, सेंकने से बढ़ता हो, खड़े होते ही चमक मारे परन्तु थोड़ा चलने-फिरने के पश्चात् कम हो जाए, रोगी के मुख से अधिक लार टपकती हो आदि उपसर्ग रहते हों।

मिर्गी
(Epilepsy)

कॉम्बिनेशन नं. 1

पासीफ्लोरा (Pasiflora) 6X

ऑनेन्थी क्रोकाटा (Onanthi Crocata) 6X

एबिसिंथि (Absinth) 6X

उक्त योग का सेवन मिर्गी के आक्षेप आदि जैसे उपसर्गों में लाभप्रद रहता है। 5 बूँद की मात्रा में एक-एक दिन छोड़कर 6 सप्ताह तक सेवन करायें, तत्पश्चात् अगले 6 सप्ताह तक प्रति सप्ताह ऐसी एक मात्रा सेवन कराते रहें।

कॉम्बिनेशन नं. 2

काली म्योर (Kali Mur) 3X

मैगनेशिया फॉस (Mag. Phos) 3X

काली फॉस (Kali Phos) 3X

कैल्केरिया फॉस (Calcarea Phos) 3X

नैट्रम म्योर (Natrum Mur) 3X

साइलीशिया (Silicea) 3X

उक्त औषधियाँ सम भाग में मिश्रित कर 5 ग्रेन की मात्रा में प्रतिदिन चार बार रोगी को सेवन कराने से मिर्गी के उपसर्गों में आराम मिलता है। रात में दौरे हों, मुँह से झाग आये, शरीर में झटके आयें तो यह योग सद्य फलप्रद है।

कॉम्बिनेशन नं. 3

काली फॉस (Kali Phos) 3X

नैट्रम म्योर (Natrum Mur) 12X

कैल्केरिया फॉस (Calcarea Phos) 3X

उक्त औषधियाँ सम भाग मिश्रित कर 5-5 ग्रेन की मात्रा में प्रतिदिन चार बार सेवन कराने से मासिक धर्म के रुक जाने के कारण मिर्गी के उपसर्ग प्रकट होने पर लाभ मिलता है।

मिर्गी तथा गुल्म वायु में अन्तर

लक्षण	मिर्गी	गुल्म वायु
कारण	प्रत्यक्ष नहीं होता।	उत्तेजनात्मक कष्ट, धड़कन, सुस्ती तथा घुटन अनुभव होती है।
रोगाक्रमण	प्राय: अचानक।	प्राय: धीरे-धीरे।
चीख	रोगारंभ के समय।	आक्षेप के समय।
पुतलियाँ	फैली हुई और स्थिर।	तीव्र गति से घूमती हुई।
चैतन्यता	शीघ्र क्षीण हो जाती है।	धीरे-धीरे क्षीण होती है।
आक्षेप	प्रबल और बाद में झटके आयें।	कठोरपन अथवा अंगों को इधर-उधर फेंकता है।
मुख	झाग निकलता है।	झाग नहीं होता।
काटना	जिह्वा काट लेता है।	होठ, हाथ तथा आस-पास के मनुष्यों तथा वस्तुओं को काटता है।
मूत्र	बार-बार।	नहीं।
शरीर का तापक्रम	अधिक।	सामान्य।
मल विसर्जन	कभी-कभी।	कभी नहीं।
समय	कुछ मिनट।	आधा अथवा कई घण्टे।
समाप्ति	आक्षेप स्वयं समाप्त होता है।	आक्षेप समाप्त करने हेतु जल के छींटे मारते हैं।

पक्षाघात—लकवा
(Paralysis)

पक्षाघात सर्वाङ्गिक (General) तथा स्थानिक (Local) दो प्रकार का देखा जाता है। सर्वाङ्गिक में पैराप्लीजिया, माइलाइटिस, हेमीप्लीजिया तथा इन्फेण्टाइल आदि माने जाते हैं और स्थानिक में फेसियल, राइटर्स तथा वेस्टिंग आदि। चोट-चपेट, विष-पान अथवा अन्य किसी रोगोपसर्ग रूप में स्नायु की गति नष्ट हो जाने का नाम पक्षाघात है।

निम्नांग के पक्षाघात (Paraplegia) में कमर से पाँव तक के शरीरावयव पूर्ण अथवा आंशिक रूप से गति-शक्ति रहित हो जाते हैं। प्रारम्भ में रोगी को ज्वराभास, पैरों में दौर्बल्य बोध, सुन्नपन, चिलक मारना आदि विकार होते हैं। मूत्राशय तथा मल द्वार के पक्षाघात में उनकी क्रियाओं में व्यवधान हो जाता है। मूत्र एक दम बन्द होकर फिर शनैः-शनैः निरन्तर निकलता रहता है। मूत्राशय में मूत्र दुर्गन्धित, सड़नयुक्त, क्षारीय तथा सूत्रवत होता है। अंग संचालन शक्ति क्षीण हो जाती है, रोगी चित्त पड़ा रहता है, जिससे एड़ी तथा नितम्ब के नीचे शैयाक्षत हो जाता है। सामान्य निम्नांग पक्षाघात बहुत धीरे-धीरे प्रभाव करता है। कोष्ठबद्धता तथा मल वेग होने पर रोक न पाना आदि विकार प्रारम्भ में प्रकट होते हैं। कठिन प्रकार के उपसर्ग में 106° या 107° फै. अथवा और भी अधिक उच्च ताप हो जाता है और मस्तिष्क विकार के लक्षण प्रकट हो जाते हैं। मेरु मज्जा पर भारी दबाव पड़ने से जो निम्नांग का पक्षाघात होता है उसमें सर्वप्रथम मेरुदण्ड तथा पृष्ठवंश में यन्त्रणा होती है, चिकोटी काटने से रोगी को कोई संवेदन नहीं होता। कभी अधिक दर्द होता है और पैरों का पक्षाघात हो जाता है। स्पैस्टिक पैराप्लीजिया में सर्वप्रथम पैर की पिंडली तथा पीठ में यन्त्रणा होती है, पिण्डली कठोर हो जाती है। प्रातःकाल में कठोरता में वृद्धि हो जाती है। चलते समय पैर से पैर लिपट जाता है अथवा पैर पर पैर पड़ जाता है। सामान्यतः उपदंश धातु ग्रस्त व्यक्ति ही अधिकतर इस विकार से प्रभात्रित होते हैं।

मेरुमज्जा प्रदाह (Inflamation of the Spinal Marrow) नामक उपसर्ग 'माइलाइटिस' कहा जाता है। उपदंश ग्रस्त तथा बहुत अधिक शुक्र क्षय कर देने वाले व्यक्ति इस रोग के प्रभाव में अधिक आते हैं। ठण्डी वायु अथवा ठण्डे जल में अधिक समय तक रहने, गीली मिट्टी में सोने आदि से यह रोग हो जाता है। यदि रोगी पर उपसर्ग अत्यन्त धीमी गति से प्रकट हो रहे हों तो यह रोग क्रीपिंग पाल्जी (Creeping Palsy) कहलाता है। इसके साथ प्रायः मस्तिष्क झिल्ली प्रदाह (मेनिन्जाइटिस) रहा करता है।

अर्धांग (Hemiplegia) में एक पार्श्व का हाथ, पैर, मुख, जिह्वा आदि का पक्षाघात होता है। प्रायः बाईं ओर अधिक आक्रमण होता है, चेतना लुप्त हो जाती है, स्मरण शक्ति का ह्रास हो जाता है, जबान लड़खड़ा जाती है, त्वचा में ठण्डापन हो जाता है, रोगी जरा से में आँखें भर लाता है, जिस पार्श्व में लकवा हो उधर का मुख टेढ़ा हो जाता है, जीभ भी उसी ओर को टेढ़ी होती है। पलक पर आक्रमण होने से पलक गिर जाती है और रोगी आँख नहीं खोल पाता। कोई-कोई रोगी भेंगा हो जाता है। इस रोग में पक्षाघात वाले पार्श्व के दूसरी ओर सिर दर्द होता है। सामान्यतः मस्तिष्क के अन्दर रक्त स्राव (Apoplexy) तथा मस्तिष्क की धमनी के अन्दर रक्तावरोध होने पर ही यह उपसर्ग प्रकट होते हैं।

बच्चों का पक्षाघात (Infantile Paralysis) मेरु मज्जा का विकार है, इसमें मज्जा का शृंग आक्रांत होता है। 6-7 मास से 2-3 वर्ष तक की आयु के बच्चे ही सामान्यतः इस रोग से प्रभावित होते हैं। जहाँ तक अनुमान है दन्तोद्‌गम, चोट-चपेट, ठण्ड अथवा गीले स्थान में रहना ही इस रोग का कारण है। कभी-कभी बच्चे को आक्षेप आकर रोगारंभ होता है और 24 घण्टे में सम्पूर्ण पक्षाघात हो जाता है। आक्रमण के समय 100 से 103 डिग्री तक ज्वर रहता है और कभी एक अंग कभी निम्नांग और कभी अर्धांग पर पक्षाघात हो जाता है। शीघ्र ही पक्षाघात अंग शुष्क होने लगता है, चिकोटी का ज्ञान रहता है। आक्रांत अंग का विकास रुक जाता है और वह छोटा टेढ़ा होने लगता है। मृत्यु नहीं होती परन्तु रोगारोग्य भी नहीं होना चाहता।

चेहरे का पक्षाघात (Facial Paralysis) चोट-चपेट अथवा मस्तिष्क स्नायु के पंचम जोड़े में विकार होकर तथा ठण्ड लगकर आक्रमण करता है। इसमें चेहरे के एक पार्श्व की पेशियाँ आक्रांत होती हैं और पक्षाघात की ओर का मुख टेढ़ा हो जाता है, चबाने पर खाद्य नीचे गिर जाता है। हँसने तथा बोलने पर आक्रांत पार्श्व की ओर मुख नहीं खुलता। पलकों पर भी इसके साथ आक्रमण हो जाता है, आँख बन्द नहीं होती, अश्रु स्राव होता रहता है, मुख से लार गिरती है। रोग दुरारोग्य नहीं है।

अँगुलियों के पक्षाघात (Writer's Paralysis) के विषय में हस्त कम्प (Writer's Cramp) में लिख दिया जाता है।

पेशी क्षयकारी पक्षाघात (Wasting Paralysis) मेरु मज्जा जनित है अथवा एक अलग रोग, यह निश्चित नहीं है। इसमें धीरे-धीरे पेशियों में दुर्बलता की वृद्धि होती है। प्रथमतः अँगूठा अथवा हाथ का ऊपरी भाग अक्रांत होता है, हाथ काँपते हैं। आक्रान्त स्थल पर थोड़ी देर तक होने वाला दर्द प्रतीत होता है। धीरे-धीरे पेशियों में अनुभव शक्ति का ह्रास होने लगता है। हाथ की पेशियों से शरीर की पेशियों में रोग पहुँच जाने पर दुरारोग्य हो जाता है। मृत्यु पर्यन्त स्वास्थ्य में कोई क्षीणता प्रकट नहीं होती।

मेरु मज्जा प्रदाह तथा निम्नांग पक्षाघात में मल-मूत्र तथा शय्याक्षत (Bed sore) के विषय में जागरूक रहना होता है। आंतरिक औषधि से मूत्र विसर्जित न होने पर कैथेटर का प्रयोग करना चाहिए, अन्यथा मूत्र सड़ने लगता है, जो गुर्दा प्रदाह करके मृत्यु का कारण बन सकता है। बूँद-बूँद मूत्र निकलता हो तो पुरुषों के लिए रबर का मूत्राधार पात्र (Urinal bag) बाँध दें तथा महिलाओं के लिए योनि में एब्सोर्बेण्ट कॉटन अथवा स्पंज का प्रयोग करें। एनिमा लाभदायी उपचार है।

कॉम्बिनेशन नं. 1

नक्स वॉमिका (Nux Vom) 1X

स्ट्रिक्निया फॉस (Strychnia Phos) 1X

दोनों औषधियों को सम भाग में मिश्रित कर प्रतिदिन 2 से 5 बूँद की मात्रा में थोड़े जल के साथ दिन में चार बार सेवन कराने से ऐच्छिक पेशियों के संचालन की क्षमता में वृद्धि होती है। धनुष्टंकार के भय तथा पक्षाघात की प्रारम्भिक अवस्थाओं में भी यह योग लाभप्रद है। बहुत लम्बे समय तक औषधि सेवन कराने की व्यवस्था करानी पड़ती है।

कॉम्बिनेशन नं. 2

काली फॉस (Kali Phos) 3X

साइलीशिया (Silicea) 12X

मैगनेशिया फॉस (Mag. Phos) 3X

कैल्केरिया फॉस (Calcarea Phos) 3X

उक्त योग को सम भाग औषधियों से निर्मित कर रोगी को 5 ग्रेन की मात्रा में दिन में चार बार प्रतिदिन सेवन कराने से जीभ के पक्षाघात में लाभ मिलता है। रोगी की बोली में परिवर्तन हो गया हो अथवा रोगी बोल ही न पाता हो तो यह योग लाभप्रद रहता है।

कॉम्बिनेशन नं. 3

मैगनेशिया फॉस (Mag. Phos) 3X

नैट्रम म्योर (Natrum Mur) 3X

कैल्केरिया फॉस (Calcarea Phos) 3X

काली फॉस (Kali Phos) 3X

साइलीशिया (Silicea) 12X

सभी औषधियाँ सम भाग में मिश्रित कर 2 से 5 ग्रेन की मात्रा में दिन में प्रतिदिन चार बार सेवन कराने से लकवे के झटकों में आराम मिलता है। अंगों का सिकुड़ना, अनिश्चित, कम्पन आदि उपसर्गों में यह योग सद्य फलप्रद है।

स्वास्थ्य क्षीणता
(Downfall of Health)

कॉम्बिनेशन नं. 1

आर्सेनिक अल्बम (Arsenic Alb) 1X

स्ट्रिकनीन फॉस (Strychnin Phos) 1X

योहिम्बिनम (Yohimbinum) 1X

फेरम फॉस (Ferrum Phos) 3X

काली फॉस (Kali Phos) 3X

नैट्रम फॉस (Natrum Phos) 3X

मैगनेशिया फॉस (Magnesia Phos) 3X

सभी औषधियों को भली प्रकार मिश्रित कर 5 ग्रेन की मात्रा में दिन में तीन बार दूध, पानी या चाय के साथ सेवन करायें। यह योग शक्तिहीनता, स्वास्थ्य भंग, स्वप्न दोष, शुक्र पात तथा अन्य पुरुष रोगों में लाभदायी है। शरीर की नस-नाड़ियों में नये सिरे से शक्ति संचार करने में यह औषधि उत्तम है।

कॉम्बिनेशन नं. 2

अल्फाल्फा (Alfalfa) Q 4 भाग

एसिड फॉस (Acid Phos) Q 8 भाग

चायना (China) Q 2 भाग

आर्सेनिक अल्बम (Arsenic Alb) Q 1 भाग

नक्स वॉमिका (Nux Vomica) Q 2 भाग

कैफीन (Caffein) 1X 10 भाग

कैल्केरिया फॉस (Calcarea Phos) 6X 20 भाग

फेरम फॉस (Ferrum Phos) 6X 20 भाग

काली फॉस (Kali Phos) 6X 20 भाग

मैगनेशिया फॉस (Magnessia Phos) 6X 20 भाग

नैट्रम फॉस (Natrum Phos) 6X 20 भाग

शुद्ध जल (Pure Water) 1000 भाग

उक्त औषधियों को निर्देशानुसार मिश्रित कर तैयार करें और एक चाय के चम्मच की मात्रा में प्रतिदिन तीन बार रोगी को सेवन करायें। यह योग सभी प्रकार की दुर्बलता में लाभ देता है।

नस-नाड़ियों की थकान दूर करता है। लम्बी बीमारी के पश्चात् शेष दुर्बलता में लाभ पहुँचाता है। मानसिक कार्य करने वाले, गर्भवती महिलायें, दूध पिलाने वाली मातायें इस औषधि से विशेष रूप से लाभान्वित हो सकते हैं इस योग की बच्चों के लिए मात्रा आधी रखनी चाहिए।

कॉम्बिनेशन नं. 3

चायना (China) Q
हाइड्रास्टिस (Hydrastis) Q
डैमियाना (Demiana) Q
कार्डुअस मरि (Carduus M.) Q
एवेना सैटाइवा (Avena Sat.) Q
काली फॉस (Kali Phos) 3X
कैल्केरिया फॉस (Calcarea Phos) 3X
नैट्रम फॉस (Natrum Phos) 3X
मैगनेशिया फॉस (Magnesia Phos) 3X
फेरम फॉस (Ferrum Phos) 3X

उक्त औषधियों को सम भाग (तरल औषधियाँ 5 एम एल तो विचूर्ण औषधियाँ 5 ग्रेन) मिश्रित कर दुर्बल रोगी को 5 से 10 बूँद की मात्रा में प्रतिदिन 3 बार सेवन कराने से शक्ति संचार करती हैं। यह योग शरीर को पुष्ट कर शक्ति पूर्ण कार्य करने योग्य बनाता है। किसी भी प्रकार की दुर्बलता को दूर करने में यह अनुपम है।

कॉम्बिनेशन नं. 4

क्रेटेगस आक्स (Cratagus Ox) Q
चायना (China) Q
पासीफ्लोरा (Passiflora) Q
कैक्टस ग्रेण्डी (Cactus. G.) Q
कनवेलेरिया (Convalaria) Q
अर्जुना (Arjuna) Q

सभी औषधियाँ सम भाग मिश्रित कर योग तैयार करें और रोगी को 5 से 10 बूँद की मात्रा में थोड़े जल में मिलाकर दिन में चार बार सामान्यत: सेवन करायें। यह योग उच्च रक्त चाप (High Blood Pressure), धमनी विकार, हृद् शूल, छाती धड़कना आदि उपसर्गों में अतिशय लाभप्रद है। ऐसी ही दीर्घ स्थायी बीमारियों से उत्पन्न दुर्बलता में भी यह सद्य फलप्रद है।

कॉम्बिनेशन नं. 5

अल्फाल्फा (Alfalfa) Q
मॉस्कस (Mosquos) Q
नूफर लुटियम (Nupher Leut) Q
लुपुलिन (Lupuline) Q
योहिम्बिनम (Yohimbinum) Q

उक्त औषधियाँ सम भाग में मिश्रित करके 5 से 10 बूँद की मात्रा में दिन में चार बार थोड़े जल के साथ देने से स्नायु दौर्बल्य, पौरुष शक्ति क्षीणता, पाण्डु, अनिद्रा आदि विकारों में अशातीत लाभ होता है और व्यक्ति को स्फूर्ति प्रदान करता है।

कॉम्बिनेशन नं. 6

एलेट्रिस फे. (Aletris F.) Q
सी क्लोवर (C. Clover) Q
एवेना सैटाइवा (Avena Sat) Q
जेनोशिया अशोका (Janosia Ashoka) Q
मस्कस (Muschus) Q

सभी औषधियाँ सम भाग मिश्रित कर 5 से 10 बूँद की मात्रा में दिन में चार बार महिलाओं को सेवन कराने से उनके जरायु भ्रंश, पाण्डु रोग, श्वेत प्रदर, हरित्पाण्डु तथा ऋतु कालीन विकारों में आशातीत लाभ देती हैं।

कॉम्बिनेशन नं. 7

नैट्रम म्योर (Nat. Mur) 3X
काली फॉस (Kali Phos) 3X
कैल्केरिया फॉस (Calcarea Phos) 3X

उक्त औषधियाँ सम भाग मिश्रित कर 5–5 ग्रेन की मात्रा में थोड़े जल के साथ सेवन कराने से सर्वांगिक दुर्बलता, स्वास्थ्य भंग, नैराश्य भाव आदि उपसर्गों में आशातीत लाभ मिलता है।

कॉम्बिनेशन नं. 8

अल्फाल्फा (Alfalfa) Q
एवेना सैटाइवा (Avena Sat.) Q
काली फॉस (Kali Phos) 3X
कैल्केरिया फॉस (Calcarea Phos) 3X
नैट्रम फॉस (Natrum Phos) 3X
फेरम फॉस (Ferrum Phos) 12X
मैगनेशिया फॉस (Magnesia Phos) 3X
चायना (China) Q
हाइड्रास्टिस केन (Hydrastis Cana) Q
पासीफ्लोरा इन्कार (Passiflora Inc.) Q
अश्वगंधा (Ashwagandha) Q

सभी द्रव औषधियाँ समान भाग मिली लीटर की मात्रा में तथा सभी लवण औषधियाँ उतने ही भाग ग्रेन्स की मात्रा में प्रयोग करते हुए मिश्रण तैयार कर लें। इस योग को 10 से 15 बूँद की मात्रा थोड़े जल में मिश्रित करके दिन में चार बार सेवन कराने से रक्तहीनता, अजीर्ण, स्नायविक दौर्बल्य तथा बच्चों की जन्मजात दुर्बलता में आशातीत लाभ मिलता है। शारीरिक तथा मानसिक परिश्रम करने वालों के लिए यह एक उत्तम टॉनिक है। अनिद्रा, चक्कर, यकृत विकार, अम्लता तथा स्वास्थ्य भंग आदि जैसे विकारों में भी यह योग एक टॉनिक के रूप में रोगी के लिए उपयोगी रहता है।

कॉम्बिनेशन नं. 9

कालमेघ (Kalmegh) Q
कुरची (Kurchi) Q
एजाडिरेक्टा इण्डिका (Azadiracta Indica) Q
केरिया पपाया (Carica Papaya) Q
छेबुला (Chhebula) Q

उक्त औषधियाँ सम भाग में मिश्रित कर 5 से 10 बूँद की मात्रा में थोड़े जल के साथ दिन में चार बार सेवन कराने से यकृत सम्बन्धी उपसर्गों में तो लाभ मिलता ही है, साथ ही यह योग क्षुधा क्षीणता, पुष्टि हीनता, अजीर्ण, कृमि तथा उदर के उपसर्गों के लिए सद्य फलप्रद है।

कॉम्बिनेशन नं. 10

अश्वगंधा (Ashwagandha) Q
एवेना सैटाइवा (Avena Sat) Q
डैमियाना (Demiana) Q
अल्फाल्फा (Alfalfa) Q
नक्सवॉमिका (Nuxvom) Q
जेण्टियाना (Gentiana) Q

उक्त औषधियाँ समान भाग में मिश्रित करके योग तैयार कर लें और 5 से 10 बूँद की मात्रा में दिन में चार बार थोड़े जल के साथ रोगी को सेवन करायें। यह औषधि शारीरिक दुर्बलता के साथ-साथ मानसिक दुर्बलता को दूर करती है। रक्ताल्पता, इन्द्रिय दौर्बल्य, अनिद्रा, भग्न स्वास्थ्य, अनिद्रा तथा क्षुधा क्षीणता जैसे उपसर्गों में यह योग सद्य फलप्रद है।

कॉम्बिनेशन नं. 11

एसडि फॉस (Acid Phos) 3X
सेलिनियम (Selenium) 3X
हाइड्रोकोटाइल (Hydrocotyl) Q
लाइकोपोडियम (Lycopodium) 3X
अल्फाल्फा (Alfalfa) Q
एगनस कास्टस (Agnus Castus) 3X

उक्त औषधियाँ सम भाग में मिश्रित कर योग बना लें और 10 से 15 बूँद की मात्रा में थोड़े जल के साथ प्रतिदिन चार बार रोगी को सेवन करायें। यह योग विवाहित पुरुषों के लिए आदर्श औषधि है। स्वास्थ्य पोषक है। स्नायु तंत्र से सम्बन्धित समस्त उपसर्गों अनिद्रा, उदासी, रुहानी-शक्ति (Vitality) में कमी, स्मैक, अफीम तथा अन्य ड्रग्स लेने की आदत तथा उनसे उत्पन्न कुप्रभाव, हृदय सम्बन्धी वात पीड़ा, पुराना प्रतिश्याय (नजला), अजीर्ण, कोष्ठबद्धता, सुस्ती, स्मरण शक्ति ह्रास, पुरुषों का शुक्र क्षय, वीर्य विकार, महिलाओं के ऋतु सम्बन्धी उपसर्गों आदि में यह योग आशातीत सफलता देता है।

कॉम्बिनेशन नं. 12

पुल्साटिल्ला (Pulsatilla) 1X

नेट्रम म्योर (Natrum Mur) 6X

सीपिया (Sepia) 1X

थूजा ऑक्स (Thuja Ox) 3X

उक्त औषधियाँ सम भाग में मिश्रित कर 5 से 10 बूँद की मात्रा में थोड़े जल के साथ प्रतिदिन चार बार सेवन कराने से गाढ़ा व पतला श्वेत प्रदर, कमर दर्द, पेड़ू दर्द, चक्कर आना, हाथ-पैरों में जलन, श्वेत प्रदर के कारण महिलाओं में दुर्बलता, स्नायविक थकान आदि उपसर्गों में आशातीत लाभ मिलता है।

कॉम्बिनेशन नं. 13

अल्फाल्फा (Alfalfa) Q

चायना (China) Q

हाइड्रास्टिस (Hydrastis) Q

एवेना सैटाइवा (Avena Sat.) Q

उक्त औषधियों को सम भाग में मिश्रित करके टॉनिक ड्रॉप्स तैयार कर लें और 5 से 10 बूँद की मात्रा में दिन में दो बार भोजन से आधा घंटा पहले थोड़े जल में मिश्रित करके सेवन करायें। यह योग रोगों के पश्चात् स्वास्थ्य प्रदान करता है, भूख वृद्धि करता है। चिड़चिड़ापन, घबराहट, अनिद्रा, आदि उपसर्गों में सद्य फलप्रद, स्फूर्तिदायक, पुष्टिवर्धक, टॉनिक का कार्य करता है।

कॉम्बिनेशन नं. 14

कैल्केरिया फॉस (Calcarea Phos) 3X 1 भाग

फेरम फॉस (Ferrum Phos) 12X 1 भाग

नैट्रम फॉस (Natrum Phos) 3X 1 भाग

काली फॉस (Kali Phos) 3X 1 भाग

मैग फॉस (Mag. Phos) 3X 1 भाग

अल्फाल्फा (Alfalfa) Q 4 भाग

शहद (Honey) 2 भाग

उक्त योग को व्यवस्थानुसार तैयार कर भोजन के पश्चात् 1/2 से 1 चाय के चम्मच की मात्रा में दिन में दो बार सेवन कराने से पाचन शक्ति में वृद्धि होती है। इस योग से स्टार्च शुगर में परणित हो जाता है। बच्चों तथा वृद्धों के लिए सामान्य टॉनिक का कार्य यह योग करता है। बढ़ते हुए बालकों तथा लम्बी बीमारी भोगने के पश्चात् उत्पन्न दुर्बलता आदि उपसर्गों में यह भोजन के पौष्टिक तत्त्वों की कमी पूरी करता है।

कॉम्बिनेशन नं. 15

एबिज नाइग्रा (Abies Nigra) Q

क्वासिया (Quassia) Q

चायना (China) Q

जेनटियाना (Gentiana) Q

कार्डुअस मरि (Carduas. M.) Q

हाइड्रास्टिस (Hydrastis) Q

अल्फाल्फा (Alfalfa) Q

कैल्शियम फॉस्फेट (Calcarea Phos) 3X

फेरम फॉस (Ferrum Phos) 12X

नैट्रम फॉस (Natrum Phos) 3X

मैगनेशिया फॉस (Magnesia Phos) 3X

काली फॉस (Kali Phos) 3X

उक्त औषधियाँ सम भाग लेकर भली प्रकार मिश्रित करके योग तैयार कर लें। शिशुओं को 2 बूँद, बच्चों को 5 बूँद तथा वयस्कों को 10 बूँद की मात्रा में थोड़े जल अथवा दूध के साथ दिन में चार बार प्रतिदिन सेवन करायें। यह योग कुपोषण के शिकार, लम्बी बीमारी के बाद की दुर्बलता, विशेषकर सिर दर्द, थकावट, जीवनी शक्ति की कमी, भोजन से अरुचि, क्षुधा क्षीणता जैसे उपसर्गों में सद्य फलप्रद है।

कॉम्बिनेशन नं. 16

हाइड्रोकोटाइल (Hydrocotyle) Q

चायना ऑफ (China Off) Q

अल्फाल्फा (Alfalfa) Q

सेलिक्स नाइग्रा (Salix Nigra) Q

एसिड फॉस (Acid Phos) Q

उक्त औषधियाँ सम भाग में मिश्रित कर 10 से 15 बूँद की मात्रा में थोड़े जल के साथ प्रतिदिन चार बार सेवन कराने से विद्यार्थियों की स्मरण शक्ति की कमी, स्नायविक दुर्बलता, वीर्य विकार तथा शारीरिक दुर्बलता आदि में आशातीत लाभ देती है। स्वास्थ्य क्षीण हो जाने पर यह औषधि नव शक्ति का संचार करती है।

●●●

7 चक्षु विकार
(EYE PROBLEMS)

अक्षि (आँख)
(Eye)

आँख का आकार वास्तव में गोल है, जो हमें मछली के आकार की आँख दृष्टिगत होती है वह उस गोल आकार का एक अंश मात्र है। यह कैप्सूल ऑफ टिनन के अन्दर कुछ पेशियों से बँधे रहकर चक्षु गह्वर में स्थित है। पलकें आँखों को इच्छानुसार खुली रखने अथवा बंद रखने का कार्य करती हैं।

चक्षु श्वेत पटल (Sclera) स्क्लेरोटिक आवरण मोटे पर्चमेण्ट पेपर के समान होता है। इसके नीचे चक्षु कृष्ण पटल (Choroid coat) है जिसमें स्नायु शिरा रक्त तथा एक काला द्रव्य रहता है। आँख के ठीक मध्य में उपतारा (Iris) है, इसमें स्नायु शिरायें रक्त रंजित कोष आदि सभी कुछ कोराइड जैसा है। इसके मध्य जो छिद्र चमकता है वह पुतली (Pupil) कहलाता है। यह अँधेरे में फैलती है तथा प्रकाश में संकुचित होती है। पुतली तथा उपतारे के ऊपर वाले स्वच्छ पर्दे को कॉर्निया (Cornea) कहते हैं, इसमें केवल स्नायु रहते हैं। चक्षु के अन्दर नीचे की ओर कोराइड से लगा रेटिना (Retina) है। मस्तिष्क से आने वाली ऑप्टिक नर्व स्क्लेरोटिक तथा कोराइड को पार करके रेटिना में मकड़ी के जाले के समान फैल कर मस्तिष्क तथा आँख को संयुक्त रखती है। दर्शन स्नायु (Optic Nerve) जहाँ से रेटिना में पहुँचता है वह आप्टिक डिस्क कहा जाता है, इसके पास नाक की ओर मैक्युला लुटिया है।

चक्षु गोलक के उक्त तीनों आवरण तरल पदार्थ से गोलाकार रूप में भरे रहते हैं। इस जलीय द्रव्य को एक्वुअस ह्यूमर कहते हैं तथा अण्डे की जैली जैसे द्रव्य को विट्रियस ह्यूमर कहते हैं। सूक्ष्म मेम्ब्रेन युक्त विट्रियस हाएलाइड के अन्दर बंद रह कर चक्षु के निम्नांश में रेटिना के ऊपर रहता है और आँख के अन्दर का सामने वाला भाग एक्वुअस भरा रहता है। इस एक्वुअस तथा विट्रियस के मध्य पुतली के ठीक पीछे स्वच्छ लेन्स है जो सस्पेन्सरी लिगामेण्ट से बँधा रहता है। लेन्स से आइरिस तक का क्षेत्र पोस्टीरियर चेम्बर तथा आइरिस से कॉर्निया तक का क्षेत्र एण्टीरियर चेम्बर कहलाता है। आँख की पलक के अन्दर की ओर का स्वच्छ आवरण जो सम्पूर्ण स्क्लेरा के ऊपर है, आँख का श्वेत पटल अथवा आँख की श्लैष्मिक झिल्ली (Mucous membrane) कहलाता है। यही कंजंक्टाइवा है। इसे आँख की कुछ पेशियों (रैक्टस) की सहायता से इच्छानुसार घुमा सकते हैं। लिवेटर नामक पेशी पलक खोलती है तथा ऑर्बिक्युलेरिक पेशी पलकें बन्द करती है। चक्षुकोण उपांग (Appendix) कहलाते हैं। नासिका की ओर वाले चक्षुकोण में एक सूक्ष्म छिद्र होता है जो (Puncta Lachrymalia) कहलाता है। यहाँ लैक्रिमल सैक तथा लैक्रिमल डक्ट (अश्रु थैली तथा नलिका) है, उसमें से नाक की ओर नैजल डक्ट से अश्रु चले जाते हैं और श्लेष्मा के रूप में नाक से टपकते हैं। लैक्रिमल डक्ट से ही अश्रु चक्षु में आते हैं और उसे सजल बनाये रहते हैं। आँख के अन्दर निचला भाग फण्डस कहलाता है। विट्रियस, कोराइड, रेटिना, दर्शन स्नायु आदि सभी इस फण्डस में सुरक्षित रहते हैं। इस प्रकार कार्निया, एक्वुअस ह्यूमर, प्यूपिल, लेन्स, विट्रियस आदि से होकर ही प्रकाश किरणें रेटिना तक आती हैं। रेटिना से दर्शन स्नायु मस्तिष्क को उत्प्रेरित कर हमें वस्तु बोध कराते हैं।

चक्षु-प्रदाह

(Conjunctivitis-Ophthalmia)

आँख के श्वेत पटल को कंजक्टाइवा कहा जाता है। उसके प्रदाहित होने पर जो उपसर्ग प्रकट होते हैं उन्हें कंजंक्टिवाइटिस, आपथैल्मिया, अक्षि-प्रदाह अथवा आँख आना, नाम देते हैं। यह रोग कैटरल, पुरुलेण्ट, ग्रैन्युलर, डिफ्थेरेटिक, फ्लिकटिन्यूलर आदि विभिन्न प्रकार का होता है। इन सभी प्रकार के अक्षि प्रदाह की प्रथमावस्था का आरम्भ एकसमान ही होता है। सर्वप्रथम रक्ताधिक्य (Congestion) होता है, तत्पश्चात् सर्दी जनित प्रदाह होता है जो बाद में पुरुलेण्ट आदि अन्य प्रकारों में परिवर्तित हो जाता है। प्रदाह कॉनिया में फैल जाने पर कॉर्निया आक्रान्त होकर अथवा पलकें फूल जाने से भ्रू के अन्दर की ओर संकुचित हो जाने पर, भ्रू के घर्षण से प्रदाह में वृद्धि होने के कारण आँख नष्ट हो सकती है। प्रथमतः श्वेत पटल प्रदाहित होता है। आँखें लाल, दर्द युक्त, गरम तथा फूल सी जाती हैं, और करकराती हैं।

रोग की उत्पत्ति सर्दी लगने, चोट लगने, चर्म रोग फैलने से आँख आक्रान्त होने, किसी रोगी से छूत लगने, एपिडेमिक (महामारी) के रूप में रोग फैलने अथवा स्वास्थ्य भंग होने की अवस्थाओं में हो सकती है।

सर्दी जनित (Catarrhal) अक्षि प्रदाह में आँख में बालू या धूल पड़ जाने के समान करकराहट होती है, फिर जलन, खुजली, जल स्राव, पलकें जुड़ जाना, श्लेष्मा अथवा पूय स्राव होना, वायु अथवा प्रकाश से कष्ट बढ़ना, कुछ ज्वर सा रहना आदि उपसर्ग प्रकट होते हैं।

दानामय (Granular) प्रदाह में पलकों के अन्दर अधिक संख्या में छोटे-छोटे दाने प्रकट हो जाते हैं। पहले आँखें फूलती हैं, प्रदाह होता है, प्रकाश असह्य होता है, जल के समान पतला पूय स्राव होता है। पलकों में कुटकुटाहट, खुरखुरापन तथा शोथ हो जाता है। कभी-कभी पलकें अन्दर की ओर संकुचित हो जाती हैं। सामान्यतः अक्षि-प्रदाह के प्रारम्भिक उपसर्गों की अवहेलना करने पर रोग पुराना रूप धारण कर ग्रेन्यूलर कन्जक्टिवाइटिस बनता है। जो 'दानामय' होता है।

पूयस्रावी (Purulent) अक्षि-प्रदाह को इजिप्सियन आपथैल्मिया भी कहते हैं। इसकी उत्पत्ति किसी विषाक्त वस्तु के शरीर में अथवा आँख में प्रवेश कर जाने के कारण होती है। यह संक्रामक होता है। प्रमेह अथवा उपदंश विष से भी यह रोग बन जाता है। यह रोग शीघ्र ही आँखें नष्ट करता है। इस रोग में सर्वप्रथम श्लेष्मा स्राव होता है जो बाद में पूय स्राव में परणित हो जाता है।

स्क्रॉफुलस (Scrofulous) अथवा फ्लिक्टिन्यूलर आपथैल्मिया में आँख के ऊपर फुन्सियाँ होती हैं। स्क्रॉफुला धातु ट्यूबर्कुलर (क्षयकारी) होती है। इसमें त्वचा के नीचे के अनेक लिम्फैटिक ग्लैण्ड समूह आक्रान्त होते हैं और शरीर टिशूज की पुष्टि में हानि पहुँचती है।

क्षति-प्रदाह में ठण्डे जल अथवा बर्फ से हानि की सम्भावना रहती है। गुनगुना गरम जल आँख धोने हेतु उपयोगी होगा। आँख में हरा या काला चश्मा लगायें। ठण्डक से आराम प्रतीत हो तो आँखों में गुलाब जल डाल सकते हैं। पुष्टिकर खाद्य तथा शुद्ध वायु सेवन इस रोग के विशिष्ट पथ्य हैं।

कॉम्बिनेशन नं. 1

काली म्योर (Kali Mur) 6X
नैट्रम म्योर (Natrum Mur) 6X
नैट्रम सल्फ (Natrum Sulph) 6X

उक्त औषधियों को समान मात्रा में मिश्रित करके 5 ग्रेन की मात्रा में रोगी को दिन में चार बार सेवन करायें।

कॉम्बिनेशन नं. 2

एक्सट्रेक्ट ममीरा (Ext. Mamira) 1 भाग

एसिड बोरिक (Acid Boric) 1 भाग

ग्लिसरीन (Glycerine) 6 भाग

गुलाब जल (Aqua Rose) 20 भाग

उक्त औषधियाँ निश्चित मात्रा में मिश्रित कर दो-दो बूँद दिन में तीन बार आँखों में डालें, चक्षु-प्रदाह, जाला, माड़ा, मोतियाबिन्द आदि रोगों में यह योग लाभप्रद है। आँखों की थकान कम करने में यह योग अति उत्तम है।

कॉम्बिनेशन नं. 3

यूफ्रेशिया (Euphrasia) Q 1 भाग

अर्जेण्टम नाइट्रिकम (Argentum Nit) Q 1 भाग

परिश्रुत जल (Distilled Water) 25 भाग

उक्त योग आँखों में लाली, प्रदाह, शोथ तथा अन्य सामान्य चक्षु-विकारों में सद्य फलप्रद है प्रातः सायं दिन में दो बार उक्त योग की 2-2 बूँदें दोनों आखों में टपकायें।

कॉम्बिनेशन नं. 4

आर्निका (Arnica) 1 भाग

कैन्थरिस (Cantharis) 1 भाग

चायना (China) 1 भाग

सीसेम आयल (Seasame Oil) 10 भाग

उक्त औषधियाँ आवश्यक मात्रा में मिश्रित कर केश तेल तैयार कर लें और प्रतिदिन एक बार अथवा सप्ताह में चार बार एक चम्मच केश तेल सिर में भली प्रकार मालिश करें। सिर की त्वचा तथा बालों में शुष्कपन, बाल गिरना, सिर में फ्यास (रूसी) आदि उपसर्गों में इस केश तेल की मालिश से बड़ा लाभ मिलता है। बालों की जड़ों में रक्त प्रवाह सन्तुलित रहता है और जड़ें मजबूत होती हैं। तेल को अँगुलियों के पोरों से बालों की जड़ों में रगड़ने से बाल गिरने बन्द होते हैं तथा असमय में सफेद नहीं होते। मानसिक थकान के कारण उत्पन्न नेत्रों के दर्द तथा अनिद्रा के उपसर्ग में यह योग उत्तम है। इस तेल की मालिश से लाभ मिलता है।

कॉम्बिनेशन नं. 5

मैगनेशिया फॉस (Magnesia Phos) 3X

नैट्रम म्योर (Natrum Mur) 3X

नैट्रम फॉस (Natrum Phos) 3X

साइलीशिया (Silicea) 12X

काली सल्फ (Kali Sul) 3X

कैल्केरिया सल्फ (Calcarea Sul) 3X

काली म्योर (Kali Mur) 3X

फेरम फॉस (Ferrum Phos) 12X

उक्त औषधियाँ सम भाग मिश्रित कर 5 ग्रेन की मात्रा में प्रतिदिन चार बार सेवन कराने से चक्षु-प्रदाह में आशातीत लाभ मिलता है। आँख के ऊपर दर्द, आँख के किनारे में जलन, खाज, पलक चिपक जायें, आँख से पानी बहना, लाली, दर्द आदि उपसर्गों में यह योग सद्य फलप्रद है।

कॉम्बिनेशन नं. 6

आर्निका मॉण्ट (Arnica Mont) 6X

बैलाडोना (Belladona) 6X

एकोनाइट नेप (Aconite Nepa) 6X

शूल के अलावा किसी भी प्रकार के दर्द के लिए यह योग अति उत्तम है। यदि अत्यधिक ऊँचा ज्वर हो जाए तब भी यह योग अच्छा परिणाम देता है। इस योग की 2 से 5 बूँद की मात्रा थोड़े जल में मिश्रित करके सेवन कराने से आशातीत लाभ मिलता है। आवश्यकता के समय मात्रा को प्रति घंटे के अन्तराल पर भी दिया जा सकता है। चक्षु प्रदाह में खाने की उपयुक्त औषधि है।

कॉम्बिनेशन नं. 7

चायना (China) Q 1 ml

एसिड बोरिक (Acid Boric) 1 mg

अर्जेण्टम नाइट्रिकम (Arg. Nit) Q 1 ml

यूफ्रेशिया (Euphresia) Q 1 ml

जिंकम सल्फ (Zinc. Sul.) 1 gm

एक्वा रोज (Aqua Rose) 1 Oz

उक्त औषधियों को व्यवस्थानुरूप मिश्रित कर आई-ड्राप तैयार कर विकारग्रस्त आँखों में 2-3 बूँद की मात्रा में दिन में 2-3 बार डालने से आँखों की छोटी-मोटी बीमारियों में लाभ मिलता है। यह योग आँख लाल होना, करकराना, चक्षु-प्रदाह, भौंह के भाव तथा संक्रमणों में विशेष रूप से लाभप्रद है।

रतौंधी
(Night Blindness)

कॉम्बिनेशन नं. 1

सिनेरेरिया मैरिटिमा सक्कस (Cineraria M.S.) Q

यूफरेशिया (Euphratia) Q

अर्जेण्टम नाइट्रिकम (Argentum Nit) Q

उक्त औषधियों को 4 : 2 : 1 के अनुपात में मिश्रित कर 10 गुना गुलाब जल अथवा परिश्रुत जल मिला दें। तत्पश्चात् निर्मित योग की दो-दो बूँदें दोनों नेत्रों में प्रतिदिन तीन बार डालने से नेत्र रोगों में लाभ मिलता है। मोतियाबिन्द, आँखों में पानी आना, लाली, रोहे, कीचड़ आना, फुल्ली, नाखूना, रतौंधी तथा ज्योति-क्षीणता आदि विकारों में यह योग सद्य फलप्रद है।

कॉम्बिनेशन नं. 2

काली सल्फ (Kali Sulph) 3X

कैल्केरिया फॉस (Calcarea Phos) 3X

मैगनेशिया फॉस (Mag. Phos) 3X

नैट्रम म्योर (Natrum Mur) 3X

नैट्रम सल्फ (Natrum Sulph) 3X

साइलीशिया (Silicea) 12X

उक्त औषधियाँ सम भाग मिश्रित कर 5 ग्रेन की मात्रा में प्रतिदिन चार बार सेवन कराने से रतौंधी के उपसर्गों में आशातीत लाभ मिलता है।

कॉम्बिनेशन नं. 3

मैगनेशिया फॉस (Magnesia Phos) 3X

कैल्केरिया फॉस (Calcarea Phos) 3X

नैट्रम म्योर (Natrum Mur) 3X

उक्त औषधियाँ सम भाग मिश्रित कर 5 ग्रेन की मात्रा में प्रतिदिन चार बार सेवन कराने से रोगी लैम्प की रोशनी सहन न कर पाने की स्थिति में उत्तम लाभ प्राप्त करता है।

फुल्ली
(Phully)

कॉम्बिनेशन नं. 1

सिनेरेरिया मैरिटिमा सक्कस (Cineraria M. S.) Q

यूफरेशिया (Euphratia) Q

अर्जेण्टम नाइट्रि. (Argentum Nit) Q

उक्त औषधियों को 4 : 2 : 1 के अनुपात में मिश्रित कर 10 गुना गुलाब जल अथवा परिश्रुत जल मिला दें। तत्पश्चात् निर्मित योग की दो–दो बूँदें दोनों नेत्रों में प्रतिदिन तीन बार डालने से नेत्र रोगों में लाभ मिलता है। मोतियाबिन्द, आँखों में पानी आना, लाली, रोहे, कीचड़ आना, फुल्ली, नाखूना रतौंधी तथा ज्योति–क्षीणता आदि विकारों में यह योग सद्य फलप्रद है।

कॉम्बिनेशन नं. 2

नैट्रम म्योर (Natrum Mur) 3X

साइलीशिया (Silicea) 12X

काली म्योर (Kali Mur) 3X

कैल्केरिया फॉस (Calcarea Phos) 3X

उक्त औषधियाँ सम भाग मिश्रित कर 5 ग्रेन की मात्रा में प्रतिदिन चार बार सेवन कराने से आँख में जाली, फुल्ली, माड़ा पड़ना आदि जैसे उपसर्गों में आशातीत लाभ मिलता है।

कॉम्बिनेशन नं. 3

फेरम फॉस (Ferrum Phos) 12X

नैट्रम सल्फ (Natrum Sulph) 3X

उक्त औषधियाँ सम भाग मिश्रित कर 5 ग्रेन की मात्रा में प्रतिदिन चार बार सेवन कराने से पुतली पर रक्त संचित होने की अवस्था में आशातीत लाभ मिलता है।

दृष्टि क्षीणता
(Eye-sight Weak)

कॉम्बिनेशन नं. 1

काली फॉस (Kali Phos) 6X

नैट्रम म्योर (Natrum Mur) 6X

नैट्रम सल्फ (Natrum Sulph) 6X

साइलीशिया (Silicea) 12X

उक्त औषधियों को समान मात्रा में मिश्रित करके 5 ग्रेन की मात्रा में प्रतिदिन चार बार सेवन करायें।

कॉम्बिनेशन नं. 2

सिनेरिरिया मैरिटिमा सक्कस (Cineraia M.S.) Q

यूफरेशिया (Euphratia)

अर्जेण्टम नाइट्रि. (Argentum Nit) Q

उक्त औषधियों को 4 : 2 : 1 के अनुपात में मिश्रित कर 10 गुना गुलाब जल अथवा परिश्रुत जल मिला दें। तत्पश्चात् निर्मित योग की दो-दो बूँदें दोनों नेत्रों में प्रतिदिन तीन बार डालने से नेत्र रोगों में लाभ मिलता है। मोतियाबिन्द, आँखों में पानी आना, लाली, रोहे, कीचड़ आना, फुल्ली, नाखूना रतौंधी तथा ज्योति-क्षीणता आदि विकारों में यह योग सद्य फलप्रद है।

कॉम्बिनेशन नं. 3

कैल्केरिया सल्फ (Calcarea Sul) 3X

काली म्योर (Kali Mur) 3X

फेरम फॉस (Ferrum Phos) 12X

काली फॉस (Kali Phos) 3X

मैगनेशिया फॉस (Magnesia Phos) 3X

नैट्रम म्योर (Natrum Mur) 3X

नैट्रम फॉस (Natrum Phos) 3X

साइलीशिया (Silicea) 12X

उक्त औषधियाँ सम भाग मिश्रित कर 5 ग्रेन की मात्रा में प्रतिदिन चार बार सेवन कराने से सामान्य दृष्टि-क्षीणता में लाभ मिलता है।

रोहे
(Trachoma)

कॉम्बिनेशन नं. 1

काली म्योर (Kali Mur) 3X

नैट्रम म्योर (Natrum Mur) 3X

नैट्रम सल्फ (Natrum Sulph) 3X

उक्त योग की औषधियों को समान मात्रा में मिश्रित करके 5 ग्रेन की मात्रा में रोगी को दिन में चार बार प्रतिदिन सेवन करायें।

कॉम्बिनेशन नं. 2

सिनेरेरिया मैरिटिमा सक्कस (Cineraria M.S.) Q
यूफरेशिया (Euphratia) Q
अर्जेण्टम नाइट्रिकम (Argentum Nit) Q

उक्त औषधियों को 4 : 2 : 1 के अनुपात में मिश्रित कर 10 गुना गुलाब जल अथवा परिश्रुत जल मिला दें। तत्पश्चात् निर्मित योग की दो-दो बूँदें दोनों नेत्रों में प्रतिदिन तीन बार डालने से नेत्र रोगों में लाभ मिलता है। मोतियाबिन्द, आँखों में पानी आना, लाली, रोहे, कीचड़ आना, फुल्ली, नाखूना, रतौंधी तथा ज्योति-क्षीणता आदि विकारों में यह योग सद्य फलप्रद है।

कॉम्बिनेशन नं. 3

कैल्केरिया फॉस (Calcarea Phos) 3X
काली म्योर (Kali Mur) 3X
नैट्रम म्योर (Natrum Mur) 3X
नैट्रम फॉस (Natrum Phos) 3X
साइलीशिया (Silicea) 12X
काली सल्फ (Kali Sul) 3X

उक्त औषधियाँ सम भाग मिश्रित कर 5 ग्रेन की मात्रा में प्रतिदिन चार बार सेवन कराने से रोहे से भरे पलकों के किनारों में आशातीत लाभ मिलता है।

अंधापन
(Blindness)

कॉम्बिनेशन नं. 1

कैल्केरिया फॉस (Calcarea Phos) 6X
फेरम फॉस (Ferrum Phos) 12X
काली फॉस (Kali Phos) 3X
काली म्योर (Kali Mur) 6X
मैग्नेशिया फॉस (Magnetia Phos) 6X
नैट्रम म्योर (Natrum Mur) 6X
नैट्रम सल्फ (Natrum Sulph) 6X
साइलीशिया (Silicea) 12X

उक्त औषधियों की समान मात्रा मिश्रित कर 5 ग्रेन की मात्रा में दिन में चार बार रोगी को सेवन करायें।

कॉम्बिनेशन नं. 2

सिरेरिया मैरिटिमा सक्कस (Cineraia M.S.) Q
यूफरेशिया (Euphrtia)

अर्जेण्टम नाइट्रि· (Argentum Nit) Q

उक्त औषधियों को 4 : 2 : 1 के अनुपात में मिश्रित कर 10 गुना गुलाब जल अथवा परिश्रुत जल मिला दें। तत्पश्चात् निर्मित योग की दो-दो बूँदें दोनों नेत्रों में प्रतिदिन तीन बार डालने से नेत्र रोगों में लाभ मिलता है। मोतियाबिन्द, आँखों में पानी आना, लाली, रोहे, कीचड़ आना, फुल्ली, नाखूना, रतौंधी तथा ज्योति-क्षीणता आदि विकारों में यह योग सद्य फलप्रद है।

कॉम्बिनेशन नं. 3

कैल्केरिया फ्लोर (Calcarea Fluor) 12X

कैल्केरिया फॉस (Calcarea Phos) 12X

काली म्योर (Kali Mur) 3X

साइलीशिया (Silicea) 12X

उक्त औषधियाँ सम भाग मिश्रित कर 5 ग्रेन की मात्रा में प्रतिदिन चार बार मोतियाबिंद के कारण उत्पन्न अंधेपन में सेवन कराने से आशातीत लाभ मिलता है।

मोतियाबिन्द
(Cataract)

आँख के उपतारे (Iris) के मध्य एक स्वच्छ 'तरल' एक आवरण के अन्दर होता है। यह आवरण तथा तरल द्रव्य यदि अस्वच्छ होकर श्वेत वर्ण होने लगे तथा तरल गाढ़ा होकर बर्फ के समान कठोर होने लगे तो आँख के पर्दे पर प्रतिबिम्ब बनने में कमी आने लगती है और दृष्टि-शक्ति क्षीण होने लगती है। यह प्यूपिल के ऊपर से क्षुद्र सरसों के आकार का मोती जैसा श्वेत बिन्दु दृष्टिगत होने के कारण मोतियाबिन्द (बिन्दु जैसा मोती) कहलाता है। यह धीरे-धीरे बढ़कर सम्पूर्ण दृष्टि को लुप्त कर देता है।

रोगारम्भ में आँखों के सम्मुख धुँआ अथवा कुहरा जैसा प्रतीत होने के कारण दृष्टि धुँधली होती है। रोगी सामने की अपेक्षा बगल की ओर अच्छा देख सकता है। कम प्रकाश में रोगी ठीक से देख पाता है। मोतिया कोमल (Soft) तथा कठोर (Hard) दो प्रकार का होता है। पैंतीस वर्ष की उम्र से पूर्व सामान्यतः कोमल मोतियाबिन्द होता है तथा इसके पश्चात् कठोर। जन्म से होने वाले मोतियाबिन्द को कन्जैनिटल (Congenital) कहा जाता है। चोट, उत्तेजक वाष्प अथवा तीव्र प्रकाश के कारण उत्पन्न मोतिया को ट्रैमैटिक (Trammatic) कहते हैं। आँख के किसी रोग से उत्पन्न मोतिया को सेकेण्ड्री (Secondary) कहते हैं। वृद्धावस्था के मोतिया को सेनाइल (Senile) कहा जाता है। बहुमूत्र के रोगी के मोतिया को डायबेटिक (Diabetic) कहा जाता है। कुनैन सेवन, अजीर्ण, अर्श, अक्षि प्रदाह, स्वेद रोध आदि के दुष्परिणामस्वरूप भी मोतियाबिन्द हो जाता है।

होम्योपैथिक औषधियाँ इस रोग में बहुत सफल हुई हैं, जो रोगी पूर्णतः आरोग्य नहीं हो पाते उनकी दृष्टि-शक्ति में उन्नति होती है। रोग के प्रारम्भ से ही चिकित्सा करने से उपसर्ग वृद्धि नहीं हो पाती।

कॉम्बिनेशन नं. 1

सिनेरेरिया मेरिटिमा सक्कस (C. M. S.) 6X

कास्टिकम (Causticum) 200X

साइलीशिया (Silicea) 200X

कोनियम (Conium) 30X

कैल्केरिया फ्लोर (Calcarea Fluor) 200X

उक्त औषधियाँ समान मात्रा में मिश्रित कर 5 बूँद अथवा 5 ग्रेन (पाउडर) की मात्रा में प्रतिदिन दो बार सेवन करायें।

कॉम्बिनेशन नं. 2

एक्सट्रेक्ट सिनेरेरिया (Ext. Cincraria) 1 भाग

एक्सट्रेक्ट ममीरा (Ext Mamira) 1 भाग

एसिड बोरिक (Acid Boric) 2 भाग

ग्लिसरीन (Glycerine) 12 भाग

शुद्ध जल (Purified Water) 40 भाग

उक्त औषधियाँ निर्देशानुसार मिश्रित कर योग तैयार करें। मोतियाबिन्द तथा नेत्र रोगों में अत्यन्त लाभप्रद औषधि है। दिन में दो-तीन बार आँखों में 2-2 बूँद की मात्रा में डालें।

कॉम्बिनेशन नं. 3

एक्सट्रेक्ट ममीरा (Ext. Mamira) 1 भाग

एसिड बोरिक (Acid Boric) 1 भाग

ग्लिसरीन (Glycerine) 6 भाग

गुलाब जल (Aqua Rose) 20 भाग

उक्त औषधियाँ निश्चित मात्रा में मिश्रित कर दो-दो बूँद में तीन बार आँखों में डालें। चक्षु-प्रदाह, जाला, माडा, मोतियाबिन्द आदि रोगों में यह योग लाभप्रद है। आँखों की थकान कम करने में यह योग अति उत्तम है।

कॉम्बिनेशन नं. 4

सिनेरिरिया मैरिटिमा सक्कस (Cineraia M.S.) Q

यूफरेशिया (Euphrtia) Q

अर्जेण्टम नाइट्रि. (Argentum Nit) Q

उक्त औषधियों को 4 : 2 : 1 के अनुपात में मिश्रित कर 10 गुना गुलाब जल अथवा परिश्रुत जल मिला दें। तत्पश्चात् निर्मित योग की दो-दो बूँदें दोनों नेत्रों में प्रतिदिन तीन बार डालने से नेत्र रोगों में लाभ मिलता है। मोतियाबिन्द, आँखों में पानी आना, लाली, रोहे, कीचड़ आना, फुल्ली, नाखूना रतौंधी तथा ज्योति-क्षीणता आदि विकारों में यह योग सद्य फलप्रद है।

कॉम्बिनेशन नं. 5

कैल्केरिया फ्लोर (Calcarea Fluor) 3X

कैल्केरिया फॉस (Calcarea Phos) 12X

साइलीशिया (Silicea) 200X

काली म्योर (Kali Mur) 3X

नैट्रम म्योर (Natrum Mur) 3X

काली सल्फ (Kali Sul) 3X

उक्त औषधियाँ सम भाग मिश्रित कर 5 ग्रेन की मात्रा में प्रतिदिन चार बार सेवन कराने से मोतियाबिन्द के उपसर्गों में आशातीत लाभ मिलता है।

8 कर्ण विकार (EAR PROBLEMS)

श्रवणेन्द्रिय (कर्ण) (EAR)

श्रवणेन्द्रिय (कर्ण) का बाह्य भाग ध्वनि तरंगों को ग्रहण करके कर्ण गुहा में परावर्तित करता है। यह कार्य कर्ण-शंकुल (Pinna) द्वारा संपादित होता है जो कर्ण छिद्र के बाहर अखरोट के छिलके जैसा दृष्टिगत होता है। पशुओं के बाह्य कर्ण इधर-उधर घूमते तथा खड़े हो जाते हैं इन्हें औरिकल (Auricle) भी कहते हैं। इसका निर्माण कूर्चा अथवा तरुणास्थि-फलक (Cartilage) द्वारा होता है। यदि कर्ण-शंकुल न रहे तो व्यक्ति ध्वनि की दिशा का ठीक ज्ञान नहीं कर पाता।

कर्ण-गुहा का मार्ग टेढ़ा होता है जिससे बाह्य पदार्थ पटह-कला पर आघात नहीं कर पाते। इसका कटु स्राव तथा रोम कीट आदि के प्रविष्ट होने से कर्ण-गुहा की रक्षा करते हैं। कर्ण-गुहा का बाहरी तृतीयांश तरुणास्थि निर्मित होता है और शेष अस्थि निर्मित। गुहा के ऊपरी भाग में छोटी-छोटी ग्रन्थियों युक्त त्वचा रहती है। ग्रन्थियों में कर्ण-गूथ (कान का मैल) बनता है।

मध्य कर्ण-पटह कला (Tympanic membrane) बाहर की ओर कर्ण-गुहा की त्वचा से आच्छादित होती है तथा अन्दर की ओर श्लैष्मिक कला से आवृत्त। कला कीप के आकार की होती है और उसका अग्र भाग अन्दर की ओर होता है। इसके किनारों पर कुछ वृत्ताकार स्थितिस्थापक सूत्र भी होते हैं।

शब्द तरंग (Sound wave) कर्ण-शंकुल से परिचालित होकर कर्ण-गुहा के मार्ग से कर्ण-पटह पर टकराती है। कर्ण-पटह धूमिल श्वेत वर्ण का होता है। कान में सलाई अथवा चाँटा मारने से यह फट सकता है। इसके मध्य में पटह नाभि (Umbo) होती है। पटह कला के अन्दर की ओर मुद्गरक (Malleus), अंकुशक (Incus) तथा धरणक (Stapes) नामक तीन छोटी अस्थियाँ हैं, जो पटह कला के कम्पनों को तुम्बिका छिद्र को आवृत्त करने वाली कला तक पहुँचाती हैं और इस प्रकार कर्ण-गुहा की वायु तरंगें जल तरंगों में परणित कर दी जाती हैं। इन अस्थियों की पटहोतंसिनी (Tensor Tympani) तथा पर्याणिक (Stapedius) पेशियाँ कराती हैं जो एक-दूसरे के विपरीत कार्य करती हैं। पटह पूरणी वायुनली (Eustachian Tube) केवल निगलने के समय तालूटांसिनी पेशी की क्रिया से खुलती है। कण्ठ रोगों में इस नलिका के अवरुद्ध हो जाने के कारण श्रवण शक्ति क्षीण हो जाती है।

अन्तः कर्ण में श्रुति शम्बूक (Chochlea) का सम्बन्ध श्रवण से है तथा तुम्बिका शरीर की स्थिति सन्तुलित करती है। पटह कला के कम्पन कर्णास्थियों द्वारा तुम्बिका छिद्र की आवरक कला में पहुँच कर उत्तर सोपनिका (Scala vestibuli) के अन्दर भरे द्रव में कम्पन उत्पन्न करते हैं। इसके साथ ही चूड़ाविवर (Helicotrema) के द्वारा अधःसोपानिका (Scale Tympani) के द्रव में कम्पन उत्पन्न करते हैं। तुम्बिका छिद्र एक रक्षक कपाट का कार्य भी करता है। मध्य सोपानिका (Danalis Chochlea) का अन्तर्जल पटल पत्रिका (Vestibular Membrane) तथा तल पत्रिका (Basilar Membrane) के द्वारा

पृथक्-पृथक् रहता है। अन्तर्द्रव के कम्पन सरलता से अन्तर्जल में पहुँच जाते हैं जो तल पत्रिका की स्वरदानिका (Organ of Corti) को प्रभावित करते हैं। इसमें सूक्ष्म दण्डक (Rods of Corti), सरोम कोषाणु (Hair Cells), धारण कोषाणु (Supporting Cells), छदि पत्रिका (Reticular Membrane) तथा मध्यम पत्रिका (Membrana Tecloria) आदि भाग होते हैं। यही ध्वनिग्राही यन्त्र है।

कर्ण विकारों के पथ्यापथ्य पर विचार करें तो स्वेदन, रेचन, वमन, नस्य, धुरा शिराबेध आदि क्रियायें हितकारी पायेंगे। गेहूँ, चावल, मूँग, जौ, पुराना घृत, परवल, सहिजन, बैंगन, श्रीपतिया तथा करेले आदि की सब्जियाँ एवं लावा पक्षी, मयूर, मृग, तीतर, वन मुर्गा आदि का मांस आहार करना लाभप्रद है। कम बोलना, च्यवनप्राशादि रसायन प्रयोग करना, रात्रि में त्रिफला, मधु, घृत आदि का सेवन करना तथा ब्रह्मचर्य पालन करना हितकारी है। खाने की औषधि प्रातः तथा कान में डालने वाली औषधि रात्रि में भोजनोपरांत प्रयोग करनी चाहिये। रोग के उपसर्गानुसार लक्षणावली के आधार पर उचित औषधि निर्वाचन तथा उचित यत्न-विज्ञान करना चाहिये। दांतौन, सिर में पानी डालना, जल में गोता मारना, अधिक व्यायाम करना, श्लेष्मा वृद्धि करने वाले खाद्य गरिष्ठ खाद्य, कान में सलाई डालना, ठण्ड तथा तीव्र वायु में रहना हानिकारक है।

कर्ण शूल
(Otalgia–Earche)

कर्ण के अन्दर होने वाली तीव्र वेदना स्नायविक होती है जो अचानक कर्ण में ठण्डी वायु लगने, जल घुस जाने, दन्त क्षय होने, अक्कल दाढ़ का उद्‌गम होने अथवा बच्चों के दन्तोद्‌गम होने के कारण होती है। यह दर्द सविराम होता है। अचानक तीखी वेदना होकर दर्द कम हो जाता है और पुनः चिलक सी मारता है। कान में वैसे कोई प्रदाहित लक्षण नहीं रहते। कान में फुन्सी प्रदाह तथा गन्दगी संचित होने पर भी ऐसा ही शूल होता है।

कॉम्बिनेशन नं. 1

एक्सट्रेक्ट वर्बेस्कम (Ex. Verbascum) 100 भाग
एसिड बोरिक (Acid Boric) 10 भाग
ग्लिसरीन (Glycerine) 60 भाग
ओपियम (Opium) Q 5 भाग
फेरम म्योर (Ferrum Mur) Q 1 भाग
परिश्रुत जल (Distilled Water) 200 भाग

उक्त औषधियाँ उपयुक्त मात्रा में मिश्रित कर ईयर ड्रॉप बना लें और कर्ण शूल, कर्ण में जलन, शोथ अथवा उसके कारण कम सुनाई देना आदि उपसर्गों में पीड़ा युक्त कर्ण में डालने के लिए प्रयोग करें। वर्बेस्कम को मुलयन आयल कहने के कारण इससे निर्मित औषधि को मुलियन ऑयल भी कहा जाता है।

कॉम्बिनेशन नं. 2

आर्निका मॉण्ट (Arnica Mont) 6X
बैलाडोना (Belladona) 6X
एकोनाइट नेप (Aconite Nepa) 6X

उदर शूल के अलावा किसी भी प्रकार के दर्द के लिए यह योग अति उत्तम है। यदि अत्यधिक ऊँचा ज्वर हो जाए तब भी यह योग अच्छा परिणाम देता है। इस योग की 2 से 5 ग्रेन बूँद की मात्रा थोड़े जल में मिश्रित करके सेवन कराने से आशातीत लाभ मिलता है। आवश्यकता के समय मात्रा को प्रति घण्टे के अन्तराल पर भी दिया जा सकता है।

कॉम्बिनेशन नं. 3

मूलेन आयल (Mullen Oil)
ग्रेफाइटिस (Graphitis) Q
केमोमिला (Chamomilla) Q
बैलाडोना (Belladona) Q

सभी औषधियाँ सम भाग मिश्रित कर योग बना लें और दो-दो बूँद औषधि रोगी के कानों में आवश्यकतानुसार डालें। यह ईयर-ड्रॉप्स कर्ण स्राव, कान में भारीपन, कान में फुंसी, ऊँचा सुनना, कर्ण नाद, कान में खुजली तथा वधिरता आदि उपसर्गों में विशेष रूप से लाभ देती है।

कॉम्बिनेशन नं. 4

कैल्केरिया फ्लोर (Calcarea Fluor) 3X
कैल्केरिया फॉस (Calcarea Phos) 12X
फेरम फॉस (Ferrum Phos) 12X
काली म्योर (Kali Mur) 3X
काली फॉस (Kali Phos) 3X
काली सल्फ (Kali Sul) 3X
मैगनेशिया फॉस (Magnesia Phos) 3X
नैट्रम सल्फ (Natrum Sulph) 3X
साइलीशिया (Silicea) 12X

उक्त औषधियों को समान मात्रा में लेकर मिश्रित करके योग तैयार कर लें। सामान्य अवस्था में 5 ग्रेन औषधि दिन में चार बार गर्म जल में घोल कर पिलायें। तीव्र रोग के प्रति घण्टे पर ऐसी मात्रा सेवन करायें।

कॉम्बिनेशन नं. 5

कैलेण्डुला (Calandula) Q 1 भाग
मेजेरियम (Mezerum) Q 1 भाग
पुल्साटीला (Pulsatilla) Q 1 भाग
वर्बेस्कम (Verbascum) Q 1 भाग
रिसोचिन (Resochine) Q 1 भाग
ग्लिसरीन (Glycerine) 10 भाग

उक्त औषधियों को व्यवस्थानुसार मिश्रित करें। कान के छिद्रों को भली प्रकार बोरिक रुई से साफ करके 2-3 बूँद मिश्रण-द्रव को दोनों कानों में डालें और कान के छिद्र बन्द कर दें। दिन में 2 या 3 बार औषधि कान में डालना लाभप्रद रहता है। यह योग कान में दर्द, कान से पूय स्राव तथा कान के अन्य संक्रमणों में आशातीत लाभ देता है।

कॉम्बिनेशन नं. 6

काली म्योर (Kali Mur) 3X
फेरम फॉस (Ferrum Phos) 12X
कैल्केरिया फॉस (Calcarea Phos) 3X
मैग फॉस (Mag Phos) 3X
साइलीशिया (Silicea) 12X

उक्त औषधियाँ सम भाग मिश्रित कर 5 ग्रेन की मात्रा में दिन में चार बार कर्णशूल में सेवन कराने से आशातीत लाभ होता है।

कर्ण-प्रदाह
(Inflamation of the Ear)

कॉम्बिनेशन नं. 1

एक्सट्रैक्ट वर्बेस्कम (Ext. Verbascum) 100 भाग
एसिड बोरिक (Acid Boric) 10 भाग
ग्लिसरीन (Glycerine) 60 भाग
ओपियम (Opium) Q 5 भाग
फेरम म्योर (Ferrum Mur) Q 1 भाग
परिश्रुत जल (Distilled Water) 200 भाग

उक्त औषधियाँ उपयुक्त मात्रा में मिश्रित कर ईयर ड्रॉप बना लें और कर्ण शूल, कर्ण में जलन, शोथ अथवा उसके कारण कम सुनाई देना आदि उपसर्गों में पीड़ा युक्त कर्ण में डालने के लिए प्रयोग करें। वर्बेस्कम को मुलयन आयल कहने के कारण इससे निर्मित औषधि को मुलियन ऑयल भी कहा जाता है।

कॉम्बिनेशन नं. 2

कैलेण्डुला (Calandula) Q 1 भाग
मेजेरियम (Mezerum) Q 1 भाग
पुल्साटीला (Pulsatilla) Q 1 भाग
वर्बेस्कम (Verbascum) Q 1 भाग
रिसोचिन (Resochine) Q 1 भाग
ग्लिसरीन (Glycerine) Q 10 भाग

उक्त औषधियों को व्यवस्थानुसार मिश्रित करें। कान के छिद्रों को भली प्रकार बोरिक रुई से साफ करके 2-3 बूँद मिश्रण-द्रव को दोनों कानों में डालें और कान के छिद्र बन्द कर दें। दिन में 2 या 3 बार औषधि कान में डालना लाभप्रद रहता है। यह योग कान में दर्द, कान से पूय स्राव तथा कान के अन्य संक्रमणों में आशातीत लाभ देता है।

कॉम्बिनेशन नं. 3

जेनटियाना (Gentiana) Q
चिरायता (Chiraita) Q

केरिका पपाया (Carica Papaya) Q

कालमेघ (Kalmegh) Q

सभी औषधियाँ समान भाग में लेकर मिश्रण तैयार कर 5 से 10 बूँद की मात्रा में थोड़े जल के साथ दिन में 4 बार रोगी को सेवन कराने से यकृत तथा उदर के संक्रमण में लाभ होता है। अजीर्ण, कृमि, क्षुधाक्षीणता, पीलिया आदि रोगों में यह योग सद्य फलप्रद है।

कॉम्बिनेशन नं. 4

मूलेन आयल (Mullen Oil)

ग्रेफाइटिस (Graphitis) Q

कैमोमिला (Chamomilla) Q

बैलाडोना (Belladona) Q

सभी औषधियाँ सम भाग में मिश्रित कर योग बना लें और दो-दो औषधि रोगी के कानों में आवश्यकतानुसार डालें। यह ईयर ड्रॉप्स कर्ण स्राव, कान में भारीपन, कान में फुन्सी, ऊँचा सुनना, कर्ण नाद, कान में खुजली तथा वधिरता आदि उपसर्गो में विशेष रूप से लाभ देती है।

कर्ण-स्राव
(Otorrhoea)

कॉम्बिनेशन नं. 1

मुलियन ऑयल (Mullein Oil) 4 भाग

मेजेरियम (Mezerium) Q 1 भाग

गिलसरीन (Glycerine) 10 भाग

उक्त औषधियों का मिश्रण तैयार कर दो-दो बूँद की मात्रा में दिन में दो बार कानों में टपकाने से कान बहना, कर्ण से पूय स्रावित होना, कर्ण शूल तथा कर्ण में गूँज होना आदि विकारों में आशातीत लाभ होता है।

कॉम्बिनेशन नं. 2

मूलेन आयल (Mullen Oil)

ग्रेफाइटिस (Graphitis) Q या 12 X

कैमोमिला (Chamomilla) Q

बैलाडोना (Belladona) Q

सभी औषधियाँ सम भाग में मिश्रित कर योग बना लें और दो-दो बूँद औषधि रोगी के कानों में आवश्यकतानुसार डालें। यह ईयर ड्रॉप्स कर्ण स्राव, कान में भारीपन, कान में फ़ुन्सी, ऊँचा सुनना, कर्ण नाद, कान में खुजली तथा वधिरता आदि उपसर्गों में विशेष रूप से लाभ देती है।

कॉम्बिनेशन नं. 3

कैल्केरिया फॉस (Calcarea Phos) 12X

काली सल्फ (Kali Sulf) 3X

नैट्रम म्योर (Natrum Mur) 3XS

साइलीशिया (Silicea) 12X

उक्त औषधियाँ सम भाग में मिश्रित कर 5-5 ग्रेन की मात्रा में प्रतिदिन चार बार सेवन कराने से कर्ण-स्राव के उपसर्गों में आशातीत लाभ मिलता है।

कॉम्बिनेशन नं. 4

कैलेण्डुला (Calandula) Q 1 भाग
मेजेरियम (Mezerum) Q 1 भाग
पुल्साटीला (Pulsatilla) Q 1 भाग
वर्बेस्कम (Verbascum) Q 1 भाग
रिसोचिन (Resochine) Q 1 भाग
ग्लिसरीन (Glycerine) Q 10 भाग

उक्त औषधियों को व्यवस्थानुसार मिश्रित करें। कान के छिद्रों को भली प्रकार बोरिक रुई से साफ करके 2-3 बूँद मिश्रण-द्रव को दोनों कानों में डालें और कान के छिद्र बन्द कर दें। दिन में 2 या 3 बार औषधि कान में डालना लाभप्रद रहता है। यह योग कान में दर्द, कान से पूय स्राव तथा कान के अन्य संक्रमणों में आशातीत लाभ देता है।

कॉम्बिनेशन नं. 5

फेरम फॉस (Ferrum Phos) 12X
कैल्केरिया फॉस (Calcarea Phos) 6X
काली सल्फ (Kali Sul) 3X
काली फॉस (Kali Phos) 3X
नैट्रम म्योर (Natrum Mur) 6X
साइलीशिया (Silicea) 12X

उक्त औषधियाँ सम भाग मिश्रित कर 5 ग्रेन की मात्रा में प्रतिदिन चार बार सेवन कराने से कर्ण-स्राव के उपसर्गों में आशातीत लाभ मिलता है।

वधिरता (बहरापन)

(Deafness)

श्रवण शक्ति का क्षीण होना अथवा सम्पूर्ण लुप्त हो जाना ही वधिरता है। इस रोग में कभी एक कर्ण आक्रान्त होता है, कभी दोनों। कभी कान में विभिन्न प्रकार की ध्वनियाँ सुनाई देती हैं तो कभी कान गुम हो उठता है।

अचानक कर्ण पटल में हवा लगने, वज्राघात अथवा धमाके की आवाज, चोट-चपेट, स्नायु भ्रंश, कर्ण प्रदाह, कर्ण छिद्र बन्द हो जाने, पॉलिपस होने, कर्ण पटह फट जाने अथवा उसमें स्थूलता आ जाने, मस्तिष्क विकृति, उत्तेजना, पक्षाघात, आरक्त ज्वर, वात रोग, उपदंश तथा अत्यधिक क्विनाइन सेवन आदि कारणों से इस रोग की उत्पत्ति हो जाती है। कोई-कोई व्यक्ति जन्मजात वधिर होता है। रोग की उत्पत्ति के कारण की चिकित्सा पर सर्वप्रथम ध्यान देना पड़ता है।

कॉम्बिनेशन नं. 1

काली म्योर (Kali Mur) 3X
साइलीशिया (Silicea) 12X
काली सल्फ (Kali Sulph) 3X

उक्त औषधियाँ मिश्रित कर 5 ग्रेन की मात्रा में प्रतिदिन चार बार सेवन कराने से कण्ठ कर्णी नली और मध्य कर्ण कोटर की शोथ से उत्पन्न वधिरता (Deafness) उपसर्ग में आशातीत लाभ होता है।

कॉम्बिनेशन नं. 2

मूलेन आयल (Mullen Oil)
ग्रेफाइटिस (Graphitis) Q
कैमोमिला (Chamomilla) Q या 12X
बैलाडोना (Belladona) Q

सभी औषधियाँ सम भाग में मिश्रित कर योग बना लें और दो-दो बूँद औषधि रोगी के कानों में आवश्यकतानुसार डालें। यह ईयर ड्रॉप्स कर्ण-स्राव, कान में भारीपन, कान में फुन्सी, ऊँचा सुनना, कर्ण नाद, कान में खुजली तथा वधिरता आदि उपसर्गों में विशेष रूप से लाभ देती है।

कॉम्बिनेशन नं. 3

काली फॉस (Kali Phos) 3X
साइलीशिया (Silicea) 12X
मैगनेशिया फॉस (Mag Phos) 3X

उक्त औषधियाँ सम भाग में मिश्रित कर 5-5 ग्रेन की मात्रा में प्रतिदिन चार बार सेवन कराने से स्नायु तन्तु की दुर्बलता के कारण उत्पन्न वधिरता में लाभ मिलता है।

कर्ण नाद
(Noise in the Ear)

कॉम्बिनेशन नं. 1

मूलेन आयल (Mullen Oil)
ग्रेफाइटिस (Graphitis) Q 12X
कैमोमिला (Chamomilla) Q
बैलाडोना (Belladona) Q

सभी औषधियाँ सम भाग में मिश्रित कर योग बना लें और दो-दो बूँद औषधि रोगी के कानों में आवश्यकतानुसार डालें। यह ईयर ड्रॉप्स कर्ण स्राव, कान में भारीपन, कान में फुन्सी, ऊँचा सुनना, कर्ण नाद, कान में खुजली तथा वधिरता आदि उपसर्गों में विशेष रूप से लाभ देती है।

कॉम्बिनेशन नं. 2

साइलीशिया (Silicea) 12X
काली फॉस (Kali Phos) 3X
नैट्रम सल्फ (Natrum Sulph) 3X
फेरम फॉस (Ferrum Phos) 12X
नैट्रम म्योर (Natrum Mur) 3X

उक्त औषधियाँ सम भाग मिश्रित कर 5-5 ग्रेन की मात्रा में प्रतिदिन चार बार सेवन कराने से कानों में गूँज, लाउडस्पीकर के समान टनटनाहट, घण्टे की आवाज, सीटी बजने जैसी आवाज आदि उपसर्गों में आशातीत लाभ मिलता है।

कान में फुंसी
(Abcess in the Ear)

कॉम्बिनेशन नं. 1

मूलेन आयल (Mullen Oil)
ग्रेफाइटिस (Graphitis) Q या 12X
कैमोमिला (Chamomilla) Q
बैलाडोना (Belladona) Q

सभी औषधियाँ सम भाग में मिश्रित कर योग बना लें और दो-दो बूँद औषधि रोगी के कानों में आवश्यकतानुसार डालें। यह ईयर ड्रॉप्स कर्ण स्राव, कान में भारीपन, कान में फुन्सी, ऊँचा सुनना, कर्ण नाद, कान में खुजली तथा वधिरता आदि उपसर्गों में विशेष रूप से लाभ देती है।

कॉम्बिनेशन नं. 2

काली फॉस (Kali Phos) 3X
काली सल्फ (Kali Sulph) 3X
कैल्केरिया फॉस (Calcarea Phos) 3X
फेरम फॉस (Ferrum Phos) 12X
काली म्योर (Kali Mur) 3X
साइलीशिया (Silicea) 12X

उक्त औषधियाँ सम भाग में मिश्रित कर 5-5 ग्रेन की मात्रा में सेवन कराने से कान के दर्द, चिलक मारना, कान में शोथ होना आदि उपसर्गों में आशातीत लाभ मिलता है। औषधि प्रतिदिन चार बार सेवन करायें। यदि कम लाभ हो तो गर्म जल से औषधि सेवन करायें।

कान में खुजली
(Itching in the Ear)

कॉम्बिनेशन नं. 1

मूलेन आयल (Mullen Oil)
ग्रेफाइटिस (Graphitis) Q या 12X
कैमोमिला (Chamomilla) Q
बैलाडोना (Belladona) Q

सभी औषधियाँ सम भाग में मिश्रित कर योग बना लें और दो-दो बूँद औषधि रोगी के कानों में आवश्यकतानुसार डालें। यह ईयर ड्रॉप्स कर्ण स्राव, कान में भारीपन, कान में फुन्सी, ऊँचा सुनना, कर्ण नाद, कान में खुजली तथा वधिरता आदि उपसर्गों में विशेष रूप से लाभ देती है।

कॉम्बिनेशन नं. 2

साइलीशिया (Silicea) 12X
कैल्केरिया फॉस (Calcarea Phos) 3X

उक्त औषधियों को मिश्रित कर 5-5 ग्रेन की मात्रा में प्रतिदिन चार बार सेवन कराने से कानों में खुजली, जलन, गर्म कमरे में रहने पर बढ़ना, निगलने से बढ़ना आदि उपसर्गों में आशातीत लाभ मिलता है।

9 नासिका विकार

(NOSE PROBLEMS)

नासिका (घ्राणेन्द्रिय)

(NOSE)

अन्य स्तनधारी प्राणियों की अपेक्षा मनुष्य में घ्राण शक्ति कम होती है। नासिका का कार्य गन्ध ग्रहण है। यह उर्ध्व शुक्तिका को आवृत्त करने वाली श्लैष्मिक कला तथा नासा प्राचीर के कुछ भाग में सीमित है। एक प्राचीर (Nasal Septum) के द्वारा यह दो भागों में विभक्त होकर दक्षिण तथा वाम नासा रन्ध्र (Right and Left Nostrils) का निर्माण करती है। नासिका का अग्र भाग तरुणास्थि का होता है जो कूर्चा (Cartilage) का बना होता है और इसके पीछे का अंश अस्थि निर्मित (Bony) होता है। इन दोनों भागों पर अनेक सूक्ष्म मांसपेशियाँ होती हैं जो नथुनों को गति देती है। नासागुहा की बाह्य प्राचीर का अग्र भाग तरुणास्थि निर्मित होता है, जिसमें त्वचा चढ़ी रहती है, उसमें नाक के बाल होते हैं। नासा रन्ध्रों के यह बाल बाह्य धूल आदि को सहसा प्रवेश करने से रोकते हैं।

नासा छिद्रों की प्राचीर पर तीन सीप जैसी अस्थियाँ होती हैं जो नासा गुहा में तीन सुरंगें (Meatus) बनाती है। अस्थिगत तीनों उभार शुक्तिका (Chonchase) कहलाते हैं और इनसे अध: सुरंग, मध्य सुरंग तथा ऊर्ध्व सुरंग निर्मित होती हैं। नाक की दीवार के सभी भागों पर श्लैष्मिक झिल्ली (Mucous Membrane) लगी रहती है। नासिका के आंतरिक भाग में अश्रु वाहिनी नली आरम्भ होकर बाह्य प्राचीर में आती है, जो रोते समय नाक से अश्रुपात कराती है। यह नलिका अध: सुरंग में खुलती है।

ललाट कोटर (Frontal Sinus) तथा झर्झरास्थि (Cribrifrom Plate of the Ethmoid bone) के अग्र तथा मध्य कोटर से भी ऊर्ध्व तथा मध्य सुरंग का सम्बन्ध होता है। नासिका का पृष्ठ भाग कण्ठ में खुलता है। नासा गुहा का निचला भाग कठोर तालु (Hard Palate) से निर्मित है। झर्झरास्थि के मध्य सूक्ष्म छिद्र होते हैं जिनमें से घ्राण नाड़ी के तन्तु (Filaments of Olfactory nerves) नासा गुहा में लटकते हैं, यही गंध ज्ञान कराते हैं। नाक की श्लैष्मिक कला में रक्त अधिक रहता है। शुक्तिकाओं का श्लैष्मिक आवरण रक्त केशिकाओं युक्त होता है।

प्रतिश्याय में श्लैष्मिक कला शोथ होने पर श्लैष्मिक कला फूल जाती है और प्राचीर (Septum) तथा ऊर्ध्व एवं अधोशुक्तिका के बीच का अन्तराल इतना कम हो जाता है, जिससे नाक बन्द हो जाती है। श्लैष्मिक झिल्ली रक्त पूर्ण होने से नाक में प्रवेश करने वाली ठण्डी वायु इसके द्वारा गर्म कर दी जाती है और फुफ्फस को ठण्ड नहीं लग पाती। प्रतिश्याय में कला-प्रदाह होने पर श्लेष्मा अधिक बनता है जो नासिका से बाहर गिरता है अथवा कण्ठ में चला जाता है।

मोटे तौर पर नाक गंध ज्ञान कराती है, श्वास को स्वच्छ करती है तथा श्वास वायु को गर्म करती है। सम्पूर्ण घ्राणेन्द्रिय का क्षेत्र दस वर्ग इन्च है। श्वसित वायु का घ्राण प्रदेश की स्थिर वायु से मिश्रित हो जाने पर गंध ज्ञान होता है, अत: गंध ज्ञान होने में थोड़ा विलम्ब होता है। घ्राण शक्ति प्रत्येक मनुष्य में भिन्न-भिन्न होती है। मांसाहारी पशुओं तथा नेत्रहीन व्यक्तियों में घ्राण

शक्ति अपेक्षाकृत तीव्र होती है। गन्धित द्रव्य घ्राण कोषाणुओं को रासायनिक रूप से उत्तेजित करते हैं। यह उत्तेजना घ्राण सूत्रों के द्वारा घ्राण पिंड में पहुँचती है और घ्राण नाड़ी गुच्छ में होकर शरीर कृत कोषों में ग्रहण होकर अक्ष तन्तुओं में पहुँचती है जो घ्राण नाड़ी तन्त्रिका का निर्माण करते हैं। इसके सूत्र तीन गुच्छों में एकत्रित होकर चुचुक वर्तुलक (Cropus Mamillarie) से अंशुकर्णिका में पहुँचते हैं। गन्ध का ज्ञान यहीं पर व्यक्ति को होता है। प्राकृतिक रूप में मनुष्य की अपेक्षा मधुमक्खियों, छोटे कीड़ों तथा कुत्तों में घ्राण शक्ति अधिक विकसित रहती है। जन्तुओं में ज्ञान की दृष्टि से तथा मनुष्यों में अनुभव की दृष्टि से घ्राण शक्ति का अधिक महत्त्व है।

श्वास वायु नासारंध्रों में प्रविष्ट होकर मध्य तथा अध: सुरंगों से पृष्ठ वंश की ओर कण्ठ में आती है। वहाँ से स्वर यन्त्र (Larynx) में होकर टेंटुआ से फुफ्फुस तक पहुँचती है। नासारन्ध्र के रोम (Hair) छन्ने (Filter) का कार्य करके वायु में उपस्थित धूल, कोयला, रुई, बालू आदि के सूक्ष्म कण तथा सूक्ष्म कीट आदि के लिए अवरोध बनकर फुफ्फुस को बहुत–सी हानियों से बचाये रखते हैं। नासिका के बीच की ग्रन्थियों से निकले स्राव में भी यह सब पदार्थ अटक जाते हैं। प्रश्वास के समय अशुद्ध वायु टेंटुए (Trachea), स्वर यन्त्र (Larynx) तथा कण्ठ में होकर नासारन्ध्रों द्वारा बाहर निकाल दी जाती है। नासिका के श्लैष्मिक स्राव में कीट नाशक (Anti germs) शक्ति भी होती है।

प्रतिश्याय (जुकाम)
(Nasal Catarrh)

प्रतिश्याय में नासिका की श्लैष्मिक झिल्ली प्रदाहित होती है। यह नूतन (Acute) तथा चिर (Chronic) दो प्रकार का होता है, नूतन को कोरीजा (Coryza) तथा चिर अथवा जीर्ण प्रतिश्याय को ह्रनिटिस (Rhinitis) कहते हैं। नूतन रोग में नासिका से तरल जल के समान श्लेष्मा निकलता है, छींक आती है, सिर दर्द होता है, आँखों से जल स्रवित होता है, जो कभी गर्म, कभी ठण्डा रहता है, ज्वराभास होता है। चिर–रोग बार–बार के प्रतिश्याय के कारण हो जाता है। सुँघनी के अधिक प्रयोग से किसी उत्तेजक धुँए से अथवा नाक में कोई वस्तु घुसकर प्रदाह होने से नूतन प्रतिश्याय चिर रूप धारण करने लगता है। नासास्थि के टेढ़े हो जाने पर, नासिका छिद्र पतला हो जाने पर अथवा एसिडनॉयड वैजीटेशन होने पर प्रतिश्याय जीर्ण रूप लेने लगता है।

प्रारम्भ में प्रतिश्याय के चिर रूप लेते समय नाक से दुर्गन्ध युक्त श्लेष्मा स्राव होता है। श्लेष्मा का संचय नहीं होता, न श्लैष्मिक झिल्ली मोटी होती है। नाक में क्षत भी नहीं होता। यदि इस अवस्था में रोग आरोग्य न हो पाये तो हाइपरट्रॉफिक (Hypertrophic) अवस्था प्रारम्भ हो जाती है। इसमें नासिका के अन्दर की श्लैष्मिक झिल्ली मोटी हो जाती है, प्रदाहित हो जाती है, श्लेष्मा तथा पूय स्राव होता है। नाक बन्द रहने के कारण रोगी नाक से बोलता है, मुख से श्वास लेता है। नाक की श्लेष्मा गलकोष के अन्दर आ जाने से खाँसी आती है। नाक की अस्थि बढ़ जाती है। यदि यह अवस्था आरोग्य न हो तो रोग एट्रॉफिक (Atrophic) बन जाता है जो पीनस (Ozaena) कहलाता है।

सामान्य सर्दी–जुकाम ठण्ड लग जाने के परिणामस्वरूप होता है और कँपकँपी, हल्का ज्वर, छींकें, नासावरोध, फेफड़ों में शोथ, नासिका मार्ग की श्लैष्मिक झिल्ली की शोथ, नाक शुष्कपन, नाक से पानी का स्राव, आँखों से पानी टपकना, मस्तक, कनपटी तथा नाक की जड़ में दर्द आदि उपसर्ग प्रकट होते हैं।

कॉम्बिनेशन नं. 1

एकोनाइट नेपलेस (Aconite Nepalis) 6X

एलियम सेपा (Alium Cepa) 6X

लाइकोपोडियम (Lycopodium) 6X

रस टॉक्सिको (Rhus Toxico) 6X

यह योग सामान्य सर्दी-जुकाम के लिए उत्तम कार्य करता है। 5-5 बूँद की मात्रा में थोड़े जल में मिश्रित कर दिन में एक बार देने से ही लाभ प्रतीत होने लगता है। रोग की उग्रता के आधार पर डाक्टर के निर्देशानुसार औषधि सेवन करनी चाहिये।

कॉम्बिनेशन नं. 2

एकोनाइट नैपलेस (Aconite Nep) 30X

ब्रायोनिया एल्बम (Bryonia Alb) 6X

फेरम फॉस (Ferrum Phos) 12X

काली म्योर (Kali Mur) 3X

फास्फोरस (Phosphorus) 12X

उक्त औषधियों को समान भाग में मिश्रित करके 5 बूँद अथवा 5 ग्रेन (पाउडर) की मात्रा में सर्दी, खाँसी, ज्वर तथा फ्लू के रोगियों को दिन में चार बार सेवन करायें।

कॉम्बिनेशन नं. 3

फेरम फॉस (Ferrum Phos) 12X

नैट्रम म्योर (Natrum Mur) 3X

कैल्केरिया फॉस (Calcarea Phos) 3X

नैट्रम सल्फ (Natrum Sulph) 3X

कैल्केरिया सल्फ (Calcarea Sulph) 3X

उक्त औषधियाँ सम भाग में मिश्रित कर 5 ग्रेन की मात्रा में प्रतिदिन चार बार गर्म जल के साथ रोगी को सेवन करायें।

कॉम्बिनेशन नं. 4

नैट्रम म्योर (Natrum Mur) 6X

फेरम फॉस (Ferrum Phos) 6X

उक्त औषधियों को सम भाग में मिश्रित कर 5 ग्रेन की मात्रा में गर्म जल के साथ दिन में चार बार सेवन करायें। यह योग सर्दी, जुकाम, बुखार की प्रथमावस्था में उत्तम काम करता है। हे-फीवर में आँख-नाक से जल स्रावित होने तथा ज्वर के आरम्भ में श्लेष्मा संचित होने, श्वास कष्ट होने आदि में यह सद्य फलप्रद योग है। इन्फ्लुएन्जा, झुकने अथवा श्वांस लेने से नाक का शुष्क हो जाना, गंध का अनुभव न होना, नाक से साफ झागयुक्त जल गिरना (जो सर्दी तथा परिश्रम से बढ़ता हो), जुकाम में अण्डे की सफेदी जैसा श्लेष्मा निकलना आदि कष्टों में यह औषधि विशेष रूप से लाभ देती है।

कॉम्बिनेशन नं. 5

सेंग्विनेरिया कैन (Sang. Can) Q
स्पाइजेलिया (Spigelia) Q
सेंग्विनेरिया नाइट (Seng. Nit) Q
फॉर्मिका रूफा (Farmica R) Q

सभी औषधियाँ को समान भाग में मिश्रित कर नेजल ड्रॉप्स तैयार कर लें और नासिका सम्बन्धी उपसर्गों में एक-दो बूँद दोनों नथुनों में आवश्यकतानुसार डालें। औषधि की तीव्रता कम करने के लिए आवश्यक मात्रा में जल मिश्रित कर सकते हैं।

कॉम्बिनेशन नं. 6

फेरम फॉस (Ferrum Phos) 12X
काली म्योर (Kali Mur) 3X
काली फॉस (Kali Phos) 3X

उक्त औषधियों को समान भाग में मिश्रित कर 5 ग्रेन की मात्रा में दिन में चार बार रोगी को प्रतिदिन सेवन करायें। ज्वर के समय जिह्वा पर सफेद मोटी तह जमे, कोष्ठबद्धता के कारण ज्वर विकार हो, नाड़ी अनियमित तीव्र हो, नजला, जुकाम तथा गठिया के साथ ज्वर हो तो इस योग को प्रथम औषधि के रूप में प्रयोग किया जा सकता है।

कॉम्बिनेशन नं. 7

कोबाल्टम (Cobaltum) Q
इपीकॉक (Ipecac) Q
एफेंड्रा (Ephendra) Q
मेफाइटिस (Mephitis) Q
बसाका (Vasaka) Q

उक्त औषधियाँ समान भाग में मिश्रित करके इस योग को 2 से 5 बूँद की मात्रा में थोड़े जल के साथ दिन में चार बार सेवन कराने से कुकर खाँसी (Whooping Cough) तथा नूतन अथवा चिरकालीन प्रतिश्याय सम्बन्धी अथवा श्वांस सम्बन्धी उपसर्गों में लाभ मिलता है।

कॉम्बिनेशन नं. 8

नैट्रम म्योर (Natrum Mur) 6X
यूपेटोरियम पर्फ (Eupetorium Perf) 1X
एलियम सीपा (Allium Cepa) 3X
बेलाडोना (Belladona) 1X
जस्टिशिया आधा (Justi. Adha) 1X
सेना (Senna) 1X

उक्त औषधियाँ सम भाग में मिश्रित कर योग तैयार कर लें। 5 से 10 बूँद की मात्रा में थोड़े जल के साथ दिन में 4 बार सेवन कराने से नजला-जुकाम (प्रतिश्याय), खाँसी, श्वांस, मलेरिया ज्वर, इन्फ्लुएन्जा, पसली में दर्द, वक्ष में दर्द, श्लेष्मा तथा बच्चों की पसली चलने जैसी अवस्थाओं में

आशातीत लाभ मिलता है। ब्रॉन्काइटिस, हे अस्मा, स्नोफीलिया वृद्धि जैसे विकारों में भी यह औषधि सद्य फलप्रद है।

कॉम्बिनेशन नं. 9

एकोनाइट (Aconite Nepa) Q

फेरम फॉस (Ferrum Phos) 12X

जेलसीमियम (Gelsimium) Q

उक्त औषधियाँ सम भाग में मिश्रित कर योग तैयार कर लें। 5 से 10 बूँद की मात्रा में थोड़े जल के साथ दिन में चार बार सेवन कराने से हल्के प्रकार के ज्वर, सर्दी, जुकाम, खाँसी, ऋतु कालीन ज्वर, मलेरिया आदि में लाभ मिलता है।

कॉम्बिनेशन नं. 10

एसिड फॉस (Acid Phos) 3X

सेलिनियम (Selenium) Q

हाइड्रोकोटाइल (Hydrocotyl) Q

लाइकोपोडियम (Lycopodium) 3X

अल्फाल्फा (Alfalfa) Q

एग्नस कास्टस (Agnus Castus) 3X

उक्त औषधियाँ सम भाग में मिश्रित कर योग बना लें और 10 से 15 बूँद की मात्रा में थोड़े जल के साथ प्रतिदिन 4 बार रोगी को सेवन करायें। यह योग विवाहित पुरुषों के लिए आदर्श औषधि है। स्वास्थ्य पोषक है, स्नायु तन्त्र से सम्बन्धित समस्त उपसर्गों, अनिद्रा, उदासी, रूहानी शक्ति (Vitality) में कमी, स्मैक, अफीम तथा अन्य ड्रग्स लेने की आदत तथा उनसे उत्पन्न कुप्रभाव, हृदय सम्बन्धी वात पीड़ा, पुराना प्रतिश्याय (नजला), अजीर्ण, कोष्ठबद्धता, सुस्ती, स्मरण शक्ति ह्रास, पुरुषों का शुक्र क्षय, वीर्य विकार, महिलाओं के ऋतु सम्बन्धी उपसर्गों आदि में यह योग आशातीत सफलता देता है।

कॉम्बिनेशन नं. 11

जस्टीसिया आधोटोडा (Justicia Adh.) Q

यर्बा सेण्टा (Yerba Santa) Q

कोडीन फॉस (Codein Phos) 2X

एस्पीडोस्पर्मा (Aspidosperma) Q

एपीकाक (Ipecac) Q

पासीफ्लोरा (Passuflora) Q

उक्त औषधियाँ सम भाग में मिश्रित कर योग तैयार करें और 2 से 5 बूँद की मात्रा में दिन में चार बार प्रतिदिन सेवन करायें। यह योग श्वास मार्ग के तीव्र नजले में लाभप्रद है। श्वास नलिका में दर्द, नाक में रुकावट, जुकाम के साथ खाँसी, खाँसी के साथ श्वास कष्ट, वक्ष में कसाव, आक्षेपिक खाँसी, दमा के दौरे, कुकर खाँसी, क्षय रोग आदि उपसर्गों में यह योग सद्य फलप्रद है।

कॉम्बिनेशन नं. 12

कैल्केरिया सल्फ (Calcarea Sul) 3X

काली सल्फ (Kali Sul) 3X

कैल्केरिया फॉस (Calcarea Phos) 12X

नैट्रम म्योर (Natrum Mur) 3X

उक्त औषधियाँ सम भाग में मिश्रित कर 5 ग्रेन की मात्रा में प्रतिदिन चार बार सेवन कराने से प्रतिश्याय के उपसर्गों में आशातीत लाभ मिलता है। अण्डे की जर्दी जैसी नाक बहे, कभी पानी निकले, कभी बन्द हो, सांस रुके, मुख से श्वास लेनी पड़े, मुख का स्वाद नमकीन हो आदि उपसर्गों में यह योग सद्य फलप्रद है।

10 मुख रोग
(MOUTH DISEASES)

कण्ठशालूक-शोथ
(Tonsillitis)

इस रोग में तरुण प्रदाहावस्था में मुख गह्वर (Fauces) तथा ग्रसनी (Pharynx) में शोथ हो जाती है। टान्सिल मुख गह्वर के दोनों स्तम्भों के ऊपर उभर आते हैं। कण्ठ में स्राव की मात्रा में वृद्धि हो जाती है। कण्ठ में खुरदरापन तथा यन्त्रणा प्रतीत होती है। निगलने में तीव्र वेदना होती है। निगलने वाली मांसपेशियों में तीव्र संकुचन होता है। कण्ठ में नीचे की ओर लसिका ग्रन्थियाँ भी शोथयुक्त हो उभर आती हैं। उग्र रोग में तो रोगी शय्याबद्ध हो पड़ता है और ठण्डक, दुर्बलता, शिर:शूल, ज्वर आदि लक्षण प्रकट हो उठते हैं।

परीक्षा करने पर मुख में दोनों मुख गह्वर स्तम्भ के मध्य शोथयुक्त रक्तिम भाग दिखाई देता है। मुख गह्वर (Fauces), घंटी (Uvula) तथा ग्रसनी (Pharynx) की सम्पूर्ण प्राचीर शोथयुक्त तथा लाल हो जाती है। चिरकालीन रोग में टान्सिल पर पीत वर्ण के पूय कण तथा Necrosed Tissue जम जाते हैं। यह अवस्था फॉलिक्यूलर टान्सिलाइटिस कही जाती है।

कॉम्बिनेशन नं. 1

कैल्केरिया फॉस (Calcarea Phos) 6X
कैल्केरिया फ्लोर (Calcarea Fluor) 6X
फेरम फॉस (Ferrum Phos) 12X
काली म्योर (Kali Mur) 6X
काली फॉस (Kali Phos) 3X
मैगनेशिया फॉस (Magnesia Phos) 3X
नैट्रम म्योर (Natrum Mur) 6X
नैट्रम फॉस (Natrum Phos) 3X
नैट्रम सल्फ (Natrum Sulph) 6X

उक्त औषधियों को समान भाग में मिश्रित कर 5 ग्रेन की मात्रा में दिन में चार बार रोगी को सेवन करायें।

कॉम्बिनेशन नं. 2

आर्निका मॉण्ट (Arnica Mont) 6X
बैलाडोना (Belladona) 6X
एकोनाइट नेप (Aconite Nepa) 6X

शूल के अलावा किसी भी प्रकार के दर्द के लिए यह योग अति उत्तम है। यदि अत्यधिक ऊँचा ज्वर हो जाय तब भी यह योग अच्छा परिणाम देता है। इस योग की 2 से 5 ग्रेन बूँद की मात्रा थोड़े जल में मिश्रित करके सेवन कराने से आशातीत लाभ मिलता है। आवश्यकता के समय मात्रा को प्रति घंटे के अन्तराल पर भी दिया जा सकता है।

कॉम्बिनेशन नं. 3

कैल्केरिया फॉस (Calcarea Phos) 3X
फेरम फॉस (Ferrum Phos) 12X
काली म्योर (Kali Mur) 3X
काली फॉस (Kali Phos) 3X
मैगनेशिया फॉस (Magnesia Phos) 3X
नैट्रम म्योर (Natrum Mur) 3X
साइलीशिया (Silicea) 12X

उक्त औषधियाँ सम भाग में मिश्रित कर थोड़ा-सा चूर्ण गर्म जल में घोलकर एक-एक घण्टे के अन्तराल पर एक-एक चम्मच पिलायें।

मसूड़ा फूलना
(Gum Swelling)

कॉम्बिनेशन नं. 1

मैगनेशिया कार्ब (Mag. Carb) Q
एल्यूमेन (Alumen) Q
एसिड कार्बोलिक (Acid Carb) Q
थाइमोल (Thymol) Q
प्लाण्टैगो (Plantago) Q

उक्त औषधियों को सम भाग में मिश्रित कर योग तैयार कर लें। पायरिया, दुर्गन्ध युक्त श्वास तथा मसूड़े फूलने जैसे उपसर्गों में प्रात: सायं 10 बूँद औषधि आधा कप जल में मिश्रित कर कुल्ले करें।

कॉम्बिनेशन नं. 2

कैम्फर (Camphor) Q
मेथाइल सेलिसिलेट (Methyl Salicylate) 2X
क्रियोजोटम (Kreosotum) Q
मेन्थोल (Menthol) Q
थाइमोल (Thymol) 2X
प्लाण्टैगो (Plantago) Q

सभी औषधियाँ लगभग सम भाग में मिश्रित कर योग तैयार कर लें। इस औषधि का बाह्य प्रयोगार्थ उपयोग किया जाता है। यकृत की गड़बड़ी, बादी के पानी के कारण दाँतों में दर्द होना, मसूड़े सूजना, मुख सूज जाना, मुख से लार टपकना, ठंडी हवा या ठंडा जल सहन न होना आदि उपसर्गों में इस योग को दाँतों में लगाकर लार टपकाने से रोगी को आराम मिलता है।

दुर्गन्धित श्वास
(Foul Breathing)

कॉम्बिनेशन नं. 1

मैगनेशिया कार्ब (Mag. Carb) Q
एल्यूमेन (Alumen) Q
एसिड कार्बोलिक (Acid Carb) Q
थाइमोल (Thymol) Q
प्लाण्टैगो (Plantago) Q

उक्त औषधियों को सम भाग मिश्रित कर योग तैयार कर लें। पायरिया, दुर्गन्ध युक्त श्वास तथा मसूड़े फूलने जैसे उपसर्गों में प्रात: सायं 10 बूँद औषधि आधा कप जल में मिश्रित कर कुल्ले कराऐं।

कॉम्बिनेशन नं. 2

साइलीशिया (Silicea) 12X
काली फॉस (Kali Phos) 3X

उक्त औषधियाँ सम भाग में मिश्रित कर 5 ग्रेन की मात्रा में प्रतिदिन चार बार सेवन कराने से प्रात: उठने पर मुख से दुर्गन्ध आने के विकार में आशातीत लाभ मिलता है।

कॉम्बिनेशन नं. 3

काली फॉस (Kali Phos) 3X
काली म्योर (Kali Mur) 3X
साइलीशिया (Silicea) 3X

उक्त औषधियाँ सम भाग मिश्रित कर 5 ग्रेन की मात्रा में प्रतिदिन सेवन कराने से मुख शोथ, मुख क्षय, मुख से बदबू, सड़ांध, डिफ्थीरिया के कारण श्वास में दुर्गन्ध आदि उपसर्गों में आशातीत लाभ मिलता हैं।

पायरिया
(Pyorrhoea)

कॉम्बिनेशन नं. 1

मैगनेशिया कार्ब (Mag. Carb) Q या 12X
एल्यूमेन (Alumen) Q
एसिड कार्बोलिक (Acid Carb) Q
थाइमोल (Thymol) Q
प्लाण्टैगो (Plantago) Q

उक्त औषधियों को सम भाग में मिश्रित कर योग तैयार कर लें। पायरिया, दुर्गन्ध युक्त श्वास तथा मसूड़े फूलने जैसे उपसर्गों में प्रात: सायं 10 बूँद औषधि आधा कप जल में मिश्रित कर कुल्ले करें।

कॉम्बिनेशन नं. 2

साइलीशिया (Silicea) 12X
कैल्केरिया फॉस (Calcarea Phos) 3X
काली म्योर (Kali Mur) 3X
कैल्केरिया फ्लोर (Calcarea Fluor) 3X

उक्त औषधियाँ सम भाग में मिश्रित कर प्रतिदिन चार बार 5 ग्रेन की मात्रा में सेवन कराने से दाँत के सड़ने (कैरीज) जैसे विकार में आशातीत लाभ मिलता है।

कॉम्बिनेशन नं. 3

कैल्केरिया फॉस (Calcarea Phos) 3X
कैल्केरिया फ्लोर (Calcarea Fluor) 3X

उक्त औषधियाँ सम भाग में मिश्रित कर प्रतिदिन चार बार 5 ग्रेन की मात्रा में सेवन कराने से दाँतों की तीव्र सड़न में आशातीत लाभ मिलता है।

दन्त शूल
(Toothache)

कॉम्बिनेशन नं. 1

प्लानटैगो (Plantago) Q
क्रियोजोटम (Kreosotum) Q
कैलेण्डुला (Calandula) Q
मेन्थापिपरेटा (Menthapip) Q
थाइमोल (Thimol) Q या 12X
एकोनाइट (Aconite Nap) Q
आर्निका मॉण्ट (Arnica Mont) Q

उक्त औषधियाँ मिश्रित कर रख लें और आवश्यकता के समय रोगी के दाँतों में लगा दें। यह योग दाँत सम्बन्धी रोगों में अति उत्तम है। आवश्यकता हो तो दिन में 3 बार सेवन करायें।

कॉम्बिनेशन नं. 2

कैम्फर (Camphor) Q
मेथाइल सेलिसिलेटि (Methyl Salicylati) 2X
क्रियोजोटम (Kreosotum) Q
मेन्थोल (Menthol) 2X
थाइमोल (Thymol) 2X
प्लानटैगो (Plantago) Q

सभी औषधियाँ लगभग सम भाग मिश्रित करके योग तैयार कर लें। इस औषधि का बाह्य प्रयोगार्थ उपयोग किया जाता है। यकृत की गड़बड़ी, बादी के पानी के कारण दाँतों में दर्द होना, मसूड़े सूजना, मुख सूज जाना, मुख से लार टपकना, ठंडी हवा या ठंडा जल सहन न होना आदि उपसर्गों में इस योग को दाँतों में लगाकर लार टपकाने से रोगी को आराम मिलता है।

दाँत में कीड़ा लगना
(Tooth Decay)

कॉम्बिनेशन नं. 1

प्लानटैगो (Plantago) Q
क्रियोजोटम (Kreosotum) Q
कैलेण्डुला (Calandula) Q
मेन्थापिपरेटा (Menthapip) Q
थाइमोल (Thimol) Q
एकोनाइट (Aconite Nap) Q
आर्निका मॉण्ट (Arnica Mont) Q

उक्त औषधियाँ मिश्रित कर रख लें और आवश्यकता के समय रोगी के दाँतों में लगा दें। यह योग दाँत सम्बन्धी रोगों में अति उत्तम है। आवश्यकता हो तो दिन में 3 बार सेवन करायें।

कॉम्बिनेशन नं. 2

काली फॉस (Kali Phos) 3X
कैल्केरिया प्लोर (Calcarea Fluor) 3X
साइलीशिया (Silicea) 12X
नैट्रम म्योर (Natrum Mur) 3X

उक्त औषधियाँ सम भाग मिश्रित कर 5 ग्रेन की मात्रा में प्रतिदिन चार बार सेवन कराने से दाँतों में कीड़ा लगने के कारण उत्पन्न विकारों में आशातीत लाभ मिलता है। दाँत में दबाने वाला दर्द, दाँत कटकटाना, लार बहना, रात में दर्द होना आदि उपसर्गों में भी यह योग सद्य फलप्रद है।

●●●

11 कण्ठ विकार
(PHARYNX PROBLEMS)

कण्ठ
(Pharynx)

दन्त पंक्ति तालु तथा जिह्वा के अन्तिम भाग को कण्ठ कहा जाता है, मुख के इस भाग में एक मेहराब सा निर्मित हो जाता है। ऊपर की ओर तालु (Palate) और उससे ढके हुए, उससे ऊपर नासिका के पिछले छिद्र (Naso Pharynx) होते हैं, निचले भाग में दो नलियों के छिद्र होते हैं। जिह्वा के मूल के पृष्ठ में स्वर-यन्त्र (Larynx) का ऊपरी भाग होता है, इसके ऊपर एक ढक्कन होता है, जो घॉटी (Epiglottis) कहलाता है। कोई पदार्थ निगलते समय यह स्वर-यन्त्र के पीछे अन्न-नलिका (Oesophagus) होता है। मुख गह्वर (Fauces) में उपजिह्वा (Uvula) लटकती है। मुख गह्वर के दो भाग अवस्थानुसार पश्च खम्भ (Anterior pillar) तथा अग्र खम्भ (Posterior pillar) कहलाते हैं। इनके मध्य गल कोष अथवा कण्ठ शालूक (Tonsils) नामक ग्रन्थियाँ रहती हैं। कण्ठ की पार्श्व दीवारों (Lateral walls) पर दोनों पार्श्व में दो छिद्र होते हैं जो मध्य कर्ण से सम्बन्धित होते हैं और यूस्टेकी नलिका छिद्र (Opening of the Pharyngo tympanic tube or Eustacian tube) कहलाते हैं।

गललसिका ग्रन्थियाँ (Adenoids) लसिका तन्तुओं (Lymphoid tissue) से निर्मित होती हैं और नासिका के पृष्ठ छिद्र (Nasopharynx) के पीछे स्थित हैं। सामान्यतः युवावस्था में यह विलुप्त हो जाती हैं। बच्चों में इनसे सम्बन्धित शोथ आदि रोग टॉन्सिल, प्रतिश्याय, नासावरोध आदि विकारों के कारण हो जाते हैं।

खाँसी
(Cough)

कॉम्बिनेशन नं. 1

एकोनाइट नेप (Aconife Nap) 6X
बैलाडोना (Belladona) 6X
ब्रायोनिया (Brynoia) 6X

उक्त योग खाँसी के विकार में अत्यन्त फलदायी है। 5 बूँद की मात्रा थोड़े जल के साथ प्रतिदिन एक बार सेवन करायें।

कॉम्बिनेशन नं. 2

एकोनाइट नैपलेस (Aconite Nap) 30X
ब्रायोनिया अल्बम (Bryonia Alb) 6X
फेरम फॉस (Ferrum Phos) 12X

काली म्योर (Kali Mur) 3X

फॉस्फोरस (Phorphorus) 12X

उक्त औषधियों को समान भाग में मिश्रित करके 5 बूँद अथवा 5 ग्रेन (पाउडर) की मात्रा में सर्दी, खाँसी, ज्वर तथा फ्लू के रोगियों के लिए दिन में चार बार सेवन करायें।

कॉम्बिनेशन नं. 3

जस्टीशिया (Justicia Adha) 50 भाग

ग्लिसरीजा ग्लैबरा (Glycerrhiza Glabra) 50 भाग

ओपियम (Opium) Q 1 भाग

कैम्फर (Camphor) Q 1 भाग

एसिड बेन्जोइक (Acid Benzoic) 10 भाग

एफेड्रीन (Ephedrine) Q 10 भाग

उक्त औषधियाँ उचित मात्रा में मिश्रित कर 5 बूँद की मात्रा में थोड़े जल के साथ खाँसी तथा वक्ष के अन्य विकार, श्वास कष्ट, श्वास फूलना, स्वास्थ्य भंग आदि के लिए सेवन करायें। सामान्यत: औषधि दिन में चार बार देना ही लाभप्रद रहता है परन्तु रोग की उग्रता के आधार पर मात्रा की पुनरावृत्ति की जा सकती है।

कॉम्बिनेशन नं. 4

ब्रायोनिया एल्बा (Bryonia Alb) Q

इपीकॉकुआह्ना (Ipecacuanha) Q

आयोडियम (Iodium) Q

एस्पीडोस्पर्मा (Aspidosperma) Q

सेम्बुकस (Sambucus) Q

हाइड्रेस्टिस (Hydrastis) Q

सेनेजा (Senega) Q

जस्टीशिया (Justicia Adha) Q

उक्त औषधियों को सम भाग में मिश्रित करके योग तैयार करें और 5 से 10 बूँद की मात्रा में थोड़े जल में मिश्रित कर दिन में 3-4 बार रोगी को सेवन करायें। यह योग श्वास प्रणाली संकुचित हो जाने से उत्पन्न विकारों में उत्तम फलदायी है। खाँसी, निमोनिया, ब्राँकाइटिस, प्लूरिसी, श्वास रोग आदि विकारों में यह औषधि सद्य फलप्रद है।

कॉम्बिनेशन नं. 5

कैल्केरिया फॉस (Calcarea Phos) Q 12X

कैल्केरिया कार्ब (Calcarea Carb) Q 12X

कैमोमिला (Chamomilla) Q

पोडोफाइलम (Podophylum) Q

चायना (China) Q

उक्त औषधियाँ सम भाग लेकर मिश्रित करें और योग की 5 से 10 बूँद की मात्रा में ताजे पानी अथवा दूध के साथ बच्चे को सेवन करायें तो बच्चों के दाँत निकलते समय के कष्टों में आराम मिलता है। आमाशय, उदरामय, दुर्बलता, दूध पलटना, वमन आदि में सफलता के साथ प्रयुक्त होती है।

कॉम्बिनेशन नं. 6

नैट्रम म्योर (Natrum Mur) 6X

यूपेटोरियम पर्फ (Eupetorium Perf) 1X

एलियम सीपा (Allium Cepa) 3X

बेलाडोना (Belladona) 1X

जस्टीशिया आधा (Justi Adha) 1X

सेना (Senna) 1X

उक्त औषधियाँ सम भाग में मिश्रित कर योग तैयार कर लें। 5 से 10 बूँद की मात्रा में थोड़े जल के साथ दिन में 4 बार सेवन कराने से नजला, जुकाम (प्रतिश्याय) में खाँसी, श्वास, मलेरिया ज्वर, इन्फ्लुएन्जा, पसली में दर्द, वक्ष में दर्द, श्लेष्मा तथा बच्चों की पसली चलने जैसी अवस्थाओं में आशातीत लाभ मिलता है। ब्रॉन्काइटिस, हे अस्मा, स्नोफीलिया वृद्धि जैसे विकारों में भी यह औषधि सद्य फलप्रद है।

कॉम्बिनेशन नं. 7

एकोनाइट (Aconite Nap) Q

फेरम फॉस (Ferrum Phos) 12X

जैलसीमियम (Gelsimium) Q

उक्त औषधियाँ सम भाग में मिश्रित कर योग तैयार कर लें। 5 से 10 बूँद की मात्रा में थोड़े जल के साथ दिन में चार बार सेवन कराने से हल्के प्रकार के ज्वर, सर्दी जुकाम, खाँसी, ऋतु कालीन ज्वर, मलेरिया आदि में लाभ मिलता है।

कॉम्बिनेशन नं. 8

ओसिमम सेन्क्टम (Ocimum. S.) Q

इपीकॉकुआन्हा (Ipecacuanha) Q

जस्टीशिया आधाटोडा (Justicia Adha) Q

नक्स वॉमिका (Nux Vomica) Q

ड्रोसेरा (Drosera) Q

मेफाइटिस (Mephitis) Q

ब्रायोनिया (Bryonia) Q

जिन्जीबर (Zingiber) Q

बैलाडोना (Belladona) Q

उक्त औषधियों के सम भाग मिश्रण से निर्मित योग का उपयोग सर्दी, खाँसी, नूतन अथवा चिरकालीन कास, सामान्य सर्दी, श्वास रोग, इन्फ्लुऐन्जा, शुष्क खाँसी (जो प्रथम निद्रा के पश्चात् अर्धरात्रि में प्राय: हो जाती है), वक्ष में दर्द, घरघराहट आदि व्याधियों में सफलता के साथ किया जाता है। इस योग की 5 से 10 बूँद की मात्रा में थोड़े जल में मिश्रित कर दिन में 3-4 बार सेवन कराने से उक्तोक्त उपसर्गों में लाभ मिलता है।

कॉम्बिनेशन नं. 9

सेनेगा (Senega) Q

स्पोन्जिया टोस्टा (Spongia Tosta) Q

एरालिया (Aralia) Q

लोबेलिया (Lobelia) Q

एरिस्टो (Aristo) Q

एब्रासन्ला (Abrasanla) Q

ब्लाटा ओरिये (Blata Ori) Q

एफीडीन (Aphidin) Q

उक्त औषधियों को मिश्रित कर 5 से 10 बूंद की मात्रा में थोड़े जल के साथ प्रतिदिन चार बार सेवन कराने से ब्रैंकाइटिस, अस्थमा तथा प्रत्येक प्रकार की सर्दी, खाँसी में राहत मिलती है। श्वास कष्ट, हाँफना, कुकर खाँसी, कार्डियक अस्मा, शुष्क खाँसी आदि जैसे उपसर्गों में भी इस योग से आराम मिलता है। श्वास के रोगी के लिए केला वर्जित होता है। पान का उपयोग औषधि सेवन काल में न करें।

कॉम्बिनेशन नं. 10

काली आयोड (Kali Iod) Q

नैट्रम बेंज (Nat Benz) Q

इपीकॉक (Ipecac) Q

सेंगुनेरिया (Sangu) Q

जस्टीशिया (Justicia Adh) Q

ओसीमम सेंक्ट (Ocim. Sanct) Q

एफेड्रिन (Ephedrin) Q

उक्त औषधियाँ समान भाग में लेकर मिश्रित करके अथवा थोड़े जल के साथ 5 से 10 बूँद की मात्रा में दिन में तीन बार सेवन कराने से बच्चों की प्रत्येक प्रकार की खाँसी में आशातीत लाभ होता है। चिरकालीन खाँसी, काली खाँसी (क्रूप), सूखी तथा गीली खाँसी, एवं ब्रॉंकाइटिस जैसे उपसर्गों में यह योग सद्य फलप्रद है।

कॉम्बिनेशन नं. 11

कैल्केरिया फॉस (Calcarea Phos) 12X

साइलीशिया (Silicea) 12X

नैट्रम म्योर (Nat. Mur) 3X

काली म्योर (Kali Mur) 3X

उक्त औषधियाँ सम भाग में मिश्रित कर प्रतिदिन चार बार 5 ग्रेन की मात्रा में सेवन कराने से पुरानी खाँसी, सूखी या तर, खूनी बलगम के साथ आने वाली खाँसी में आशातीत लाभ मिलता है।

कॉम्बिनेशन नं. 12

जस्टीसिया आधाटोडा (Justicia Adh.) Q

यर्बा सेण्टा (Yerba Santa) Q
कोडीन फॉस (Codein Phos) 2X
एस्पीडोस्पर्मा (Aspidosperma) Q
इपीकॉक (Ipecac)Q
पासीफ्लोरा (Passiflora) Q

उक्त औषधियाँ सम भाग में मिश्रित कर योग तैयार करें और 2 से 5 बूँद की मात्रा में दिन में चार बार प्रतिदिन सेवन करायें। यह योग श्वास मार्ग के तीव्र नजले में लाभप्रद है। श्वास नलिका में दर्द, नाक में रुकावट, जुकाम के साथ खाँसी, खाँसी के साथ श्वास कष्ट, वक्ष में कसाव, आक्षेपिक खाँसी, दमा के दौरे, कुकर खाँसी, क्षय रोग आदि उपसर्गों में यह योग सद्य फलप्रद है।

कॉम्बिनेशन नं. 13

कैल्केरिया फॉस (Calcarea Phos) 3X
साइलीशिया (Silicea) 12X
नैट्रम म्योर (Nat. Mur) 3X
काली म्योर (Kali Mur) 3X

उक्त औषधियाँ सम भाग में मिश्रित कर 5 ग्रेन की मात्रा में प्रतिदिन चार बार सेवन कराने से सूखी या झागदार खाँसी तथा खूनी ब्लगम के साथ यक्ष्मा के रोगी की खाँसी में आशातीत लाभ मिलता है।

कुकर खाँसी
(Whooping Cough)

यह बीमारी अधिकतर स्थानीय होती है, परन्तु कभी-कभी महामारी का रूप धारण कर लेती है। शिशुओं और 5 वर्ष तक की आयु के बच्चों पर इसका प्रकोप होता है। यह रोग सभी ऋतुओं में फैलता है परन्तु मार्च-अप्रैल के महीनों में इसका प्रकोप अधिक होता है।

उद्भवन काल—7 से 14 दिन हैं। 2 दिन से ज्यादा दिन इसका असर नहीं होता।

यह रोग बेसिलस परटसिस नामक जीवाणु से उत्पन्न होता है। यह श्वसन संस्थान की संचारी बीमारी है। रोगी के सीधे सम्पर्क से एवं संक्रमणी पदार्थों से इसका संक्रमण होता है। रोगी के नाक तथा मुँह में जीवाणु पाये जाते हैं। किसी से बात करने पर, छींकने पर वह जीवाणु वायु में शामिल हो जाते हैं तथा स्वस्थ व्यक्ति की साँस लेने की प्रक्रिया से जीवाणु उसके शरीर में प्रविष्ट हो जाते हैं।

बच्चे को नजला, जुकाम, खाँसी की प्रारम्भिक शिकायत होती है। इसके साथ हल्का स्वर भी रहता है। 8 से 10 दिन के बाद खाँसी बढ़ जाती है, जिससे बच्चे को भारी कष्ट होता है। खाँसी के साथ साँस भी फूलने लगती है। बलगम निकलना शुरू हो जाता है। बलगम बहुत कम ही निकलता है, अधिकतर सूखी खाँसी उठती है। साँस के साथ अजीब-सी आवाज होती है जिसे हूप कहते हैं। रात को दौरे अधिक आते हैं। नींद की कमी तथा खाने में अरुचि के कारण बच्चा कुछ ही समय में कमजोर हो जाता है।

1. रोगी का पृथक्कीकरण आवश्यक है।
2. कुकर खाँसी का टीका लगवा देना चाहिए।

3. उपयुक्त उपचार करना आवश्यक है।

4. सभी वस्तुओं का विसंक्रमण करना चाहिए।

कॉम्बिनेशन नं. 1

पर्टुसिन (Pertusin) 6X

ड्रोसेरा (Drosera) 6X

इपीकाकुआन्हा (Ipecacuanha) 6X

उक्त मिश्रण कुकर खाँसी के उपसर्गों में अच्छा लाभ देता है। 5 बूँद की मात्रा में इस योग का सेवन थोड़े जल के साथ प्रतिदिन करें। तीव्र रोगावस्था में इन मात्राओं की आवश्यकतानुसार पुनरावृत्ति की जा सकती है।

कॉम्बिनेशन नं. 2

बैलाडोना (Belladona) 30

इपीकाकुआन्हा (Ipecacuanha) 6

ड्रोसेरा (Drosera) 30

मेफाइटिस (Maphitis) 6

नेफ्थलीन (Nephthalein) 6

उक्त औषधियों को सम भाग में मिश्रित करके 5 बूँद की मात्रा में थोड़े जल के साथ सेवन कराना कुकर खाँसी में लाभ देता है। रोग की उग्रावस्था के अनुसार दिन में चार अथवा तीन बार औषधि सेवन करायें।

कॉम्बिनेशन नं. 3

ओसिमम सेन्क्टम (Ocimum. S.) Q

इपीकॉकुआन्हा (Ipecacuanha) Q

जस्टीशिया आधाटोडा (Justicia Adha) Q

नक्स वॉमिका (Nux Vomica) Q

ड्रोसेरा (Drosera) Q

मेफाइटिस (Mephitis) Q

ब्रायोनिया (Bryonia) Q

जिन्जीबर (Zingiber) Q

बैलाडोना (Belladona) Q

उक्त औषधियों के सम भाग मिश्रण से निर्मित योग का उपयोग सर्दी, खाँसी, नूतन अथवा चिरकालीन कास, सामान्य सर्दी, श्वास रोग, इन्फ्लुऐन्जा, शुष्क खाँसी (जो प्रथम निद्रा के पश्चात् अर्धरात्रि में प्राय: हो जाती है), वक्ष में दर्द, घरघराहट आदि व्याधियों में सफलता के साथ किया जाता है। इस योग की 5 से 10 बूँद की मात्रा थोड़े जल में मिश्रित कर दिन में 3-4 बार सेवन कराने से उपरोक्त उपसर्गों में लाभ मिलता है।

कॉम्बिनेशन नं. 4

काली आयोड (Kali Iod) Q

नेट्रम बेंज (Nat. Benz) Q
इपीकॉक (Ipecac) Q
सेंगुनेरिया (Sangu.) Q
जस्टीशिया (Justicia Adh) Q
ओसीमस सैक्ट (Ocimum Sanct) Q
एफेड्रिन (Ephedrin) Q

उक्त औषधियाँ समान भाग लेकर शर्बत में मिश्रित करके अथवा थोड़े जल के साथ 5 से 10 बूँद की मात्रा में दिन में तीन बार सेवन कराने से बच्चों की प्रत्येक प्रकार की खाँसी में आशातीत लाभ होता है। चिरकालीन खाँसी, काली खाँसी (क्रूप), सूखी तथा गीली खाँसी एवं ब्रॉन्काइटिस जैसे उपसर्गों में यह योग सद्य फलप्रद है।

कॉम्बिनेशन नं. 5

कैल्केरिया फॉस (Calcarea Phos) 3X
फेरम फॉस (Ferrum Phos) 12X
नैट्रम म्योर (Natrum Mur) 3X
काली सल्फ (Kali Sul) 3X

उक्त औषधियाँ सम भाग मिश्रित कर 5 ग्रेन की मात्रा में प्रतिदिन चार बार सेवन कराने से कुकर खाँसी, जो बहुत दिन तक जारी रहे, चेहरा लाला हो जाए, आँखों से पानी बहने लगे, खाये-पिये की वमन हो जाए आदि उपसर्गों में आशातीत लाभ मिलता है।

रोहिणी

(Diptheria)

डिप्थीरिया रोग को रोहिणी भी कहा जाता है। 10 वर्ष की उम्र तक के बच्चे इसके अधिक शिकार होते हैं। भारतवर्ष में यह शरद ऋतु के प्रारम्भ में फैलता है। इसमें मृत्यु अधिक होती है।

इस बीमारी के जीवाणु बैसिलस कार्नीबेक्टीरिया, गले, ग्रसनी, नासिका तथा स्वर यन्त्र में पनपते हैं। स्वर यन्त्र के समीप एक प्रकार की पीत, श्वेत रंग की या भूरे रंग की झिल्ली उत्पन्न करते हैं। जीवाणु इसी झिल्ली में पनपते हैं तथा अपना विष उत्पन्न करते हैं। जीवाणु झिल्ली के बाहर नहीं आते पर उनका विष बाहर आता है। यह शरीर में फैल जाता है तथा अपना दूषित प्रभाव उत्पन्न करता है। मुँह तथा नाक के स्रावों में इसके जीवाणु पाये जाते हैं। वे ड्रापलेट विधि से फैलते हैं। बात करने, खाँसने, छींकने, थूकने तथा चुम्बन लेने से इस रोग का प्रसार होता है। यह रोग दूध से भी फैलता है। रोगी के संक्रमणी वस्तुओं से जैसे रूमाल, तौलिया, बर्तन, कप, गिलास तथा अन्य पदार्थों से भी यह रोग फैलता है।

उद्भवन काल—2 से 5 दिन तक है।

प्रारम्भ में बच्चा एक या दो दिन तक काफी सुस्त रहता है। सिरदर्द तथा जी मिचलाने की शिकायत होती है। भोजन में उसे अरुचि होती है तथा उल्टी भी करता है। टॉन्सिल पर झिल्ली बनने लगती है जो फैलती जाती है। झिल्ली के आस-पास सूजन तथा लालिमा दिखाई देती है एवं निगलने में कष्ट होता है। रक्त मिश्रित स्राव निकलने लगता है तथा अजीब-सी गन्ध आती है। गला बाहर से

फूला-फूला लगता है। यदि समय से उपचार किया जाए तो कुछ ही दिनों में झिल्ली स्वतः गलने लगती है तथा रोगी ठीक होने लगता है। अन्यथा यह मांसपेशियों तथा तन्त्रिकाओं को प्रभावित करता है तथा मृत्यु का भय भी रहता है।

1. **अधिसूचना**—स्वास्थ्य अधिकारियों को सूचना दे देनी चाहिए।
2. **पृथक्कीकरण**—रोगी का पृथक्कीकरण अस्पताल या घर में किया जाता है।
3. **विसंक्रमण**—रोगी के नाक, मुँह से निकले स्रावों को जलाकर नष्ट कर देना चाहिए तथा अन्य संक्रमणी वस्तुओं को उबालकर विसंक्रमण कर देना चाहिए।
4. उसके सम्पर्क में आने वाले हर व्यक्ति को अच्छी तरह से कुल्ला करना चाहिए।
5. सक्रिय रोग निरोधकता, रोग निरोधक दवा के प्रयोग से प्राप्त की जा सकती है।

कॉम्बिनेशन नं. 1

लैकेसिस (Lachasis) 6X

बैलाडोना (Belladona) 6X

नेजा (Naja. T.) 6X

यह योग सामान्यतः गलघोंटू (रोहिणी) के उपसर्गों में सफलता के साथ प्रयोग किया जाता है। प्रायः 5-5 बूँद की एक मात्रा थोड़े से जल में मिश्रित करके प्रतिदिन एक बार सेवन कराना लाभप्रद रहता है। रोग की उग्रावस्था में ऐसी मात्राएँ दिन में दो बार दी जा सकती हैं।

कॉम्बिनेशन नं. 2

फेरम फॉस (Ferrum Phos) 12X

काली म्योर (Kali Mur) 3X

काली फॉस (Kali Phos) 3X

नैट्रम म्योर (Natrum Mur) 3X

कैल्केरिया फ्लोर (Calcarea Fluor) 3X

कैल्केरिया फॉस (Calcarea Phos) 3X

नैट्रम फॉस (Natrum Phos) 3X

उक्त औषधियाँ सम भाग में मिश्रित कर प्रतिदिन चार बार गर्म जल के साथ 5 ग्रेन की मात्रा में रोगी को सेवन करायें तो रोहिणी के कारण ज्वर, बेचैनी, मुख में भूरे रंग के घाव, गले में तारदार बलगम, भूख अधिक, कभी भूख एक दम गायब, घूँट लेने में कष्ट, मूत्र अधिक निरंतर खाँसी, श्वास कष्ट, आँखें उभरी, कमजोरी, चेहरा पीला, नशीली हालत, काला कठोर मल या जलीय दस्त, गाढ़ा थूक, नकली रोहिणी, मुख में सफेद मलाई, जमे दूध जैसा बलगम आदि उपसर्गों में आशातीत लाभ मिलता है।

शुष्क खाँसी
(Dry Cough)

कॉम्बिनेशन नं. 1

सेनेगा (Senega) Q

स्पोन्जिया टोस्टा (Spongia tosta) Q

एरालिया (Aralia) Q

लोबेलिया (Lobelia) Q

एरिस्टो (Aristo) Q

एब्रासान्ला (Abrasanla) Q

ब्लाटा ओरिये (Blata Ori) Q

एफीडीन (Aphidin) Q

उक्त औषधियों को मिश्रित कर 5 से 10 बूँद की मात्रा में थोड़े जल के साथ प्रतिदिन चार बार सेवन कराने से ब्रॉन्काइटिस, अस्थमा तथा प्रत्येक प्रकार की सर्दी, खाँसी में राहत मिलती है। श्वास कष्ट, हाँफना, कुकर खाँसी, कार्डियक अस्थमा, शुष्क खाँसी आदि जैसे उपसर्गों में भी इस योग से आराम मिलता है। श्वास के रोगी के लिए केला वर्जित होता है, पान का उपयोग औषधि सेवन काल में न करें।

कॉम्बिनेशन नं. 2

काली आयोड (Kali Iod) Q

नैट्रम बेंज (Nat. Benz) Q

इपीकॉक (Ipecac)

सेंगुनेरिया (Sangu.) Q

जस्टीशिया (Justicia Adh) Q

ओसिमस सैक्ट (Ocimum Sanct) Q

एफेड्रिन (Ephedrin) Q

उक्त औषधियाँ समान भाग लेकर शर्बत में मिश्रित करके अथवा थोड़े जल के साथ 5 से 10 बूँद की मात्रा में दिन में तीन बार सेवन कराने से बच्चों की प्रत्येक प्रकार की खाँसी में आशातीत लाभ होता है। चिरकालीन खाँसी, काली खाँसी (क्रूप), सूखी तथा गीली खाँसी एवं ब्रॉन्काइटिस जैसे उपसर्गों में यह योग सद्य फलप्रद है।

कॉम्बिनेशन नं. 3

जस्टीसिया आधाटोडा (Justicia Adh.) Q

यर्बा सेण्टा (Yerba Santa) Q

कोडीन फॉस (Codein Phos) 2X

एस्पहडोस्पर्मा (Aspidosperma) Q

इपीकॉक (Ipecac) Q

पासीफ्लोरा (Passiflora) Q

उक्त औषधियाँ सम भाग में मिश्रित कर योग तैयार करें और 2 से 5 बूँद की मात्रा में दिन में चार बार प्रतिदिन सेवन करायें। यह योग श्वास मार्ग के तीव्र नजले में लाभप्रद है। श्वास नलिका में दर्द, नाक में रुकावट, जुकाम के साथ खाँसी, खाँसी के साथ श्वास कष्ट, वक्ष में कसाव, आक्षेपिक खाँसी, दमा के दौरे, कुकर खाँसी, क्षय रोग आदि उपसर्गों में यह योग सद्य फलप्रद है।

क्रूप
(Croup)

कॉम्बिनेशन नं. 1

काली म्योर (Kali Mur) 3X

फेरम फॉस (Ferrum Phos) 3X

उक्त औषधियाँ सम भाग में मिश्रित कर 5 ग्रेन की मात्रा में रोगी को दो-दो घण्टे के अन्तर से सेवन करानी चाहिये। यह योग तीव्र पीड़ा युक्त श्वास में भी लाभ देता है।

कॉम्बिनेशन नं. 2

कोबाल्टम (Cobaltum) Q

इपीकॉक (Ipecac) Q

एफेंड्रा (Ephendra) Q

मेफाइटिस (Mephitis) Q

बसाका (Vasaka) Q

स्ट्रेमोनियम (Stramonium) Q

उक्त औषधियाँ समान भाग में मिश्रित करके इस योग की 2 से 5 बूँद की मात्रा में थोड़े जल के साथ दिन में चार बार सेवन कराने से कुकर खाँसी (Whooping Cough) तथा नूतन अथवा चिरकालीन प्रतिश्याय सम्बन्धी अथवा श्वास सम्बन्धी उपसर्गों में लाभ मिलता है।

कॉम्बिनेशन नं. 3

ओसिमम सेन्क्टम (Ocimum. S.) Q

इपीकॉकुआन्हा (Ipecacuanha) Q

जस्टीशिया आधाटोडा (Justicia Adha) Q

नक्स वॉमिका (Nux Vomica) Q

ड्रोसेरा (Drosera) Q

मेफाइटिस (Mephitis) Q

ब्रायोनिया (Bryonia) Q

जिन्जीबर (Zingiber) Q

स्ट्रोंसिओनम (Strontia) Q

बैलाडोना (Belladona) Q

उक्त औषधियों के सम भाग मिश्रण से निर्मित योग का उपयोग सर्दी, खाँसी, नूतन अथवा चिरकालीन कास, सामान्य सर्दी, श्वास रोग, इन्फ्लुएन्जा, शुष्क खाँसी (जो प्रथम निद्रा के पश्चात् अर्धरात्रि में प्रायः हो जाती है), वक्ष में दर्द, घरघराहट आदि व्याधियों में सफलता के साथ किया जाता है। इस योग की 5 से 10 बूँद की मात्रा में थोड़े जल में मिश्रित कर दिन में 3-4 बार सेवन कराने से उपरोक्त उपसर्गों में लाभ मिलता है।

कॉम्बिनेशन नं. 4

काली आयोड (Kali Iod) Q
नेट्रम बेंज (Nat. Benz) Q
इपीकॉक (Ipecac)
सेंगुनेरिया (Sangu.) Q
जस्टीशिया (Justicia Adh) Q
ओसीमस सेंक्ट (Ocimum Sanct) Q
एफेड्रिन (Ephedrin) Q

उक्त औषधियाँ समान भाग लेकर शर्बत में मिश्रित करके अथवा थोड़े जल के साथ 5 से 10 बूँद की मात्रा में दिन में तीन बार सेवन कराने से बच्चों की प्रत्येक प्रकार की खाँसी में आशातीत लाभ होता है। चिरकालीन खाँसी, काली खाँसी (क्रूप), सूखी तथा गीली खाँसी, एवं ब्रॉन्काइटिस जैसे उपसर्गों में यह योग सद्य फलप्रद है।

कॉम्बिनेशन नं. 5

जस्टीसिया आधाटोडा (Justicia Adh.) Q
यर्बा सेण्टा (Yerba Santa) Q
कोडीन फॉस (Codein Phos) 2X
एस्पीडोस्पर्मा (Aspidosperma) Q
इपीकॉक (Ipecac) Q
पासीफ्लोरा (Passiflora) Q

उक्त औषधियाँ सम भाग में मिश्रित कर योग तैयार करें और 2 से 5 बूँद की मात्रा में दिन में चार बार प्रतिदिन सेवन करायें। यह योग श्वास मार्ग के तीव्र नजले में लाभप्रद है। श्वास नलिका में दर्द, नाक में रुकावट, जुकाम के साथ खाँसी, खाँसी के साथ श्वास कष्ट, वक्ष में कसाव, आक्षेपिका खाँसी, दमा के दौरे, कुकर खाँसी, क्षय रोग आदि उपसर्गों में यह योग सद्य फलप्रद है।

कॉम्बिनेशन नं. 6

नैट्रम म्योर (Natrum Mur) 3X
फेरम फॉस (Ferrum Pnos) 12X
नैट्रम सल्फ (Natrum Sul) 3X
साइलीशिया (Sillcea) 12X

उक्त औषधियाँ सम भाग मिश्रित कर 5 ग्रेन की मात्रा में प्रतिदिन चार बार रोगी को सेवन कराने से दम घुटने वाली खाँसी, श्वास अवरोध, खाँसते-खाँसते मूत्र निकल पड़े आदि उपसर्गों में आशातीत लाभ मिलता है। रात-दिन ढीली खाँसी हो, सुबह कपड़े पहनते समय खाँसी हो, खुली हवा में जाने से खाँसी बढ़ती हो, तेज हरकत से खाँसी आती हो तो ऐसे विशिष्ट उपसर्गों में भी यह योग लाभप्रद है।

12 श्वसन विकार
(RESPIRATORY DISEASES)

श्वसन संस्थान
(Respiratory System)

श्वसन संस्थान शरीर के अंग-उपांगों की प्राणवायु (Oxygen) ग्रहण कराता है तथा दूषित कार्बन डाइ-ऑक्साइड (CO_2) को शरीर से निष्कासित कराता है। श्वास नासारंध्रों अथवा मुख द्वारा खींचने पर वायु ग्रसनी में चली जाती है। ग्रसनी से प्रधान श्वास नली निकलती है जो स्वर-यन्त्र से आरम्भ होती है और वक्षीय गुहा तक जाती है। स्वर-यन्त्र की दीवारों में उपास्थि की पट्टियाँ हैं जो स्वर-तन्तुओं को आधार देती हैं। इसी प्रकार की उपास्थि श्वास नली में भी (अधूरे छल्लों जैसी) होती है। इन छल्लों का 3/4 भाग ही पूरा होता है, जिससे श्वास नली को संकुचित किया जा सकता है। श्वास नली अन्त में दो श्वसनियों (Bronchie) में विभक्त हो जाती है जो एक-एक फुफ्फुस में जाती है। श्वसनियाँ और छोटी-छोटी नलिकाओं में विभक्त हो जाती हैं। अति सूक्ष्म श्वसनिकाओं में दीवारें पतली होती हैं ओर उनमें उपास्थि नहीं होती।

श्वास लेते ही वक्ष का आयतन बढ़ने से वक्षीय गुहा तथा फुफ्फुस में दाब कम हो जाता है, जिसके कारण श्वास अन्दर जाती है। श्वास को छोड़ने पर वक्ष का आयतन कम हो जाता है, वक्षीय गुहा तथा फुफ्फुस में दाब बढ़ जाता है, जिससे प्रश्वास की वायु फुफ्फुस से बाहर निकाल दी जाती है। वक्षीय गुहा पूरी तरह बन्द है, इस पर भी आयतन में घट-बढ़ सकती है।

श्वास रचना—हमारे आस-पास की वायु में विभिन्न प्रकार की गैसें हैं। वायु में सामान्यतः नाइट्रोजन 79%, ऑक्सीजन 20% तथा कार्बन डाइ-ऑक्साइड 0.04%, शेष जल तथा अन्य गैसें हैं। उच्छवासित प्रश्वास में नाइट्रोजन तथा अन्य गैसें उतनी ही रहती हैं परन्तु ऑक्सीजन 16% के लगभग रह जाती है और कार्बन डाइ-ऑक्साइड 4% हो जाती है, शेष वाष्प हो जाती है।

श्वास रुधिर सम्बन्ध—ऑक्सीजन को ग्रहण करने तथा कार्बन डाइ-ऑक्साइड को निष्कासित करने के लिए रक्त फुफ्फुस तथा ऊतक कोशिकाओं के मध्य बिचौलिये का कार्य करता है। फुफ्फुस तक पहुँचाने वाले रक्त में वायु कोष्ठिकाओं में छोड़ी हुई वायु में कम आक्सीजन होती है और कार्बन डाईआक्साइड अधिक होती है। फुफ्फुस की कोशिकाएँ तथा वायु कोष्ठिकायें दोनों की दीवारें पतली होने के कारण यह गैसें उन्हें भेद कर रुधिर के अन्दर-बाहर आ जा सकती हैं। वायु कोष्ठिका की वायु में ऑक्सीजन अधिक होने के कारण फुफ्फुस की कोशिकाओं के रक्त में ऑक्सीजन मिश्रित हो जाती है और अधिकांश ऑक्सीजन लाल कोशिकाओं की दीवारों को भेद कर हीमोग्लोबिन के साथ संयुक्त होकर एक शिथिल मेल-निर्मित करती है। रक्त में आई हुई 11% ऑक्सीजन ऑक्सी- हीमोग्लोबिन के रूप में रहती है। जब ऑक्सीजन युक्त रक्त ऊतकों तक जाता है तो कुछ ऑक्सीजन ऊतक द्रव तथा ऊतक कोशिकाओं द्वारा ले ली जाती है क्योंकि उन्हें रासायनिक क्रिया के लिए ऑक्सीजन की सदैव आवश्यकता रहती है। ऊतक कोशिकाएँ निरन्तर कार्बन डाई-ऑक्साइड उत्पन्न करती रहती हैं जो कोशिकाओं से ऊतक द्रव को और द्रव से रक्त को दे दी जाती है।

श्वास नियन्त्रण—हृदय की धड़कन पर कोई एच्छिक नियन्त्रण सामान्यत: नहीं होता है, परन्तु श्वसन पर एक सीमा तक नियन्त्रण किया जा सकता है। प्राय: यह ताल बद्धता के साथ स्वचालित ढंग से चलती रहती है। विश्रामावस्था में श्वास गति 16 से 18 श्वास प्रति मिनट होती है। श्वसन अधिकतर रासायनिक रूप से नियन्त्रित होता है तथा उच्छ्वसन तन्त्रिकायिक रूप से। श्वास के नियन्त्रण के लिए ऑक्सीजन की अपेक्षा कार्बन डाइ-ऑक्साइड अधिक महत्त्वपूर्ण है। यदि ऑक्सीजन कम हो तो श्वास की गति में वृद्धि हो जाती है। यह रुधिर वाहिकाओं में पाये जाने वाले ग्रहीता की प्रतिवर्ती क्रिया द्वारा हो पाता है जो श्वसन केन्द्रों की क्रिया को तीव्र कर देते हैं।

छींक तथा खाँसी प्रतिवर्ती क्रियाएँ हैं जो नासिका अथवा श्वास नली में उत्तेजना या क्षोभ के कारण होती हैं। क्षोभकों को निकाल फेंकना ही इनका कार्य है। जम्भाई उसाँस तथा हिचकी श्वास के प्रतिवर्ष (Reflex action) हैं। जम्भाई रुधिर परिवहन को उत्तेजित करती है, इसलिये यह शरीर में तनाव लाती है। बोलना तथा गाना स्वर तन्तुओं के स्पन्दन के कारण होता है और ये तन्तु उच्छ्वसित वायु से सक्रिय किये जाते हैं।

ललाट तथा ऊर्ध्व हनु अस्थि में वायु पूरित कुछ विवर हैं (इनका कार्य अज्ञात है)। ये सूक्ष्म मार्गों द्वारा नासिका की नलियों से जुड़े होते हैं। कभी-कभी इन मार्गों से कीटाणु विवरों में आकर प्रदाह (Inflamation) अथवा संदूषण (Infection) उत्पन्न कर देते हैं। श्वास क्रिया शिरा के रक्त तथा लसिका (Lymphatic) प्रवाह में सहायक होती है, इसका कारण वक्ष तथा उदर के अन्दर दाब परिवर्तन है। श्वास लेते समय वक्ष गुहा में दाब कम हो जाता है, परन्तु उदर गुहा में बढ़ जाता है। पतली दीवार वाली शिरायें तथा लसिका वाहिकायें दाव परिवर्तन के कारण वक्ष में फैल जाती हैं और उदर में दब जाती हैं। श्वास छोड़ते समय इसका उल्टा होता है। जब वाहिकायें फैलती हैं तो इनमें अधिक रुधिर तथा लसिका प्रविष्ट होते हैं और जब वे दबाई जाती हैं तो रक्त ऊपर धकेल दिया जाता है। पम्प करने की इस प्रक्रिया के द्वारा रुधिर को हृदय तक पहुँचने में सहायता मिलती है।

श्वास रोग
(Asthma)

कॉम्बिनेशन नं. 1

एकोनाइट नेप (Aconite Nap) 6X
एरालिया (Aralia) 6X
इपीकाकुआन्हा (Ipecacuanha) 6X
ब्रायोनिया एल्बा (Bryonia) 6X
हिपर सल्फर (Hepar Sulphur) 6X

यह योग नूतन अथवा चिर कालीन श्वास रोग के लिए अति उत्तम है। इस योग की 5 बूँद की एक मात्रा थोड़े जल में मिश्रित करके प्रतिदिन सेवन करायें। तीव्र रोग में यह मात्रा दिन में दो बार दी जा सकती है। जब रोग की उग्रता समाप्त हो जाए तो एक-एक दिन छोड़कर ऐसी मात्रा का सेवन करायें।

कॉम्बिनेशन नं. 2

स्ट्रेमोनियम (Stramonium) Q

ब्लाटा आरियेण्टेलिस (Blata Ori) Q

ओपियम (Opium) Q

एफेड्रीन (Ephedrine) Q

एसिड बैन्जोइक (Acid Benzoic) Q

सभी औषधियाँ समान भाग में लेकर मिश्रण की 15 बूँद प्रतिदिन चार बार थोड़े जल के साथ सेवन कराने से रोगी को खाँसी के कारण श्वासावरोध होने, श्वासनली तथा फुफ्फुस की कार्यक्षीणता के कारण श्वास कष्ट होने, श्वास फूलने आदि अस्थमा जैसे उपसर्गों में आशातीत लाभ होता है। तीव्र रोगाक्रमण काल में 60 बूँद की एक मात्रा तथा थोड़ा-सा नमक, आधा प्याला हल्के गरम जल में घोलकर रोगानुसार 10 से 15 मिनट के अन्तराल पर सेवन करायें।

कॉम्बिनेशन नं. 3

जस्टीशिया (Justitia Adha.) Q 50 भाग

ग्लिसरीजा ग्लैबरा (Glycerrhiza Glabra) Q 50 भाग

ओपियम (Opium) Q 1 भाग

कैम्फर (Camphor) Q 1 भाग

एसिड बेन्जोइक (Acid Benzoic) Q 10 भाग

एफेड्रीन (Ephedrine) Q 10 भाग

उक्त औषधियाँ उचित मात्रा में मिश्रित कर 5 बूँद की मात्रा में थोड़े जल के साथ खाँसी तथा वक्ष के अन्य विकार, श्वास कष्ट, श्वास फूलना स्वास्थ्य भंग आदि के लिए सेवन करायें। सामान्यतः औषधि दिन में चार बार देना ही लाभप्रद रहता है परन्तु रोग की उग्रता के आधार पर मात्रा की पुनरावृत्ति की जा सकती है।

कॉम्बिनेशन नं. 4

ओसिमम सेन्क्टम (Ocimum S) Q

इपीकॉकुआन्हा (Ipecacuanha) Q

जस्टीशिया आधाटोडा (Justitia Adha) Q

नक्स वॉमिका (Nux Vomica) Q

ड्रोसेरा (Drosera) Q

मेफाइटिस (Mephitis) Q

ब्रायोनिया (Bryonia) Q

जिन्जीबर (Zingiber) Q

स्ट्रोंसिओनम (Strontia) Q

बैलाडोना (Belladona) Q

उक्त औषधियों के सम भाग मिश्रण से निर्मित योग का उपयोग सर्दी, खाँसी, नूतन अथवा चिरकालीन कास, सामान्य सर्दी, श्वास रोग, इन्फ्लुऐन्जा, शुष्क खाँसी (जो प्रथम निद्रा के पश्चात् अर्धरात्रि में प्रायः हो जाती है), वक्ष में दर्द, घरघराहट आदि व्याधियों में सफलता के साथ किया जाता है। इस योग की 5 से 10 बूँद की मात्रा में थोड़े जल में मिश्रित कर दिन में 2-4 बार सेवन कराने से उपरोक्त उपसर्गों में लाभ मिलता है।

कॉम्बिनेशन नं. 5

सेनेगा (Senega) Q

स्पोन्जिया टोस्टा (Spongia tosta) Q

एरालिया (Aralia) Q

लोबेलिया (Lobelia) Q

एरिस्टो (Aristo) Q

एब्रासान्ला (Abrasanla) Q

ब्लाटा ओरिये (Blata Ori) Q

एफीडीन (Aphidin) Q

उक्त औषधियों को मिश्रित कर 5 से 10 बूँद की मात्रा में थोड़े जल के साथ प्रतिदिन चार बार सेवन कराने से ब्रॉन्काइटिस, अस्थमा तथा प्रत्येक प्रकार की सर्दी, खाँसी में राहत मिलती है। श्वास कष्ट, हाँफना, कुकर खाँसी, कार्डियक अस्थमा, शुष्क खाँसी आदि जैसे उपसर्गों में भी इस योग से आराम मिलता है। श्वास के रोगी के लिए केला वर्जित होता है, पान का उपयोग औषधि सेवन काल में न करें।

कॉम्बिनेशन नं. 6

ब्रायोनिया एल्बा (Bryonia Alb) Q

इपीकॉकुआन्हा (Ipecacuanha) Q

आयोडियम (Iodium) Q

एस्पीडोस्पर्मा (Aspidosperma) Q

सेम्बुकस (Sambucus) Q

हाइड्रेस्टिस (Hydrastis) Q

सेनेगा (Senega) Q

जस्टीशिया (Justicia Adha) Q

उक्त औषधियों को सम भाग में मिश्रित करके योग तैयार करें और 5 से 10 बूँद की मात्रा में थोड़े जल में मिश्रित कर दिन में 3-4 बार रोगी को सेवन करायें। यह योग श्वास प्रणाली संकुचित हो जाने से उत्पन्न विकारों में उत्तम फलदायी है। खाँसी, निमोनिया, ब्रॉन्काइटिस, प्लूरिसी, श्वास रोग आदि विकारों में यह औषधि सद्य फलप्रद है।

कॉम्बिनेशन नं. 7

नैट्रम म्योर (Natrum Mur) 6X

यूपेटोरियम पर्फ (Eupetorium Perf) 1X

एलियम सीपा (Allium Cepa) 3X

बेलाडोना (Belladona) 1X

जस्टीशिया आधा (Justi. Adha) 1X

सेना (Senna) 1X

उक्त औषधियाँ सम भाग में मिश्रित कर योग तैयार कर लें। 5 से 10 बूँद की मात्रा में थोड़े जल के साथ दिन में 4 बार सेवन कराने से नजला-जुकाम (प्रतिश्याय) में खाँसी, श्वास, मलेरिया

ज्वर, इन्फ्लुएन्ज़ा, पसली में दर्द, वक्ष में दर्द, श्लेष्मा तथा बच्चों की पसली चलने जैसी अवस्थाओं में आशातीत लाभ मिलता है। ब्रॉन्काइटिस, हे अस्मा, स्नोफीलिया जैसे विकारों में भी यह औषधि सद्य फलप्रद है।

कॉम्बिनेशन नं. 8

कैल्केरिया फॉस (Calcarea Phos) 12X

साइलीशिया (Silicea) 12X

नैट्रम म्योर (Nat. Mur) 3X

काली म्योर (Kali Mur) 3X

उक्त औषधियाँ सम भाग में मिश्रित कर योग तैयार करें और 5-5 ग्रेन की मात्रा में प्रतिदिन चार बार सेवन कराने से जीर्ण प्रतिश्याय (पुराने जुकाम) में तो लाभ मिलता ही है उससे उत्पन्न श्वास कष्ट में भी लाभदायी है।

कॉम्बिनेशन नं. 9

काली म्योर (Kali Mur) 3X

फेरम फॉस (Ferrum Phos) 12X

काली फॉस (Kali Phos) 3X

उक्त औषधियाँ सम भाग में मिश्रित कर 5-5 ग्रेन की मात्रा में गर्म जल के साथ प्रतिदिन चार बार सेवन करायें इससे ब्रॉन्काइटिस जैसे उपसर्गों में आशातीत लाभ मिलता है। बुखार, जलन, नाड़ी, तीव्र, बेचैनी, श्वास कष्ट, गले में खुरखुराहट, रूखापन आदि उपसर्गों में यह योग लाभप्रद है।

कॉम्बिनेशन नं. 10

जस्टीसिया आधाटोडा (Justicia Adh.) Q

यर्बा सेण्टा (Yerba Santa) Q

कोडीन फॉस (Codein Phos) 2X

एस्पीडोस्पर्मा (Aspidosperma) Q

इपीकॉक (Ipecac) Q

पासीफ्लोरा (Passiflora) Q

उक्त औषधियाँ सम भाग में मिश्रित कर योग तैयार करें और 2 से 5 बूँद की मात्रा में दिन में चार बार प्रतिदिन सेवन करायें। यह योग श्वास मार्ग के तीव्र नजले में लाभप्रद है। श्वास नलिका में दर्द, नाक में रुकावट, जुकाम के साथ खाँसी, खाँसी के साथ श्वास कष्ट, वक्ष में कसाव, आक्षेपक खाँसी, दमा के दौरे, कुकर खाँसी, क्षय रोग आदि उपसर्गों में सद्य फलप्रद है।

कॉम्बिनेशन नं. 11

नैट्र सल्फ (Natrum Sul) 3X

साइलीशिया (Silicea) 12X

मैगनेशिया फॉस (Mag. Phos) 3X

कैल्केरिया फॉस (Calcarea Phos) 3X

काली फॉस (Kali Phos) 3X

उक्त औषधियाँ सम भाग में मिश्रित कर प्रतिदिन चार बार सेवन कराने से दमा के उपसर्गों में आशातीत लाभ मिलता है। हेक्टिक फीवर, दिन में अधिक नींद और रात में कम सोना, कमजोरी आदि उपसर्गों में यह रोग सद्य फलप्रद है। लेटने पर कष्ट बढ़े, बैठने पर तथा उकड़ू होने पर कुछ आराम मिले तो यह योग उत्तम काम करता है।

वायुनली भुज प्रदाह
(Bronchitis)

कॉम्बिनेशन नं. 1

एकोनाइट नेपलेस (Aconite Nepales) 6X

ब्रायोनिया एल्बा (Bryonia Alba) 6X

एण्टिम टार्टारिकम (Antim Tart) 6X

र्‌यूमेक्स (Rumex) 6X

यह योग वायुनली भुज प्रदाह, श्वसनिका प्रदाह (Bronchitis) जैसे उपसर्गों में उत्तम फलप्रद है। रोग की उग्रता के समय दिन में दो बार उक्त योग की 5–5 बूँदें थोड़े जल में मिश्रित करके सेवन करानी चाहिये। सामान्य रूप से दिन में एक बार ऐसी मात्रा सेवन कराना ही लाभप्रद रहता है।

कॉम्बिनेशन नं. 2

जस्टीशिया (Justitia Adha.) Q 50 भाग

ग्लिसरीजा ग्लैबरा (Glycerrhiza Glabra) Q 50 भाग

ओपियम (Opium) Q 1 भाग

कैम्फर (Camphor) Q 1 भाग

एसिड बेन्जोइक (Acid Benzoic) Q 10 भाग

एफेड्रीन (Ephedrine) Q 10 भाग

उक्त औषधियाँ उचित मात्रा में मिश्रित कर 5 बूँद की मात्रा में थोड़े जल के साथ खाँसी तथा वक्ष के अन्य विकार, श्वास कष्ट, श्वास फूलना स्वास्थ्य भंग आदि के लिए सेवन करायें। सामान्यतः औषधि दिन में चार बार देना ही लाभप्रद रहता है परन्तु रोग की उग्रता के आधार पर मात्रा की पुनरावृत्ति की जा सकती है।

कॉम्बिनेशन नं. 3

स्ट्रेमोनियम (Stramonium) Q

ब्लाटा आरियेण्टेलिस (Blata Ori) Q

ओपियम (Opium) Q

एफेड्रीन (Ephedrine) Q

एसिड बैन्जोइक (Acid Benzoic) Q

उक्त औषधियाँ समान भाग लेकर मिश्रण की 15 बूँद प्रतिदिन चार बार थोड़े जल के साथ सेवन कराने से रोगी को खाँसी के कारण श्वासरोध होने, श्वास नली तथा फुफ्फुस की कार्य

क्षीणता के कारण श्वास कष्ट होने, श्वास फूलने आदि अस्थमा जैसे उपसर्गों में आशातीत लाभ होता है। तीव्र रोगाक्रमश काल में 60 बूँद की एक मात्रा तथा थोड़ा-सा नमक, आधा प्याला हल्का गर्म जल में घोल कर रोगानुसार 10 से 15 मिनट के अन्तराल पर सेवन करायें।

कॉम्बिनेशन नं. 4

ओसिमम सेन्क्टम (Ocimum S) Q
इपीकॉकुआन्हा (Ipecacuanha) Q
जस्टीशिया आधाटोडा (Justitia Adha) Q
नक्स वॉमिका (Nux Vomica) Q
ड्रोसेरा (Drosera) Q
मेफाइटिस (Mephitis) Q
ब्रायोनिया (Bryonia) Q
जिन्जीबर (Zingiber) Q
स्ट्रोंसिओनम (Strontia) Q
बैलाडोना (Belladona) Q

उक्त औषधियों के सम भाग मिश्रण से निर्मित योग का उपयोग सर्दी, खाँसी, नूतन अथवा चिरकालीन कास, सामान्य सर्दी, श्वास रोग, इन्फ्लुऐन्जा, शुष्क खाँसी (जो प्रथम निद्रा के पश्चात् अर्धरात्रि में प्राय: हो जाती है), वक्ष में दर्द, घरघराहट आदि व्याधियों में सफलता के साथ किया जाता है। इस योग की 5 से 10 बूँद की मात्रा में थोड़े जल में मिश्रित कर दिन में 3-4 बार सेवन कराने से उक्तोक्त उपसर्गों में लाभ मिलता है।

कॉम्बिनेशन नं. 5

सेनेगा (Senega) Q
स्पोन्जिया टोस्टा (Spongia tosta) Q
एरालिया (Aralia) Q
लोबेलिया (Lobelia) Q
एरिस्टो (Aristo) Q
ए सान्ला (Abrasanla) Q
ब्लाटा ओरिये (Blata Ori) Q
एफीडीन (Aphidin) Q

उक्त औषधियों को मिश्रित कर 5 से 10 बूँद की मात्रा में थोड़े जल के साथ प्रतिदिन चार बार सेवन कराने से ब्रॉन्काइटिस, अस्थ्मा तथा प्रत्येक प्रकार की सर्दी, खाँसी में राहत मिलती है। श्वास कष्ट, हाँफना, कुकर खाँसी, कार्डियक अस्मा, शुष्क खाँसी आदि जैसे उपसर्गों में भी इस योग से आराम मिलता है। श्वास के रोगी के लिए केला वर्जित होता है, पान का उपयोग औषधि सेवन काल में न करें।

कॉम्बिनेशन नं. 6

ब्रायोनिया एल्बा (Bryonia Alb) Q
इपीकॉकुआन्हा (Ipecacuanha) Q

आयोडियम (Iodium) Q
एस्पीडोस्पर्मा (Aspidosperma) Q
सेम्बुकस (Sambucus) Q
हाइड्रेस्टिस (Hydrastis) Q
सेनेगा (Senega) Q
जस्टीशिया (Justicia Adha) Q

उक्त औषधियों को सम भाग मिश्रित करके योग तैयार करें और 5 से 10 बूँद की मात्रा में थोड़े जल में मिश्रित कर दिन में 3-4 बार रोगी को सेवन करायें। यह योग श्वास प्रणाली संकुचित हो जाने से उत्पन्न विकारों में उत्तम फलदायी है। खाँसी, निमोनिया, ब्रॉन्काइटिस, प्लूरिसी, श्वास रोग आदि विकारों में यह औषधि सद्य फलप्रद है।

कॉम्बिनेशन नं. 7

नैट्रम म्योर (Natrum Mur) 6X
यूपेटोरियम पर्फ (Eupetorium Perf) 1X
एलियम सीपा (Allium Cepa) 3X
बेलाडोना (Belladona) 1X
जस्टीशिया आधा (Justi. Adha) 1X 1 Oz
सेना (Senna) 1X 1 Oz

उक्त औषधियाँ सम भाग में मिश्रित कर योग तैयार कर लें। 5 से 10 बूँद की मात्रा में थोड़े जल के साथ दिन में 4 बार सेवन कराने से नजला-जुकाम (प्रतिश्याय) खाँसी, श्वास, मलेरिया ज्वर, इन्फ्लुएन्जा, पसली में दर्द, वक्ष में दर्द, श्लेष्मा तथा बच्चों की पसली चलने जैसी अवस्थाओं में आशातीत लाभ मिलता है। ब्रॉन्काइटिस, हे अस्मा, स्नोफीलिया वृद्धि जैसे विकारों में भी यह औषधि सद्य फलप्रद है।

कॉम्बिनेशन नं. 8

फेरम फॉस (Ferrum Phos) 12X
काली म्योर (Kali Mur) 3X
नैट्रम म्योर (Natrum Mur) 3X
साइलीशिया (Silicea) 12X
कैल्केरिया फ्लोर (Calc. Fluor) 3X

उक्त औषधियाँ सम भाग में मिश्रित कर गर्म जल के साथ 5-5 ग्रेन की मात्रा में प्रतिदिन चार बार सेवन करायें।

कॉम्बिनेशन नं. 9

काली आयोड (Kali Iod) Q
नेट्रम बेंज (Nat. Benz) Q
इपीकॉक (Ipecac)
सेंगुनेरिया (Sangu.) Q

जस्टीशिया (Justicia Adh) Q

ओसीमस सेंक्ट (Ocimum Sanct) Q

एफेड्रिन (Ephedrin) Q

उक्त औषधियाँ समान भाग लेकर शर्बत में मिश्रित करके अथवा थोड़े जल के साथ 5 से 10 बूँद की मात्रा में दिन में तीन बार सेवन कराने से बच्चों की प्रत्येक प्रकार की खाँसी में आशातीत लाभ होता है। चिरकालीन खाँसी, काली खाँसी (क्रूप), सूखी तथा गीली खाँसी, एवं ब्रॉन्काइटिस जैसे उपसर्गों में यह योग सद्य फलप्रद है।

कॉम्बिनेशन नं. 10

जस्टीसिया आधाटोडा (Justicia Adh.) Q

यर्बा सेण्टा (Yerba Santa) Q

कोडीन फॉस (Codein Phos) 2X

एस्पीडोस्पर्मा (Aspidosperma) Q

इपीकॉक (Ipecac)Q

पासीफ्लोरा (Passiflora) Q

उक्त औषधियाँ सम भाग में मिश्रित कर योग तैयार करें और 2 से 5 बूँद की मात्रा में दिन में चार बार प्रतिदिन सेवन करायें। यह योग श्वास मार्ग के तीव्र नजले में लाभप्रद है। श्वास नलिका में दर्द, नाक में रुकावट, जुकाम के साथ खाँसी, खाँसी के साथ श्वास कष्ट, वक्ष में कसाव, आक्षेपक खाँसी, दमा के दौरे, कुकर खाँसी, क्षय रोग आदि उपसर्गों में यह योग सद्य फलप्रद है।

कॉम्बिनेशन नं. 11

कैल्केरिया फ्लोर (Calcarea Fluor) 6X

कैल्केरिया फॉस (Calcarea Phos) 6X

काली म्योर (Kali Mur) 6X

काली फॉस (Kali Phos) 6X

नैट्रम म्योर (Natrum Mur) 3X

साइलीशिया (Silicea) 12X

फेरम फॉस (Ferrum Phos) 12X

उक्त औषधियों का सम भाग मिश्रित कर 5 ग्रेन की मात्रा में प्रतिदिन चार बार सेवन कराने से ब्रॉन्काइटिस के उपसर्गों, श्वास लेने में कष्ट होना आदि में आशातीत लाभ मिलता है।

कार्डियक अस्थमा
(Cardiac Asthma)

कॉम्बिनेशन नं. 1

सेनेगा (Senega) Q

स्पोन्जिया टोस्टा (Spongia Tosta) Q

एरालिया (Aralia) Q

लोबेलिया (Lobelia) Q

एरिस्टो (Aristo) Q

एब्रासन्ला (Abrasanla) Q

ब्लाटा ओरियेे (Blata Ori) Q

एफीडीन (Aphidin) Q

उक्त औषधियों को मिश्रित कर 5 से 10 बूँद की मात्रा में थोड़े जल के साथ प्रतिदिन चार बार सेवन कराने से ब्रॉन्काइटिस, अस्थमा तथा प्रत्येक प्रकार की सर्दी, खाँसी में राहत मिलती है। श्वास कष्ट, हाँफना, कुकर खाँसी, कार्डियक अस्थमा, शुष्क खाँसी आदि जैसे उपसर्गों में भी इस योग से आराम मिलता है। श्वास के रोगी के लिए केला वर्जित होता है। पान का उपयोग औषधि सेवन काल में न करें।

कॉम्बिनेशन नं. 2

क्रेटागस (Creatagus) Q

केक्टस (Cactus) Q

अर्जुन (Arjuna)

कनवलेरिया (Convelaria) Q

स्ट्रोफेन्थस (Strophenthus) Q

आरम म्यो नैट (Aur. M. Nat) 3X

उक्त औषधियाँ सम भाग में मिश्रित कर 5 से 10 बूँद की मात्रा में थोड़े जल के साथ दिन में तीन बार सेवन कराने से हृदय के रोगों में आशातीत लाभ मिलता है। हृदय रोग के आरम्भ में यह औषधि अत्यधिक लाभदायी होती है। दुर्बलता, थकान, कमजोरी, स्नायु उत्तेजना, हृदय सम्बन्धी बेचैनी, मूर्छा, धड़कन, वक्ष में धीमा-धीमा दर्द, दोषपूर्ण रक्त प्रवाह, अधिक धूम्रपान का हृदय पर प्रभाव, गला खराब, हृदय की दुर्बलता तथा असामान्य रक्तचाप आदि उपसर्गों में यह योग सद्य फलप्रद है।

कॉम्बिनेशन नं. 3

फेरम फॉस (Ferrum Phos) 12X

काली सल्फ (Kali Sul.) 6X

काली म्योर (Kali Mur) 6X

उक्त औषधियाँ सम भाग में मिर्श्रित कर 5 ग्रेन की मात्रा में प्रतिदिन चार बार सेवन कराने से रात्रि में बलगम वक्ष में खड़खड़ाने के उपसर्ग में आशातीत लाभ मिलता है।

कॉम्बिनेशन नं. 4

फेरम फॉस (Ferrum Phos) 12X

नैट्रम सल्फ (Natrum Sul.) 3X

उक्त औषधियाँ सम भाग में मिश्रित कर 5 ग्रेन की मात्रा में प्रतिदिन चार बार सेवन कराने से रात्रि में अधिक श्लेष्मा जमा होने तथा बहुत स्नायविक उत्तेजना होने के उपसर्गों, में उत्तम लाभ मिलता है।

फुफ्फुस प्रदाह
(Pneumonia)

कॉम्बिनेशन नं. 1

एकोनाइट नेपेलस (Aconite Nepalus) 6X

ब्रायोनिया एल्बा (Bryonia Alb) 6X

एन्टिम टार्टारिकम (Antimon Tart) 6X

उक्त योग फुफ्फुस प्रदाह (पसली चलना) के उपसर्गों में लाभप्रद रहता है। 5–5 बूँद की मात्रा में इस औषधि का सेवन थोड़े जल के साथ प्रतिदिन एक बार करायें। रोग की उग्रावस्था में मात्रा की आवश्यकतानुसार पुनरावृत्ति की जा सकती है।

कॉम्बिनेशन नं. 2

ब्रायोनिया एल्बा (Bryonia Alb) Q

इपीकॉकुआन्हा (Ipecacuanha) Q

आयोडियम (Iodium) Q

एस्पीडोस्पर्मा (Aspidosperma) Q

सेम्बुकस (Sambucus) Q

हाइड्रेस्टिस (Hydrastis) Q

सेनेगा (Senega) Q

जस्टीशिया (Justicia Adha) Q

उक्त औषधियों को सम भाग मिश्रित करके योग तैयार करें और 5 से 10 बूँद की मात्रा में थोड़े जल में मिश्रित कर दिन में 3–4 बार रोगी को सेवन करायें। यह योग श्वास प्रणाली संकुचित हो जाने से उत्पन्न विकारों में उत्तम फलदायी है। खाँसी, निमोनिया, ब्रॉन्काइटिस, प्लूरिसी, श्वास रोग आदि विकारों में यह औषधि सद्य फलप्रद है।

कॉम्बिनेशन नं. 3

कैल्केरिया फॉस (Calcarea Phos) Q 6X

कैल्केरिया कार्ब (Calcarea Carb) Q 6X

कैमोमिला (Chamomilla) Q

पोडोफाइलम (Podophylum) Q

चायना (China) Q

उक्त औषधियाँ सम भाग में लेकर मिश्रित करें और योग की 5–10 बूँद की मात्रा में ताजे पानी अथवा दूध के साथ बच्चे को सेवन करायें तो बच्चों के दाँत निकलते समय के कष्टों में आराम मिलता है। आमाशय, उदरामय, दुर्बलता, दूध पलटना, वमन आदि में सफलता के साथ प्रयुक्त होती है। बच्चों के यकृत तथा पाचन की गड़बड़ी में सद्य फलप्रद है, यहाँ तक बच्चों के सूखा रोग, ज्वर, निमोनिया, खाँसी, जुकाम, भूख न लगना, कैल्शियम तथा फास्फेट्स की कमी होना आदि विकारों में भी यह औषधि लाभप्रद है।

कॉम्बिनेशन नं. 4

नैट्रम म्योर (Natrum Mur) 6X

यूपेटोरियम पर्फ (Eupetorium Perf) 1X

एलियम सीपा (Allium Cepa) 3X

बेलाडोना (Belladona) 1X

जस्टीशिया आधा (Justi. Adha) 1X

सेना (Senna) 1X

उक्त औषधियाँ सम भाग में मिश्रित कर योग तैयार कर लें। 5 से 10 बूँद की मात्रा में थोड़े जल के साथ दिन में 4 बार सेवन कराने से नजला-जुकाम (प्रतिश्याय), खाँसी, श्वास, मलेरिया ज्वर, इन्फ्लुएन्जा, पसली में दर्द, वक्ष में दर्द, श्लेष्मा तथा बच्चों की पसली चलने जैसी अवस्थाओं में आशातीत लाभ मिलता है। ब्रॉन्काइटिस, हे अस्मा, स्नोफीलिया वृद्धि जैसे विकारों में भी यह औषधि सद्य फलप्रद है।

कॉम्बिनेशन नं. 5

फैरम फॉस (Ferrum Phos) 12X

काली म्योर (Kali Mur) 6X

कैल्केरिया सल्फ (Calcarea Sul) 6X

काली फॉस (Kali Phos) 6X

कैल्केरिया फॉस (Calc. Phos) 6X

उक्त औषधियाँ सम भाग में मिश्रित कर 5-5 ग्रेन की मात्रा में गर्म जल में घोल कर गर्म-गर्म प्रतिदिन चार बार पिलाने से निमोनिया के उपसर्गों में आशातीत लाभ मिलता है। ज्वर, नाड़ी से श्वास की गति अधिक, रक्तिम श्लेष्मा आदि जुकामी निमोनिया के उपसर्गों में भी यह योग सद्य फलप्रद है।

कॉम्बिनेशन नं. 6

जस्टीसिया आधा टोडा (Justicia Adh.) Q

यर्बा सेण्टा (Yerba Santa) Q

कोडीन फॉस (Codein Phos) 2X

एस्पीडोस्पर्मा (Aspidosperma) Q

इपीकॉक (Ipecac)Q

पासीफ्लोरा (Passiflora) Q

उक्त औषधियाँ सम भाग में मिश्रित कर योग तैयार करें और 2 से 5 बूँद की मात्रा में दिन में चार बार प्रतिदिन सेवन करायें। यह योग श्वास मार्ग के तीव्र नजले में लाभप्रद है। श्वास नलिका में दर्द, नाक में रुकावट, जुकाम के साथ खाँसी, खाँसी के साथ श्वास कष्ट, वक्ष में कसाव, आक्षेपक खाँसी, दमा के दौरे, कुकर खाँसी, क्षय रोग आदि उपसर्गों में सद्य फलप्रद है।

फुफ्फुस आवरण प्रदाह
(Pleurisy)

कॉम्बिनेशन नं. 1

ब्रायोनिया एल्बा (Bryonia Alb) Q
इपीकॉकुआन्हा (Ipecac) Q
आयोडियम (Iodium) Q
एस्पीडोस्पर्मा (Aspidosperma) Q
सेम्बुकस (Sambucus) Q
हाइड्रेस्टिस (Hydrastis) Q
सेनेगा (Senega) Q
जस्टीशिया (Justicia Adha) Q

उक्त औषधियों को सम भाग में मिश्रित करके योग तैयार करें और 5 से 10 बूँद की मात्रा में थोड़े जल में मिश्रित कर दिन में 3-4 बार रोगी को सेवन करायें। यह योग श्वास प्रणाली संकुचित हो जाने से उत्पन्न विकारों में उत्तम फलदायी है। खाँसी, निमोनिया, ब्रॉन्काइटिस, प्लूरिसी, श्वास रोग आदि विकारों में यह औषधि सद्य फलप्रद है।

कॉम्बिनेशन नं. 2

नैट्रम म्योर (Natrum Mur) 3X
फेरम फॉस (Ferrum Phos) 12X
काली सल्फ (Kali Sulph) 3X
काली म्योर (Kali Mur) 3X

उक्त औषधियाँ सम भाग में मिश्रित कर 5 ग्रेन की मात्रा में प्रतिदिन चार बार सेवन कराने से फुफ्फुस प्रदाह, फुफ्फुस की बाहरी झिल्ली की शोथ (प्लूरिसी) तथा उसके साथ ज्वर आदि उपसर्गों में आशातीत लाभ मिलता है।

क्षय रोग
(Tuberculosis)

यह फैलने वाला रोग है जो बेसीलस ट्यूबरकुलोसिस द्वारा उत्पन्न होता है। इस रोग का जीवाणु बहुत ही सूक्ष्म, लम्बा एवं पतला सा होता है तथा उसे केवल तीव्र अणुवीक्ष्ण यन्त्र से ही देखा जा सकता है। यह सूर्य के प्रकाश में नष्ट हो जाता है। इस रोग का प्रसार रोगी के सीधे सम्पर्क से, सूखे बलगम की धूलि-कण से श्वास द्वारा श्वसन मार्ग में प्रवेश कर जाते हैं, रोगी की संक्रमणी वस्तुओं से, चुम्बन से, बिना उबले दूध से यह रोग फैलता है। रोग के फैलने में आर्थिक एवं सामाजिक परिस्थितियाँ सहायक होती हैं—

1. **गरीबी**—निम्न एवं मध्यम वर्ग के लोग ही इस रोग से अधिक ग्रस्त रहते हैं।
2. **अशिक्षा**—स्वास्थ्य सम्बन्धी जानकारी का अभाव रोग प्रसार का कारण बनता है।
3. **व्यवसाय**—कोयला, ताँबा, टिन, पत्थर आदि की खानों में काम करने वाले श्रमिकों,

मिल मजदूरों, बन्द या घुटे स्थानों पर अधिक समय तक कार्य करने वाले लोगों को इस रोग के होने की अधिक सम्भावना रहती है।

4. **भीड़-भाड़**—गन्दी बस्तियों, औद्योगिक संस्थाओं, शिविरों, सिनेमाघरों आदि में इसके प्रसार की सम्भावना अधिक होती है।

5. **युद्ध**—इनके कारण उत्पन्न हुई शरणार्थी समस्यायें वस्तुओं के अभाव की स्थितियों में भी इसका प्रसार अधिक होता है।

6. **सामाजिक रीति-रिवाज**—बाल-विवाह, पर्दा-प्रथा, खान-पान के व्यर्थ के प्रतिबन्ध, सहभोज आदि।

7. **व्यक्तिगत आदतें**—स्वास्थ्य नियमों की अवहेलना, जगह-जगह थूकना, तनावपूर्ण स्थिति बनाये रखना, अत्यधिक मद्यपान का प्रयोग करने से भी यह रोग हो सकता है।

8. **अन्य परिस्थितियाँ**—बड़ा परिवार, बार-बार प्रसव होना, रक्तहीनता आदि। उपरोक्त सभी परिस्थितियाँ क्षय रोग को फैलने में सहायक हो सकती हैं।

उद्भवन काल—यह व्यक्ति की प्रतिरक्षा शक्ति पर निर्भर रहता है। रोग को पूरी तरह से समाप्त होने में कई वर्ष लग जाते हैं।

रोग धीरे-धीरे शुरू होता है। खाँसी, थोड़े से परिश्रम पर अत्यधिक थकावट, संध्या समय ज्वर अधिक हो जाता है। शारीरिक वजन में निरन्तर गिरावट आती है, रात को पसीना आता है, स्वर में भर्राहट पैदा हो जाती है तथा सीने में दर्द रहता है, भूख की कमी हो जाती है।

यह रोग अधिकतर फेफड़ों को प्रभावित करता है परन्तु शरीर के अन्य अंग भी इससे प्रभावित होते हैं। फेफड़ों के साथ गुर्दे, अस्थियों, ग्रन्थियों को भी रोग ग्रसित करता है।

1. रोगी को तुरन्त सेनिटोरियम में भेज देना चाहिए।

2. रोग को रोकने के लिए बी.सी.जी. वैक्सीन का इन्जैक्शन देना चाहिए। इससे शरीर में रोग निरोधक शक्ति उत्पन्न होती है।

3. स्वास्थ्य सम्बन्धी नियमों का पालन करना चाहिए।

4. व्यक्तिगत स्वच्छता की ओर ध्यान देना चाहिए।

5. व्याख्यानों, पुस्तिकाओं, फिल्मों तथा पोस्टरों द्वारा जनसाधारण को शिक्षित करना चाहिए।

6. शुद्ध वायु तथा शुद्ध जल का सेवन करना चाहिए।

7. स्वास्थ्य विभाग द्वारा समय-समय पर निरीक्षण कराते रहना चाहिए।

8. नगरों की सफाई की ओर ध्यान देना चाहिए तथा घर के आस-पास का वातावरण साफ रखना चाहिए।

कॉम्बिनेशन नं. 1

फॉस्फोरस (Phosphorus) 6X
आर्सेनिक आयोड (Arsenic Iod) 6X
कार्बो एनिमेलिस (Carbo Animalis) 6X
कैल्केरिया फॉस (Calcarea Phos) 6X

उक्त योग का उपयोग राजयक्ष्मा के उपसर्गों के लिए किया जाता है। 5 बूँद की मात्रा में एक दिन छोड़कर थोड़े जल के साथ मिश्रित करके यह योग देने से आशातीत लाभ होता है। 15 दिन के पश्चात् ऐसी एक मात्रा सप्ताह में एक बार सेवन कराते रहें।

कॉम्बिनेशन नं. 2

अल्फाल्फा (Alfalfa) Q
एवेना सेटाइवा (Avena Sat) Q
चायना ऑफ (China Off) Q
एसिड फॉस (Acid Phos) Q
अश्वगंधा (Ashwagandha) Q
हाइड्रास्टिस (Hydrastis) Q
फेरम फॉस (Ferrum Phos) 3X
कैल्केरिया फॉस (Calcarea Phos) 3X
काली फॉस (Kali Phos) 3X
नैट्रम फॉस (Natrum Phos) 3X
मैगनेशिया फॉस (Magnesia Phos) 3X

उक्त सभी औषधियाँ लगभग समान मात्रा में मिश्रित करके टॉनिक ड्रॉप्स तैयार कर लें और थोड़े जल के साथ 5–10 बूँद की मात्रा में दिन में 4 बार सेवन करायें। यह योग शरीर के कोषाणुओं को विशेष रूप से प्रभावित करता है। शरीर में चर्बी बढ़ाये बिना मांसपेशियों का भार बढ़ाता है। भूख बढ़ाता है जिससे मानसिक एवं शारीरिक रूप से व्यक्ति स्वास्थ्य लाभ करता है। कुपोषण के विकार रोगियों के लिए अति उत्तम है। स्नायु दौर्बल्य, अनिद्रा आदि दूर करता है। दुग्ध--पान कराने वाली माताओं में दूध की मात्रा बढ़ता है। मूत्रमेह (Diabetes insipidus) तथा मूत्र में फॉस्फेट्स आने के समय भी इसका व्यवहार रोग मुक्ति में अन्य औषधियों के साथ लाभप्रद रहता है। संधिवात तथा प्रोस्टेट ग्रन्थि के रोगियों को भी टॉनिक के रूप में यह योग दिया जा सकता है। स्नायु मण्डल तथा मस्तिष्क सम्बन्धी थकान, जननेन्द्रिय की दुर्बलता, रोगों के बाद की दुर्बलता, अफीमचियों की दुर्बलता आदि में यह योग लाभ देता है। शरीर से रस रक्तादि क्षरण हो जाने के कारण उत्पन्न दुर्बलता, अधिक वीर्य स्राव होने के पश्चात् की शेष दुर्बलता तथा दुग्ध पान कराने वाली माता में पौष्टिक दुग्ध उत्पन्न करने के लिए यह योग अति उत्तम है।

कॉम्बिनेशन नं. 3

कैल्केरिया फॉस (Calcarea Phos) 12X
मैगनेशिया फॉस (Mag Phos) 3X
नैट्रम फॉस (Natrum Phos) 3X
फेरम फॉस (Ferrum Phos) 12X
काली फॉस (Kali Phos) 3X
साइलीशिया (Silicea) 12X

उक्त औषधियाँ सम भाग में मिश्रित कर 5 ग्रेन की मात्रा में प्रतिदिन चार बार सेवन कराने से राजयक्ष्मा के उपसर्गों में आशातीत सफलता मिलती है। रोगी को स्वच्छ वायु तथा पौष्टिक भोजन सेवन

कराना अत्यावश्यक है। रक्तहीनता, राजयक्ष्मा की प्रारम्भिक अवस्था, पसीना अधिक, शरीर ठण्डा, गला भारी, खाँसी, फुफ्फुस में खोखली आवाज, रक्त वमन, बलगम झागदार, नाड़ी भरी, दूसरे फुफ्फुस में अधिक रक्त संचय होना आदि राजयक्ष्मा के उपसर्गों में यह योग सद्य फलप्रद है।

कॉम्बिनेशन नं. 4

जस्टीसिया आधाटोंडा (Justicia Adh.) Q
यर्बा सेण्टा (Yerba Santa) Q
कोडीन फॉस (Codein Phos) 2X
एस्पीडोस्पर्मा (Aspidosperma) Q
इपीकॉक (Ipecac) Q
पासीफ्लोरा (Passiflora) Q

उक्त औषधियाँ सम भाग में मिश्रित कर योग तैयार करें और 2 से 5 बूँद की मात्रा में दिन में चार बार प्रतिदिन सेवन करायें। यह रोग श्वास मार्ग के तीव्र नजले में लाभप्रद है। श्वास नलिका में दर्द, नाक में रुकावट, जुकाम के साथ खाँसी, खाँसी के साथ श्वास कष्ट, वक्ष में कसाव, आक्षेपक खाँसी, दमा के दौरे, कुकर खाँसी, क्षय रोग आदि उपसर्गों में यह रोग सद्य लाभप्रद है।

कॉम्बिनेशन नं. 5

फेरम फॉस (Ferrum Phos) 12X
कैल्केरिया फॉस (Calcarea Phos) 12X
काली म्योर (Kali Mur) 3X
काली फॉस (Kali Phos) 3X

उक्त औषधियाँ सम भाग में मिश्रित कर 5 ग्रेन की मात्रा में प्रतिदिन चार बार सेवन कराने से राजयक्ष्मा के प्रारम्भिक उपसर्गों में आशातीत लाभ मिलता है।

13 हृदय तथा रक्त विकार
(HEART AND BLOOD DISEASES)

हृदय
(HEART)

हृदय एक पम्प है जो रक्त को वाहिकाओं में प्रवाहित करता रहता है। यह वक्ष के मध्य में संयोजी ऊतक के खोल में बंद है तथा औसत प्रति मिनट 70 बार धड़कता है, जो वाहिकायें हृदय तक रुधिर ले जाती हैं शिरायें कहलाती हैं तथा जो रुधिर को हृदय के बाहर ले जाती हैं धमनियाँ कही जाती हैं। हृदय में ऊपर के दो कक्ष अलिन्द (Auricle) कहलाते हैं और नीचे के निलय (Ventricle)। बायें निलय से महा धमनी निकलती है जो फुफ्फुस के अलावा सम्पूर्ण शरीर में रक्त का वितरण करती है। हृदय से नीचे की सभी शिरायें लघु महाशिरा में तथा हृदय से ऊपर की सभी शिरायें उच्च महाशिरा में मिल जाती हैं। ये दोनों महाशिरायें हृदय के दाहिने अलिन्द में मिलती हैं। फुफ्फुस परिपथ फेफड़े को रक्त देती है। इसमें दाहिनी निलय की फुफ्फस धमनी फुफ्फुस कोशिकाएँ तथा फुफ्फुस शिराएँ होती हैं जो बायें अलिन्द को रक्त ले जाती हैं। इस प्रकार हृदय के दाहिने भाग में शरीर से कम ऑक्सीजन वाला रुधिर आकर एकत्र होता है और बायें भाग में फुफ्फुस से अधिक ऑक्सीजन युक्त रुधिर आता है। अलिन्द तथा निलय के मध्य एक कपाट होता है जो (AV Valve) कहलाता है। इन कपाटों से रक्त केवल अलिन्द से निलय की ओर ही जाता है। प्रत्येक निलय तथा उससे निकलने वाली धमनी के मध्य एक अर्ध चन्द्राकार कपाट होता है जो रक्त को निलय से केवल धमनी की ओर ही जाने देता है। शिरा तथा अलिन्द के जोड़ पर कोई कपाट नहीं होता।

हृदय हाथ की मुट्ठी के बराबर एक पेशीय अंग है तथा उसकी धड़कन एक पेशीय गुण है। हृदय के प्रत्येक कक्ष में धड़कन की गति समान नहीं होती। यदि हृदय गति रुकने लगे तो निलय अलिन्द से भिन्न गति पर धड़क सकता है। हृदय में जो व्यवस्थित धड़कन का क्रम चलता है और बार-बार दुहराया जाता है उसे कार्डियक चक्र कहते हैं।

यह चक्र दाहिने अलिन्द के संकुचन से आरम्भ होता है, इसके तुरन्त बाद बायें अलिन्द का प्रकुंचन होता है, थोड़ी देर के पश्चात् दोनों निलय सिकुड़ जाते हैं। प्रत्येक कक्ष के प्रकुंचन के पश्चात् वे पुन: फैलते हैं तब थोड़ा-सा विराम काल आता है। हृदय की धड़कन चालक ऊतक में प्रारम्भ होती है। इसका संचय दाहिने अलिन्द में होता है। इसको साइनो आरिकुलर नोड (एस. ए. नोड) कहते हैं। यह हृदय का सबसे उत्तेजित भाग है, यही भाग सम्पूर्ण हृदय को शक्ति देता है। यहाँ से धड़कन की उत्तेजना सारे अलिन्दों में फैला दी जाती है। इसीलिये बायें अलिन्द से पूर्व दाहिना अलिन्द संकुचित होता है। एस. ए. नोड द्वारा उत्पादित उत्तेजना की तरंग अलिन्द नोड या ऑरिकुलर वैण्ट्रिकिल नोड (ए. बी. नोड) को उत्तेजित करती है। ए. बी. नोड तथा तन्तु गुच्छ द्वारा उत्तेजना की तरंग निलयों को प्रकुंचित करती है।

यदि कभी किसी कारण वश अलिंद तथा निलय के मध्य संचालन तन्त्र अवरुद्ध हो जाए तो हृदय अवरोध हो सकता है। यदि अवरोध अपूर्ण है तो निलय एक धड़कन धड़कना छोड़ सकता है। पूर्ण

अवरोध होने पर निलय का एक भाग वेगोत्पादकता का कार्य कर देता है परन्तु इस अवस्था में ऊतकों को रक्त उस नियमितता से नहीं दिया जाता जो सामान्यत: दिया जाता है। इससे व्यक्ति कुछ असुविधा अनुभव करता है।

हृदय गति

कार्डियक पेशी की क्रिया के साथ होने वाले विद्युतीय परिवर्तन शरीर की सतह तक पहुँच जाते हैं इन्हें इलैक्ट्रोकार्डियोग्राम से रेखांकित कर लिया जाता है। प्रत्येक कार्डियक चक्र में दो ध्वनियाँ उत्पन्न होती हैं। पहली ए. वी. वाल्व के बन्द होने तथा निलयीय पेशियों के कुंचन से होती है और दूसरी ध्वनि अर्ध चन्द्राकार कपाटों के एक दम बन्द होने से। इन ध्वनियों को किसी व्यक्ति के वक्ष पर कान रखकर अथवा स्टेथस्कोप से सुन सकते हैं और फिर मुख से 'लब्ब-डब' बोल कर और 'डब' पर अधिक जोर देकर हृदय की ध्वनि मुख से बोल सकते हैं। यदि अर्ध चन्द्राकार कपाट ठीक से बन्द नहीं होते तो धमनी से निलय में शी-शी करता हुआ कुछ रक्त वापस हो जाता है और तब हृदय से आने वाली ध्वनि लब्ब-डब के स्थान पर 'लब्ब-श' हो जाती है। विश्रामावस्था में निलय लगभग चौथाई गिलास रक्त बाहर निकालता है तथा कठिन परिश्रम के समय इसका तीन गुना तक रक्त निकालता है। वयस्कों की हृदय गति विश्रामावस्था में सामान्यत: लगभग 70 प्रति मिनट रहती है और परिश्रम के समय 200 प्रति मिनट तक पहुँच जाती है। क्रोध, उत्तेजना तथा आशंका के कारण हृदय गति तीव्र हो जाती है तथा अत्यधिक भय से धीमी हो जाती है। रक्त में कार्बन डाइ-ऑक्साइड की वृद्धि हो जाने से हृदय गति बढ़ जाती है। रक्त में अम्ल वृद्धि से भी गति वृद्धि होती है। वायु के तापक्रम का गति पर कोई प्रभाव नहीं होता परन्तु रक्त का ताप बढ़ने पर हृदय गति बढ़ती है।

रुधिर परिवहन
(Blood Circulation)

शरीर की कोशिकाएँ बाहरी पोषक पदार्थों को न तो ग्रहण कर सकती हैं और न ही उनके अन्दर एकत्र व्यर्थ पदार्थों को शरीर के बाहर फेंक सकती हैं। इसलिये कोशिकाओं तक पोषक द्रव्यों को पहुँचाने तथा उनसे व्यर्थ द्रव्यों को ले जाने का कार्य 'रुधिर परिवहन तन्त्र' करता है।

रुधिर में लाल तथा श्वेत दो प्रकार की कोशिकायें होती हैं। रुधिर का द्रव भाग प्लाज्मा कहलाता है जो जलीय वर्ण का होता है। एक घन मि.मी. रक्त में 55 लाख लाल कोशिकायें पुरुषों में तथा 50 लाख महिलाओं में पाई जाती हैं। 3200 लाल कोशिकाओं की लम्बाई 1 इंच होती है। लाल कोशिका का रक्तिम वर्ण हीमोग्लोबिन के कारण होता है। हीमोग्लोबिन ऑक्सीजन को शरीरांगों की कोशिकाओं तक ले जाने, वहाँ से कार्बन डाइ-ऑक्साइड को लाने तथा रक्त में अम्लता का अनुपात अधिक न बढ़ने देने का कार्य करता है। कोशिकायें 10 से 30 दिन तक जीवित रहती हैं और उसी अनुपात में वे उत्पन्न भी होती रहती हैं। इन कोशिकाओं के विभाजन तथा गुणन की अवस्थाओं के अन्त में हीमोग्लोबिन की उत्पत्ति होती है। इसमें हिमाटिन तथा ग्लोबिन दो पदार्थ होते हैं।

यदि रक्त में लाल कोशिकाओं की संख्या कम हो अथवा प्रत्येक कोशिका का हीमोग्लोबिन कम हो जाए या दोनों ही स्थितियाँ हों तो ऐसा व्यक्ति रक्ताल्पता ग्रस्त (Anaemic) कहलाता है। ऐसे व्यक्ति के ऊतकों को कम ऑक्सीजन मिलती है। धीरे-धीरे वह अपने दैनिक क्रिया-कलापों में अक्षम होने लगता है। यह 'रक्ताल्पता' लाल कोशिकाओं या हीमोग्लोबिन के अधिक व्यय, विनाश अथवा पर्याप्त उत्पत्ति न होने के कारण होती है।

एक घन मि. मी. रक्त में 5000 से 9000 श्वेतरक्त कोशिकाएँ (Leucosite) होती हैं, जो दो प्रकार की पाई जाती हैं। एक वह जिसके द्रव में दाने होते हैं तथा दूसरी वह जिसमें दाने नहीं होते। दानेदार कोशिकायें लाल अस्थि मज्जा से उत्पन्न होती हैं और इनमें अधिकतर न्यूट्रोफिल पाया जाता है। यह रुधिर के संक्रामक जीवों तथा घायल अथवा मृत कोशिकाओं को बचाने का कार्य करता है। ऐसे संक्रामक रोगों के पूय स्राव में न्यूट्रोफिल के मृत शरीर बैक्टीरिया तथा कोशिकाओं के टूटे-फूटे अवशेष होते हैं। लिम्फोसाइट कोशिकायें रोगों का प्रतिरोध करती हैं और ऊतकों की मरम्मत भी करती हैं।

रुधिर में 55% प्लाज्मा होता है। इसमें 90% जल होता है। इस तरल में कोशिकाओं के लिए आवश्यक पोषक पदार्थ, ऊर्जा उत्पादक पदार्थ, हारमोन, कोशिकाओं के वातावरण को सामान्य बनाये रखने वाले पदार्थ आदि सम्मिलित रहते हैं। रुधिर वाहिनी में चोट लग जाने पर अधिक रक्त न बहे इसलिये प्रकृति ने रक्त में जमने का गुण दिया है, जो प्लाज्मा में पाये जाने वाले फाइब्रिनोजिन के कारण होता है। सामान्य रूप में शरीर के अन्दर रक्त नहीं जमता है, किन्तु किसी रक्तवाहिनी का कोई भाग खुरदरा हो जाए अथवा चोट लग जाए तो वहाँ रक्त जमकर वाहिनी दीवार को पुष्ट करके रुधिर स्राव की सम्भावना को समाप्त कर देता है। यदि यह रक्त का थक्का जमकर बड़ा हो जाय तो वाहिनी के रक्त बहाव में अवरोध बन सकता है। ऐसे थक्के को थ्राम्बस तथा इसके कारण आये अवरोध को थ्रोम्बोसिस कहते हैं। यदि यह थक्का वाहिनी में रक्त के साथ-साथ चले तो वह आगे की सूक्ष्म रक्त वाहिनी में पहुँच कर रक्तावरोध उत्पन्न करता है। ऐसे घूमने वाले रक्त के थक्के, वायु के बुलबुले अथवा तेल की बूँद को एम्बोलस कहते हैं तथा इससे उत्पन्न स्थिति को एम्बोलिज्म। रक्त में लथपथ घायलों को चिकित्सालय तक ले जाने वाली गाड़ी को इसी आधार पर 'एम्बुलैंस' कहा जाता है।

शरीर में रुधिर की मात्रा शरीर के भार के तेरहवें भाग के बराबर होती है। प्लाज्मा का आयतन जल की मात्रा पर निर्भर होता है। यदि रक्त के आयतन के 30% से अधिक रक्त स्राव न हो तो शरीर स्वयं ही क्षति पूर्ति में समर्थ होता है। इससे अधिक स्राव होने पर रुधिर दाब कम होने लगता है। रक्त बैंक में रक्त के प्लाज्मा को ठण्डा करके अथवा शुष्क करके संचित कर लिया जाता है। शुष्क जीव द्रव (Plasma) को पुनः उपयोग में लाने के लिए उचित मात्रा में केवल परिश्रुत जल (Distilled water) मिश्रित करना होता है। शुष्क प्लाज्मा को संचित करना तो आसान है ही, लाना ले जाना भी उतना ही सरल होता है।

प्रत्येक व्यक्ति के रुधिर में अन्तर होता है। यह अन्तर प्लाज्मा तथा कोशिकाओं के द्रव के आधार पर किया जाता है। लाल कोशिकाओं में दो द्रव्य A तथा B होते हैं, इसी प्रकार प्लाज्मा में दो द्रव्य a तथा b होते हैं। यदि A तथा a अथवा B तथा b रक्त में एक साथ हो जायें तो लाल कोशिकाओं का गुच्छा बन जाता है, जिससे रुधिर वाहिनियाँ रुक जाती हैं। सामान्यतः रुधिर निम्न वर्गों का पाया जाता है—Ab, Ba, AB, तथा O; वर्ग 'O' में न A होता है न B। किसी को रुधिर देते समय यह देखना आवश्यक है देने वाले तथा लेने वाले के रक्त का वर्ग एक ही प्रकार का हो। प्रायः दोनों व्यक्तियों के रक्त को मिश्रित कर सूक्ष्मदर्शी यन्त्र की सहायता से यह देख लिया जाता है कि गुच्छा तो नहीं बन रहा।

कभी--कभी A और B द्रव्यों के अलावा रक्त कोशिकाओं में Rh-factor (आर एच तत्त्व) पाया जाता है। जिस व्यक्ति के रक्त में आर-एच तत्त्व हो वह धनात्मक तथा जिसके रक्त में आर एच तत्व न हो वह ऋणात्मक रक्त कहलाता है। धनात्मक आर-एच तत्व वाले व्यक्ति का रुधिर ऋणात्मक आर-एच तत्त्व वाले व्यक्ति को देने से लाल कोशिकाओं का गुच्छा बन जाता है, परन्तु धनात्मक वाले

को धनात्मक रक्त देने से कोई दुष्परिणाम नहीं होता। यह आर-एच तत्त्व गर्भावस्था में उलझनें उत्पन्न करता है। यदि ऋणात्मक महिला धनात्मक पुरुष से गर्भ धारण करे तो बच्चे का रक्त धनात्मक होगा और प्रथम गर्भाधान में कोई कुप्रभाव नहीं परिलक्षित होगा परन्तु दूसरी तथा तीसरी बार के गर्भाधान में लाल कोशिकाओं के गुच्छे बन सकते हैं; जिसके कारण नील वर्ण का बच्चा उत्पन्न होगा, परन्तु ऐसा बहुत कम होता है। जिन व्यक्तियों को केवल प्लाज्मा की आवश्यकता पड़ती है उनका रुधिर वर्ग जानना आवश्यक नहीं होता।

धमनी व शिराओं की दीवार में तीन स्तर होते हैं। आन्तरिक स्तर एपीथिलीयम कोशिकाओं से निर्मित चिकनी पर्त होती है, जिससे प्रवाहित होने वाले रक्त तथा दीवार में घर्षण कम से कम हो। मध्य स्तर बड़ा होता है। बाह्य स्तर कठोर संयोजी ऊतक से निर्मित होता है। धमनियों तथा शिराओं के छोटे विभाग क्रमशः धमनिका और तनुशिरा अथवा शिरिका कहलाते हैं। सूक्ष्म वाहिकायें केशिकाऐं कहलाती हैं। इनकी दीवार एक पर्त की एपीथिलियम की बनी होती है। इन्हें सामान्य आँख से नहीं देखा जा सकता। चूँकि इनकी चौड़ाई लाल कोशिका के समान तथा लम्बाई 1/25 इंच होती है।

हृद्शूल
(Angina)

कॉम्बिनेशन नं. 1

कैल्केरिया फ्लोर (Calcarea Fluor) 6X
कैल्केरिया फॉस (Calcarea Phos) 6X
फेरम फॉस (Ferrum Phos) 12X
काली म्योर (Kali Mur) 6X
काली फॉस (Kali Phos) 6X
मैगनेशिया फॉस (Magnesia Phos) 6X
नैट्रम म्योर (Natrum Mur) 6X
साइलीशिया (Silicea) 6X

उक्त औषधियों को समान मात्रा में मिश्रित कर 5 ग्रेन की मात्रा में दिन में चार बार रोगी को सामान्यतः प्रयोग कराना चाहिये। रोग की उग्रावस्था में प्रति 5 मिनट पर ऐसी मात्रा प्रयोग की जा सकती है।

कॉम्बिनेशन नं. 2

आर्सेनिक एल्बम (Ars. Alb) 12X
राउवोल्फिया सर्प (Rauwolfia Serp) 3X
बैरायटा म्योर (Baryta Mur) 12X
ग्लोनॉयन (Glonoin) 3X

उक्त सभी औषधियाँ समान भाग में लेकर निर्मित योग की 2 से 5 बूँद की मात्रा में दिन में 3 या 4 बार उच्च रक्तचाप (High Blood Pressure) के रोगी को सेवन कराने से आशातीत लाभ प्राप्त होता है। सिर दर्द, सिर तथा हृदय में रक्त का प्रवाह बढ़ना, सिर झुकाने से चक्कर आना, आँखों के आगे अँधेरा प्रतीत होना, चेहरा तमतमा जाना आदि विभिन्न रक्तचाप सम्बन्धी उपसर्गों में यह औषधि सद्य फलप्रद है। आँखों के आगे काले धब्बे उड़ते दिखाई दें तब भी यह योग लाभप्रद है।

कॉम्बिनेशन नं. 3

क्रेटागस (Cratagus Ox) Q

पासीफ्लोरा (Passiflora) Q

राउवोल्फिया (Rauwolfia) Q

काली ब्रोम (Kali Brom) Q

उक्त औषधियाँ सम भाग में मिश्रित कर 5 से 10 बूँद की मात्रा में थोड़े जल के साथ दिन में तीन बार सेवन कराने से बढ़े हुए रक्तचाप में आशातीत लाभ होता है। इन्जाइना पेक्टोरिस (हृद्शूल) तथा हृदय के ठीक-ठाक काम न करने की दशा में भी यह योग लाभप्रद है। धड़कन को सामान्य बनाये रखने तथा रक्तचाप को शीघ्र ही सामान्य करने में लाभदायी है।

कॉम्बिनेशन नं. 4

फेरम फॉस (Ferrum Phos) 12X

काली म्योर (Kali Mur) 3X

काली फॉस (Kali Phos) 3X

मैगनेशिया फॉस (Magnesia Phos) 3X

साइलीशिया (Silicea) 12X

उक्त औषधियाँ सम भाग में मिश्रित कर गर्म जल में 5 ग्रेन की मात्रा में प्रतिदिन चार बार सेवन कराने से हृद्शूल के उपसर्गों में आशातीत लाभ मिलता है।

कॉम्बिनेशन नं. 5

कैल्केरिया फॉस (Calcarea Phos) 3X

मैगनेशिया फॉस (Magnesia Phos) 3X

उक्त औषधियाँ प्रतिदिन चार बार 5-5 ग्रेन की मात्रा में थोड़े गर्म जल के साथ सेवन कराने सें पेट की खराबी के कारण दिल दु:खने पर आशातीत लाभ देती हैं।

कॉम्बिनेशन नं. 6

एसडि फॉस (Acid Phos) 3X

सेलिनियम (Selenium) 3X

हाइड्रोकोटाइल (Hydrocotyl) Q

लाइकोपोडियम (Lycopodium) 3X

अल्फाल्फा (Alfalfa) Q

एगनस कास्टस (Agnus Castus) 3X

उक्त औषधियाँ सम भाग में मिश्रित कर योग बना लें और 10 से 15 बूँद की मात्रा में थोड़े जल के साथ प्रतिदिन चार बार रोगी को सेवन करायें। यह योग विवाहित पुरुषों के लिए आदर्श औषधि है। स्वास्थ्य पोषक है। स्नायु तंत्र से सम्बन्धित समस्त उपसर्गों अनिद्रा, उदासी, रुहानी, शक्ति (Vitality) में कमी, स्मैक, अफीम तथा अन्य ड्रग्स लेने की आदत तथा उनसे उत्पन्न कुप्रभाव, हृदय सम्बन्धी वात पीड़ा, पुराना प्रतिश्याय (नजला), अजीर्ण, कोष्ठबद्धता, सुस्ती, स्मरण शक्ति ह्रास, पुरुषों का शुक्र क्षय, वीर्य विकार, महिलाओं के ऋतु सम्बन्धी उपसर्गों आदि में यह योग आशातीत सफलता देता है।

कॉम्बिनेशन नं. 7

नैट्रम म्योर (Natrum Mur) 6X

मैगनेशिया फॉस (Mag. Phos) 3X

उक्त औषधियाँ सम भाग में मिश्रित कर 5 ग्रेन की मात्रा में प्रतिदिन चार बार सेवन कराने से हृदय में सुई चुभने जैसा दर्द होने पर आशातीत लाभ मिलता है।

कॉम्बिनेशन नं. 8

क्रेटागस (Cratagus) Q

कैक्टस (Cactus) Q

अर्जुन (Arjuna) Q

कनवेलेरिया (Convelaria) Q

स्ट्रोफेन्थस (Strophenthus) Q

आरम म्यो. नैट (Aur. M. Nat) Q

उक्त औषधियाँ सम भाग में मिश्रित कर 5 से 10 बूँद की मात्रा में थोड़े जल के साथ दिन में तीन बार सेवन कराने से हृदय के रोगों में आशातीत लाभ मिलता है। हृदय रोग के आरम्भ में यह औषधि अत्यधिक लाभदायी होती है। दुर्बलता, थकान, कमजोरी, स्नायु उत्तेजना, हृदय सम्बन्धी बेचैनी, मूर्छा, धड़कन, वक्ष में धीमा, दोषपूर्ण रक्त प्रवाह, अधिक धूम्रपान का हृदय पर प्रभाव, गला खराब, हृदय की दुर्बलता तथा असामान्य रक्तचाप उपसर्गों में यह योग सद्य फलप्रद है।

दिल बैठना
(Nervous Breakdown)

कॉम्बिनेशन नं. 1

काली सिट (Kali Cit) 3X

कैफीन (Caffein) 3X

फेरम फॉस (Ferrum Phos) 12X

कैल्केरिया फॉस (Calcarea Phos) 3X

काली फॉस (Kali Phos) 3X

नैट्रम फॉस (Natrum Phos) 3X

उक्त औषधियाँ सम भाग मिश्रित कर दिल बैठने के उपसर्ग में 5 ग्रेन की मात्रा में प्रति 10 मिनट पर देना लाभप्रद रहता है। थकावट, शक्ति क्षीणता, नाड़ी कष्ट, मानसिक चिन्ता, मानसिक तनाव तथा स्नायु दौर्बल्य में यह योग लाभप्रद रहता है। बीमारी के बाद की दुर्बलता, गर्भवती तथा दुग्ध पान कराने वाली माताओं के लिए टॉनिक है। क्षुधा वृद्धि के साथ-साथ भोजन पचाने में भी यह योग लाभदायी है।

कॉम्बिनेशन नं. 2

क्रेटेगस ऑक्स (Cratagus Ox) Q

चायना (China) Q

पासीफ्लोरा (Passiflora) Q

कैकटस ग्रेण्डी (Cactus. G.) Q

कनवेलेरिया (Convalaria) Q

अर्जुन (Arjuna) Q

उक्त औषधियाँ सम भाग में मिश्रित कर घोल तैयार कर लें और रोगी को 5 से 10 बूँद की मात्रा में थोड़े जल के साथ मिलाकर रोगी को दिन में चार बार सामान्यत: सेवन करायें। यह योग उच्च रक्तचाप (High Blood Pressure), धमनी विकार हृद्शूल, छाती धड़कना आदि उपसर्गों में अतिशय लाभप्रद है। ऐसी ही दीर्घ स्थायी बीमारियों से उत्पन्न दुर्बलता में भी यह सद्य फलप्रद है।

धड़कन
(Pulpitation)

कॉम्बिनेशन नं. 1

क्रेटागस (Cratagus Ox) Q

पासीफ्लोरा (Passiflora) Q

राउवोल्फिया (Rauwolfia) Q

काली ब्रोम (Kali Brom) Q

उक्त औषधियाँ सम भाग मिश्रित कर 5 से 10 बूँद की मात्रा में थोड़े जल के साथ दिन में तीन बार सेवन कराने से बढ़े हुए रक्तचाप में आशातीत लाभ होता है। एन्जाइना पेक्टोरिस (हत्शूल) तथा हृदय के ठीक-ठाक काम न करने की दशा में भी यह योग लाभप्रद है। धड़कन को सामान्य बनाये रखने तथा रक्तचाप को शीघ्र ही सामान्य करने में लाभदायी है।

कॉम्बिनेशन नं. 2

क्रेटागस (Cratagus) Q

कैक्टस (Cactus) Q

अर्जुन (Arjuna) Q

कनवेलेरिया (Convelaria) Q

स्ट्रोफेन्थस (Strophenthus) Q

आरम म्यो. नैट (Aur. M. Nat) Q

उक्त औषधियाँ सम भाग में मिश्रित कर 5 से 10 बूँद की मात्रा में थोड़े जल के साथ दिन में तीन बार सेवन कराने से हृदय के रोगों में आशातीत लाभ मिलता है। हृदय रोग के आरम्भ में यह औषधि अत्यधिक लाभदायी होती है। दुर्बलता, थकान, कमजोरी, स्नायु उत्तेजना, हृदय सम्बन्धी बेचैनी, मूर्छा, धड़कन, वक्ष में धीमा-धीमा दर्द, दोषपूर्ण रक्त प्रवाह, अधिक धूम्रपान का हृदय पर प्रभाव, गला खराब, हृदय की दुर्बलता तथा असामान्य रक्तचाप उपसर्गों में यह योग सद्य फलप्रद है।

घबराहट
(Unesasyness)

कॉम्बिनेशन नं. 1

सेन्ना (Senna) Q

फिनोल्फ्थलीन (Phenolphthalein) Q

आइल नीओ (Oil Nioe) Q

हाइड्रास्टिस (Hydrastis) Q

उक्त औषधियाँ सम भाग मिश्रित कर 2 से 5 बूँद की मात्रा में थोड़े गर्म जल अथवा दूध के साथ लेने से यह मनपसंद हल्के जुलाब (Lacative) का काम करती है। जिन्हें पुराना कब्ज हो और पेट में दर्द आदि हो जाता हो ऐसे उपसर्गों मे यह योग सद्य फलप्रद है।

कॉम्बिनेशन नं. 2

काली फॉस (Kali Phos) 3X

नैट्रम म्योर (Natrum Mur) 3X

फेरम फॉस (Ferrum Phos) 12X

उक्त औषधियाँ सम भाग मिश्रित कर प्रतिदिन चार बार 5 ग्रेन की मात्रा में सेवन कराने से अचानक कमजोरी प्रतीत होना, घबराहट होना, आदि उपसर्गों में आशातीत लाभ मिलता है।

रक्त दाब या रक्त चाप
(Blood Pressure)

जब रक्त हृदय से बाहर आता है तो उसमें बहुत दाब होता है। इस दाब का बहुत अंश बड़ी धमनियों की लचीली दीवारों के फैलाने में व्यय हो जाता है। इसके पश्चात् धमनियों की दीवारों से पुनः कुंचन की तरंग वाहिकाओं में से रक्त प्रवाहित करने में हृदय को सहायता देता है। इस पुनः कुंचन की तरंग को ही नाड़ी (नब्ज) में अनुभव किया जाता है। इस प्रकार धामनिक दाब तथा रक्त के प्रवाह को बनाये रखने का अधिकांश श्रेय धामनिक दीवारों के लचीलेपन को है। धमनियों से धमनिकाओं, केशिकाओं और शिराओं के रुधिर दाब में क्रमिक ह्रास होता जाता है।

रुधिर निलय से धमनी में आने पर रक्त दाब एकाएक बढ़ जाता है। दाब का शिखर बिन्दु प्रकुंचन दाब (Systolic Pressure) कहलाता है क्योंकि वह निलय के प्रकुंचन के कारण होता है। निलय के विश्राम या अनुशिथिलन के समय धमनी में दाब कम हो जाता है परन्तु धामनिक दीवारों के पुनः कुंचन द्वारा अब भी बहुत ऊँचे स्तर पर रहता है। इस दाब को अनुशिथिलन दाब (Diastolic Pressure) कहते हैं। अनुशिथिलन और प्रकुंचन दाब के बीच का अन्तर नाड़ी दाब कहलाता है। तरुण व्यक्ति में औसत प्रकुंचन दाब 120 मि.मी. तथा अनुशिथिलन दाब 80 मि. मी. होता है। रुधिर दाब अथवा शरीर का कोई भी दाब वायुमण्डल के दाब (760 मि. मी.) को शून्य मान कर मापा जाता है। धामनिक दाब वायुमण्डलीय दाब से उच्च रहता है।

दाब मापन—भुजा पर कुहनी के ऊपर दाबमापी की थैली लपेटिये, फिर उसमें वायु भरिये, यह थैली दाबमापी से संयुक्त रहती है। स्टैथस्कोप के चैस्ट पीस को कुहनी के अन्दर की ओर रखें जहाँ त्वचा के ठीक नीचे ही एक धमनी है। अब रबर की थैली का दाब इतना बढ़ायें कि वह धमनी में रक्त प्रवाहित करना बन्द कर दे। इससे स्टैथस्कोप में ठक-ठक की ध्वनि आना बन्द हो जायेगी। अब थैली की वायु धीरे-धीरे निकाल कर उसका दाब कम करते चलो और धमनी के छिद्र को मात्र इतना खोलो कि हृदय की प्रत्येक धड़कन के साथ-साथ रक्त की एक धार धमनी से निकल सके। इस समय खुट-खुट की ध्वनि सुनाई देगी। यह प्रकुंचन दाब (Systolic Pressure) है, इसे पारे की

स्थिति देखकर नोट कर लो। रबर की थैली में वायु दाब और भी कम करते चलो तो खुट-खुट की ध्वनि धीमी होती चली जाएगी और बन्द हो जाएगी। ध्वनि बन्द होने के क्षण पर पारे की स्थिति पुनः नोट कर लो, यह अनुशिथिलन दाब (Diastolic Pressure) कहलाता है। जैसे ही धमनी में रक्त सामान्य रूप से प्रवाहित होना प्रारम्भ होता है खुट-खुट की ध्वनि बन्द हो जाती है। रक्त दाब (Blood Pressure) पारे की ऊँचाई के आधार पर मिलीमीटर में मापते हैं।

कठिन परिश्रम के समय प्रकुंचन दाब 200 मि. मी. और अनुशिथिलन दाब 110 मि. मी. तक हो जाता है। नाड़ी तीव्र गति से धड़कने लगती है। आयु के साथ-साथ रुधिर दाब बढ़ता जाता है। साठ वर्ष की आयु में रक्त दाब 135/90 मि.मी. हो जाता है। मोटे और भारी व्यक्तियों का रक्त दाब हल्के व्यक्तियों की अपेक्षा अधिक रहता है। उच्च रक्त दाब 250/130 तक जा सकता है। ऐसा उच्च रक्त दाब हृदय पर दबाव डालता है और कुछ दिनों में रुधिर वाहिकाओं में हानिकारक परिवर्तन ला सकता है। निम्न रुधिर दाब 110 मि.मी. से कम होने पर माना जाता है। यह स्थिति कम पाई जाती है और कोई विशेष अनिष्टकारी परिवर्तन नहीं प्रकट होता, केवल रोगी को अधिक थकान तथा चक्कर आने लगते हैं।

सामान्य रक्त दाब बनाये रखने हेतु निम्न बातों पर ध्यान देना आवश्यक है—

(1) हृदय की पम्प करने की प्रक्रिया—रुधिर फेंकने की प्रक्रिया तीव्र अथवा धीरे होने से रक्त दाब में अन्तर आना स्वाभाविक है।

(2) रुधिर का आयतन—रक्त वाहिनियों में दाब बनाये रखने हेतु उनका पूरा भरा होना आवश्यक है परन्तु धमनियों के लचीलेपन के कारण इनमें अपेक्षाकृत अधिक रक्त भी प्रवेश कराया जा सकता है और थोड़े कम रक्त से भी काम चल सकता है परन्तु अधिक रक्त स्राव हो जाने पर रक्त दाब कम हो जाता है। आपात स्थिति (Emergency) में प्लीहा (Spleen) में संचित रक्त शरीर के रक्त में मिल जाता है। ऐसी अवस्था रक्त स्राव हो जाने, कठिन परिश्रम करने अथवा भावनात्मक परिस्थिति में होती है।

(3) धामनिक दीवारों का लचीलापन—इसके कारण अनुशिथिलन दाब बना रहता है।

(4) रुधिर का गाढ़ापन—रक्त जल से पाँच गुना गाढ़ा होता है। रक्त गाढ़ा होने पर उसका दाब बढ़ जाता है।

(5) परिधीय अवरोध—धमनिकाओं के पतले होने के कारण धमनी से धमनिका में रक्त प्रवाहित होते समय रुधिर अवरुद्ध होता है। यही परिधीय अवरोध है।

अनिद्रा, मामूली श्रम से थकान, हृद् स्पंदन, हृद् पिंड में दबाव, बायीं करवट सोने में कठिनाई, सिर दर्द, कान में भों-भों की ध्वनि, विरक्ति, सिर में चक्कर, नाक से रक्त स्राव, रात में बार-बार मूत्रेच्छा, क्षणिक दृष्टिहीनता, संन्यास आदि लक्षणों के साथ रक्त चाप का रोग प्रकट होता है।

तर्जनी, मध्यमा और अनामिका तीनों अँगुलियों को रोगी की कलाई के नीचे नाड़ी देखने वाले स्थान पर रख कर रोगी से उक्त तीनों अँगुलियाँ ऊपर-नीचे करके चलवायें। यदि नाड़ी का स्पन्दन बिल्कुल अनुभव न हो तो रक्तचाप कम (Low Blood Pressure) माना जाता है और ऊँचे (High) रक्त चाप में अँगुलियों के नीचे रस्सी के समान कड़ी नाड़ी अनुभव होगी। एलोपैथ्स मैनोमीटर, टोनोमीटर, डाइन्यामोमीटर आदि यन्त्रों के बल्ब को पम्प करके रक्तचाप की परीक्षा करते हैं। उसके लिए रोगी की आयु में 90 जोड़कर सिस्टोलिक प्रेशर का अनुमान लगाते हैं। डायस्टोलिक प्रेशर अथवा पल्स-प्रेशर (नाड़ी दाब) सिस्टोलिक से 25 से 50 मि. मी. कम रहता है। स्वाभाविक रक्तचाप 120/80 (25 वर्ष की आयु के युवक का) माना गया है।

इसके रोगी को प्रोटीन खाद्यों जैसे-मांस, मछली, पनीर, दूध-छीमी आदि से बचना होगा। बार-बार रक्तचाप बढ़ जाने की अवस्था में रोगी को दूध पर पथ्य रखना होगा परन्तु वायु वृद्धि होने पर दूध का अंश कम करना पड़ेगा। प्रत्येक भोजन के साथ फल खाना लाभदायी है। कसे हुए कपड़े, तली हुई खाद्य सामग्री, गरम मसाले, केक, चाय, कॉफी, मद्यपान, तम्बाकू तथा देर से पचने वाले द्रव्य सेवन करना मना है। ऐसे रोगियों को गरम जल से स्नान लाभदायी है।

रक्तचाप स्वयं में कोई रोग नहीं यह रोग लक्षण है, ठीक इसी प्रकार जैसे ज्वर। शरीर के तापक्रम की एक सीमा है उसी प्रकार रक्तचाप भी शरीर के अन्दर एक विशिष्ट सीमा तक आवश्यक है। यह रक्त का दबाव शरीर के तन्तु कोषों में से छिपे मल को निकाल कर बाहर लाने के लिए आवश्यक है। इसके अभाव में शरीर के कोश मल युक्त रह जायेंगे और मल युक्त शरीर जीवित नहीं रह पाता। यदि यह दबाव अधिक हो जाए तो कोश भित्तियाँ फट जायेंगी ओर रोगी मृत्यु मुख में चला जाएगा। सुरक्षित सीमा के मध्य रक्त चाप रखने के लिए प्रत्येक आवश्यक कदम उठाना चाहिए। इसके लिए उचित चिकित्सा रोग के कारण को दूर करना है, न कि औषधियों की भरमार करना।

रक्त चाप के विषय में वंशानुगत प्रभाव भी होते हैं। माता-पिता यदि रक्त चाप से पीड़ित होते हैं तो बच्चों में भी प्राय: यह रोग हो जाता है। अधिकतर उच्च चाप चालीस वर्ष की आयु के पश्चात् पाया जाता है। यूँ तो दस वर्ष के बालक भी उच्च रक्तचाप से पीड़ित हो सकते हैं परन्तु वे कारण कुछ और होते हैं। बच्चों का उच्च रक्त चाप गुर्दा प्रदाह के कारण होता है। महिलाओं के अनुपात में पुरुष इस रोग से अधिक प्रभावित होते हैं। महिलायें रजो निवृत्ति काल में ही प्रभावित होती हैं। पतले व्यक्तियों की अपेक्षा मोटे व्यक्तियों में इस रोग का अनुपात अधिक होता है। गुर्दा रोग ग्रस्त व्यक्ति भी रक्त चाप पीड़ित हो जाते हैं और गुर्दा रोग चाय, कॉफी, मद्यपान, तम्बाकू, मांस भक्षण तथा कोष्ठबद्धता आदि के कारण होता है। कुछ लोगों में धमनियाँ कठोर हो जाने के कारण भी रक्त चाप पाया जाता है। मानसिक उद्वेग, चिन्ता आदि का चिर चिन्तन भी इस रोग का कारण बन जाता है।

रोग लक्षणों में शीघ्र क्रोधित हो जाना, मानसिक एकाग्रता में कमी होना, सिर में टपक का दर्द, अनिद्रा चक्कर आदि सामान्य उपसर्ग हैं। तीव्रता से दृष्टि क्षीणता तथा रैटिनल हैमरेज के कारण अचानक दृष्टि लोप आदि रोग पर तुरन्त ध्यान आकर्षित कराने वाले विकार हैं। गुर्दा प्रदाह में मूत्र लक्षण प्रकट होते हैं, प्रात: काल में आँखों के नीचे शोथ प्रकट होती हैं। थोड़े से परिश्रम से श्वास कृच्छता होने लगती है, खाँसी रहती है। सायंकाल में टखनों में शोथ हो जाती है जो प्रात:काल तक समाप्त हो जाती है। किसी-किसी को हृदय में दर्द हो जाता है। शरीर के विभिन्न भागों से रक्त स्राव होता है, जिसमें नासिका तथा मसूड़े से रक्त स्राव होना शुभ समझा जाता है। चूँकि यह सुरक्षा बाल्व जैसा कार्य है। मस्तिष्क का रक्तस्राव मारात्मक होता है, अथवा अर्धांग की ओर ले जाता है।

निम्न रक्त चाप (Low Blood Pressure जिसे Hypotension भी कहा जाता है), उच्च रक्त चाप (High Blood Pressure अर्थात् Hypertension) से कम मारात्मक तथा कष्टदायी है। यह प्राइमरी तथा सेकण्ड्री दो प्रकार का होता है। प्राइमरी भी अधिकतर वंशगत ही होता है। सेकण्ड्री हाइपोटेन्शन ही सामान्यत: पाया जाता है। होता यह भी किसी प्राइमरी उपसर्ग के ही कारण है। जैसे-कोई नवीन प्रदाह रक्त चाप कम करता है। (केवल मेरु मज्जा प्रदाह को छोड़कर)। कोई भी क्षयकारी रोग मधुमेह, क्षय आदि रक्त चाप कम करता है। एडीसनस् डिसीज तथा रस रक्त का क्षय रक्तचाप कम

करता है। कुछ धमनी तथा हृदय सम्बन्धी रोग, हृदय वृद्धि, हार्ट फेल आदि रक्तचाप कम करते हैं। स्नायु मण्डल के रोग, शल्य चिकित्सा, रक्ताल्पता आदि से भी रक्त चाप में कमी आती है। तम्बाकू तथा क्लोरोफार्म आदि के सेवन से भी रक्तचाप में कमी आती है।

निम्न रक्त चाप से पीड़ित व्यक्ति अपनी नित्य प्रति की क्रियाएँ करने में भी अक्षम होता है। नाड़ी क्षीण हो जाती है। चक्कर, मूर्छा आदि उपसर्ग हो जाते हैं जो मस्तिष्क में रक्ताल्पता होने के कारण प्रकट होते हैं। निम्न रक्तचाप पीड़ित व्यक्ति की रोग निरोधक शक्ति में कमी आ जाती है।

इस रोग के लिए नैदानिक चिकित्सा दी जाती है। मुख, दाँत, कण्ठ आदि की स्वच्छता तथा कोष्ठबद्धता पर अधिक ध्यान दें। जुलाब की औषधि से सदैव बचें। अनुचित खान-पान से बचें। सरलता से पचने वाले, विटामिन युक्त खाद्य उचित मात्रा में खाने चाहिए। उत्तेजक पदार्थ खाना मना है। विश्राम अत्यावश्यक है। शीघ्र सोना और शीघ्र जागना अच्छा नियम है। प्रत्येक भोजन के पश्चात् घण्टे आधे घण्टे का विश्राम आवश्यक है। स्नान से पूर्व तेल मालिश, थोड़े से आसनाभ्यास, वायु सेवन जो रोगी को तनिक भी थकान न दें, उचित हैं।

मिर्च, मसाले, तम्बाकू, चाय, कॉफी, मांस तथा मद्य-सेवन छोड़ देने से रक्त चाप संयत रहता है। गर्म जल में स्नान, समुचित विश्राम तथा उपयुक्त आसनाभ्यास से समुचित लाभ मिलता है। मल विसर्जन में कोई कठिनाई न हो, इसके लिए उचित कार्यकलाप आवश्यक हैं। यकृत तथा गुर्दे पर प्रभाव देने वाले अपथ्यों से बचना ही होगा।

कॉम्बिनेशन नं. 1

लैकेसिस (Lachesis) 6X
एड्रेनालिन (Adrenalin) 6X
बैरायटा म्योर (Baryta Mur) 6X

उक्त योग रक्त चाप सम्बन्धी विभिन्न उपसर्गों के शमन हेतु सामान्यत: उपयोगी रहता है। इस योग की 5-5 बूँदें थोड़े जल में मिश्रित कर रोगी को एक-एक दिन छोड़ कर सेवन करायें। 6 सप्ताह के पश्चात् सप्ताह में एक बार ही ऐसी मात्रा सेवन करायें।

कॉम्बिनेशन नं. 2

काली आयोड (Kali Iod) 3X
बैरायटा म्योर (Baryta Mur) 3X
कैल्केरिया आयोड (Calcarea Iod) 3X
आर्सेनिक आयोड (Arsenic Iod) 6X
ग्लोनॉइन (Glonoin) 6X
फास्फेरस (Phosphorus) 6X
कोनियम (Conium) 6X
आर्निका मॉण्ट (Arnica Mont) 3X

उक्त औषधियाँ समान भाग में मिश्रित करके उच्च रक्तचाप (High Blood Pressure) के रोगों को 5 बूँद की मात्रा में थोड़े जल में मिश्रित कर दिन में चार बार प्रतिदिन सेवन करायें।

कॉम्बिनेशन नं. 3

आर्सेनिक एल्बम (Ars. Alb) 12X

राउवोल्फिया सर्प (Rauwolfia Serp) 3X

बैरायटा म्योर (Baryta Mur) 12 X

ग्लोनॉयन (Glonoin) 3X

उक्त सभी औषधियाँ समान भाग लेकर निर्मित योग को 2 से 5 बूँद की मात्रा में दिन में 3 या 4 बार उच्च रक्तचाप (Hight Blood Pressure) के रोगी को सेवन कराने से आशातीत लाभ प्राप्त होता है। सिर दर्द, सिर तथा हृदय में रक्त का प्रवाह बढ़ना, सिर झुकाने से चक्कर आना, आँखों के आगे अँधेरा प्रतीत होना, चेहरा तमतमा जाना आदि विभिन्न रक्तचाप सम्बन्धी उपसर्गों में यह औषधि सद्य फलप्रद है। आँखों के आगे काले धब्बे उड़ते दिखाई दें तब भी यह योग लाभप्रद है।

कॉम्बिनेशन नं. 4

क्रेटागस (Cratagus Ox) Q

पासीफ्लोरा (Passiflora) Q

राउवोल्फिया (Rauwolfia) Q

काली ब्रोम (Kali Brom) Q

उक्त औषधियाँ सम भाग मिश्रित कर 5 से 10 बूँद की मात्रा में थोड़े जल के साथ दिन में तीन बार सेवन कराने से बढ़े हुए रक्तचाप में आशातीत लाभ होता है। एन्जाइना पेक्टोरिस (हृद्शूल) तथा हृदय के ठीक-ठाक काम न करने की दशा में भी यह योग लाभप्रद है। धड़कन को सामान्य बनाये रखने तथा रक्तचाप को शीघ्र ही सामान्य करने में लाभदायी है।

कॉम्बिनेशन नं. 5

क्रेटागस (Cratagus) Q

कैक्टस (Cactus) Q

अर्जुन (Arjuna) Q

कनवेलेरिया (Convelaria) Q

स्ट्रोफेन्थस (Strophenthus) Q

आरम म्यो. नैट (Aur. M. Nat) Q

उक्त औषधियाँ सम भाग में मिश्रित कर 5 से 10 बूँद की मात्रा में थोड़े जल के साथ दिन में तीन बार सेवन कराने से हृदय के रोगों में आशातीत लाभ मिलता है। हृदय रोग के आरम्भ में यह औषधि अत्यधिक लाभदायी होती है। दुर्बलता, थकान, कमजोरी, स्नायु उत्तेजना, हृदय सम्बन्धी बेचैनी, मूर्छा, धड़कन, वक्ष में धीमा-धीमा दर्द, दोषपूर्ण रक्त प्रवाह, अधिक धूम्रपान का हृदय पर प्रभाव, गला खराब, हृदय की दुर्बलता तथा असामान्य रक्तचाप उपसर्गों में यह योग सद्य फलप्रद है।

कॉम्बिनेशन नं. 6

नैट्रम म्योर (Natrum Mur) 3X

काली म्योर (Kali Mur) 3X

नैट्रम सल्फ (Natrum Sul) 3X

काली फॉस (Kali Phos) 3X

उक्त औषधियाँ सम भाग मिश्रित कर प्रतिदिन चार बार 5 ग्रेन की मात्रा में सेवन कराने से अधिक रक्त संचालन के कारण धड़कन आदि उपसर्गों में आशातीत लाभ मिलता है।

कॉम्बिनेशन नं. 7

कैल्केरिया फॉस (Calcarea Phos) 3X

काली फॉस (Kali Phos) 3X

साइलीशिया (Silicea) 12X

उक्त औषधियाँ सम भाग मिश्रित कर 5 ग्रेन की मात्रा में प्रतिदिन चार बार सेवन कराने से हृदय में रक्त की चाल मन्द रहने पर, स्नायु दुर्बलता के कारण हृदय रोग होने पर आशातीत लाभ मिलता है।

कॉम्बिनेशन नं. 8

क्रेटागस ऑक्स (Cratagus Ox) Q

पासीफ्लोरा (Passiflora) Q

ग्लोनाइन (Glonine) 6X

अर्जुना (Arjuna) Q

राउवोल्फिया सर्पे (Rauwolfia Serp) Q

उक्त औषधियों का सम भाग मिश्रित कर योग तैयार करें और 2 से 5 बूँद की मात्रा में जल में मिश्रित कर दें तीन बार सेवन करायें अथवा चिकित्सक के परामर्शानुसार सेवन करायें। यह योग रक्तचाप कम होते हुए हार्ट फैल, होने जैसी अवस्था होने पर, चक्कर आने, ब्रेन हेमरेज तथा बेचैनी होने जैसे विकारों से रक्षा करती है।

कॉम्बिनेशन नं. 9

क्रेटागस ऑक्स (Cratagus Ox) Q

चायना (China) Q

पासीफ्लोरा (Passiflora)

कैक्टस ग्रेण्डी (Cactus G.) Q

कनवेलेरिया (Canvelaria) Q

अर्जुना (Arjuna) Q

सभी औषधियाँ सम भाग में मिश्रित कर योग तैयार करें और रोगी को 5 से 10 बूँद की मात्रा में थोड़े जल में मिलाकर दिन में चार बार सामान्यत: सेवन करायें। यह योग उच्च रक्तचाप (High Blood Pressure), धमनी विकार, हृद्शूल, छाती धड़कना आदि उपसर्गों में अतिशय लाभप्रद है। ऐसी ही दीर्घ स्थायी बीमारियों से उत्पन्न दुर्बलता में भी यह सद्य फलप्रद है।

कॉम्बिनेशन नं. 10

कैक्टस ग्रे. (Cactus G.) Q 1 भाग

क्रेटागस ऑक्स (Cratagus Ox) Q 2 भाग

उक्त औषधियों को व्यवस्थानुसार मिश्रित कर 15 से 20 बूँद की मात्रा में जल के साथ दिन में चार बार अथवा चिकित्सक की सलाह के अनुसार देने से रक्तचाप के रोगी को आशातीत लाभ मिलता है।

कॉम्बिनेशन नं. 11

कैक्टस जी. (Cactus G.) Q

क्रेटागस ऑक्स (Cratagus Ox) Q

कनवेलेरिया (Convelaria) Q

स्ट्रोफेन्थस (Strophenthus) Q

सभी औषधियाँ सम भाग मिश्रित कर रोग की अवस्थानुसार 5 से 10 बूँद की मात्रा में थोड़े जल में मिश्रित कर दिन में चार बार सेवन कराने से उच्च रक्तचाप में विशेष रूप से फलप्रद है।

रक्ताल्पता
(Anaemia)

कॉम्बिनेशन नं. 1

चायना (China) 6X

फैरम एसिटेट (Ferrum Acetate) 6X

नैट्रम म्योर (Natrum Mur) 3X

उक्त योग रोगी में रक्त की कमी हो जाने के उपसर्ग में लाभप्रद रहता है। इस योग की 5 बूँद की मात्रा एक-एक दिन छोड़ कर सेवन कराना लाभप्रद रहता है। लगभग 6 सप्ताह तक सेवन करायें।

कॉम्बिनेशन नं. 2

कल्केरिया फॉस (Calcarea Phos) 6X

फेरम फॉस (Ferrum Phos) 12X

साइलीशिया (Silicea) 6X

कैल्केरिया फ्लोर (Calcarea Fluor) 6X

काली म्योर (Kali Mur) 6X

काली फॉस (Kali Phos) 6X

नैट्रम म्योर (Natrum Mur) 6X

नैट्रम फॉस (Natrum Phos) 6X

नैट्रम सल्फ (Natrum Sulph) 6X

उक्त औषधियों को समान मात्रा में लेकर मिश्रण बना लें और फिर 5 ग्रेन की मात्रा में चार बार रोगी को सेवन करायें।

कॉम्बिनेशन नं. 3

कल्केरिया फॉस (Calcarea Phos) 3X

फेरम फॉस (Ferrum Phos) 12X

काली फॉस (Kali Phos) 3X

मैगनेशिया फॉस (Magnesia Phos) 3X

नैट्रम फॉस (Natrum Phos) 3X

उक्त औषधियाँ समान भाग मिश्रित कर योग तैयार करें और 5 ग्रेन की मात्रा में दिन में चार बार प्रयोग करें। यह योग तन्तुओं की वृद्धि करता है और दाँतों को सरलता से निकालता है। नवयुवकों

की रक्ताल्पता तथा संतानोत्पत्ति के कारण दुर्बल महिलाओं के लिए लाभप्रद है। स्नायविक दौर्बल्य एवं थकान में उपयोगी है। हृदय, मस्तिष्क एवं नाड़ियों को शक्ति देता है।

कॉम्बिनेशन नं. 4

अल्फाल्फा (Alfalfa) Q
एवेना सैटाइवा (Avena Sat.) Q
चायना ऑफ (China Off.) Q
एसिड फॉस (Acid Phos) Q
अश्वगंधा (Ashwagandha) Q
हाइड्रास्टिस (Hydrastis) Q
फेरम फॉस (Ferrum Phos) 3 X
कैल्केरिया फॉस (Calcarea Phos) 3X
काली फॉस (Kali Phos) 3X
नैट्रम फॉस (Natrum Phos) 3X
मैगनेशिया फॉस (Magnesium Phos) 3X

उक्त सभी औषधियाँ लगभग समान मात्रा में मिश्रित करके टॉनिक ड्रॉप्स तैयार कर लें और थोड़े जल के साथ 5 से 10 बूँद की मात्रा में दिन में 4 बार सेवन करायें। यह योग शरीर के कोषाणुओं को विशेष रूप से प्रभावित करता है। शरीर में चर्बी बढ़ाये बिना मांसपेशियों का भार बढ़ता है। भूख बढ़ाता है जिससे मानसिक एवं शारीरिक रूप से व्यक्ति स्वास्थ्य लाभ करता है। कुपोषण के शिकार रोगियों के लिए अति उत्तम है। स्नायु दौर्बल्य, अनिद्रा आदि दूर करता है। दुग्ध-पान कराने वाली माताओं में दूध की मात्रा बढ़ाता है। मूत्रमेह (Diabetes Inisipidus) तथा मूत्र में फॉस्फेट्स आने के समय भी इसका व्यवहार रोग मुक्ति में अन्य औषधियों के साथ लाभप्रद रहता है। संविधान तथा प्रोस्टेट ग्रन्थि के रोगियों को भी टॉनिक के रूप में यह योग दिया जा सकता है। स्नायुमण्ड्ल तथा मस्तिष्क सम्बन्धी थकान, जननेन्द्रिय की दुर्बलता, रोगों के बाद की दुर्बलता, अफीमचियों की दुर्बलता आदि में यह योग लाभ देता है। शरीर से रस रक्तादि क्षरसा हो जाने के कारण उत्पन्न दुर्बलता, अधिक वीर्य स्राव होने के पश्चात् की शेष दुर्बलता तथा दुग्धपान कराने वाली माता में पौष्टिक दुग्ध उत्पन्न करने के लिए यह योग अति उत्तम है।

कॉम्बिनेशन नं. 5

अशोका (Ashoka) Q
एलेट्रिस फ. (Aletris F.) Q
वाइबर्नम प्रुन (Vibernum P.) Q
अर्जुना (Arjuna) Q
वर्बेरिस वल्गे (Verb. V.) Q
पल्साटिल्ला (Puls) Q
वेलेरियाना (Velariana) Q
एब्रोमा ऑग (Abroma Aug) Q

एब्रोमा रेड (Abroma Rad) Q

काली ब्रोम (K. Brom) Q

उक्त औषधियाँ सम भाग में मिश्रित कर ड्रॉप्स तैयार कर लें और 5 से 10 बूँद की मात्रा में दिन में चार बार थोड़े जल के साथ सेवन करायें। यह योग श्वेत प्रदर, दुर्गन्ध युक्त रक्तस्राव, उदर में दर्द, ऋतु सम्बन्धी अनियमितताओं तथा कष्टों में सद्य फलप्रद है। इन कष्टों के साथ रक्तहीनता स्नायविक दुर्बलता, थकान आदि हो तब भी यह योग लाभ देता है।

कॉम्बिनेशन नं. 6

अल्फाल्फा (Alfalfa) Q

एवेना सैटाइवा (Avena Sat.) Q

काली फॉस (Kali Phos) 3X

कैल्केरिया फॉस (Calcarea Phos) 3X

नैट्रम फॉस (Natrum Phos) 3X

फेरम फॉस (Ferrum Phos) 12 X

मैगनेशिया फॉस (Mag. Phos) 3X

चायना ऑफ (China Off) Q

हाइड्रास्टिस केन (Hydrastis Cana) Q

पासीफ्लोरा इन्कार (Passiflora Inc.) Q

अश्वगंधा (Ashwagandha) Q

सभी द्रव औषधियाँ समान भाग मिली लिटर की मात्रा में तथा सभी लवण औषधियाँ उतने ही भाग ग्रेन्स की मात्रा में प्रयोग करते हुए मिश्रण तैयार कर लें। इस योग की 10 से 15 बूँद की मात्रा थोड़े जल में मिश्रित करके दिन में चार बार सेवन कराने से रक्तहीनता, अजीर्ण, स्नायविक दौर्बल्य तथा बच्चों की जन्मजात दुर्बलता में आशातीत लाभ मिलता है। शारीरिक तथा मानसिक परिश्रम करने वालों के लिए यह एक उत्तम टॉनिक है। अनिद्रा, चक्कर, यकृत विकार, अम्लता तथा स्वास्थ्य भंग आदि जैसे विकारों में भी यह योग एक टॉनिक के रूप में रोगी के लिए उपयोगी रहता है।

कॉम्बिनेशन नं. 7

अश्वगंधा (Ashwagandha) Q

एवेना सेटाइवा (Avena Sat) Q

डेमियाना (Damiana) Q

अल्फाल्फा (Alfalfa) Q

नक्स वॉमिका (Nux Vom)

जेण्टियाना (Gentiana) Q

उक्त औषधियाँ समान भाग में मिश्रित कर योग तैयार कर लें और 5 से 10 बूँद की मात्रा में दिन में चार बार थोड़े जल के साथ रोगी को सेवन करायें। यह औषधि शारीरिक दुर्बलता के साथ-साथ मानसिक दुर्बलता को भी दूर करती है। रक्ताल्पता, इन्द्रिय दौर्बल्य, अनिद्रा, भग्न स्वास्थ्य तथा क्षुधा क्षीणता जैसे उपसर्गों में यह योग सद्य फलप्रद है।

कॉम्बिनेशन नं. 8

अल्फाल्फा (Alfalfa) Q
मॉस्कस (Mosquos) Q
नूफर लुटियम (Nupher Leut) Q
हाइड्रास्टिस (Hydrastis) Q
लुपुलिन (Lupuline) Q
योहिम्बिनम (Yohimbinum) Q

उक्त औषधियाँ सम भाग में मिश्रित करके 5 से 10 बूँद की मात्रा में दिन में चार बार थोड़े जल के साथ देने से स्नायु दौर्बल्य, पौरुष शक्ति क्षीणता, पाण्डु रोग, अनिद्रा आदि विकारों में अशातीत लाभ होता है और व्यक्ति को स्फूर्ति प्रदान करता है।

कॉम्बिनेशन नं. 9

एलेट्रिस फे. (Aletris F.) Q
सी. क्लोवर (C. Clover) Q
एवेना सैटाइवा (Avena Sat) Q
जेनोशिया अशोका (Janosia Ashoka) Q
मास्कस (Moschus) Q

सभी औषधियाँ सम भाग मिश्रित कर 5 से 10 बूँद की मात्रा में दिन में चार बार महिलाओं को सेवन कराने से उनके जरायु भ्रंश, पाण्डु रोग, श्वेत प्रदर, हरित्पाण्डु तथा ऋतु कालीन विकारों में आशातीत लाभ देती है।

कॉम्बिनेशन नं. 10

कैल्केरिया फॉस (Calcarea Phos) 3X 1 भाग
फेरम फॉस (Ferrum Phos) 12X 1 भाग
नैट्रम फॉस (Natrum Phos) 3X 1 भाग
काली फॉस (Kali Phos) 3X 1 भाग
मैगनेशिया फॉस (Mag. Phos) 3X 1 भाग
अल्फाल्फा (Alfalfa) Q 4 भाग
शहद (Honey) 2 भाग

उक्त योग को व्यवस्थानुसार तैयार कर भोजन के पश्चात् ½ से 1 चाय के चम्मच की मात्रा में दिन में दो बार सेवन कराने से पाचन शक्ति में वृद्धि होती है। यह योग बच्चों तथा वृद्धों के लिए सामान्य टॉनिक का कार्य करता है। बढ़ते हुए बालकों तथा लम्बी बीमारी भोगने के पश्चात् उत्पन्न दुर्बलता आदि उपसर्गों में यह भोजन के पौष्टिक तत्त्वों की कमी पूरी करता है।

कॉम्बिनेशन नं. 11

अल्फाल्फा (Alfalfa) Q
एवेना सेटाइवा (Avena Sat.) Q
हाइड्रास्टिस केन (Hydrastis Can) Q

चायना (China) Q

अश्वगंधा (Ashwagandha) Q

डेमियाना (Demiana) Q

हरपीज मोनीरा (Herpes Moneira) Q

फार्मिक एसिड (Formic Acid) Q

कैल्केरिया फॉस (Cálcarea Phos) 3X

मैगनेशिया फॉस (Magnesia Phos) 3X

काली फॉस (Kali Phos) 3X

फेरम फॉस (Ferrum Phos) 12X

नैट्रम फॉस (Natrum Phos) 3X

उक्त औषधियाँ सम भाग में मिश्रित कर योग तैयार कर लें तथा 5 से 10 बूँद की मात्रा में प्रतिदिन चार बार थोड़े जल में मिश्रित कर सेवन करायें। यह औषधि अति मैथुन के कारण आये उपद्रव, स्वप्न दोष, नस-नाड़ियों की दुर्बलता, शीघ्र पतन, अनिद्रा; रक्तहीनता, भूख कम, ऋतु अल्प अथवा दर्द से आये, प्रसव के पश्चात् की दुर्बलता आदि उपसर्गों में लाभप्रद है।

शिरा वृद्धि
(Enlarged Veins)

कॉम्बिनेशन नं. 1

कैल्केरिया फ्लोर (Calcarea Fluor) 3X

फेरम फॉस (Ferrum Phos) 12X

नैट्रम म्योर (Nat. Mur) 3X

उक्त औषधियों को सम भाग में मिश्रित कर 5 ग्रेन की मात्रा में थोड़े जल के साथ दिन में चार बार सेवन कराने से शिरा प्रसारण (Enlargement of Veins) तथा वेरीकोज वेन्स (Varicose Veins) में आशातीत लाभ होता है।

14 उदर विकार (STOMACH PROBLEMS)

पाचन संस्थान
(Digestive System)

शरीर के विकास, ऊतकों की मरम्मत तथा ईंधन के लिए व्यक्ति को कार्बोहाइड्रेट, फैट तथा प्रोटीन की आवश्यकता होती है। कार्बोहाइड्रेट शर्करा से प्राप्त होता है और शर्करा ग्लूकोज, फल आदि से प्राप्त होती है। वसा (Fat) मंड (Starch) आदि से प्राप्त होती है। प्रोटीन पैप्टाइड, पेप्टोन तथा प्रोटीओज के रूप में प्राप्त होता है। कार्बोहाइड्रेट, फैट तथा प्रोटीन जिस रूप में खाये जाते हैं उसी रूप में शरीर के काम नहीं आ पाते इसलिए पाचक तन्त्र का प्रधान कार्य खाद्य पदार्थों को ऐसे रूप में परिवर्तित करना है जो शरीर के काम आ सके। भोजन के सभी अंश शरीर को मिलने में दो दिन का समय लग सकता है फिर भी पचने वाले अंश चार से दस घण्टे के अन्दर रक्त में अवशोषित हो जाते हैं और कोशिकाओं को मिलने लगते हैं।

लार—लार मुख तथा दाँतों की धुलाई करती है और मुख के अवयवों को चिकना तथा गीला बनाये रखती है, जिससे बात करते समय जिह्वा तथा होठों के चलाने में सरलता हो। लार की विलय क्रिया स्वाद की अनुभूति उत्पन्न करती है क्योंकि ठोस द्रव्य का स्वाद घुले रूप में ही प्रतीत हो पाता है। लार भोजन में मिश्रित होकर उसे अधिक कोमल तथा निगलने योग्य बनाती है। लार के द्वारा पाचन-क्रिया भोजन के आमाशय में पहुँचने के लगभग आधा घण्टे बाद तक चलती रहती है।

आमाशय (जठर)— बहुत सी जठर ग्रंथियाँ एक रस का स्राव करती हैं जिसमें हाइड्रोक्लोरिक एसिड अधिक मात्रा में होता है। पेप्सिन द्वारा भोजन के प्रोटीनों को तोड़ दिया जाता है। रेनिन स्राव पीने वाले दूध को दही बना देता है, जिससे दूध का प्रोटीन (विलयशील) कैसीन (अविलयशील) रूप में पेप्सीन द्वारा क्रिया की जाने के लिए प्रतीक्षा करता है।

आन्त्र—क्षुदांत्र में यकृत अग्न्याशय तथा आँतों के श्लेष्मा स्राव आदि भोजन के आवश्यक तत्त्वों को रक्त में मिलने योग्य बना देते हैं।

उदर में क्षुद्र आन्त्र 20 फीट तथा दीर्घ आन्त्र प्राय: 5 फीट लम्बी पाई जाती है। क्षुद्रांत्र के तीन भाग होते हैं—

(1) **द्वादशांगुलांत्र** (Duodenum), जो पाकस्थली के मुख से सामान्यत: 10 इंच लम्बी होती है।

(2) **खाली आन्त्र** (Jejunum), जो द्वादशांगुलांत्र से 8 फुट लम्बी होती है।

(3) शून्यांत्र (Ileum), जो खाली आन्त्र से 11 फुट लम्बी होती है। इसका अन्तिम सिरा दीर्घांत्र से मिला होता है।

दीर्घांत्र भी तीन भागों वाली होती है—

(1) आन्त्र पुट (Caecum), जो 2.5 इंच लम्बी तथा 3 इंच मोटी होती है। इसका निचला सिरा बन्द होता है। इसलिये इसे अन्ध-आन्त्र भी कहा जाता है। इस अन्धांत्र से स्पर्श करती हुई एक

और आन्त्र है जिसका नीचे का सिरा बन्द होता है वह अन्धांत्र पुच्छ (Vermiform appendix) कहलाता है।

(2) बृहद आन्त्र—दीर्घांत्र का दूसरा भाग बृहद आन्त्र (Colon) है जो अवस्थानुसार 4 अंशों में विभक्त है—

(i) **ऊर्ध्वगामी** (Ascending Colon), जो आन्त्र पुट से यकृत तक गई है।

(ii) **अनुप्रस्थ** (Transverse Colon), जो यकृत से प्लीहा तक गई है।

(iii) **अधोगामी** (Descending Colon), जो प्लीहा की ओर से मलान्त्र की ओर उतर जाती है।

(iv) **मलांत्र** (Rectum)— मलांत्र प्राय: 8 इंच लम्बी होती है जो अधोगामी दीर्घांत्र के अन्तिम सिरे सिग्मॉयड फ्लेक्सर (Sigmoid flexure) से मल द्वार (Anus) के एक इंच ऊपर तक होती है। इलियम तथा कोलन के संयोग स्थल पर इलियोसिकैल वाल्ब होता है, इस कपाट के कारण क्षुद्रांत्र के पदार्थ दीर्घांत्र में प्रवेश कर सकते हैं परन्तु दीर्घांत्र के पदार्थ क्षुद्रांत्र में नहीं लौट सकते।

पित्त—यह यकृत कोशिकायें निरंतर पित्त स्रावित करती रहती हैं जो हरे या हरे-भूरे रंग का द्रव होता है। यह एक नली द्वारा क्षुद्रांत्र में जाता है। यदि क्षुद्रांत्र उसे ग्रहण नहीं करती तो वह पित्ताशय में संचित हो जाता है और आवश्यकता के समय ग्रहणी में जाता है।

अग्न्याशय—एक हल्के दूधिया रंग की ग्रन्थि है। इसकी कोशिकायें एक क्षारीय द्रव स्रवित करती हैं जो ग्रहणी (क्षुद्रांत्र का प्रारम्भिक भाग) में जाता है। यहाँ पर वसा (Fat) को वसीय अम्लों तथा ग्लिसरीन में परिवर्तित कर दिया जाता है। प्रोटीन को तोड़ने के लिए ट्रिप्सीन इन्हें पेप्टाइड में परिवर्तित कर देता है। एमिलेज पके अथवा अनपके मांड़ों को माल्टोज में परिवर्तित करता है। आँतों की श्लैष्मिक ग्रन्थियाँ क्षारीय द्रव स्रवित करती हैं जो भोजन पचाता है। पेप्टाइड द्वारा कठोर पेप्टाइडों को एमिनो अम्ल बना दिया जाता है। माल्टेज माल्टोज को ग्लूकोज में परिवर्तित कर देते हैं। लैक्टोज लैक्टेज द्वारा ग्लूकोज तथा गेलेक्टोज में परिवर्तित हो जाता है। इसी प्रकार साधारण चीनी सुक्रेज द्वारा ग्लूकोज तथा फ्रुक्टोज में परिवर्तित हो जाती है।

पाचक स्रावों का नियन्त्रण—पाचक रस पाचक ग्रन्थियों से निरंतर स्रावित होते रहते हैं। विशेष आवश्यकता के समय इन स्रावों की गति तीव्र की जा सकती है। किसी वस्तु के मुख में रखने पर लार ग्रन्थियाँ लार स्रावित करती हैं, परन्तु कभी-कभी भोजन के दर्शन, गन्ध अथवा विचार मात्र से ही लार निकलने लगती है। यह प्रतिवर्ती तंत्रिकायिक द्वारा होता है। जठर ग्रन्थि निद्रावस्था में भी काम करती है। लार के समान जठर रस भी भोजन के विचार, दृश्य अथवा गंध से ही स्रावित होने लगता है। यह वेगस तन्त्रिकाओं द्वारा होता है। आमाशय में भोजन पहुँचने पर उसकी दीवारें फैलती हैं। इस यान्त्रिक प्रभाव से जठर रस छूटने लगता है। इस जठर रस से पुन: रासायनिक प्रभाव होकर और अधिक जठर रस स्रावित होने लगता है।

अग्न्याशय तथा पित्त—वेगस तन्त्रिका अग्न्याशय तथा पित्त रस को बढ़ा सकती है। आमाशय के अम्ल से सेक्रेटिन उत्पन्न होता है जो पित्त रस बढ़ाता है और वसा को पचाता है।

पाचन प्रक्रिया

खाद्य पदार्थ को भली प्रकार चबाने से भोजन में अच्छी प्रकार लार मिल जाती है और वह पिस जाता है। उसके पश्चात् भोजन निगल लिया जाता है। निगलना ऐच्छिक क्रिया है और उसके पश्चात् यह क्रिया अनैच्छिक हो जाती है। निगर ... में श्वास क्रिया रुक जाती है और भोजन

केवल ग्रसिका में जाता है। उसमें लहरी गति होती है। भोजन मुख-से आमाशय तक 6 या 7 सेकिंड में पहुँचता है। बेरियम लवण खिलाकर पाचन क्षेत्र की गति को एक्स-रे द्वारा देखा जा सकता है।

भोजन के पूर्व आमाशय निष्क्रिय होता है फिर भोजन जठर निर्गम क्षेत्र में पहुँचता है जहाँ उसे और भी मथा जाता है साथ ही इसे जठर रस के साथ मिश्रित कर अर्धतरल बना दिया जाता है। आमाशय और क्षुद्रांत्र के मध्य जठर निर्गम संवरणी छलनी का कार्य करती है और उचित तरलता वाली वस्तुयें ही नीचे क्षुद्रांत्र की ओर जाने देती है। इस प्रकार सामान्य भोजन 3 से 5 घण्टे के अन्दर आमाशय से पूरी तरह निकल जाता है। कार्बोहाइड्रेट सर्वप्रथम निकलते हैं और फिर प्रोटीन, तब अन्त में वसायें। वसा जठर क्रिया को क्षीण करती है। यदि ग्रहणी भरी हुई है तो आमाशय खाली होने में समय अधिक लगेगा। यदि कुंचन तरंगें दुर्बल होंगी तब भी आमाशय रिक्त होने में समय अधिक लगेगा। इसके पश्चात् भोजन क्षुद्रांत्र में आकर पाचक रसों से मिलकर आगे बढ़ता है और पिसता हुआ दीर्घान्त्र में अर्धतरल अवस्था में ही आता है। यहाँ कुंचन दिन भर में दो या तीन बार भोजन को नीचे की ओर धकेलने के लिए होता है। इस आँत में जल का अवशोषण होता है। यदि आमाशय में भोजन आये तो बड़ी आँत में कुंचन होने लगता है जिसके कारण प्रायः अल्पाहार के पश्चात् शौच की इच्छा हो जाती है। जब मल दीर्घांत्र से मलाशय में आता है तो शौच की इच्छा होती है। मलाशय के अन्दर दाब वृद्धि मल के निष्कासन में सहायक होती है। दीर्घांत्र में आया हुआ भोजन जल के शोषण के कारण भार में कम हो जाता है। मल में अनपचा खाद्य (जैसे सैल्यूलोज), पाचक स्राव बैक्टीरिया तथा स्खलित एपीथिलियल कोशिकायें होती हैं। यही कारण है कि भोजन न मिलने की अवस्था में भी मल बनता है।

यदि दीर्घांत्र के पदार्थ किसी कारण तीव्र गति से विसर्जित हो जायें तो उनका जल समुचित मात्रा में अवशोषित नहीं होता और मल पतला निकलने लगता है। यदि ये वस्तुयें अत्यन्त धीमी गति से निकलें तो जल अधिक शोषित हो जाता है और मल सूखा कठोर हो जाता है। क्रमाकुंचन की गति आहार नाल में भोजन को ले जाने वाली एक तरंग होती है जो मुख से आँतों की ओर चलती है, परन्तु जो तरंग आँतों से मुख की ओर चले वह प्रतिक्रमाकुंचन गति कहलाती है। इस गति के कारण यदि आमाशय से गैस मुख की ओर आये तो डकार कहलाती है। यदि आमाशय का अम्ल भोजन्न नली में ऊपर की ओर आने लगे तो उसके उद्दीपन से वक्ष में जलन होती है। प्रतिक्रमाकुंचन की क्रिया क्षुद्रांत्र में भोजन को शीघ्र निकलने से रोकने के लिए होती है, परन्तु असामान्य अवस्थाओं में भोजन वमन द्वारा आमाशय से बाहर निकल जाता है। आमाशय रिक्त होने पर आमाशय में जो कुंचन होता है वही क्षुधा का अनुभव है।

उदरामय
(Diarrhoea)

कॉम्बिनेशन नं. 1

एलो से. (Aloe. S) 6X
नक्स वॉमिका (Nux Vomica) 6X
पोडोफायलम (Podophylum) 6X
फाइटोलक्का (Phytolucca) 6X

यह योग पानी जैसे पतले दस्त होने, वायु निस्सरण के साथ मल निकल जाने जैसे उपसर्गों में उपयोगी रहता है। 5-5 बूँद की मात्रा में थोड़े जल में मिश्रित कर सामान्यतः दिन में एक

बार औषधि सेवन कराने से काम चल जाता है। रोग की उग्रावस्था में यह मात्रा प्रति घण्टे पर भी सेवन कराई जा सकती है।

कॉम्बिनेशन नं. 2

कैल्केरिया फॉस (Calcarea Phos) 6X
फेरम फॉस (Ferrum Phos) 12X
काली म्योर (Kali Mur) 6X
काली फॉस (Kali Phos) 6X
मैगनेशिया फॉस (Magnesia Phos) 6X
नैट्रम म्योर (Natrum Mur) 6X
नैट्रम सल्फ (Natrum Sulph) 6X
काली सल्फ (Kali Sulph) 6X

उक्त औषधियों को समान मात्रा में मिश्रित करके 5 ग्रेन की मात्रा में रोगी को दिन में चार बार सेवन करायें।

कॉम्बिनेशन नं. 3

थाइमोल (Thymol) Q
परिश्रुत जल (Purified Water) 5 भाग

उक्त योग का उपयोग 5 बूँद की मात्रा में थोड़े जल के साथ सेवन कराने से अम्लता, वक्ष में जलन, अफारा, अजीर्ण, उदरामय तथा लू लगने में आशातीत लाभ होता है।

कॉम्बिनेशन नं. 4

कैम्फर (Compher)
मेन्थाल (Menthol)
थाइमाल (Thymol)

उक्त औषधियाँ सम भाग मिश्रित करके योग की दो बूँद सुगर ऑफ मिल्क, जल अथवा बताशे में डाल कर रोगी को खिलाने से हैजा, उदर शूल, मिचली, वमन, अजीर्ण, खट्टी डकार, अम्लता आदि विकारों में आशातीत लाभ होता है। विषैले कीटाणुओं के काटने पर इस योग को उस स्थान पर मल देने तथा रोगी को खिलाने से आराम मिलता है। औषधि को आवश्यकतानुसार प्रति आधा घण्टे पर सेवन करायें अथवा डॉक्टर के परामर्श के अनुसार। कोलाइटिस, गैस, अफारा आदि विकारों में भी यह योग सद्य फलप्रद है।

कॉम्बिनेशन नं. 5

चायना (China) Q
वेरेट्रम एल्बम (Veratrum Album) Q
नैट्रम म्योर (Natrum Mur) 6X

उक्त औषधियाँ मिश्रित कर 5 से 10 बूँद की मात्रा में थोड़े जल के साथ दिन में चार बार अथवा चिकित्सक के निर्देशानुसार सेवन कराने से नये, पुराने, हरे, पीले, मटीले, सफेद, काले, पतले दस्त, पेट की मरोड़, अजीर्ण, वायु न घूमना आदि उपसर्गों में आशातीत लाभ मिलता है। यह योग पाचन क्रिया व्यवस्थित करके आँतों को कई बीमारियों से मुक्ति दिलाता है।

कॉम्बिनेशन नं. 6

नैट्रम सल्फ (Natrum Sulph) 6X

काली म्योर (Kali Mur) 3X

मैगनेशिया फॉस (Magnesia Phos) 3X

नैट्रम फॉस (Natrum Phos) 3X

उक्त औषधियाँ सम भाग मिश्रित कर प्रतिदिन चार अथवा छः बार 5 ग्रेन की मात्रा में सेवन कराने से तेज पाखाना एकाएक लगने के उपसर्ग में लाभ होता है। घड़घड़ाहट के साथ, हवा के साथ उदरामय चर्बी युक्त पदार्थ खाने के कारण उदरामय, मल का रंग कत्थई, आँव तथा दर्द आदि उदरामय के उपसर्गों में यह योग सद्य फलप्रद है।

पेचिश—आमाशय
(Dysentery)

पेचिश दो प्रकार की होती है—

1. बेसीलरी पेचिश
2. अमीबिक पेचिश

दोनों ही प्रकार की पेचिश भारत में काफी प्रचलित हैं।

(1) बेसीलरी पेचिश—यह समय-समय पर महामारी का रूप ले लेती है। सभी उम्र के व्यक्ति इस रोग से ग्रसित होते हैं, परन्तु छोटे बालकों तथा बृद्धों पर इसका आक्रमण शीघ्र ही हो जाता है।

उद्भवन काल— 1 से 3 दिन व अधिक से अधिक एक सप्ताह।

प्रसार के कारण— 1. रोगी के मल से।
2. जल, भोजन आदि के संदूषण से।
3. मक्खियों द्वारा भोज्य पदार्थों के संदूषण से।
4. रोगी की वस्तुओं के प्रयोग से।

लक्षण—आँतों में ऐंठन, मरोड़ तथा पेट में दर्द होता है। बार-बार दस्त आते हैं। मल के स्थान पर केवल रक्त, श्लेष्मा निकलती है। इसके साथ ही ज्वर आना, जी मिचलाना, वमन होना सिर दर्द की भी शिकायत बनी रहती है। गला खुश्क हो जाता है।

(2) अमीबिक पेचिश—भारतवर्ष में सभी आयु, वर्ग, लिंग के व्यक्ति समान रूप से इस रोग के शिकार होते हैं।

उद्भवन काल—उग्र अवस्था में 4 से 5 दिन और दीर्घकालीन अवस्था में महीनों तक रहता है।

प्रसार के कारण—अमीबा सिस्ट द्वारा रोगी के मल से संदूषित किये गये भोज्य पदार्थों से इस रोग का प्रसार होता है।

लक्षण—रोगी के पेट में गड़बड़ और नाभि के हिस्से में दर्द रहता है। रोग की उग्र अवस्था में दिन में 8-10 दस्त हो सकते हैं, अन्यथा पतले दस्त नहीं होते। मल रक्त मिश्रित रहता है। उसे स्वास्थ्य में गिरावट का अनुभव होता है। भूख कभी कम ओर कभी अधिक लगती है।

रोकथाम—दोनों प्रकार की पेचिश के लिए—

1. व्यक्तिगत एवं सार्वजनिक स्वच्छता होनी चाहिए।
2. मल निष्कासन की उचित व्यवस्था होनी चाहिए।
3. कूड़े-कचरे तथा मक्खियों की पैदावार को रोकना आवश्यक है।
4. जल एकत्र होने वाले स्थानों की नियमित सफाई की जानी चाहिए।
5. जल को उबाल कर पीना चाहिए।
6. शाक-सब्जी तथा फल को पोटेशियम जल से धोकर काम में लाना चाहिए।
7. खाद्य पदार्थों को मक्खियों से सुरक्षित रखना चाहिए।

अतिसार
(Diarrhoea)

यह रोग किसी भी आयु अथवा लिंग के व्यक्ति को कभी भी हो सकता है, पर शिशुओं और दो वर्ष तक के बच्चों को विशेष रूप से अधिक होता है। इसमें पतले पानी के समान दस्त आने लगते हैं।

उद्भवन काल—2 से 4 दिन है।

कारण—यह अपच, अव्यवस्थित भोजन, कुपोषण, अल्प पोषण, भोजन विषाक्तता तथा साल्मोनेला तथा शिगेला वर्ग के जीवाणुओं से उत्पन्न होता है।

लक्षण—1. पतले पानी से दस्त होने लगते हैं।

2. दस्तों में श्लेष्मा, रक्त या पूय नहीं होता।

3. कमजोरी लगने लगती है। बच्चे की स्थिति दयनीय हो जाती है।

कॉम्बिनेशन नं. 1

मर्क्युरियस सॉल्युबिल (Mercurious Sol.) 6X

मर्क्युरियस कॉर (Mercurious Cor) 6X

नक्स वॉमिका (Nux Vomica) 6X

सल्फर (Sulphur) 6X

यह योग उदर में आँव (श्लेष्मा) बनना, मल के साथ श्लेष्मा अथवा रक्त विसर्जित होना आदि जैसे आमाशय (पेचिश) के उपसर्गों में उपयोगी रहता है। नूतन रोगों में इस योग की 5 बूँदें थोड़े जल में मिश्रित कर प्रतिदिन एक बार सेवन करायें। चिर रोग में सप्ताह में दो बार ही ऐसी मात्रा का सेवन उपयुक्त रहता है।

कॉम्बिनेशन नं. 2

कैल्केरिया फॉस (Calcarea Phos) 6X

फेरम फॉस (Ferrum Phos) 12X

काली म्योर (Kali Mur) 6X

काली फॉस (Kali Phos) 6X

मैगनेशिया फॉस (Magnesia Phos) 6X

नैट्रम म्योर (Natrum Mur) 6X

नैट्रम फॉस (Natrum Phos) 6X

नैट्रम सल्फ (Natrum Sulph) 6X

काली सल्फ (Kali Sulph) 6X

उक्त औषधियों को समान मात्रा में मिश्रित कर 5 ग्रेन की मात्रा में प्रतिदिन चार बार रोगी को सेवन करायें।

कॉम्बिनेशन नं. 3

मर्क्यूरियस कॉर (Mercurius Cor.) 6X

बैलाडोना (Belladona) 6X

मर्क्यूरियस सॉल (Mercurius Sol) 6X

उक्त औषधियों को समान मात्रा में मिश्रण करके 5 बूँद की मात्रा प्रतिदिन चार बार थोड़े जल के साथ रोगी को सेवन करायें।

कॉम्बिनेशन नं. 4

मर्क्यूरियस साल्युबिल (Merc. Sol) 3X

एलो से. (Aloe S.) Q

एपीकाकुआन्हा (Ipecac)Q

चौपारो अमारगोसा (Chaparo Amar) Q

उक्त योग को सम भाग में औषधियाँ मिश्रित करके तैयार कर लें। रोग की अवस्थानुसार 5 से 10 बूँद की मात्रा में दिन में चार बार थोड़े जल के साथ रोगी को सेवन कराने से नई व पुरानी पेचिश, रक्तामाशय, मरोड़-ऐंठन, यकृत की गड़बड़ी तथा पेट की गर्मी आदि विकारों में आशातीत लाभ देता है।

कॉम्बिनेशन नं. 5

काली म्योर (Kali Mur) 3X

कैल्केरिया सल्फ (Calcarea Sul) 3X

काली फॉस (Kali Phos) 3X

काली सल्फ (Kali Sul.) 3X

फेरम फॉस (Ferrum Phos) 12X

मैगनेशिया फॉस (Magnesia Phos) 3X

नैट्रम सल्फ (Natrum Sulph) 3X

साइलीशिया (Silicea) 12X

उक्त औषधियाँ सम भाग में मिश्रित कर 5-5 ग्रेन की मात्रा में प्रतिदिन चार बार गर्म जल से सेवन कराने से पेचिश के रोग में आशातीत लाभ मिलता है।

कॉम्बिनेशन नं. 6

फेरम फॉस (Ferrum Phos) 12X

काली म्योर (Kali Mur) 3X

मैगनेशिया फॉस (Mag. Phos) 3X

उक्त औषधियाँ सम भाग में मिश्रित कर 5 ग्रेन की मात्रा में गर्म जल से पेचिश के आरम्भिक उपसर्गों में सेवन करायें।

अम्लता
(Acidity)

कॉम्बिनेशन नं. 1

नक्स वॉमिका (Nux Vomica) 6X
लाइकोपोडियम (Lycopodium) 6X
आर्सेनिक एल्बम (Arsenic Album) 6X
नैट्रम फॉस्फोरिकम (Natrum Phos) 6X

उक्त योग खट्टी डकारें, कलेजे पर जलन, मुँह में खट्टा पानी भर आना आदि उपसर्गों में लाभप्रद रहता है। 5 बूँद की मात्रा में प्रतिदिन एक मात्रा थोड़े जल में मिश्रित कर सेवन करायें।

कॉम्बिनेशन नं. 2

थाइमोल (Thymol) Q
परिश्रुत जल (Purified Water) 5 भाग

उक्त योग का उपयोग 5 बूँद की मात्रा में थोड़े जल के साथ सेवन कराने से अम्लता, वक्ष में जलन, अफारा, अजीर्ण, उदरामय तथा लू लगने में आशातीत लाभ होता है।

कॉम्बिनेशन नं. 3

कैल्केरिया फॉस (Calcarea Phos) 6X
नैट्रम सल्फ (Natrum Sulph) 6X
नैट्रम फॉस (Natrum Phos) 6X
काली सल्फ (Kali Sulph) 6X
मैगनेशिया फॉस (Magnesia Phos) 6X

उक्त औषधियों को सम भाग में मिश्रित करें और इनमें निर्मित मिश्रण को 5 ग्रेन की मात्रा में थोड़े गर्म जल के साथ दिन में चार बार सेवन करायें। अधिक कष्ट के समय मात्रा में थोड़े गर्म जल के साथ दिन में चार बार सेवन करायें अधिक कष्ट के समय मात्रा की पुनरावृत्ति प्रत्येक आधे घण्टे पर कर सकते हैं। यह योग अम्लता (Acidity), जिह्वा पर पीली मैल जमना, मुख में चिपचिपापन, कड़ुवा स्वाद, उदर में वायु गड़गड़ाहट (Gas), ऐंठन मरोड़, पित्त, दोष युक्त मल आने अथवा पित्त दोष युक्त वमन होने में सद्य फलप्रद है।

कॉम्बिनेशन नं. 4

मैगनेशिया फॉस (Magnesia Phos) 3X
मैग. सल्फ (Mag. Sulph) 3X
काली फॉस (Kali Phos) 3X
मैग. म्योर (Mag. Mur) 3X
फेरम फॉस (Ferrum Phos) 3X

उक्त औषधियाँ सम भाग में मिश्रित कर पैप्टिक अल्सर, गैस्ट्राइटिस, अम्लता, बच्चों के कॉलिक, पेट में जलन तथा कोलाइटिस आदि उदर विकारों के रोगी को सेवन कराने से लाभ मिलता है। विचूर्ण रूप में 2 ग्रेन से 5 ग्रेन की मात्रा में दिन में चार बार थोड़े जल के साथ औषधि सेवन करानी चाहिए।

कॉम्बिनेशन नं. 5

मूथा (Mootha) Q
नक्स (Nux Moschata) Q
कॉलचिकम (Colchicum) Q
कैरिका पपाया (Carica Papaya) Q

उक्त योग का सेवन अजीर्ण, गैस (अफारा), अम्लता, वक्ष में जलन आदि जैसे उदर विकारों में किया जाता है। इस योग की 2 से 5 बूँद की मात्रा थोड़े जल के साथ दिन में 4 बार रोगी को सेवन कराने से आशातीत लाभ होता है।

कॉम्बिनेशन नं. 6

अल्फाल्फा (Alfalfa) Q
एवेना सैटाइवा (Avena Sat.) Q
काली फॉस (Kali Phos) 3X
कल्केरिया फॉस (Calcarea Phos) 3X
नैट्रम फॉस (Natrum Phos) 3X
फेरम फॉस (Ferrum Phos) 12 X
मैगनेशिया फॉस (Magnesia Phos) 3X
चायना (China) Q
हाइड्रास्टिस केन (Hydrastis Cana) Q
पासीफ्लोरा इन्कार (Passiflora Inc) Q
अश्वगंधा (Ashwagandha) Q

सभी द्रव औषधियाँ समान भाग मिलीलिटर की मात्रा में तथा सभी लवण औषधियाँ उतने ही भाग ग्रेन्स की मात्रा में प्रयोग करते हुए मिश्रण तैयार कर लें। इस योग की 10 से 15 बूँद की मात्रा थोड़े जल में मिश्रित करके दिन में चार बार सेवन कराने से रक्तहीनता, अजीर्ण, स्नायविक दौर्बल्य तथा बच्चों की जन्मजात दुर्बलता में आशातीत लाभ मिलता है। शारीरिक तथा मानसिक परिश्रम करने वालों के लिए यह एक उत्तम टॉनिक है। अनिद्रा, चक्कर, यकृत विकार, अम्लता तथा स्वास्थ्य भंग आदि जैसे विकारों में भी यह योग एक टॉनिक के रूप में रोगी के लिए उपयोगी रहता है।

कॉम्बिनेशन नं. 7

एल्यूमिना (Alumina) 3X
बैलाडोना (Belladona) 3X
मैग फॉस (Mag. Phos) 3X
बिस्मथ कार्ब (Bismuth Carb) 3X

काली कार्ब (Kali Carb) 3X

मैग ऑक्स (Mag. Ox) 3X

उक्त औषधियों को लगभग समान मात्रा में मिश्रित कर उदर विकार के रोगियों को सेवन कराने से आशातीत लाभ होता है। यह योग अजीर्ण, अम्लता, वक्ष में जलन, खट्टी डकार आदि उपसर्गों में सद्य फलप्रद है।

कॉम्बिनेशन नं. 8

कालमेघ (Kalmegh) Q

कार्डुअस मरिया (Carduus M.) Q

चेलीडोनियम (Chelidonium) Q

पोडोफायलम (Podophylum) Q

कोलोसिंथ (Colocynth) Q

सभी औषधियाँ सम भाग में मिश्रित कर ड्रॉप्स के रूप में 5 से 10 बूँद की मात्रा में दिन में चार बार सेवन कराने से बच्चों के यकृत सम्बन्धी उपसर्गों में तो लाभ मिलता ही है, वयस्कों के अजीर्ण, उदर में भारीपन, मिचली, वमन, कलेजे में जलन, पाकाशय तथा आँतों में शोथ यदि उपसर्गों में भी आशातीत लाभ मिलता है। बच्चों के हरे-पीले दस्तों में भी प्रयोजनीय है। शिशुओं के लिए मात्रा 2 से 5 बूँद रखें।

कॉम्बिनेशन नं. 9

कैम्फर (Camphor)

मेन्थाल (Menthal)

थाइमाल (Thymol)

उक्त औषधियाँ सम भाग में मिश्रित करके योग की दो बूँद सुगर ऑफ मिल्क, जल अथवा बताशे में डालकर रोगी को खिलाने से हैजा, उदर शूल, मिचली, वमन, अजीर्ण, खट्टी डकार, अम्लता आदि विकारों में आशातीत लाभ होता है। विषैले कीटाणुओं के काटने पर इस योग को खिला देने से आराम मिलता है। औषधि को आवश्यकतानुसार प्रति आधा घंटे पर सेवन करायें अथवा डॉक्टर के परामर्श के अनुसार। कोलाइटिस, गैस, अफारा आदि विकारों में भी यह योग सद्य फलप्रद है।

कॉम्बिनेशन नं. 10

ए. एच. ऑक्साइड (A. H. Oxide) 6X

विस्मथ कार्ब (Bismuth Carb) 6X

मैग कार्ब (Mag Carb) 6X

हाइड्रास्टिस (Hydrastis) 6X

कैरिका पपाया (Carica Papaya) 6X

नैट्रम कार्ब (Nat Carb) 6X

उक्त औषधियाँ सम भाग में मिश्रित कर 5 से 10 ग्रेन की मात्रा में थोड़े जल के साथ दिन में चार बार सेवन कराने से गैस विकार में बड़ा आराम मिलता है। मानसिक चिन्तायें अधिक नहीं

सतातीं। मानसिक तनाव उत्पन्न होने वाला कर्षण समाप्त हो जाता है। पेट दर्द, खट्टे डाकर, अजीर्ण कोष्ठबद्धता (कब्ज), पित्त वमन, वक्ष में जलन तथा गुर्दे के दर्द और उपसर्गों में भी यह औषधि अत्यन्त लाभप्रद है।

उदर शूल
(Stomach Pain)

कॉम्बिनेशन नं. 1

नक्स वॉमिका (Nux Vomica) 6X
कोलोसिंथ (Colosynth) 6X
कैमोमिला (Chamomilla) 6X
प्लम्बम (Plumbum) 6X

उक्त योग का प्रयोग 'शूल' के उपसर्गों में किया जाता है। इस योग की 5 बूँद की मात्रा थोड़े जल में मिश्रित कर प्रतिदिन एक बार सेवन करायें। रोग की उग्रावस्था में मात्रा की पुनरावृत्ति आवश्यकतानुसार की जा सकती है।

कॉम्बिनेशन नं. 2

मैगनेशिया फॉस (Magnesia Phos) 3X
कैल्केरिया फॉस (Calcarea Phos) 3X
नैट्रम सल्फ (Natrum Sulph) 3X
फेरम फॉस (Ferrum Phos) 3X

उक्त औषधियाँ सम भाग में लेकर मिश्रित करें और 5 ग्रेन की मात्रा में प्रतिदिन चार बार रोगी को गर्म जल के साथ सेवन करायें। रोग की तीव्रता के आधार पर मात्रा की पुनरावृत्ति प्रति 15 मिनट पर भी कर सकते हैं। यह योग बच्चों तथा शिशुओं के लिए विशेषत: लाभदायी है। उदर-शूल, पैरों की जकड़न तथा सर्दी के दर्दों में लाभप्रद योग है। शिशुओं के अजीर्ण, झूठा उदर-शूल, दंतोद्गम कालीन कष्ट, ऋतु शूल, गर्मी तथा नाड़ी तीव्र होने पर भी योग सद्य फलप्रद है।

कॉम्बिनेशन नं. 3

मैगनेशिया फॉस (Magnesia Phos) 3X
मैग. सल्फ (Mag. Sulph) 3X
काली फॉस (Kali Phos) 3X
मैग. म्योर (Mag. Mur) 3X
फेरम फॉस (Ferrum Phos) 3X

उक्त औषधियाँ सम भाग में मिश्रित कर पैप्टिक अल्सर, गैस्ट्राइटिस, अम्लता, बच्चों के कॉलिक, पेट में जलन तथा कोलाइटिस आदि उदर विकारों के रोगी को सेवन कराने से लाभ मिलता है। विचूर्ण रूप में 2 ग्रेन से 5 ग्रेन की मात्रा में दिन में चार बार थोड़े जल के साथ औषधि सेवन करानी चाहिए।

कॉम्बिनेशन नं. 4

कैरिका पपाया (Carica Papaya) Q

कालमेघ (Kalmegh) Q

सिना (Cina) Q

चेलीडोनियम (Chelidonium) Q

सभी औषधियाँ सम भाग में मिश्रित कर 2 से 5 बूँद की मात्रा में विकार ग्रस्त बच्चों को दिन में चार बार सेवन कराने से आशातीत लाभ मिलता है। यह योग रिकेट्स, दाँत पीसना, चिड़चिड़ापन, दंतोद्गम कालीन कष्ट, उदर शूल, यकृत विकार, जड़ता तथा विटामिन की कमी होने से उत्पन्न उपसर्गों में सद्य फलप्रद है।

कॉम्बिनेशन नं. 5

कैल्शियम फॉस्फेट (Calcium Phos) 3X

कैल्शियम फ्लोराइड (Calcium Flouride) 6X

फेरम फॉस्फेट (Ferrum Phos) 3X

साइलीशिया (Silicea) 12X

लेसिथिन (Lecithin) 3X

उक्त औषधियों को सम भाग में मिश्रित कर योग तैयार कर लें और 5 से 10 ग्रेन की मात्रा में दिन में चार बार सेवन करायें। यह योग शिशुओं के लिए अति उत्तम टॉनिक है। कैल्शियम की कमी, अस्थियों की दुर्बलता तथा टिशू निर्माण में उपयोगी है। दंतोद्गम काल की निद्राहीनता, विश्रामहीनता, उदर शूल, रक्तहीनता जैसे विकारों में सद्य फलप्रद है।

कॉम्बिनेशन नं. 6

मर्क डलकिस (Merc Dul) Q

सेण्टोनाइन (Santonine) Q

थाइमोल (Thymol) Q

पाइपर साइट (Piper Cit) Q

सिना (Cina)

ट्यक्रियम (Teucrium) Q

चेनोपोडियम (Chenopodium) Q

उक्त औषधियाँ सम भाग में मिश्रित कर योग तैयार करें और 2 से 5 बूँद की मात्रा में थोड़े जल के साथ सोते समय रोगी को सेवन करायें। यह योग चिड़चिड़ापन, क्षुधा क्षीणता, रात्रि में मूत्र विसर्जन हो जाना, दाँत किटकिटाना, हाथ-पैर जकड़ जाना, आँतों में जलन होना, नाक में खुजली होना, नींद में बेचैनी, उदर शूल, पुट्ठों में दर्द, गुदा में जलन होना, नाक में खुजली होना, नींद में बेचैनी, उदर शूल, पूट्ठों में दर्द, गुदा में जलन तथा खुजली आदि कृमि के रोग की यह उत्तम औषधि है।

कॉम्बिनेशन नं. 7

कैल्केरिया सल्फ (Calcarea Sul) 3X

मैगनेशिया फॉस (Mag. Phos) 3X

काली फॉस (Kali Phos) 3X

नैट्रम फॉस (Natrum Phos) 3X

नैट्रम सल्फ (Natrum Sulph) 3X

उक्त औषधियाँ सम भाग में मिश्रित कर प्रतिदिन चार बार सेवन कराने से उदर शूल के उपसर्गों में आशातीत लाभ मिलता है। यदि शूल तीव्र हो तो प्रत्येक 15 मिनट पर गर्म जल में ऐसा मिश्रण घोलकर पिलाना चाहिए।

कॉम्बिनेशन नं. 8

कैम्फर (Camphor)

मेन्थाल (Menthal)

थाइमाल (Thymol)

उक्त औषधियाँ सम भाग में मिश्रित करके योग की दो बूँद सुगर ऑफ मिल्क, जल अथवा बताशे में डालकर रोगी को खिलाने से हैजा, उदर शूल, मिचली, वमन, अजीर्ण, खट्टी डकार, अम्लता आदि विकारों में आशातीत लाभ होता है। विषैले कीटाणुओं के काटने पर इस योग को खिला देने से आराम मिलता है। औषधि को आवश्यकतानुसार प्रति आधा घंटे पर सेवन करायें अथवा डॉक्टर के परामर्श के अनुसार। कोलाइटिस, गैस, अफरा आदि विकारों में भी यह योग सद्य फलप्रद है।

कॉम्बिनेशन नं. 9

चायना (China) Q

वेरेट्रम एल्बम (Veratrum Album) Q

नैट्रम म्योर (Natrum Mur) 6X

उक्त औषधियाँ मिश्रित कर 5 से 10 बूँद की मात्रा में थोड़े जल के साथ दिन में 4 बार अथवा चिकित्सक के निर्देशानुसार सेवन कराने से नये-पुराने, हरे, पीले, मटीले सफेद, काले पतले दस्त, पेट की मरोड़, अजीर्ण, वायु न घूमना आदि उपसर्गों में आशातीत लाभ मिलता है। यह योग पाचन क्रिया व्यवस्थित करके आँतों की कई बीमारियों से मुक्ति दिलाता है।

कॉम्बिनेशन नं. 10

कार्डुअस मरियान्स (Carduus M.) 1X

चेलीडोनियम (Cheldonium) 1X

मर्क्यूरियस (Mercurius) 6X

चिनिनम आर्स (Chininum Ars) 6X

उक्त औषधियाँ सम भाग में मिश्रित कर योग तैयार कर लें। इस योग की 5 से 10 बूँदें थोड़े जल में मिश्रित कर दिन में 4 बार रोगी को सेवन कराने से यकृत का संकुचन, प्रदाह, शोथ, जलनयुक्त शूल, कोंचने वाला दर्द, प्राचीर का मुलायम एवं दुर्बल हो जाना, यकृत प्रदेश फूल जाना, चेहरा पीला पड़ जाना, वायु शूल, पित्त पथरी का दर्द तथा यकृत के बायें पार्श्व में यंत्रणा आदि उपसर्गों में आशातीत लाभ होता है।

कॉम्बिनेशन नं. 11

ए. एच. ऑक्साइड (A. H. Oxide) 6X

विस्मथ कार्ब (Bismuth Carb) 6X

मैग कार्ब (Mag Carb) 6X

हाइड्रास्टिस (Hydrastis) 6X

कैरिका पपाया (Carica Papaya) 6X

नैट्रम कार्ब (Nat. Carb) 6X

उक्त औषधियाँ सम भाग में मिश्रित कर 5 से 10 ग्रेन की मात्रा में थोड़े जल के साथ दिन में चार बार सेवन कराने से गैस विकार में बड़ा आराम मिलता है। मानसिक चिन्तायें अधिक नहीं सतातीं। मानसिक तनाव उत्पन्न होने वाला आकर्षण समाप्त हो जाता है। पेट दर्द, खट्टी डकार, अजीर्ण कोष्ठबद्धता (कब्ज), पित्त वमन, वक्ष में जलन आदि में यह योग सद्य लाभप्रद है।

आन्त्र पुच्छ प्रदाह
(Appendicitis)

कॉम्बिनेशन नं. 1

ब्रायोनिया एल्बा (Bryonia Alb) 6X

बैलाडोना (Belladona) 6X

लाइकोपोडियम (Lycopodium) 6X

प्लम्बम (Plumbum) 6X

उक्त योग एपेंडिसाइटिस के उपसर्गों के शमनार्थ प्रयोग किया जाता है। 5 बूँद की मात्रा में थोड़े जल के साथ प्रतिदिन सेवन कराने से आशातीत लाभ होता है।

कॉम्बिनेशन नं. 2

फेरम फॉस (Ferrum Phos) 12X

काली म्योर (Kali Mur) 3X

कैल्केरिया सल्फ (Calcarea Sul) 3X

काली फॉस (Kali Phos) 3X

मैगनेशिया फॉस (Magnesia Phos) 3X

साइलीशिया (Silicea) 12X

उक्त औषधियाँ सम भाग में मिश्रित कर 5–5 ग्रेन की मात्रा में गर्म जल के साथ प्रतिदिन चार बार सेवन कराने से एपेण्डिसाइटिस (अंत्र पुच्छ प्रदाह) के उपसर्गों में आशातीत लाभ मिलता है।

कॉम्बिनेशन नं. 3

नैट्रम सल्फ (Natrum Sul) 3X

नैट्रम म्योर (Natrum Mur) 3X

साइलीशिया (Silicea) 12X

उक्त औषधियाँ सम भाग में मिश्रित कर 5–5 ग्रेन की मात्रा में गर्म जल में मिश्रित कर प्रतिदिन चार बार सेवन कराने से कोष्ठबद्धता (कब्ज) के साथ एपेंडिसाइटिस के उपसर्ग प्रकट होने पर लाभ देती हैं।

कामला या पीलिया
(Jaundice)

कॉम्बिनेशन नं. 1

फेरम फॉस (Ferrum Phos) 12X
काली म्योर (Kali Mur) 6X
काली फॉस (Kali Phos) 6X
काली सल्फ (Kali Sulph) 6X
नैट्रम म्योर (Natrum Mur) 6X
नैट्रम सल्फ (Natrum Sulph) 6X

उक्त औषधियों को समान भाग में मिश्रित करके 5 ग्रेन की मात्रा में दिन में चार बार प्रतिदिन रोगी को सेवन करायें।

कॉम्बिनेशन नं. 2

हाइड्रोकोटाइल (Hydrocotyle) Q
कालमेघ (Kalmegh) Q
हाइग्रोफिला (Hygrophila) Q
लूफा बिंदल (Lufa Bindal) Q
बोरेविया डी. (Boerhaevia D.) Q

उक्त औषधियाँ सम भाग में मिश्रित कर 2 से 5 बूँद की मात्रा में रोगी की अवस्थानुसार थोड़े जल के साथ दिन में 4 बार सेवन कराने से क्षुधा वृद्धि होती है तथा यकृत विकारों में लाभ मिलता है। यकृत तथा प्लीहा वृद्धि होने पर यह लाभप्रद योग है, पित्त के निस्सरण में वृद्धि करता है। बच्चों के यकृत, कृमि तथा अजीर्ण विकारों में विशेष रूप से लाभदायी है। अधिक मलेरिया भोगने के पश्चात् यकृत तथा प्लीहा के विकारों में सद्य फलप्रद है।

कॉम्बिनेशन नं. 3

अल्फाल्फा (Alfalfa) Q
मॉस्कस (Mosquos) Q
नूफर लुटियम (Nupher Leut) Q
लुपुलिन (Lupuline) Q
योहिम्बिनम (Yohimbinum) Q

उक्त औषधियाँ सम भाग में मिश्रित करके 5 से 10 बूँद की मात्रा में दिन में चार बार थोड़े जल के साथ देने से स्नायु दौर्बल्य, पौरुष शक्ति क्षीणता, पाण्डु, अनिद्रा आदि विकारों में आशातीत लाभ होता है और व्यक्ति को स्फूर्ति प्रदान करता है।

कॉम्बिनेशन नं. 4

एलेट्रिस फे. (Aletris F.) Q
सी क्लोवर (C. Clover) Q
एवेना सैटाइवा (Avena Sat) Q

जेनोशिया अशोका (Janosia Ashoka) Q

मस्कस (Muschus) Q

सभी औषधियाँ सम भाग मिश्रित कर 5 से 10 बूँद की मात्रा में दिन में चार बार महिलाओं को सेवन कराने से उनके जरायु भ्रंश, पाण्डु रोग, श्वेत प्रदर, हरित्पाण्डु तथा ऋतु कालीन विकारों में आशातीत लाभ देती हैं।

कॉम्बिनेशन नं. 5

कैरिका पपाया (Carica Papaya) Q

कालमेघ (Kalmegh) Q

सिना (Cina) Q

चेलीडोनियम (Chelidonium) Q

सभी औषधियाँ सम भाग में मिश्रित कर 2 से 5 बूँद की मात्रा में विकार ग्रस्त बच्चों को दिन में चार बार सेवन कराने से आशातीत लाभ मिलता है। यह योग रिकेट्स, दाँत पीसना, चिड़चिड़ापन, दंतोद्गमकालीन कष्ट, उदर शूल, यकृत विकार, जड़ता तथा विटामिन की कमी होने से उत्पन्न उपसर्गों में सद्य फलप्रद है।

कॉम्बिनेशन नं. 6

जेनटियाना (Gentiana) Q

चिरायता (Chiraita) Q

केरिका पपाया (Carica Papaya)

कालमेघ (Kalmegh) Q

सभी औषधियाँ समान भाग में लेकर मिश्रण तैयार कर 5 से 10 बूँद की मात्रा में थोड़े जल के साथ दिन में 4 बार रोगी को सेवन कराने से यकृत तथा उदर के संक्रमण में लाभ होता है। अजीर्ण, कृमि, क्षुधा, क्षीणता, पीलिया आदि रोगों में योग सद्य फलप्रद है।

कॉम्बिनेशन नं. 7

कालमेघ (Kalmegh) Q

कार्डुअस मरिया (Carduus M.) Q

चेलीडोनियम (Chelidonium) Q

पोडोफाइलम (Podophylum) Q

कोलोसिंथ (Colocynth) Q

सभी औषधियाँ सम भाग में मिश्रित कर ड्रॉप्स के रूप में 5 से 10 बूँद की मात्रा में दिन में चार बार सेवन कराने से बच्चों के यकृत सम्बन्धी उपसर्गों में तो लाभ मिलता ही है, वयस्कों के अजीर्ण, उदर में भारीपन, मिचली, वमन, कलेजे में जलन, पक्वाशय तथा आँतों में शोथ आदि उपसर्गों में भी आशातीत लाभ मिलता है। बच्चों के हरे-पीले दस्तों में भी प्रयोजनीय है। शिशुओं के लिए मात्रा 2 से 5 बूँद रखें।

कॉम्बिनेशन नं. 8

नैट्रम सल्फ (Natrum Sul.) 3X

साइलीशिया (Silicea) 12X

काली सल्फ (Kali Sul.) 3X

उक्त औषधियाँ सम भाग में मिश्रित कर 5 ग्रेन की मात्रा में थोड़े जल के साथ दिन में चार बार सेवन कराने से कामला (पीलिया) रोग में आशातीत लाभ देती हैं। पेट तथा पतली आँत के अगले भाग के जुकाम के कारण उत्पन्न पीलिया के उपसर्गों में तथा चेहरे के पीलेपन में यह योग सद्य फलप्रद है।

कॉम्बिनेशन नं. 9

कार्डुअस मरियान्स (Carduus M.) 1X

चेलीडोनियम (Cheldonium) 1X

मर्क्यूरियस (Mercurius) 6X

चिनिनम आर्स (Chininum Ars) 6X

उक्त औषधियाँ सम भाग में मिश्रित कर योग तैयार कर लें। इस योग की 5 से 10 बूँद थोड़े जल में मिश्रित कर दिन में 4 बार रोगी को सेवन कराने से यकृत का संकुचन, प्रदाह, शोथ, जलनयुक्त शूल, कोंचने वाला दर्द, प्राचीर का मुलायम एवं दुर्बल हो जाना, यकृत प्रदेश फूल जाना, चेहरा पीला पड़ जाना, वायु शूल, पित्त पथरी का दर्द तथा यकृत के बायें पार्श्व में यंत्रणा आदि उपसर्गों में आशातीत लाभ होता है।

कॉम्बिनेशन नं. 10

एण्ड्रोग्रेफिस (Andrographis) Q

लूफा बिन्दल (Luffa Bindal) Q

बोरेविया (Boerhaevia) Q

क्लोरोडेण्ड्रम (Cholorodendrum) Q

हाइड्रोकोटाइल एसियाटि (Hydrocot Asiat) Q

निट्र बेन्ज (Nitri Benz) Q

उक्त औषधियों को सम भाग में मिश्रित कर 5 से 10 बूँद की मात्रा में थोड़े जल के साथ दिन में चार बार सेवन कराने से पीलिया तथा लम्बे ज्वर के कारण बढ़े हुए यकृत में लाभ मिलता है। शिशु कालीन पीलिया (कामला), गानोरिया (प्रमेह), यकृत रोग, गठिया, मूत्र सम्बन्धी बीमारियाँ, उदर रोग आदि अनेक उपसर्गों में यह योग सद्य फलप्रद है।

यकृत रोग
(Liver Disease)

कॉम्बिनेशन नं. 1

फेरम फॉस (Ferrum Phos) 12X

काली म्योर (Kali Mur) 6X

काली फॉस (Kali Phos) 6X

काली सल्फ (Kali Sulph) 6X

नैट्रम म्योर (Natrum Mur) 6X

नैट्रम सल्फ (Natrum Sulph) 6X

उक्त औषधियों को समान भाग में मिश्रित करके 5 ग्रेन की मात्रा में रोगी को प्रति दिन चार बार सेवन करायें।

कॉम्बिनेशन नं. 2

चेलीडोनियम (Chelidonium) Q

कालमेघ (Kalmegh) Q

माइरिका (Myrica) Q

कैरिका पपाया (Carica Pap.) Q

चीयोनैन्थस (Chionanthus) Q

कैल्केरिया फॉस (Calcarea Phos) 3X

नैट्रम म्योर (Natrum Mur) 3X

नैट्रम फॉस (Natrum Phos) 3X

नैट्रम सल्फ (Natrum Sulph) 3X

काली म्योर (Kali Mur) 3X

काली फॉस (Kali Phos) 3X

काली सल्फ (Kali Sulph) 3X

उक्त औषधियों को समान भाग में मिश्रित कर 5 बूँद अथवा 5 ग्रेन (पाउडर) की मात्रा में प्रतिदिन चार बार थोड़े जल के साथ सेवन करायें बच्चों को औषधि की आधी मात्रा ही उचित है।

कॉम्बिनेशन नं. 3

एण्ड्रोग्राफिस पेन (Andrographis Pen) Q 4 भाग

कैरिका पपाया (Carica Papaya) Q 4 भाग

अजवायन (Ajwoyan) Q 1 भाग

उक्त औषधियों का मिश्रण तैयार करके 2 से 5 बूँद की मात्रा में थोड़े जल में मिश्रित कर दिन में दो या तीन बार सेवन कराने से लाभ मिलता है। यह योग यकृत सम्बन्धी लगभग सभी विकारों में सद्य फलप्रद है। अजीर्ण तथा कोष्ठबद्धता के उपसर्गों में भी यह योग गुणकारी है।

कॉम्बिनेशन नं. 4

हाइड्रोकोटाइल (Hydrocotyle) Q

कालमेघ (Kalmegh) Q

हाइग्रोफिला (Hygrophila) Q

लूफा बिंदल (Lufa Bindal) Q

बोरेविया डी (Boerhaevia. D) Q

उक्त औषधियाँ सम भाग में मिश्रित कर 2 से 5 बूँद की मात्रा में रोगी की अवस्थानुसार थोड़े जल के साथ दिन में 4 बार सेवन कराने से क्षुधा वृद्धि होती है तथा यकृत विकारों में लाभ मिलता है। यकृत तथा प्लीहा वृद्धि होने पर यह लाभप्रद योग है, पित्त के निस्सरण में वृद्धि करता है। बच्चों के यकृत, कृमि तथा अजीर्ण विकारों में विशेष रूप से लाभदायी है। अधिक मलेरिया भोगने के पश्चात् यकृत तथा प्लीहा के विकारों में सद्य फलप्रद है।

कॉम्बिनेशन नं. 5

बैलाडोना (Belladona) 6X
यूपेटोरियम पर्फ (Eupetorium Perf) 6X
चायना (China) 6X
निक्टेन्थिस (Nyctanthus Ar) 6X

उक्त औषधियों की समान मात्रा मिश्रित कर दो से पाँच बूँद की मात्रा में प्रतिदिन चार बार थोड़े जल के साथ सेवन कराने से मलेरिया ज्वर में विशेष रूप से लाभ होता है। ज्वर के साथ सिर दर्द, आँखें रक्तिम, नाड़ी तीव्र, कोष्ठबद्धता, यकृत तथा प्लीहा वृद्धि के लक्षण तथा पित्तयुक्त वमन आदि ऐसे उपसर्ग हैं जहाँ यह रोग सदा फलप्रद है।

कॉम्बिनेशन नं. 6

अल्फाल्फा (Alfalfa) Q
एवेना सैटाइवा (Avena Sat.) Q
काली फॉस (Kali Phos) 3X
कैल्केरिया फॉस (Calcarea Phos) 12X
नैट्रम फॉस (Natrum Phos) 3X
फेरम फॉस (Ferrum Phos) 12X
मैगनेशिया फॉस (Magnesia Phos) 3X
चायना (China) Q
हाइड्रास्टिस केन (Hydrastis Cana) Q
पासीफ्लोरा इन्कार (Passiflora Inc.) Q
अश्वगंधा (Ashwagandha)

सभी द्रव औषधियाँ समान भाग मिली लीटर की मात्रा में तथा सभी लवण औषधियाँ उतने ही भाग ग्रेन्स की मात्रा में प्रयोग करते हुए मिश्रण तैयार कर लें। इस योग की 10 से 15 बूँद की मात्रा थोड़े जल में मिश्रित करके दिन में चार बार सेवन कराने से रक्तहीनता, अजीर्ण, स्नायविक दौर्बल्य तथा बच्चों की जन्मजात दुर्बलता में आशातीत लाभ मिलता है। शारीरिक तथा मानसिक परिश्रम करने वालों के लिए यह एक उत्तम टॉनिक है। अनिद्रा, चक्कर, यकृत विकार, अम्लता तथा स्वास्थ्य भंग आदि जैसे विकारों में भी यह योग एक टॉनिक के रूप में रोगी के लिए उपयोगी रहता है।

कॉम्बिनेशन नं. 7

मर्क्यूरियस साल्युबिल (Merc. Sol) 3X
एलो से. (Aloe S.) Q
एपीकाकुआन्हा (Ipecac)
चौपारो अमारगोसा (Chaparo Amar) Q

उक्त योग को सम भाग में औषधियाँ मिश्रित करके तैयार कर लें। रोग की अवस्था अनुसार 5 से 10 बूँद की मात्रा में दिन में चार बार थोड़े जल के साथ रोगी को सेवन कराने से नई व पुरानी पेचिश, रक्तामाशय, मरोड़-ऐंठन, यकृत की गड़बड़ी तथा पेट की गर्मी आदि विकारों में आशातीत लाभ देता है।

कॉम्बिनेशन नं. 8

एण्ड्रोग्रेफिस (Andrographis) Q

लूफा बिन्दल (Luffa Bindal) Q

बोरेविया (Boerhaevia) Q

क्लोरोडेण्ड्रम (Cholorodendrum) Q

हाइड्रोकोटाइल एसियाटि (Hydrocot. Asiat) Q

निट्र बेन्ज (Nitri Benz) Q

उक्त औषधियों को सम भाग में मिश्रित कर 5 से 10 बूँद की मात्रा में थोड़े जल के साथ दिन में चार बार सेवन कराने से पीलिया तथा लम्बे ज्वर के कारण बढ़े हुए यकृत में लाभ मिलता है। शिशु कालीन पीलिया (कामला), गानोरिया (प्रमेह), यकृत रोग, गठिया, मूत्र सम्बन्धी बीमारियाँ, उदर रोग आदि अनेक उपसर्गों में यह योग सद्य फलप्रद है।

कॉम्बिनेशन नं. 9

कार्डुअस मरियान्स (Carduus M.) 1X

चेलीडोनियम (Cheldonium) 1X

मर्क्यूरियस (Mercurius) 6X

चिनिनम आर्स (Chininum Ars) 6X

उक्त औषधियाँ सम भाग में मिश्रित कर योग तैयार कर लें। इस योग की 5 से 10 बूँद थोड़े जल में मिश्रित कर दिन में 4 बार रोगी को सेवन कराने से यकृत का संकुचन, प्रदाह, शोथ, जलनयुक्त शूल, कोंचने वाला दर्द, प्राचीर का मुलायम एवं दुर्बल हो जाना, यकृत प्रदेश फूल जाना, चेहरा पीला पड़ जाना, वायु शूल, पित्त पथरी का दर्द तथा यकृत के बायें पार्श्व में यंत्रणा आदि उपसर्गों में आशातीत लाभ होता है।

कॉम्बिनेशन नं. 10

मैगनेशिया फॉस (Magnesia Phos) 3X

काली म्योर (Kali Mur) 3X

उक्त औषधियाँ सम भाग में मिश्रित कर 5 ग्रेन की मात्रा में प्रतिदिन चार बार गर्म जल के साथ सेवन कराने से यकृत प्रदेश में खींचन, दर्द होने पर लाभ मिलता है यदि हवा छोड़ने से रोग में कमी आती हो।

कॉम्बिनेशन नं. 11

काली म्योर (Kali Mur) 3X

कैल्केरिया फॉस (Calcarea Phos) 12X

उक्त औषधियाँ सम भाग में मिश्रित कर 5 ग्रेन की मात्रा में प्रतिदिन चार बार सेवन कराने से यकृत विकार के पश्चात् हाथ-पैर फूलने के उपसर्ग में आराम मिलता है।

कॉम्बिनेशन नं. 12

कैरिका पपाया (Carica Papaya) Q

कालमेघ (Kalmegh) Q

सिना (Cina) Q

चेलीडोनियम (Chelidonium) Q

सभी औषधियाँ सम भाग में मिश्रित कर 2 से 5 बूँद की मात्रा में विकार ग्रस्त बच्चे को दिन में चार बार सेवन कराने से आशातीत लाभ मिलता है। यह योग रिकेट्स, दाँत पीसना, चिड़चिड़ापन, दंतोद्गम कालीन कष्ट, बच्चों के उदर शूल, यकृत विकार, जड़ता तथा विटामिन की कमी होने से उत्पन्न उपसर्गों में सद्य फलप्रद है।

कॉम्बिनेशन नं. 13

जेनटियाना (Gentiana) Q

चिरायता (Chiraita) Q

केरिका पपाया (Carica Papaya)

कालमेघ (Kalmegh) Q

सभी औषधियाँ समान भाग में लेकर मिश्रण तैयार कर 5 से 10 बूँद की मात्रा में थोड़े जल के साथ दिन में 4 बार रोगी को सेवन कराने से यकृत तथा उदर के संक्रमण में लाभ होता है। अजीर्ण, कृमि, क्षुधा, क्षीणता, पीलिया आदि रोगों में योग सद्य फलप्रद है।

कॉम्बिनेशन नं. 14

कालमेघ (Kalmegh) Q

कुरची (Kurchi) Q

एजाडिरेक्टा इण्डिका (Azadiracta Indica) Q

केरिका पपाया (Carica Papaya) Q

छेबुला (Chhebula) Q

उक्त औषधियाँ सम भाग में मिश्रित कर 5 से 10 बूँद की मात्रा में थोड़े जल के साथ दिन में चार बार सेवन कराने से यकृत सम्बन्धी उपसर्गों में तो लाभ मिलता ही है, साथ ही यह योग क्षुधा क्षीणता, पुष्टि हीनता, अजीर्ण, कृमि तथा उदर के उपसर्गों के लिए सद्य फलप्रद है।

कॉम्बिनेशन नं. 15

अल्फाल्फा (Alfalfa) Q

मॉस्कस (Mosquos) Q

नूफर लुटियम (Nupher Leut) Q

हाइड्रास्टिस (Hydrastis) Q

योहिम्बिनम (Yohimbinum) Q

उक्त औषधियाँ सम भाग में मिश्रित करके 5 से 10 बूँद की मात्रा में दिन में चार बार थोड़े जल के साथ देने से स्नायु दौर्बल्य, पौरुष शक्ति क्षीणता, पाण्डु, अनिद्रा आदि विकारों में आशातीत लाभ होता है और व्यक्ति को स्फूर्ति प्रदान करता है।

कॉम्बिनेशन नं. 16

कालमेघ (Kalmegh) Q

कार्डुअस मरिया (Carduus M.) Q

चेलीडोनियम (Chelidonium) Q

पोडोफाइलम (Podophylum) Q

कोलोसिंथ (Colocynth) Q

सभी औषधियाँ सम भाग में मिश्रित कर ड्रॉप्स के रूप में 5 से 10 बूँद की मात्रा में दिन में चार बार सेवन कराने से बच्चों के यकृत सम्बन्धी उपसर्गों में तो लाभ मिलता ही है, वयस्कों के अजीर्ण, उदर में भारीपन, मिचली, वमन, कलेजे में जलन, पक्वाशय तथा आँतों में शोथ आदि उपसर्गों में भी आशातीत लाभ मिलता है। बच्चों के हरे-पीले दस्तों में भी प्रयोजनीय है। शिशुओं के लिए मात्रा 2 से 5 बूँद रखें।

पित्त पथरी
(Gall Stone)

कॉम्बिनेशन नं. 1

कार्डुअस मरियानस (Carduous Marianus) 6X

लाइकोपोडियम (Lycopodium) 6X

बर्बेरिस वल्गे (Berberis Vulgaris) 6X

ब्रायोनिया (Bryonia) 6X

एकोनाइट नेप (Aconite Nap) 6X

आर्निका मॉण्ट (Arnica Mont) 6X

यह योग पित्त पथरी में उत्तम कार्य करता है। सामान्य रूप में इस योग की 5 बूँद की एक मात्रा थोड़े जल में मिश्रित करके एक-एक दिन छोड़ कर देनी चाहिए। पित्त पथरी के तीव्र शूल के समय दिन में दो बार यह मात्रा दी जा सकती है।

कॉम्बिनेशन नं. 2

कालमेघ (Kalmegh) Q

कार्डुअस मरिया (Carduus M.) Q

चेलीडोनियम (Chelidonium) Q

पोडोफाइलम (Podophylum) Q

कोलोसिंथ (Colocynth) Q

सभी औषधियाँ सम भाग में मिश्रित कर ड्रॉप्स के रूप में 5 से 10 बूँद की मात्रा में दिन में चार बार सेवन कराने से बच्चों के यकृत सम्बन्धी उपसर्गों में तो लाभ मिलता ही है, वयस्कों के अजीर्ण, उदर में भारीपन, मिचली, वमन, कलेजे में जलन, पक्वाशय तथा आँतों में शोथ आदि उपसर्गों में भी आशातीत लाभ मिलता है। बच्चों के हरे-पीले दस्तों में भी प्रयोजनीय है। शिशुओं के लिए मात्रा 2 से 5 बूँद रखें।

कॉम्बिनेशन नं. 3

कार्डुअस मरियानस (Carduus M.) 1X

चेलीडोनियम (Cheldonium) 1X

मर्क्यूरियस (Mercurius) 6X

चिनिनम आर्स (Chininum Ars) 6X

उक्त औषधियाँ सम भाग में मिश्रित कर योग तैयार कर लें। इस योग की 5 से 10 बूँद थोड़े जल में मिश्रित कर दिन में 4 बार रोगी को सेवन कराने से यकृत का संकुचन, प्रदाह, शोथ, जलनयुक्त शूल, कोंचने वाला दर्द, प्राचीर का मुलायम एवं दुर्बल हो जाना, यकृत प्रदेश फूल जाना, चेहरा पीला पड़ जाना, वायु शूल, पित्त पथरी का दर्द तथा यकृत के बायें पार्श्व में यंत्रणा आदि उपसर्गों में आशातीत लाभ होता है।

कॉम्बिनेशन नं. 4

कैल्केरिया फॉस (Calcarea Phos) 6X

मैगनेशिया फॉस (Magnesia Phos) 6X

नैट्रम सल्फ (Natrum Sulph) 6X

उक्त औषधियों को सम भाग में मिश्रित कर 5 ग्रेन की मात्रा में गर्म जल के साथ प्रतिदिन 4 बार सेवन कराने से पित्त पथरी में आशातीत लाभ मिलता है। इस योग में कैल्केरिया फॉस लगातार कई दिन तक नहीं देनी चाहिए अन्यथा पथरी बनना रोकने के स्थान पर पथरी निर्मित करने लगेगी। 8–10 दिन के पश्चात् एक सप्ताह तक कैल्केफॉस बन्द कर दें और पुन: मिश्रित कर दें इस प्रकार बहुत दिन तक यह योग सेवन करायें।

कॉम्बिनेशन नं. 5

कोलेस्ट्रिनम (Cholestrinum) 1X

डायोस्कोरिया (Dioscorea) 1X

चीओनेन्थस (Chionanthus) 1X

उक्त औषधियाँ सम भाग में मिश्रित कर 5 से 10 बूँद की मात्रा में प्रतिदिन चार बार थोड़े जल के साथ सेवन कराने से पित्त पथरी के उपसर्गों में आशातीत लाभ मिलता है। पीछे की ओर झुकने से आराम मिलना, दाहिने कंधे के नीचे दर्द होना आदि उपसर्गों में यह योग सद्य फलप्रद है।

कॉम्बिनेशन नं. 6

बर्बेरिस वल्गे (Berberis Vulgaris) Q

आइपोमिया पर्प्यूरिया (Ipomia Purpurea) Q

जैन्थॉर आर्बो (Xanthor Arbo) Q

उक्त औषधियाँ सम भाग में मिश्रित कर 5 से 10 बूँद की मात्रा में थोड़े जल के साथ दिन में चार बार सेवन कराने से मूत्र ग्रन्थि प्रदेश में शूल, मूत्र ग्रन्थि प्रदाह, पित्त पथरी, रक्त मूत्र, पित्त कोष सम्बन्धी रोग, कोंचने जैसा दर्द जो मूत्र ग्रन्थि से यकृत, प्लीहा, पक्वाशय एवं वस्ति गह्वर तक फैलता हो आदि उपसर्गों में आशातीत लाभ होता है।

कॉम्बिनेशन नं. 7

कार्डुअस मरि (Carduous M.) 1X

बर्बेरिस वल्गे (Berberis Vul) 1X

कोलेस्ट्रिनम (Cholestrium) 1X

उक्त औषधियाँ सम भाग में मिश्रित कर 5 से 10 बूँद थोड़े जल के साथ प्रतिदिन चार बार सेवन कराने से यकृत प्रभावित होने, कोष्ठबद्धता होने, मूत्र विकार होने, जैसी अवस्थाओं के साथ पित्त पथरी के उपसर्गों में आशातीत लाभ मिलता है।

गैस बनना
(Stomach Gas Formation)

कॉम्बिनेशन नं. 1

फास्फोरिक एसिड (Acid Phos) 3X
नैट्रम सल्फ (Natrum Sulph) 3X
कैल्केरिया फॉस (Calcarea Phos) 3X
हाइड्रास्टिस केन (Hydrastis Cana) 1X

उक्त औषधियाँ सम भाग में मिश्रित कर 10 से 15 बूँद की मात्रा में थोड़े जल के साथ दिन में चार बार सेवन कराने से मूत्र में शक्कर होना, अधिक मात्रा में प्यास लगना, शारीरिक दुर्बलता, क्षुधा क्षीणता, ठीक से पाचन न होना, गैस बनना आदि उपसर्गों में आशातीत लाभ मिलता है।

कॉम्बिनेशन नं. 2

ए. एच. ऑक्साइड (A. H. Oxide) 6X
विस्मथ कार्ब (Bismuth Carb) 6X
मैग कार्ब (Mag Carb) 6X
हाइड्रास्टिस (Hydrastis) 6X
कैरिका पपाया (Carica Papaya) 6X
नैट्रम कार्ब (Nat. Carb) 6X

उक्त औषधियाँ सम भाग में मिश्रित कर 5 से 10 ग्रेन की मात्रा में थोड़े जल के साथ दिन में चारं बार सेवन कराने से गैस विकार में बड़ा आराम मिलता है। मानसिक चिन्तायें अधिक नहीं सतातीं। मानसिक तनाव उत्पन्न होने पर काफी, मदिरा, तम्बाकू आदि उत्तेजक वस्तुओं के प्रति उत्पन्न होने वाला आकर्षण समाप्त हो जाता है। पेट दर्द, खट्टी डाकर, अजीर्ण कोष्ठबद्धता (कब्ज), पित्त वमन, वक्ष में जलन तथा गुर्दे में दर्द आदि उपसर्गों में भी यह औषधि अत्यन्त लाभप्रद है।

अफारा
(Flatulence)

कॉम्बिनेशन नं. 1

कैल्केरिया फॉस (Calcarea Phos) 6X
नैट्रम सल्फ (Natrum Sulph) 6X
नैट्रम फॉस (Natrum Phos) 6X
काली सल्फ (Kali Sulph) 6X
मैगनेशिया फॉस (Magnessia Phos) 6X

उक्त औषधियों को सम भाग में मिश्रित करें और इनसे निर्मित मिश्रण को 5 ग्रेन की मात्रा में थोड़े गर्म जल के साथ दिन में चार बार सेवन करायें। अधिक कष्ट के समय मात्रा की पुनरावृत्ति प्रत्येक आधे घण्टे पर कर सकते हैं। यह योग अम्लता (Acidity), जिह्वा पर पीली मैल जमना, मुख में चिपचिपापन, कड़ुवा स्वाद, उदर में वायु, गड़गड़ाहट (Gas), ऐंठन, मरोड़, पित्त दोषयुक्त मल आने अथवा पित्त दोषयुक्त वमन होने में सद्य फलप्रद है।

कॉम्बिनेशन नं. 2

अल्फाल्फा (Alfalfa) Q

एवेना सैटाइवा (Avena Sat.) Q

चायना ऑफ (China Off.) Q

एसिड फॉस (Acid Phos) Q

अश्वगंधा (Ashwagandha) Q

हाइड्रास्टिस (Hydrastis) Q

फेरम फॉस (Ferrum Phos) 3 X

कैल्केरिया फॉस (Calcarea Phos) 3X

काली फॉस (Kali Phos) 3X

नैट्रम फॉस (Natrum Phos) 3X

मैगनेशियम फॉस (Magnesium Phos) 3X

उक्त सभी औषधियाँ लगभग समान मात्रा में मिश्रित करके टॉनिक ड्रॉप्स तैयार कर लें और थोड़े जल के साथ 5 से 10 बूँद की मात्रा में दिन में 4 बार सेवन करायें। यह योग शरीर के कोषाणुओं को विशेष रूप से प्रभावित करता है। शरीर में चर्बी बढ़ाये बिना मांसपेशियों का भार बढ़ता है। भूख बढ़ाता है जिससे मानसिक एवं शारीरिक रूप से व्यक्ति स्वास्थ्य लाभ करता है। कुपोषण के शिकार रोगियों के लिए अति उत्तम है। स्नायु दौर्बल्य, अनिद्रा आदि दूर करता है। दुग्ध-पान कराने वाली माताओं में दूध की मात्रा बढ़ाता है। मूत्रमेह (Diabetes Inisipidus) तथा मूत्र में फॉस्फेट आने के समय भी इसका व्यवहार रोग मुक्ति में अन्य औषधियों के साथ लाभप्रद रहता है। संधिवात तथा प्रोस्टेट ग्रन्थि के रोगियों को भी टॉनिक के रूप में यह योग दिया जा सकता है। स्नायुमण्डल तथा मस्तिष्क सम्बन्धी थकान, जननेन्द्रिय की दुर्बलता, रोगों के बाद की दुर्बलता, अफीमचियों की दुर्बलता आदि में यह योग लाभ देता है। शरीर से रस रक्तादि क्षरण हो जाने के कारण उत्पन्न दुर्बलता, अधिक वीर्य स्राव होने के पश्चात् की शेष दुर्बलता तथा दुग्धपान कराने वाली माताओं में पौष्टिक दुग्ध उत्पन्न करने के लिए यह योग अति उत्तम है।

कॉम्बिनेशन नं. 3

एल्यूमिना (Alumina) 3X

बैलाडोना (Belladona) 3X

मेग फॉस (Mag. Phos) 3X

बिस्मथ कार्ब (Bismuth Carb) 3X

काली कार्ब (Kali Carb) 3X

मैग आक्स (Mag. Ox) 3X

उक्त औषधियों को लगभग समान मात्रा में मिश्रित कर उदर विकार के रोगियों को सेवन कराने से आशातीत लाभ होता है। यह योग अजीर्ण, अम्लता, वक्ष में जलन, खट्टी डकार आदि उपसर्गों में सद्य फलप्रद है।

कॉम्बिनेशन नं. 4

कालमेघ (Kalmegh) Q

कार्डुअस मरिया (Carduus M.) Q

चेलीडोनियम (Chelidonium) Q

पोडोफाइलम (Podophylum) Q

कोलोसिंथ (Colocynth) Q

सभी औषधियाँ सम भाग में मिश्रित कर ड्रॉप्स के रूप में 5 से 10 बूँद की मात्रा में दिन में चार बार सेवन कराने से बच्चों के यकृत सम्बन्धी उपसर्गों में तो लाभ मिलता ही है, वयस्कों के अजीर्ण, उदर में भारीपन, मिचली, वमन, कलेजे में जलन, पक्वाशय तथा आँतों में शोथ आदि उपसर्गों में भी आशातीत लाभ मिलता है। बच्चों के हरे-पीले दस्तों में भी प्रयोजनीय है। शिशुओं के लिए मात्रा 2 से 5 बूँद रखें।

कॉम्बिनेशन नं. 5

कैम्फर (Camphor)

मेन्थाल (Menthal)

थाइमाल (Thymol)

उक्त औषधियाँ सम भाग में मिश्रित करके योग की दो बूँद सुगर ऑफ मिल्क, जल अथवा बताशे में डालकर रोगी को खिलाने से हैजा, उदर शूल, मिचली, वमन, अजीर्ण, खट्टी डकार, अम्लता आदि विकारों में आशातीत लाभ होता है। विषैले कीटाणुओं के काटने पर इस योग को खिला देने से आराम मिलता है। औषधि को आवश्यकतानुसार प्रति आधा घंटे पर सेवन करायें अथवा डॉक्टर के परामर्श के अनुसार। कोलाइटिस, गैस, अफारा आदि विकारों में भी यह योग सद्य फलप्रद है।

कॉम्बिनेशन नं. 6

ए. एच. ऑक्साइड (A. H. Oxide) 6X

बिस्मथ कार्ब (Bismuth Carb) 6X

मैग कार्ब (Mag Carb) 6X

हाइड्रास्टिस (Hydrastis) 6X

कैरिका पपाया (Carica Papaya) 6X

नैट्रम कार्ब (Nat. Carb) 6X

उक्त औषधियाँ सम भाग में मिश्रित कर 5 से 10 ग्रेन की मात्रा में थोड़े जल के साथ दिन में चार बार सेवन कराने से गैस विकार में बड़ा आराम मिलता है। मानसिक चिन्तायें अधिक नहीं सतातीं। मानसिक तनाव उत्पन्न होने पर काफी, मदिरा, तम्बाकू आदि उत्तेजक वस्तुओं के प्रति उत्पन्न होने वाला आकर्षण समाप्त हो जाता है। पेट दर्द, खट्टी डकार, अजीर्ण कोष्ठबद्धता (कब्ज), पित्त वमन, वक्ष में जलन तथा गुर्दे में दर्द आदि उपसर्गों में भी यह औषधि अत्यन्त लाभप्रद है।

कॉम्बिनेशन नं. 7

काली फॉस (Kali Phos) 3X

नैट्रम म्योर (Natrum Mur) 3X

उक्त औषधियाँ सम भाग में मिश्रित कर 5 ग्रेन की मात्रा में प्रतिदिन चार बार सेवन कराने से गैस, अफारे में आराम मिलता है। पेट में शूल हवा खुलने से कम हो, मल त्याग की असफल इच्छा आदि उपसर्गों में यह योग सद्य फलप्रद है।

कॉम्बिनेशन नं. 8

काली फॉस (Kali Phos) 3X

नैट्रम सल्फ (Natrum Sul) 3X

कैल्केरिया फॉस (Calcarea Phos) 12X

उक्त औषधियाँ सम भाग में मिश्रित कर 5 ग्रेन की मात्रा में प्रतिदिन चार बार सेवन कराने से आँतों में गुड़गड़ाहट, फुदकन, तीसरे पहर व शाम को वायु भर जाना, प्रातः पेट में चोटीलापन तथा कचोट अनुभव होना आदि उपसर्गों में आशातीत लाभ मिलता है।

क्षुधा क्षीणता

(Apetite Loss)

कॉम्बिनेशन नं. 1

अल्फाल्फा (Alfalfa) Q

एवेना सैटाइवा (Avena Sat.) Q

चायना (China) Q

कैफीन (Caffein) 3X

काली सिट (Kali Cit) 3X

हाइड्रास्टिस (Hydrastis) Q

कैल्केरिया फॉस (Calcarea Phos) 3X

काली फॉस (Kali Phos) 3X

नैट्रम फॉस (Natrum Phos) 3X

मैगनेशिया फॉस (Magnesia Phos) 3X

फेरम फॉस (Ferrum Phos) 3X

उक्त औषधियों को समान भाग में मिश्रित करके 5 बूँद अथवा 5 ग्रेन (पाउडर) की मात्रा में रोगी को भोजन से आधे घण्टे पूर्व तथा सोते समय (प्रतिदिन तीन बार) थोड़े जल के साथ सेवन कराना चाहिए।

यह औषधि क्षुधावर्धक है, भोजन को पचाती है, थकी हुई नसों में शक्ति का संचार करती है। शरीर के तन्तु कोषों की वृद्धि करती है। लम्बी बीमारी भोगने के पश्चात् आई दुर्बलता समाप्त करती है। मानसिक कार्य करने वाले, दुग्ध पान कराने वाली माताओं, बच्चों तथा वृद्धों के लिए यह योग आदर्श टानिक के रूप में कार्य करता है।

कॉम्बिनेशन नं. 2

काली सिट (Kali Cit) 3X

कैफीन (Caffein) 3X

फेरम फॉस (Ferrum Phos) 12X

कैल्केरिया फॉस (Calcarea Phos) 3X

काली फॉस (Kali Phos) 3X

नैट्रम फॉस (Natrum Phos) 3X

उक्त औषधियाँ सम भाग में मिश्रित कर दिल बैठने के उपसर्ग में 5 ग्रेन की मात्रा में प्रति 10 मिनट पर देना लाभप्रद रहता है। थकावट, शक्ति क्षीणता, नाड़ी कष्ट, मानसिक चिन्ता, मानसिक तनाव तथा स्नायु दौर्बल्य में यह योग लाभप्रद रहता है। बीमारी के बाद की दुर्बलता, गर्भवती तथा दुग्ध पान कराने वाली माताओं के लिए टॉनिक है। क्षुधा वृद्धि के साथ-साथ भोजन पचाने में भी यह योग लाभदायी है।

कॉम्बिनेशन नं. 3

हाइड्रोकोटाइल (Hydrocotyle) Q

कालमेघ (Kalmegh) Q

हाइग्रोफिला (Hygrophila) Q

लूफा विंदल (Lufa Bindal) Q

बोरेविया डी. (Boerhaevia. D.) Q

उक्त औषधियाँ सम भाग में मिश्रित कर 2 से 5 बूँद की मात्रा में रोगी की अवस्थानुसार थोड़े जल के साथ दिन में 4 बार सेवन कराने से क्षुधा वृद्धि होती है तथा यकृत विकारों में लाभ मिलता है। यकृत तथा प्लीहा वृद्धि होने पर यह लाभप्रद योग है, पित्त के निस्सरण में वृद्धि करता है। बच्चों में यकृत, कृमि तथा अजीर्ण विकारों में विशेष रूप से लाभदायी है। अधिक मलेरिया भोगने के पश्चात् यकृत तथा प्लीहा के विकारों में सद्य फलप्रद है।

कॉम्बिनेशन नं. 4

अल्फाल्फा (Alfalfa) Q

एवेना सेटाइवा (Avena Sat.) Q

काली फॉस (Kali Phos) 3X

कल्केरिया फॉस (Calcarea Phos) 3X

नैट्रम फॉस (Natrum Phos) 3X

फेरम फॉस (Ferrum Phos) 12 X

मैगनेशिया फॉस (Magnesia Phos) 3X

चायना (China) Q

हाइड्रास्टिस केन (Hydrastis Cana) Q

पासीफ्लोरा (Passiflora) Q

अश्वगंधा (Ashwagandha) Q

सभी द्रव औषधियाँ समान भाग मिलीलिटर की मात्रा में तथा सभी लवण औषधियाँ उतने ही भाग ग्रेन्स की मात्रा में प्रयोग करते हुए मिश्रण तैयार कर लें। इस योग की 10 से 15 बूँद की मात्रा थोड़े जल में मिश्रित करके दिन में चार बार सेवन कराने से रक्तहीनता, अजीर्ण, स्नायविक दौर्बल्य तथा बच्चों की जन्मजात दुर्बलता में आशातीत लाभ मिलता है। शारीरिक तथा मानसिक परिश्रम करने वालों के लिए यह एक उत्तम टॉनिक है। अनिद्रा, चक्कर, यकृत विकार, अम्लता तथा स्वास्थ्य भंग आदि जैसे विकारों में भी यह योग एक टॉनिक के रूप में रोगी के लिए उपयोगी रहता है।

कॉम्बिनेशन नं. 5

फास्फोरिक एसिड (Acid Phos) 3X
नैट्रम सल्फ (Natrum Sulph) 3X
कैल्केरिया फॉस (Calcarea Phos) 6X
हाइड्रास्टिस केन (Hydrastis Cana) 1X

उक्त औषधियाँ सम भाग में मिश्रित कर 10 से 15 बूँद की मात्रा में थोड़े जल के साथ दिन में चार बार सेवन कराने से मूत्र में शक्कर होना, फास्फेट्स जाना, शारीरिक दुर्बलता, क्षुधा क्षीणता, ठीक से पाचन न होना, गैस बनना आदि उपसर्गों में आशातीत लाभ मिलता है।

कॉम्बिनेशन नं. 6

जेनटियाना (Gentiana) Q
चिरायता (Chiraita) Q
केरिका पपाया (Carica Papaya)
कालमेघ (Kalmegh) Q

सभी औषधियाँ समान भाग में लेकर मिश्रण तैयार कर 5 से 10 बूँद की मात्रा में थोड़े जल के साथ दिन में 4 बार रोगी को सेवन कराने से यकृत तथा उदर के संक्रमण में लाभ होता है। अजीर्ण, कृमि, क्षुधा, क्षीणता, पीलिया आदि रोगों में योग सद्य फलप्रद है।

कॉम्बिनेशन नं. 7

कालमेघ (Kalmegh) Q
कुरची (Kurchi) Q
एजाडिरेक्टा इण्डिका (Azadiracta Indica) Q
केरिया पपइया (Carica Papaya) Q
छेबुला (Chhebula) Q

उक्त औषधियाँ सम भाग में मिश्रित कर 5 से 10 बूँद की मात्रा में थोड़े जल के साथ दिन में चार बार सेवन कराने से यकृत सम्बन्धी उपसर्गों में तो लाभ मिलता ही है, साथ ही यह योग क्षुधा क्षीणता, पुष्टि हीनता, अजीर्ण, कृमि तथा उदर के उपसर्गों के लिए भी सद्य फलप्रद है।

कॉम्बिनेशन नं. 8

कालमेघ (Kalmegh) Q
कार्डुअस मरिया (Carduus M.) Q

चेलीडोनियम (Chelidonium) Q

पोडोफायलम (Podophylum) Q

कोलोसिंथ (Colocynth) Q

सभी औषधियाँ सम भाग में मिश्रित कर ड्रॉप्स के रूप में 5 से 10 बूँद की मात्रा में दिन में चार बार सेवन कराने से बच्चों के यकृत सम्बन्धी उपसर्गों में तो लाभ मिलता ही है, वयस्कों के अजीर्ण, उदर में भारीपन, मिचली, वमन, कलेजे में जलन, पक्वाशय तथा आँतों में शोथ यदि उपसर्गों में भी आशातीत लाभ मिलता है। बच्चों के हरे-पीले दस्तों में भी प्रयोजनीय है। शिशुओं के लिए मात्रा 2 से 5 बूँद रखें।

कॉम्बिनेशन नं. 9

कैल्केरिया फॉस (Calcarea Phos) 3X 1 भाग

फेरम फॉस (Ferrum Phos) 12X 1 भाग

नैट्रम फॉस (Natrum Phos) 3X 1 भाग

काली फॉस (Kali Phos) 3X 1 भाग

मैग फॉस (Mag. Phos) 3X 1 भाग

अल्फाल्फा (Alfalfa) Q 4 भाग

शहद (Honey) 2 भाग

उक्त योग को व्यवस्थानुसार तैयार कर भोजन के पश्चात् 1/2 से 1 चाय के चम्मच की मात्रा में दिन में दो बार सेवन कराने से पाचन शक्ति में वृद्धि होती है। इस योग से स्टार्च शुगर में परणित हो जाता है। बच्चों तथा वृद्धों के लिए सामान्य टॉनिक का कार्य यह योग करता है। बढ़ते हुए बालकों तथा लम्बी बीमारी भोगने के पश्चात् उत्पन्न दुर्बलता आदि उपसर्गों में यह भोजन के पौष्टिक तत्त्वों की कमी पूरी करता है।

कॉम्बिनेशन नं. 10

अल्फाल्फा (Alfalfa) Q

मास्कस (Mosquos) Q

नूफर लुटियम (Nuphar Leut) Q

हाइड्रास्टिस (Hydrastis) Q

लुपुलिन (Lupuline) Q

योहिम्बिनम (Yohimbinum) Q

उक्त औषधियाँ सम भाग में मिश्रित करके 5 से 10 बूँद की मात्रा में दिन में चार बार थोड़े जल के साथ देने से स्नायु दौर्बल्य, पौरुष शक्ति क्षीणता, पाण्डु रोग, अनिद्रा आदि विकारों में आशातीत लाभ होता है और व्यक्ति को स्फूर्ति प्रदान करता है।

कॉम्बिनेशन नं. 11

अश्वगंधा (Ashwagandha) Q

एवेना सेटाइवा (Avena Sat) Q

डेमियाना (Damiana) Q

अल्फाल्फा (Alfalfa) Q

नक्स वॉमिका (Nux Voim.) Q

जेण्टियाना (Gentiana) Q

उक्त औषधियाँ समान भाग में मिश्रित कर योग तैयार कर लें और 5 से 10 बूँद की मात्रा में दिन में चार बार थोड़े जल के साथ रोगी को सेवन करायें। यह औषधि शारीरिक दुर्बलता के साथ-साथ मानसिक दुर्बलता को भी दूर करती है। रक्ताल्पता, इन्द्रिय दौर्बल्य, अनिद्रा, भग्न स्वास्थ्य, अनिद्रा तथा क्षुधा क्षीणता जैसे उपसर्गों में यह योग सद्य फलप्रद है।

कॉम्बिनेशन नं. 12

अल्फाल्फा (Alfalfa) Q

चायना (China) Q

हाइड्रास्टिस (Hydrastis) Q

उक्त औषधियाँ सम भाग में मिश्रित करके टॉनिक ड्रॉप्स तैयार कर लें और 5 से 10 बूँद की मात्रा में दिन में दो बार भोजन से आधा घण्टे पहले थोड़े जल में मिश्रित करके सेवन करायें। यह योग रोगों के पश्चात् स्वास्थ्य प्रदान करता है, भूख वृद्धि करता है। चिड़चिड़ापन, घबराहट, अनिद्रा आदि उपसर्गों में सद्य फलप्रद, स्फूर्तिदायक, पुष्टि वर्धक टॉनिक का कार्य करता है।

कॉम्बिनेशन नं. 13

ए. एच. ऑक्साइड (A. H. Oxide) 6X

विस्मथ कार्ब (Bismuth Carb) 6X

मैग कार्ब (Mag Carb) 6X

हाइड्रास्टिस (Hydrastis) 6X

कैरिका पपइया (Carica Papaya) 6X

नैट्रम कार्ब (Nat. Carb) 6X

उक्त औषधियाँ सम भाग में मिश्रित कर 5 से 10 ग्रेन की मात्रा में थोड़े जल के साथ दिन में चार बार सेवन कराने से गैस विकार में बड़ा आराम मिलता है। मानसिक चिन्तायें अधिक नहीं सतातीं। मानसिक तनाव उत्पन्न होने पर काफी, मदिरा, तम्बाकू आदि उत्तेजक वस्तुओं के प्रति उत्पन्न होने वाला आकर्षण समाप्त हो जाता है। पेट दर्द, खट्टी डाकर, अजीर्ण कोष्ठबद्धता (कब्ज), पित्त वमन वक्ष में जलन तथा गुर्दे में दर्द आदि उपसर्गों में भी यह औषधि अत्यन्त लाभप्रद है।

कॉम्बिनेशन नं. 14

एबिज नाइग्रा (Abies Nigra) Q

क्वासिया (Quassia) Q

चायना (China) Q

जेनटियाना (Gentiana) Q

कार्डुअस मरि (Carduous. M.) Q

हाइड्रास्टिस (Hydrastis) Q

अल्फाल्फा (Alfalfa) Q

कैल्शियम फॉस्फेट (Calcarea Phos) 3X
फेरम फॉस (Ferrum Phos) 12X
नैट्रम फॉस (Natrum Phos) 3X
मैगनेशिया फॉस (Mag. Phos) 3X
काली फॉस (Kali Phos) 3X

उक्त औषधियाँ सम भाग में लेकर भली प्रकार मिश्रित करके योग तैयार कर लें। शिशुओं को 2 बूँद, बच्चों को 5 बूँद तथा वयस्कों को 10 बूँद की मात्रा में थोड़े जल अथवा दूध के साथ दिन में चार बार प्रतिदिन सेवन करायें। यह योग कुपोषण के शिकार, लम्बी बीमारी के बाद की दुर्बलता, विशेष सिर दर्द, थकावट, जीवनी शक्ति की कमी, भोजन से अरुचि, क्षुधा क्षीणता जैसे उपसर्गों में सद्य फलप्रद है।

कॉम्बिनेशन नं. 15

मर्क डलकिस (Merc Dul) Q
सेण्टोनाइन (Santonine) Q
थाइमोल (Thymol) Q
पाइपर सिट (Piper Cit) Q
ट्यूक्रियम (Teucrium) Q
चेनोपोडियम (Chenopodium) Q

उक्त औषधियाँ सम भाग में मिश्रित कर योग तैयार करें और 2 से 5 बूँद की मात्रा में थोड़े ज्ल के साथ सोते समय रोगी को सेवन करायें। यह योग चिड़चिड़ापन, क्षुधा क्षीणता, रात्रि में मूत्र विसर्जन हो जाना, दाँत किटकिटाना, हाथ-पैर जकड़ जाना, आँतों में जलन होना, नाक में खुजली होना, नींद में बेचैनी, उदर शूल, पुट्ठों में दर्द, गुदा में जलन तथा खुजली आदि कृमि के कारण उत्पन्न उपसर्गों में आशातीत सफलता देता है। बच्चों के कृमि रोग की यह उत्तम औषधि है।

कॉम्बिनेशन नं. 16

अल्फाल्फा (Alfalfa) Q 1 Oz
एवेना सेटाइवा (Avena Sat.) Q 1 Oz
हाइड्रास्टिस केन (Hydrastis Can) Q
चायना (China) Q
अश्वगंधा (Ashwagandha) Q
डेमियाना (Demiana) Q
हरपीज मोनीरा (Herpes Moneira) Q
फार्मिक एसिड (Formic Acid) Q
कैल्केरिया फॉस (Calcarea Phos) 3X
मैगनेशिया फॉस (Magnesia Phos) 3X
काली फॉस (Kali Phos) 3X
फेरम फॉस (Ferrum Phos) 12X
नैट्रम फॉस (Natrum Phos) 3X

उक्त औषधियाँ सम भाग में मिश्रित कर योग तैयार कर लें तथा 5 से 10 बूँद की मात्रा में प्रतिदिन चार बार थोड़े जल में मिश्रित कर सेवन करायें। यह औषधि अति मैथुन के कारण आये उपद्रव, स्वप्न दोष, नस–नाड़ियों की दुर्बलता, शीघ्र पतन, अनिद्रा; रक्तहीनता, भूख कम, ऋतु अल्प अथवा दर्द से आये, प्रसव के पश्चात् की दुर्बलता आदि उपसर्गों में लाभप्रद है।

कॉम्बिनेशन नं. 17

फेरम फॉस (Ferrum Phos) 12X
काली म्योर (Kali Mur) 3X
नैट्रम सल्फ (Natrum Sulph) 3X
नैट्रम म्योर (Natrum Mur) 3X
नैट्रम फॉस (Natrum Phos) 3X
काली सल्फ (Kali Sul) 3X

उक्त औषधियाँ सम भाग में मिश्रित कर प्रतिदिन चार बार रोगी को 5 ग्रेन की मात्रा में सेवन कराने से क्षुधा में वृद्धि होती है।

अजीर्ण
(Dyspepsia)

डिस्पेप्सिया का अर्थ है, बदजहमी या अजीर्ण रोग। हम लोग जो कुछ खाते हैं वह अगर अच्छी तरह न पचे तो शरीर की सभी क्रियाओं में गड़बड़ी पैदा हो जाती है। परिणाम यह होता है कि शरीर क्रमश: कमजोर, रक्तहीन और बेकार हो जाता है। यही डिस्पेप्सिया की बीमारी है, आजकल प्राय: सब जगह यह बीमारी दिखाई देती है, किन्तु रोगियों की संख्या ग्राम में रहने वालों की अपेक्षा शहर में रहने वालों की ज्यादा है।

रोग की उत्पत्ति के कारण

डिस्पेप्सिया का असली कारण निर्णय करना कठिन है, पर सम्भवत: नीचे लिखे कारण ही डिस्पेप्सिया के प्रधान कारण माने जाते हैं। जैसे—

(1) पाचन-तन्त्र का यांत्रिक परिवर्तन— जैसे आँतों में श्लेष्मा, प्रदाह, जख्म, आँतें मोटी पड़ जाना इत्यादि कारणों से डिप्पेप्सिया होता है।

(2) पाचन तन्त्र से जो पाचक रस निकल कर खाये हुए पदार्थों को पचाते हैं, उनके परिणाम या गुणों का तारतम्य— जैसे गैस्ट्रिक जूस (पाचक रस यह पक्वशय से निकलता है), पैक्रियाटिक जूस (क्लोम रस) यकृत पित्त कोष और आँतों से रस स्राव (Secretion) यदि थोड़ा हो या उनके गुणों में किसी प्रकार का परिवर्तन हो जाए तो डिस्पेप्सिया हो जाता है।

(3) मानसिक उत्तेजना और अत्यधिक मानसिक परिश्रम— जैसे बहुत अधिक चिन्ता, बुरी खबर, शोक, पढ़ना इत्यादि से नर्वस सिस्टम की स्वाभाविक क्रिया में गड़बड़ी होने से डिस्पेप्सिया, अजीर्ण, मन्दाग्नि होता है।

(4) अनियमित खान-पान— जैसे शराब पीना, बहुत ज्यादा मिर्च, राई, आदि खाना, आइसक्रीम (कुल्फी का बरफ), बहुत ज्यादा चाय, अफीम इत्यादि स्टिमुलैण्ट और उत्तेजक पदार्थ खाना–पीना तथा बाजार की बनी बासी, सड़ी–बिगड़ी चीजें खाने के कारण डिस्पेप्सिया (बदहजमी) होता है।

(5) डिस्पेप्सिया का और भी एक प्रधान कारण है—हम लोग नित्य जो कुछ खाते-पीते हैं, वह अपनी पाचन-शक्ति के अनुकूल है या नहीं। इस विषय पर अच्छी तरह ध्यान न देना। यदि आहार पाचन-शक्ति के अनुकूल नहीं होता तो क्रमशः डिस्पेप्सिया (मन्दाग्नि) हो जाता है। खाई हुई चीज पचाने के लिए यद्यपि सृष्टि कर्त्ता ने प्रत्येक मनुष्य शरीर को ही लार, गैस्ट्रिक जूस तथा आँत और पैंक्रियस (पाचन-ग्रन्थि) से एक प्रकार का रस निकलकर सब तरह के खाद्य-पदार्थ पचाने की ताकत दी है। मगर फिर भी ऐसा होता है कि किसी को पाचक-रस ज्यादा तथा लार और पित्तदि कम रहता और किसी को लार या पित्तादि ज्यादा रहता है और गैस्ट्रिक जूस कम निकलता है। अतएव जिन्हें गैस्ट्रिक जूस अधिक और लार व पित्त कम निकलते हैं, यदि ऐसा मनुष्य अधिक चर्बी मिले पदार्थ और रोटी, पूड़ी, परांठा, गोल आलू इत्यादि नित्य खायेगा, तो उसे अच्छी तरह पाचन न होकर बदहजमी हो जायेगी, पर यदि वही मनुष्य दाल, मांस, अण्डा वगैरह खायेगा तो सहज में ही पाचन हो जायेगा और स्वास्थ्य भी अच्छा रहेगा। इसी तरह जिस मनुष्य में गैस्ट्रिक जूस कम है और लार, पित्त इत्यादि अधिक निकलते हैं, यदि वह व्यक्ति मांस, अण्डा इत्यादि अधिक परिमाण में खाये तो हजम न कर सकेगा। लिहाजा उसे भी बदहजमी (डिस्पेप्सिया) हो जायेगी।

डिस्पेप्सिया के लक्षण :

(1) डिस्पेप्सिया का प्रधान लक्षण कब्ज है।

(2) भूख न लगना या राक्षसी भूख होना, हमेशा चटपटी, खट्टी और गरम मसालेदार चीजें खाने की इच्छा।

(3) पाकस्थली में वायु इकट्ठा होना और उस वायु की ऊर्ध्व गति होकर श्वास प्रश्वास में तकलीफ होना, कलेजा धड़कना, बार-बार बुरी डकार आना।

(4) पाकस्थली में अम्ल होने की वजह से खट्टी डकारें, पनीली डकारें, कलेजे में जलन, मुँह में पानी भर आना, गले के भीतर कोई पोटली-सी अड़ी हुई मालूम होना इत्यादि।

(5) खायी हुई चीज न पचकर बमन और दस्त होना।

(6) पाकस्थली के ऊपर की तरफ उग्र खण्ड की जगह पर दर्द, स्पर्श सहन न होना, हमेशा पेट भारी होना और पेट में गड़बड़ी तथा पेट फूलकर नगाड़ा हो जाना।

(7) शारीरिक और मानसिक परिश्रम से अनिच्छा, थोड़े ही परिश्रम करने पर थकावट आ जाना, सुस्ती, मन बैठा हुआ, फुर्ती न रहना, चिड़चिड़ा मिजाज, जरा-जरा सी बात पर क्रोध आ जाना, नींद न आना, नींद में स्वप्न देखना, सिर में चक्कर, आँख से कम दिखाई देना, चेहरा बदरंग, क्लिष्ट आँखें धँसी हुई, शरीर का रंग फीका या पीला हो जाना, ओंठ, मुँह, जीभ और आँखों में खून कम होते जाना इत्यादि।

(8) हमेशा हाथ-पैर ठण्डा रहना और जरा-सी ठण्ड में ही सर्दी लग जाना।

(9) क्रमशः शरीर का मांस और शक्ति घटती जाना, दुबले-पतले, अकर्मण्य और कमजोर हो पड़ना।

बच्चों की डिस्पेप्सिया होने से पेट फूल उठता है। पेट कड़ा हो जाता है। पेट दबाने पर दर्द मालूम होता है, बच्चा रोता है, पेट गड़गड़ाता है। पेट के भीतर गड़गड़, कलकल शब्द होता है। पाखाने में बहुत बदबू या खट्टी गन्ध रहती है। मल छेने के टुकड़ों की तरह फटा-फटा सा होता है।

कॉम्बिनेशन नं. 1

थाइमोल (Thymol) Q

परिश्रुत जल (Purified Water) 5 भाग

उक्त योग का उपयोग 5 बूँद की मात्रा में थोड़े जल के साथ सेवन कराने से अम्लता, वक्ष में जलन, अफरा, अजीर्ण, उदरामय तथा लू लगने में आशातीत लाभ होता है।

कॉम्बिनेशन नं. 2

मैगनेशिया फॉस (Magnesia Phos) 6X

कैल्केरिया फॉस (Calcarea Phos) 6X

नैट्रम सल्फ (Natrum Sul) 3X

फेरम फॉस (Ferrum Phos) 12X

उक्त औषधियाँ सम भाग में लेकर मिश्रित करें और 5 ग्रेन की मात्रा में प्रतिदिन चार बार रोगी को गर्म जल के साथ सेवन करायें। रोग की तीव्रता के आधार पर मात्रा की पुनरावृत्ति प्रति 15 मिनट पर भी कर सकते हैं। यह योग बच्चों तथा शिशुओं के लिए विशेषत: लाभदायी है। उदर शूल, पैरों की जकड़न तथा सर्दी के दर्दों में लाभप्रद योग है। शिशुओं के अजीर्ण, झूठा उदर शूल, दंतोद्‌गम कालीन कष्ट, ऋतु शूल, गर्मी तथा नाड़ी तीव्र होने पर भी यह योग सद्य फलप्रद है।

कॉम्बिनेशन नं. 3

एण्ड्रोग्रफिस पेन (Andrographis Pen) Q 4 भाग

कैरिका पपाया (Carica Papaya) Q 4 भाग

अजवायन (Ajwoyan) Q 1 भाग

उक्त औषधियों का मिश्रण तैयार करके 2 से 5 बूँद की मात्रा में थोड़े जल में मिश्रित कर दिन में दो या तीन बार सेवन कराने से लाभ मिलता है। यह रोग यकृत सम्बन्धी लगभग सभी विकारों में सद्य फलप्रद है। अजीर्ण तथा कोष्ठबद्धता के उपसर्गों में भी यह योग गुणकारी है।

कॉम्बिनेशन नं. 4

मूथा (Mootha) Q

नक्स मस्काटा (Nux Muschata) Q

कॉलचिकम (Colchicum) Q

कैरिका पपाया (Carica Papaya) Q

उक्त योग का सेवन अजीर्ण गैस (अफरा), अम्लता, वक्ष में जलन आदि जैसे उदर विकारों में किया जाता है। इस योग की 2 से 5 बूँद की मात्रा थोड़े जल के साथ दिन में 4 बार रोगी को सेवन कराने से आशातीत लाभ होता है।

कॉम्बिनेशन नं. 5

अल्फाल्फा (Alfalfa) Q

एवेना सैटाइवा (Avena Sat.) Q

चायना ऑफ (China Off.) Q

एसिड फॉस (Acid Phos) Q
अश्वगंधा (Ashwagandha) Q
हाइड्रास्टिस (Hydrastis) Q
फेरम फॉस (Ferrum Phos) 3 X
कैल्केरिया फॉस (Calcarea Phos) 3X
काली फॉस (Kali Phos) 3X
नैट्रम फॉस (Natrum Phos) 3X
मैगनेशिया फॉस (Magnesium Phos) 3X

उक्त सभी औषधियाँ लगभग समान मात्रा में मिश्रित करके टॉनिक ड्रॉप्स तैयार कर लें और थोड़े जल के साथ 5 से 10 बूँद की मात्रा में दिन में 4 बार सेवन करायें। यह योग शरीर के कोषाणुओं को विशेष रूप से प्रभावित करता है। शरीर में चर्बी बढ़ाये बिना मांसपेशियों का भार बढ़ाता है। भूख बढ़ाता है जिससे मानसिक एवं शारीरिक रूप से व्यक्ति स्वास्थ्य लाभ करता है। कुपोषण के शिकार रोगियों के लिए अति उत्तम है। स्नायु दौर्बल्य, अनिद्रा आदि दूर करता है। दुग्ध-पान कराने वाली माताओं में दूध की मात्रा बढ़ाता है। मूत्रमेह (Diabetes Inisipidus) तथा मूत्र में फॉस्फेट आने के समय भी इसका व्यवहार रोग मुक्ति में अन्य औषधियों के साथ लाभप्रद रहता है। संधिवात तथा प्रोस्टेट ग्रन्थि के रोगियों को भी टॉनिक के रूप में यह योग दिया जा सकता है। स्नायुमण्डल तथा मस्तिष्क सम्बन्धी थकान, जननेन्द्रिय की दुर्बलता, रोगों के बाद की दुर्बलता, अफीमचियों की दुर्बलता आदि में यह योग लाभ देता है। शरीर से रस रक्तादि क्षरण हो जाने के कारण उत्पन्न दुर्बलता, अधिक वीर्य स्राव होने के पश्चात् की शेष दुर्बलता नथा दुग्धपान कराने वाली माता में पौष्टिक दुग्ध उत्पन्न करने के लिए यह योग अति उत्तम है।

कॉम्बिनेशन नं. 6

हाइड्रोकोटाइल (Hydrocotyle) Q
कालमेघ (Kalmegh) Q
हाइग्रोफिला (Hygrophila) Q
लूफा बिंदल (Lufa Bindal) Q
बोरेविया डी. (Boerhaevia. D.) Q

उक्त औषधियाँ सम भाग में मिश्रित कर 2 से 5 बूँद की मात्रा में रोगी की अवस्थानुसार थोड़े जल के साथ दिन में 4 बार सेवन कराने से क्षुधा वृद्धि होती है तथा यकृत विकारों में लाभ मिलता है। यकृत तथा प्लीहा वृद्धि होने पर यह लाभप्रद योग है, पित्त के निस्सारण में वृद्धि करता है। बच्चों के यकृत, कृमि तथा अजीर्ण विकारों में विशेष रूप से लाभदायी है। अधिक मलेरिया भोगने के पश्चात् यकृत तथा प्लीहा के विकारों में सद्य फलप्रद है।

कॉम्बिनेशन नं. 7

अल्फाल्फा (Alfalfa) Q
एवेना सैटाइवा (Avena Sat.) Q
काली फॉस (Kali Phos) 3X
कैल्केरिया फॉस (Calcarea Phos) 3X

नैट्रम फॉस (Natrum Phos) 3X

फेरम फॉस (Ferrum Phos) 12 X

मैगनेशिया फॉस (Magnesia Phos) 3X

चायना (China) Q

हाइड्रास्टिस केन (Hydrastis Cana) Q

पासीफ्लोरा (Passiflora) Q

अश्वगंधा (Ashwagandha) Q

सभी द्रव औषधियाँ समान भाग मिलीलिटर की मात्रा में तथा सभी लवण औषधियाँ उतने ही भाग ग्रेन्स की मात्रा में प्रयोग करते हुए मिश्रण तैयार कर लें। इस योग की 10 से 15 बूँद की मात्रा थोड़े जल में मिश्रित करके दिन में चार बार सेवन कराने से रक्तहीनता, अजीर्ण, स्नायविक दौर्बल्य तथा बच्चों की जन्मजात दुर्बलता में आशातीत लाभ मिलता है। शारीरिक तथा मानसिक परिश्रम करने वालों के लिए यह एक उत्तम टॉनिक है। अनिद्रा, चक्कर, यकृत विकार, अम्लता तथा स्वास्थ्य भंग आदि जैसे विकारों में भी यह योग एक टॉनिक के रूप में रोगी के लिए उपयोगी रहता है।

कॉम्बिनेशन नं. 8

हाइड्रास्टिस केन (Hydrastis C) Q 1 भाग

केसकेरा सेगोरेडा (Cascara Sagorada) Q 2 भाग

उक्त औषधियों को व्यवस्थानुसार मिश्रित कर 5 से 10 बूँद की मात्रा में थोड़े जल के साथ दिन में चार बार सेवन कराने से अजीर्ण रोग में लाभ मिलता है।

कॉम्बिनेशन नं. 9

जेनटियाना (Gentiana) Q

चिरायता (Chiraita) Q

केरिका पपइया (Carica Papaya) Q

कालमेघ (Kalmegh) Q

सभी औषधियाँ समान भाग लेकर मिश्रण तैयार कर 5-10 बूँद की मात्रा में थोड़े जल के साथ दिन में 4 बार रोगी को सेवन कराने से यकृत तथा उदर के संक्रमण में लाभ होता है। अजीर्ण, कृमि, क्षुधा क्षीणता, पीलिया आदि रोगों में यह योग सद्य फलप्रद है।

कॉम्बिनेशन नं. 10

कालमेघ (Kalmegh) Q

कुरची (Kurchi) Q

एजाडिरेक्टा इण्डिका (Azadiracta Indica) Q

छेबुला (Chhebula) Q

उक्त औषधियाँ सम भाग में मिश्रित कर 5 से 10 बूँद की मात्रा में थोड़े जल के साथ दिन में चार बार सेवन कराने से यकृत सम्बन्धी उपसर्गों में तो लाभ मिलता ही है, साथ ही यह योग क्षुधा क्षीणता, पुष्टिहीनता, अजीर्ण, कृमि तथा उदर के उपसर्गों के लिए सद्य फलप्रद है।

कॉम्बिनेशन नं. 11

एल्यूमिना (Alumina) 3X

बैलाडोना (Belladona) 3X

मैग फॉस (Mag Phos) 3X

बिस्मथ कार्ब (Bismuth Carb) 3X

काली कार्ब (Kali Carb) 3X

मैग ऑक्स (Mag Ox) 3X

उक्त औषधियों को लगभग समान मात्रा में मिश्रित कर उदर विकार के रोगियों को सेवन कराने से आशातीत लाभ होता है। यह योग अजीर्ण, अम्लता वक्ष में जलन, खट्टी डकार आदि उपसर्गों में सद्य फलप्रद है।

कॉम्बिनेशन नं. 12

कालमेघ (Kalmegh) Q

कार्डुअस मरिया (Carduus M.) Q

चेलीडोनियम (Chelidonium) Q

पोडोफायलम (Podophylum) Q

कोलोसिंथ (Colocynth) Q

सभी औषधियाँ सम भाग में मिश्रित कर ड्रॉप्स के रूप में 5 से 10 बूँद की मात्रा में दिन में चार बार सेवन कराने से बच्चों के यकृत सम्बन्धी उपसर्गों में तो लाभ मिलता ही है, वयस्कों के अजीर्ण, उदर में भारीपन, मिचली, वमन, कलेजे में जलन, पाकाशय तथा आँतों में शोथ यदि उपसर्गों में भी आशातीत लाभ मिलता है। बच्चों के हरे-पीले दस्तों में भी प्रयोजनीय है। शिशुओं के लिए मात्रा 2 से 5 बूँद रखें।

कॉम्बिनेशन नं. 13

कैल्केरिया फॉस (Calcarea Phos) 3X 1 भाग

फेरम फॉस (Ferrum Phos) 12X 1 भाग

नैट्रम फॉस (Natrum Phos) 3X 1 भाग

काली फॉस (Kali Phos) 3X 1 भाग

मैग फॉस (Mag. Phos) 3X 1 भाग

अल्फाल्फा (Alfalfa) Q

शहद (Honey) 2 भाग

उक्त योग को व्यवस्थानुसार तैयार कर भोजन के पश्चात् 1/2 से 1 चाय के चम्मच की मात्रा में दिन में दो बार सेवन कराने से पाचन शक्ति में वृद्धि होती है। इस योग से स्टार्च शुगर में परणित हो जाता है। बच्चों तथा वृद्धों के लिए सामान्य टॉनिक का कार्य यह योग करता है। बढ़ते हुए बालकों तथा लम्बी बीमारी भोगने के पश्चात् उत्पन्न दुर्बलता आदि उपसर्गों में यह भोजन के पौष्टिक तत्त्वों की कमी पूरी करता है।

कॉम्बिनेशन नं. 14

कैम्फर (Camphor)

मेन्थाल (Menthal)

थाइमाल (Thymol)

उक्त औषधियाँ सम भाग में मिश्रित करके योग की दो बूँद सुगर ऑफ मिल्क, जल अथवा बताशे में डालकर रोगी को खिलाने से हैजा, उदर शूल, मिचली, वमन, अजीर्ण, खट्टी डकार, अम्लता आदि विकारों में आशातीत लाभ होता है। विषैले कीटाणुओं के काटने पर इस योग को खिला देने से आराम मिलता है। औषधि को आवश्यकतानुसार प्रति आधा घंटे पर सेवन करायें अथवा डॉक्टर के परामर्श के अनुसार। कोलाइटिस, गैस, अफारा आदि विकारों में भी यह योग सद्य फलप्रद है।

कॉम्बिनेशन नं. 15

फास्फोरिक एसिड (Acid Phos) 3X
नैट्रम सल्फ (Natrum Sulph) 3X
कैल्केरिया फॉस (Calcarea Phos) 3X
हाइड्रास्टिस केन (Hydrastis Cana) 1X

उक्त औषधियाँ सम भाग में मिश्रित कर 10 से 15 बूँद की मात्रा में थोड़े जल के साथ दिन में चार बार सेवन कराने से मूत्र में शक्कर आना, फॉस्फेट्स जाना, बार-बार मूत्र होना, अधिक मात्रा में प्यास लगना, शारीरिक दुर्बलता, क्षुधा क्षीणता, ठीक से पाचन न होना, गैस बनना आदि उपसर्गों में आशातीत लाभ मिलता है।

कॉम्बिनेशन नं. 16

चायना (China) Q
वेरेट्रम एल्बम (Veratrum Album) Q
नैट्रम म्योर (Natrum Mur) 6X

उक्त औषधियाँ मिश्रित कर 5 से 10 बूँद की मात्रा में थोड़े जल के साथ दिन में 4 बार अथवा चिकित्सक के निर्देशानुसार सेवन कराने से नये-पुराने, हरे, पीले, मटीले सफेद, काले पतले दस्त, पेट की मरोड़, अजीर्ण, वायु न घूमना आदि उपसर्गों में आशातीत लाभ मिलता है। यह योग पाचन क्रिया व्यवस्थित करके आँतों की कई बीमारियों से मुक्ति दिलाता है।

कॉम्बिनेशन नं. 17

एसिड फॉस (Acid Phos) 3X
सेलिनियम (Selenium) 3X
हाइड्रोकोटाइल (Hydrocotyl) Q
लाइकोपोडियम (Lycopodium) 3X
अल्फाल्फा (Alfalfa) Q
एग्नस कास्टस (Agnus Castus) 3X

उक्त औषधियाँ सम भाग में मिश्रित कर योग बना लें और 10 से 15 बूँद की मात्रा में थोड़े जल के साथ प्रतिदिन चार बार रोगी को सेवन करायें। यह योग विवाहित पुरुषों के लिए आदर्श औषधि है। स्वास्थ्य पोषक है। स्नायु तंत्र से सम्बन्धित समस्त उपसर्गों अनिद्रा, उदासी, रुहानी-शक्ति (Vitality) में कमी, स्मैक, अफीम तथा अन्य ड्रग्स लेने की आदत तथा उनसे उत्पन्न कुप्रभाव,

हृदय सम्बन्धी वात पीड़ा, पुराना प्रतिश्याय (नजला), अजीर्ण, कोष्ठबद्धता, सुस्ती, स्मरण शक्ति ह्रास, पुरुषों का शुक्र क्षय, वीर्य विकार, महिलाओं के ऋतु सम्बन्धी उपसर्गों आदि में यह योग आशातीत सफलता देता है।

कॉम्बिनेशन नं. 18

ए. एच. ऑक्साइड (A. H. Oxide) 6X

विस्मथ कार्ब (Bismuth Carb) 6X

मैग कार्ब (Mag Carb) 6X

हाइड्रास्टिस (Hydrastis) 6X

कैरिका पपाया (Carica Papaya) 6X

नैट्रम कार्ब (Nat. Carb) 6X

उक्त औषधियाँ सम भाग में मिश्रित कर 5 से 10 ग्रेन की मात्रा में थोड़े जल के साथ दिन में चार बार सेवन कराने से गैस विकार में बड़ा आराम मिलता है। मानसिक चिन्तायें अधिक नहीं सतातीं। मानसिक तनाव उत्पन्न होने पर काफी, मदिरा, तम्बाकू आदि उत्तेजक वस्तुओं के प्रति उत्पन्न होने वाला आकर्षण समाप्त हो जाता है। पेट दर्द, खट्टी डाकर, अजीर्ण कोष्ठबद्धता (कब्ज), पित्त वमन, वक्ष में जलन तथा गुर्दे में दर्द आदि उपसर्गों में भी यह औषधि अत्यन्त लाभप्रद है।

कॉम्बिनेशन नं. 19

नैट्रम म्योर (Nat Mur) 3X

नैट्रम सल्फ (Natrum Sul) 3X

उक्त औषधियाँ सम भाग में मिश्रित कर 5 ग्रेन की मात्रा में प्रतिदिन चार बार सेवन कराने से अजीर्ण के साथ पेट फूल जाना, गुड़गुड़ाहट, पेट में हवा भर जाना आदि उपसर्ग होने पर आशातीत लाभ मिलता है।

कोष्ठबद्धता
(Constipation)

भोजन का भली प्रकार पाचन न होने पर सभी शारीरिक क्रियाएँ गड़बड़ा जाती हैं और शरीर क्रमशः क्षीण तथा रक्तहीन होने लगता है। भोजन के पाचन हेतु प्रकृति ने प्रत्येक शरीर में लार, आमाशय रस, आन्त्र रस, पित्त रस आदि के निर्माण की व्यवस्था की है। फिर भी जिन व्यक्तियों में आमाशय रस अधिक निकलता है तथा लार एवं पित्त कम स्रावित होते हों वे चर्बी युक्त पदार्थों का सेवन करें तथा पूड़ी, परांठा, गोल आलू भोजन में लें तो उचित पाचन के अभाव में उन्हें अजीर्ण हो जाएगा। यदि ऐसे लोग दाल, मांस, अण्डा आदि भोजन में लें तो पाचन अपेक्षाकृत सहज होगा। इसी प्रकार जिन मनुष्यों में आमाशय रस कम निकलता हो और लार तथा पित्त आदि अधिक हों वे मांस, अण्डा का अधिक सेवन करें तो उन्हें पाचन के अभाव में अजीर्ण हो जाएगा।

रोगोत्पत्ति के कारणों की खोज करें तो आँतों में श्लेष्मा, प्रदाह, घाव, आँतें मोटी पड़ जाना, आमाशय रस, क्लोम रस, यकृत, पित्तकोष तथा आँतों से स्रावित होने वाले रसों के अनुपात में अन्तर आ जाना, मानसिक उत्तेजना तथा अधिक मानसिक श्रम, अनियमित खान पान, मद्य, मिर्च, राई,

आइस्क्रीम, चाय, अफीम आदि का अत्यधिक सेवन, खाद्य अखाद्य का विचार किये बिना भोजन करना आदि ऐसे कारण हैं जो अजीर्ण की उत्पत्ति में सहायक होते हैं।

यूँ तो रोगोत्पत्ति का प्रधान लक्षण कोष्ठबद्धता (कब्ज) है। अन्य लक्षणों में भूख न लगना, राक्षसी भूख होना, चटपटी, खट्टी और गरम मसाले युक्त वस्तुएँ खाने की इच्छा होना, उदर में वायु की ऊर्ध्व गति होना, उससे श्वास कष्ट, डकार तथा कलेजे की धड़कन होना, अपच के कारण वमन तथा उदरामय होना, पेट भारी, अफरा तथा अग्र खण्ड में दर्द होना, शारीरिक तथा मानसिक परिश्रम से अनिच्छा होना, पाकस्थली में अम्ल वृद्धि के कारण खट्टी डकारें, कलेजे में जलन, मुँह में पानी भर आना, कण्ठ में कुछ अटका सा प्रतीत होना, थोड़े से परिश्रम से थकावट होना, सुस्ती रहना, चिड़चिड़ा स्वभाव, क्रोध, नींद में स्वप्न, सिर में चक्कर, चेहरा बदरंग, ओष्ठ, मुख, जिह्वा तथा चक्षुओं में रक्ताल्पता के लक्षण, हाथ-पैर ठंडे रहना, क्रमश: शरीर के मांस तथा शक्ति का क्षय होते जाना आदि उपसर्ग होते हैं।

बच्चों के अजीर्ण में पेट दबाने पर गुड़गुड़ाहट होती है, बच्चा रोता है, मल दुर्गन्धित होता है, मल में छेने के टुकड़े से आते हैं, शूल तथा मरोड़ होती है, बच्चा प्रत्येक भोजन के पश्चात् पैर पटकता है अथवा पैरों को मोड़कर पेट की ओर लाता है, रोता है, मिनमिनाता है, ठीक से सो नहीं पाता, दही के समान वमन कर देता है। यदि ये उपसर्ग अधिक रुकें तो ज्वर तथा शक्ति क्षीणता में वृद्धि होने लगती है।

पथ्यापथ्य का विचार करें तो सर्वप्रथम भोजन के समय पानी पीने के विषय में जानना आवश्यक होगा। मनुष्य के सिवाय कोई भी जीव भोजन के समय सामान्यत: जल नहीं पीता। भोजन के समय पानी पीने से पाचन शक्ति क्षय होती है। हमारे खाद्य पदार्थों में पानी की मात्रा कम नहीं होती, फिर भी पानी का अपना विशेष महत्त्व है परन्तु अजीर्ण के रोगी को भोजन से एक घण्टा पूर्व एक गिलास गुनगुना जल पीने की सलाह दी जाती है और भोजन के समय जल पीना बिल्कुल मना है। इस क्रिया से पाकस्थली में शेष भोजन का अंश निकल जाता है। भोजन के पाचन हेतु लार (Saliva) की आवश्यक मात्रा भोजन को खूब चबाकर खाने से प्राप्त होती है। दाँतों के अभाव में चबाने का कार्य पूरा करने हेतु नकली दाँत लगाना उचित है। जब तक दाँत न हों भात, तरकारी, मांस आदि को नर्म बनाकर खायें, मीठा कम प्रयोग करें। अजीर्ण के रोगी को पेट भरकर भोजन करने की अपेक्षा सुपाच्य भोजन थोड़ा-थोड़ा करके कई बार में खाना लाभप्रद है। खीरा, ककड़ी आदि कच्चे तथा अधपके फल नहीं सेवन करें। एसिडिटी वालों को विशेषत: खट्टी वस्तुओं से बचना होगा। आहार के तीन-चार घण्टे पश्चात् एक गिलास गरम जल 4-5 बार में थोड़ा करके एक घण्टे के अन्दर पीने से पाचन सरल हो जाएगा। गरम जल यूँ ही अम्ल रोग के लिये महौषधि होता है। यदि पेट में अधिक अम्ल हो तो उससे अम्ल शूल उत्पन्न हो जाता है। सामान्यत: अम्ल पाचन हेतु पक्वाशय में आता है परन्तु अम्ल शूल वालों को यह एसिड प्रत्येक समय पक्वाशय में आता रहता है जिससे पाकस्थली की श्लैष्मिक झिल्ली नष्ट होने लगती है। कभी पाकस्थली में घाव भी हो जाता है।

कब्ज (कोष्ठबद्धता) अजीर्ण का प्रधान उपसर्ग है। इसके शमन हेतु 'कार्ल्स बैड' नामक मिनरल वाटर प्रात:काल एक गिलास सेवन करें तो तीन-चार सप्ताह में कब्ज दूर हो जाता है। आयुर्वेद

के आधार पर सनाय की पत्ती, सोंठ, सोंफ, बड़ी हरड़ का छिलका अलग-अलग कूट कर समान भाग लेकर मिश्रण बना लें। भोजन के पश्चात् नित्य उक्त चूर्ण की चौथाई से आधा तोला की मात्रा में गरम जल से सेवन करें तो कब्ज से छुटकारा मिलता है।

कॉम्बिनेशन नं. 1

काली म्योर (Kali Mur) 6X
काली फॉस (Kali Phos) 6X
मैगनेशिया फॉस (Magnesia Phos) 6X
नैट्रम म्योर (Natrum Mur) 6X

उक्त औषधियों को समान मात्रा में मिश्रित कर लें फिर 5 ग्रेन की मात्रा में गर्म जल के साथ रात को सोते समय सेवन करें। यह योग चिरकालीन कोष्ठबद्धता में अत्यन्त प्रभावकारी है। यह यकृत तथा आँतों को शक्ति देकर पाचक यन्त्रों की क्रिया को बहाल करता है। इस औषधि से दस्त नहीं होते।

कॉम्बिनेशन नं. 2

फेरम फॉस (Ferrum Phos) 3X
काली म्योर (Kali Mur) 12X
काली फॉस (Kali Phos) 3X

उक्त औषधियों को समान भाग में मिश्रित कर 5 ग्रेन की मात्रा में दिन में चार बार रोगी को प्रतिदिन सेवन करायें। ज्वर के समय जिह्वा पर सफेद मोटी तह जमे, कोष्ठबद्धता के कारण ज्वर विकार हो, नाड़ी अनियमित तीव्र हो, नजला, जुकाम तथा गठिया के साथ ज्वर हो तो इस योग को प्रथम औषधि के रूप में प्रयोग किया जा सकता है।

कॉम्बिनेशन नं. 3

मर्क डलकिस (Merc Dul)
स्टार्च (Starch)

उक्त दोनों वस्तुओं को समान मात्रा में मिश्रित करके मिश्रण की 50 से 10 मि.ग्रा. की मात्रा में हल्के जुलाब के लिए रोगी को सेवन करा सकते हैं। यह योग बाद में उदर शूल उत्पन्न नहीं करता। बच्चों तथा गर्भवती महिलाओं को भी सेवन कराया जा सकता है। बच्चों को आधी मात्रा दें तथा गर्भवती को 50 मि.ग्रा. ही देकर देखें।

कॉम्बिनेशन नं. 4

बैलाडोना (Belladona) 6X
यूपेटोरियम पर्फ (Eupetorium Perf) 6X
चायना (China) 6X
निक्टेन्थिस (Nyctanthes Ar) 6X

उक्त औषधियों की समान मात्रा मिश्रित कर दो से पाँच बूँद की मात्रा में प्रतिदिन चार बार थोड़े जल के साथ सेवन कराने से मलेरिया ज्वर में विशेष रूप से लाभ होता है। ज्वर के साथ सिर

दर्द, आँखें रक्तिम, नाड़ी तीव्र, कोष्ठबद्धता, यकृत तथा प्लीहा वृद्धि के लक्षण तथा पित्त युक्त वमन आदि ऐसे उपसर्ग हैं जहाँ यह योग सद्य फलप्रद है।

कॉम्बिनेशन नं. 5

ए. एच. ऑक्साइड (A. H. Oxide) 6X
विस्मथ कार्ब (Bismuth Carb) 6X
मैग कार्ब (Mag Carb) 6X
हाइड्रास्टिस (Hydrastis) 6X
कैरिका पपाया (Carica Papaya) 6X
नैट्रम कार्ब (Nat. Carb) 6X

उक्त औषधियाँ सम भाग में मिश्रित कर 5 से 10 ग्रेन की मात्रा में थोड़े जल के साथ दिन में चार बार सेवन कराने से गैस विकार में बड़ा आराम मिलता है। मानसिक चिन्तायें अधिक नहीं सतातीं। मानसिक तनाव उत्पन्न होने पर काफी, मदिरा, तम्बाकू आदि उत्तेजक वस्तुओं के प्रति उत्पन्न होने वाला आकर्षण समाप्त हो जाता है। पेट दर्द, खट्टी डाकर, अजीर्ण कोष्ठबद्धता (कब्ज), पित्त वमन, वक्ष में जलन तथा गुर्दे में दर्द आदि उपसर्गों में भी यह औषधि अत्यन्त लाभप्रद है।

कॉम्बिनेशन नं. 6

एसिड फॉस (Acid Phos) 3X
सेलिनियम (Selenium) 3X
हाइड्रोकोटाइल (Hydrocotyl) Q
लाइकोपोडियम (Lycopodium) 3X
अल्फाल्फा (Alfalfa) Q
एगनस कास्टस (Agnus Castus) 3X

उक्त औषधियाँ सम भाग में मिश्रित कर योग बना लें और 10 से 15 बूँद की मात्रा में थोड़े जल के साथ प्रतिदिन चार बार रोगी को सेवन करायें। यह योग विवाहित पुरुषों के लिए आदर्श औषधि है। स्वास्थ्य पोषक है। स्नायु तन्त्र से सम्बन्धित समस्त उपसर्गों, अनिद्रा, उदासी, रुहानी शक्ति (Vitality) में कमी, स्मैक, अफीम, तथा अन्य ड्रग्स लेने की आदत तथा उनसे उत्पन्न कुप्रभाव, हृदय सम्बन्धी वात पीड़ा, पुराना प्रतिश्याय (नजला), अजीर्ण, कोष्ठबद्धता, सुस्ती, स्मरण शक्ति ह्रास, पुरुषों का शुक्र क्षय, वीर्य विकार, महिलाओं के ऋतु सम्बन्धी उपसर्गों आदि में यह योग आशातीत सफलता देता है।

कॉम्बिनेशन नं. 7

काली सल्फ (Kali Sul) 3X
नैट्रम म्योर (Natrum Mur) 3X
नैट्रम सल्फ (Natrum Sul) 3X
कैल्केरिया फॉस (Calcarea Phos) 12X
कैल्केरिया सल्फ (Calcarea Sulph) 3X

कॉम्बिनेशन नं. 8

एण्ड्रोग्राफिस पेन (Andrographis pen) Q 4 भाग

कैरिका पपाया (Carica Papaya) Q 4 भाग

अजवायन (Ajwoyan) Q 1 भाग

उक्त औषधियों का मिश्रण तैयार करके 2 से 5 बूँद की मात्रा में थोड़े जल में मिश्रित कर दिन में दो या तीन बार सेवन कराने से लाभ मिलता है। यह योग यकृत सम्बन्धी लगभग सभी विकारों में सद्य फलप्रद है। अजीर्ण तथा कोष्ठबद्धता के उपसर्गों में भी यह योग गुणकारी है।

कॉम्बिनेशन नं. 9

डामियाना (Damiana) Q

हाइड्रास्टिस (Hydrastis) Q

हेमीडेस्मस इण्डिका (Hemidesmus) Q

उक्त औषधियों से निर्मित योग उत्तम कब्ज निस्सारक औषधि है, जो कोष्ठबद्धता ग्रस्त व्यक्तियों को लाभप्रद रहती है। उक्त औषधियों को समान भाग में मिश्रित करके 5 से 10 बूँद की मात्रा में प्रातः तथा सायं थोड़े जल के साथ सेवन कराना लाभदायी होता है।

कॉम्बिनेशन नं. 10

सेन्ना (Senna) Q

फिनोल्थलीन (Phenolphthalein) Q

आइल नीओ (Oil Nioe) Q

हाइड्रास्टिस (Hydrastis) Q

उक्त औषधियाँ सम भाग में मिश्रित कर 2 से 5 बूँद की मात्रा में थोड़े गर्म जल से दूध के साथ लेने से यह मन-पसंद हल्के जुलाब (Laxative) का काम करती हैं। जिन्हें पुराना कब्ज हो और पेट में दर्द का दवाब पड़ता हो, मल त्याग में खुश्की हो, जलन, घबराहट, सिर दर्द आदि हो जाता है, ऐसे उपसर्गों में यह योग सद्य फलप्रद है।

शूल
(Colic)

कॉम्बिनेशन नं. 1

मैगनेशिया फॉस (Magnesia Phos) 3X

कैल्केरिया फॉस (Calcarea Phos) 3X

नैट्रम सल्फ (Natrum Sulph) 3X

फेरम फॉस (Ferrum Phos) 12X

उक्त औषधियाँ सम भाग में लेकर मिश्रित करें और 5 ग्रेन की मात्रा में प्रतिदिन चार बार रोगी को गर्म जल के साथ सेवन करायें। रोग की तीव्रता के आधार पर मात्रा की पुनरावृत्ति प्रति 15 मिनट पर भी कर सकते हैं। यह योग बच्चों तथा शिशुओं के लिए विशेषतः लाभदायी है। उदर शूल, पैरों की जकड़न तथा सर्दी के दर्दों में लाभप्रद योग है। शिशुओं के अजीर्ण, झूठा उदर शूल, दंतोद्गमकालीन कष्ट, ऋतु शूल, गर्मी तथा नाड़ी तीव्र होने पर भी यह योग सद्य फलप्रद है।

कॉम्बिनेशन नं. 2

कैम्फर (Camphor)

मेन्थॉल (Menthal)

थाइमॉल (Thymol)

उक्त औषधियाँ सम भाग में मिश्रित करके योग की दो बूँद सुगर ऑफ मिल्क, जल अथवा बताशे में डालकर रोगी को खिलाने से हैजा, उदर शूल, मिचली, वमन, अजीर्ण, खट्टी डकार, अम्लता आदि विकारों में आशातीत लाभ होता है। विषैले कीटाणुओं के काटने पर इस योग को खिला देने से आराम मिलता है। औषधि को आवश्यकतानुसार प्रति आधा घंटे पर सेवन करायें अथवा डॉक्टर के परामर्श के अनुसार। कोलाइटिस, गैस, अफारा आदि विकारों में भी यह योग सद्य फलप्रद है।

कॉम्बिनेशन नं. 3

कार्डुअस मरियानस (Carduous M.) 1X

चेलीडोनियम (Chelidonium) 1X

मर्क्यूरियस (Mercurious) 6X

चिनिनम आर्स (Chininum Ars) 6X

उक्त औषधियाँ सम भाग मिश्रित कर योग तैयार कर लें। इस योग की 5 ग्रेन से 10 बूँदें थोड़े जल में मिश्रित कर दिन में 4 बार रोगी को सेवन कराने से यकृत का संकुचन, प्रदाह, शोथ, जलन युक्त शूल, कोंचने वाला दर्द, उदर प्राचीर का मुलायम एवं दुर्बल हो जाना, यकृत प्रदेश फूल जाना, चेहरा पीला पड़ जाना, वायु शूल, पित्त पथरी का दर्द तथा यकृत के बायें पार्श्व में यंत्रणा, आदि उपसर्गों में आशातीत लाभ होता है।

कॉम्बिनेशन नं. 4

नैट्रम सल्फ (Natrum Sul) 3X

साइलीशिया (Silicea) 12X

कैल्केरिया फॉस (Calcarea Phos) 3X

उक्त औषधियाँ सम भाग मिश्रित कर 5 ग्रेन की मात्रा में प्रतिदिन चार बार सेवन कराने से पेट दर्द में खींचन, खोदन, कोंचन, गड़न, चिलिकन होने पर आशातीत लाभ मिलता है। ऐसे उपसर्ग संख्या के समय, नाश्ते से पूर्व, प्रात:काल में तथा रात्रि में बढ़ते हों और नाश्ते के पश्चात् कम होते हों तो यह योग और भी अच्छा काम करता है।

कॉम्बिनेशन नं. 5

मैगनेशिया फॉस (Mag Phos) 3X

कैल्केरिया फॉस (Calcarea Phos) 3X

काली सल्फ (Kali Sul) 3X

काली म्योर (Kali Mur) 3X

उक्त औषधियाँ सम भाग में मिश्रित कर 5 ग्रेन की मात्रा में प्रतिदिन चार बार सेवन कराने से शूल दर्द में आशातीत लाभ मिलता है।

कोलाइटिस
(Colitis)

कॉम्बिनेशन नं. 1

मैगनेशिया फॉस (Mag Phos) 3X
मैग सल्फ (Mag Sulph) 3X
काली फॉस (Kali Phos) 3X
मैग म्योर (Mag Mur) 3X
फैरम फॉस (Ferr Phos) 3X

उक्त औषधियाँ सम भाग में मिश्रित कर पौष्टिक अल्सर, ग्रैस्ट्राइटिस अम्लता, बच्चों के कॉलिक, पेट में जलन तथा कोलाइटिस आदि उदर विकारों के रोगी को सेवन कराने से लाभ मिलता है। विचूर्ण रूप में 2 ग्रेन से 5 ग्रेन की मात्रा में चार बार थोड़े जल के साथ औषधि सेवन करानी चाहिए।

कॉम्बिनेशन नं. 2

कैम्फर (Camphor)
मेन्थॉल (Menthal)
थाइमॉल (Thymol)

उक्त औषधियाँ सम भाग में मिश्रित करके योग की दो बूंद सुगर ऑफ मिल्क, जल अथवा बताशे में डालकर रोगी को खिलाने से हैजा, उदर शूल, मिचली, वमन, अजीर्ण, खट्टी डकार, अम्लता आदि विकारों में आशातीत लाभ होता है। विषैले कीटाणुओं के काटने पर इस योग को खिला देने से आराम मिलता है। औषधि को आवश्यकतानुसार प्रति आधा घंटे पर सेवन करायें अथवा डॉक्टर के परामर्श के अनुसार। कोलाइटिस, गैस, अफारा आदि विकारों में भी यह योग सद्य फलप्रद है।

15 वृक्क तथा गुदा विकार (KIDNEY AND RECTUM DISEASE)

पथरी

(Renal Colic and Stone)

आहार के साथ ग्रहण किये जाने वाले अखाद्य पदार्थ समान्यत: मूत्र के साथ निष्कासित होते रहते हैं। फिर भी हमारे क्रमागत अत्याचारों के परिणामस्वरूप उदरामय अजीर्ण, कोष्ठबद्धता आदि रोग आक्रांत होते ही हैं। ऐसे लोगों के मूत्र में अधिक परिमाण में कठोर पदार्थ निकलते हैं जो बहुमूत्र तथा पथरी आदि रोगों की उत्पत्ति करते हैं। अर्थोपार्जन के कारण लोगों की व्यवस्था कुछ इस प्रकार की है कि उन्हें उचित विश्राम, नियमित आहार, संयमित विहार आदि का सम्यक् अवसर नहीं मिल पाता। यह पाचन संस्थान के प्रति अत्याचार ही है। कई स्थलों के जल में अधिक परिमाण में पार्थिव द्रव्य (Mineral lime) रहता है जो पथरी का कारण बनता है। पथरी के कण बालू अथवा उससे सूक्ष्म हों तो रोगी को कुछ नहीं ज्ञात होता और वह निकलती रहती है परन्तु बड़ा कण होने पर गुर्दे से मूत्राशय में आते समय तीव्र यंत्रणा होती है। इस पथरी को रीनल कालिक कहते हैं।

मूत्र पथरी तीन प्रकार की होती है—(1) रीनल, (2) वैसिकल तथा (3) प्रौस्टेटिक। रीनल कैलकुली में यूरिक एसिड तथा आक्जेलेट ऑफ लाइम होते हैं। सामान्यत: यूरिक एसिड वाली पथरी ही अधिक मिलती है। इसका आकार अण्डे जैसा होता है। यह चपटी, चिकनी तथा अधिक कठोर नहीं होती। यह गर्म एल्कली में गल जाती है; जबकि ऑक्जेलेट आफ लाइम की पथरी ऊबड़-खाबड़, काले से रंग की बहुत भारी तथा कठोर होती है। यह हाइड्रोक्लोरिक एसिड में गल जाती है। यह पथरी अधिक कष्ट देती है। प्रौढ़ावस्था में इसी प्रकार की पथरी गुर्दे में अधिक उत्पन्न होती है। वेसिकल पथरी (Vesical Calculi) गुर्दे में उत्पन्न होकर यूरेटर से मूत्राशय में आ जाती है और वहाँ उत्तरोत्तर वृद्धि को प्राप्त होती जाती है। यह मूत्राशय में भी उत्पन्न हो सकती है। ऐसी पथरी उक्त दोनों पदार्थों के अलावा मिश्रित फॉस्फेट्स से भी निर्मित हो सकती है जिसे फॉस्फेटिक कैलकुली कहा जाता हैं।इसमें फॉस्फेट ऑफ लाइम, एमोनिया, मैग्नेशियम अथवा ट्रिपिल फॉस्फेट तथा फॉस्फेट ऑफ लाइम बिद एमोनियो मैग्नेशियम फॉस्फेट पाये जाते हैं। अकेले फॉस्फेट ऑफ लाइम से पथरी निर्मित नहीं होती अत: फॉस्फेटिक कैलकुली में मिश्रित फॉस्फेट ही होते हैं। पथरी श्वेत वर्ण, आकार में बड़ी, कोमल, स्वच्छ तथा ऐसेटिक एसिड में गल जाने वाली होती है। ऐसी पथरी वृद्धावस्था में ही सामान्यत: होती है।

इस रोग में मूत्र परीक्षा के आधार पर पाये गये डिपाजिट्स के अनुसार बायोकैमिक की स्थिति को औषधि का निर्णय करें।

गुर्दे में मूत्र की उत्पत्ति न होने पर 'सप्रेशन ऑफ यूरिन' कहा जाता है, परन्तु यदि गुर्दे में स्वाभाविक रूप में मूत्र कर्षण (Secretion) हो और मूत्राशय में संचित हो परन्तु वहाँ से बाहर न निकल सके तो इस उपसर्ग को 'रिटेन्शन ऑफ यूरिन' कहा जाता है। सप्रेशन में मूत्राशय खाली रहता है,

मूत्राशय के ऊपर अँगुली से बजा कर देखने से खोखली (Tympanic) ध्वनि होती है, जबकि रिटेन्शन में मूत्राशय भरा होने के कारण यह नारंगी के समान ऊँचा हो जाता है और बजाने पर ठोस (Dull) ध्वनि आती है।

सप्रेशन ऑफ यूरिन मूत्र संस्थापन के किसी अंश की शल्य चिकित्सा के पश्चात् अथवा वहाँ कोई चोट-चपेट के पश्चात् हो सकता है। विशूचिका में अत्यधिक वमन तथा उदरामय के कारण रक्त का जलीय अंश निकल जाने से भी 'सप्रेशन' होता है जो शीघ्र ही अकड़न, कोमा अथवा यूरेमिया के रूप में मृत्यु का कारण बन जाता है।

मूत्र नली के अन्दर स्ट्रिक्चर, मूत्राशय के अन्दर ट्यूमर अथवा बड़ी पथरी रहने पर मूत्राशय भरा होने पर भी मूत्र नहीं निकलता इससे 'रिटेन्शन' होता है। यह विशूचिका में भी हो जाता है।

मूत्रावरोध में मूत्राशय फूल जाता है, भारी प्रतीत होता है। बार-बार मूत्र का वेग होता है परन्तु चेष्टा करने पर भी मूत्र त्याग नहीं होता। कभी बहुत विलम्ब से बूँद-बूँद मूत्र निकलता है। मूत्राशय में दर्द होता है। लगता है मूत्र नली फट जाएगी। प्रदाह के कारण सरलांत्र, लिंग के अग्र भाग तथा जरायु में भी यंत्रणा होती है। तलपेट फूला हुआ रहता है, वहाँ दबाव देने से मूत्र का वेग होता है।

कॉम्बिनेशन नं. 1

बरबेरिस वल्गेरिस (Berberis Vulgaris) 6X
लाइकोपोडियम (Lycopodium) 6X
ओसिमम सेन्क्टम (Ocimum Sanctum) 6X
टेरेबिन्थ (Terebinth) 6X

यह योग गुर्दे में प्रदाह तथा पथरी होने पर उत्पन्न उपसर्गों में लाभ देता है। 5-5 बूँद की मात्रा में यह मिश्रण थोड़े जल में मिश्रित कर, सामान्य अवस्था में एक-एक दिन छोड़ कर दिन में एक बार सेवन कराना चाहिए। रोग की उग्रावस्था में यह योग दिन में दो बार दिया जा सकता है।

कॉम्बिनेशन नं. 2

बर्बेरिस वलगे (Berberis Vulgaris) Q
आइपोमिया (Ipomia Purpurea) Q
जैन्थॉर आर्बो (Xanthor Arbo) Q

उक्त औषधियाँ सम भाग में मिश्रित कर 5 से 10 ग्रेन की मात्रा में थोड़े जल के साथ दिन में चार बार सेवन कराने से मूत्र ग्रन्थि प्रदेश में शूल, मूत्र ग्रन्थि प्रदाह, पित्त पथरी, मूत्र पथरी, रक्त मूत्र, पित्त कोष सम्बन्धी रोग, कोंचने जैसा दर्द जो मूत्र ग्रन्थि से यकृत, प्लीहा, पक्वाशय एवं वस्ति गह्वर तक फैलता हो आदि उपसर्गों में आशातीत लाभ होता है।

कॉम्बिनेशन नं. 3

कैल्केरिया फ्लोर (Calcarea Fluor) 3X
कैल्केरिया फॉस (Calcarea Sulph) 3X
साइलीशिया (Silicea) 12X
नैट्रम फॉस (Natrum Phos) 3X

उक्त औषधियाँ सम भाग में मिश्रित कर गर्म जल के साथ 5 ग्रेन की मात्रा में प्रतिदिन चार बार सेवन कराने से मूत्र पथरी से लाभ मिलता है।-

अर्श

(Piles or Heamorrohoids)

कॉम्बिनेशन नं. 1

सल्फर (Sulphur) 6X

रेटानहिया (Retanhia) 6X

हेमामेलिस (Hamamelis) 6X

पायोनिया (Poeonia) 6X

यह योग रक्तस्रावी अर्श, वातार्श तथा बवासीर की जलन आदि यंत्रणा में लाभ देता है। योग की 5 बूँद की मात्रा थोड़े जल में मिश्रित कर प्रतिदिन एक बार एक सप्ताह तक सेवन करानी चाहिए। तत्पश्चात् ऐसी 6 मात्रायें एक-एक दिन छोड़कर सेवन करायें।

कॉम्बिनेशन नं. 2

एस्क्युलस हिप (Aesculus Hip) 1X

सल्फर (Sulphur) 6X

ग्रेफाइटिस (Graphitis) 6X

हेमामेलिस (Hemamelis) 3X

पायोनिया (Poeonia) 3X

नक्स वॉमिका (Nux Vomica) 6X

उक्त औषधियों को समान भाग में मिश्रित कर 5 बूँद की मात्रा में थोड़े जल के साथ प्रतिदिन तीन अथवा चार बार रोगी की अवस्था के आधार पर सेवन करायें।

कॉम्बिनेशन नं. 3

रैटानहिया (Ratanhia) Q 1 भाग

एस्क्युलस हिप (Aesculus Hip) Q

एसिड नाइट्रिक (Acid Nitric) Q

हेमामेलिस (Hamamelis) Q

ब्लुमिया ओडो (Blumia Odo) Q

उक्त औषधियाँ समान भाग में मिश्रित करके रक्तस्रावी अथवा वातार्श के रोगी को 2 से 5 बूँद की मात्रा में दिन में चार बार थोड़े जल के साथ सेवन करायें। शिरा वृद्धि, अर्श में जलन तथा तीव्र वेदना के लिए यह उत्तम औषधि है।

कॉम्बिनेशन नं. 4

हेमामेलिस (Hamamelis) Q 1 भाग

पेराफीन (Paraffin) 10 भाग

लेनोलीन (Lanoline) 10 भाग

उक्त औषधि बाह्य प्रयोगार्थ (For external use) होती है। रक्तस्रावी अर्श, फिशर, अल्सर, खुजली तथा रेक्टम से रक्त स्रावित होने पर यह मलहम सद्य फलप्रद है।

कॉम्बिनेशन नं. 5

एस्क्युलस हिप (Aesculus Hip) Q 1 भाग
पैराफीन (Paraffin) 10 भाग
लेनोलीन (Lanoline) 10 भाग
पेट्रोलियम जैली (Petroleum Jelly) 20 भाग

उक्त औषधि वातार्श (बादी बवासीर) के लिए मलहम के रूप में बाह्य प्रयोगार्थ होती है। बाहर निकले हुए मस्सों पर लगाने से दर्द में आराम मिलता है। फिशर तथा गुदा के चारों ओर कटन अथवा फटन होने पर भी यह मलहम सद्य फलप्रद है।

कॉम्बिनेशन नं. 6

हेमामेलिस बर्ग (Hamamelis Berg) 1X 1 भाग
पैराफीन वैक्स (Paraffin Wax) 10 भाग
लेनोलीन (Lenoline) 10 भाग

उक्त औषधियों को व्यवस्थानुसार मिश्रित करके मलहम के रूप में तैयार करें। यह योग रक्तस्रावी अर्श (Bleeding Piles), सभी प्रकार की कटन, फटन, ओष्ठ फटना, चुठलकानी आदि विकारों में सद्य फलप्रद है।

कॉम्बिनेशन नं. 7

जेनोशिया अशोक (Jono. Ashoka) Q
एलेट्रिस (Aleteris. F) Q
चायना ऑफ (China Off) Q
सीपिया (Sepia) Q
हेलोनियास (Helonias) Q
सेबाइना (Sabina) Q
कॉलोफायलम (Caulophyllum) Q
हाइड्रास्टिस (Hydrastis) Q
एब्रोमा रेडिक्स (Abroma Rad) Q

उक्त औषधियों का समान मात्रा में सम्मिश्रण महिलाओं के ऋतु सम्बन्धी उपसर्गों में आशातीत लाभ देता है। अजीर्ण, सिर दर्द, चक्कर आना, उबासी आना, गर्भाशय का स्थान च्युत होना, प्रदर में जलन, बाँझपन, ऋतुशूल तथा रक्तस्रावी अर्श जैसे रोगों में यह सद्य फलप्रद है। 2 से 5 बूँद की मात्रा में थोड़े जल के साथ प्रतिदिन चार बार सेवन कराने से लाभ मिलता है।

कॉम्बिनेशन नं. 8

फेरम फॉस (Ferrum Phos) 12X
काली म्योर (Kali Mur) 3X
नैट्रम म्योर (Natrum Mur) 3X
कैल्केरिया फॉस (Calcarea Phos) 3X
कैल्केरिया सल्फ (Calcarea Sul) 3X

मैगनेशिया फॉस (Magnesia Phos) 3X

साइलीशिया (Silicea) 12X

उक्त औषधियाँ सम भाग में मिश्रित कर 5 ग्रेन की मात्रा में प्रतिदिन चार बार सेवन कराने से अर्श रोग के उपसर्गों में आशातीत लाभ मिलता है।

भगंदर
(Fistula)

कॉम्बिनेशन नं. 1

एसिड नाइट्रिक (Acid Nitric) 6X

सल्फर (Suiphur) 6X

बर्बेरिस (Berberis) 6X

यह योग भगन्दर (Fistula in Ano) के उपसर्ग में सामान्यत: उपयोगी पाया गया है। इस योग की 5 बूँदें थोड़े जल में मिश्रित कर एक-एक दिन छोड़ कर रोगी को एक मात्रा लगभग 6 सप्ताह तक सेवन करायें।

कॉम्बिनेशन नं. 2

कैल्केरिया फॉस (Calcarea Phos) 3X

साइलीशिया (Silicea) 12X

कैल्केरिया फ्लोर (Calcarea Fluor) 3X

कैल्केरिया सल्फ (Calcarea Sul) 3X

नैट्रम म्योर (Natrum Mur) 3X

नैट्रम सल्फ (Natrum Sul) 3X

उक्त औषधियाँ सम भाग में मिश्रित कर 5 ग्रेन की मात्रा में गर्म जल के साथ प्रतिदिन चार बार सेवन कराने से भगन्दर के उपसर्गों में आशातीत लाभ मिलता है।

कॉम्बिनेशन नं. 3

कैल्केरिया फॉस (Calcarea Phos) 12X

साइलीशिया (Silicea) 12X

उक्त औषधियों को सम भाग में मिश्रित कर 5 ग्रेन की मात्रा में गर्म जल के साथ प्रतिदिन चार बार सेवन कराने से छाती के कष्ट तथा भगन्दर के उपसर्ग बारी-बारी से होने पर लाभ मिलता है। गाँठों के रोगी में भगन्दर के उपसर्ग होने पर भी यह योग लाभप्रद है। ठण्ड से रोग शमन होता है।

कृमि
(Worms)

कॉम्बिनेशन नं. 1

कैल्केरिया फॉस (Calcarea Phos) 6X

फेरम फॉस (Ferrum Phos) 12X

काली म्योर (Kali Mur) 6X

नैट्रम फॉस (Natrum Phos) 6X

उक्त औषधियों को समान भाग में मिश्रित करके 5 ग्रेन की मात्रा में रोगी को प्रतिदिन चार बार सेवन करायें।

कॉम्बिनेशन नं. 2

सेण्टोनाइन (Santonine) Q

क्यूप्रम ऑक्स (Cuprum Ox) 6X

नेफ्थलीन (Naphthalein) 6X

मर्क डलकिस (Merc Dulcis) 2X

ग्रेनेटम (Granatum) 6X

थाइमोल (Thymol) 6X

उक्त औषधियों का योग गोल कृमि, फीता कृमि तथा सूची कृमि के लिए उत्तम निस्सारक है। बच्चों के गैस्ट्रो-इंटेस्टाइनल में भी यह योग सद्य फलप्रद है। उपसर्गों की उग्रता के अनुसार प्रातः सायं 2 से 5 बूँद की मात्रा में थोड़े जल के साथ सेवन करायें।

कॉम्बिनेशन नं. 3

हाइड्रोकोटाइल (Hydrocotyle) Q

कालमेघ (Kamegh) Q

हाइग्रोफिला (Hygrophila) Q

लूफा बिंदल (Lufa Bindal) Q

बोरेविया डी (Boerhaevia. D.) Q

उक्त औषधियाँ सम भाग में मिश्रित कर 2 से 5 बूँद की मात्रा में रोगी को अवस्थानुसार थोड़े जल के साथ दिन में 4 बार सेवन कराने से क्षुधा वृद्धि होती है तथा यकृत विकारों में लाभ मिलता है। यकृत तथा प्लीहा वृद्धि होने पर यह लाभप्रद योग है, पित्त के निस्सरण में वृद्धि करता है। बच्चों के यकृत, कृमि तथा अजीर्ण विकारों में विशेष रूप से लाभदायी है। अधिक मलेरिया भोगने के पश्चात् तथा प्लीहा के विकारों में सद्य फलप्रद है।

कॉम्बिनेशन नं. 4

जेनटियाना (Gentiana) Q

चिरायता (Chiraita) Q

कैरिका पपाया (Carica Papaya) Q

कालमेघ (Kalmegh) Q

सभी औषधियाँ समान भाग में लेकर मिश्रण तैयार कर 5 से 10 बूँद की मात्रा में थोड़े जल के साथ दिन में 4 बार रोगी को सेवन कराने से यकृत तथा उदर के संक्रमण में लाभ होता है। अजीर्ण, कृमि, क्षुधा क्षीणता, पीलिया आदि रोगों में यह योग सद्य फलप्रद है।

कॉम्बिनेशन नं. 5

कालमेघ (Kalmegh) Q

कुरची (Kurchi) Q

एजाडिरेक्टा इण्डिका (Azadiracta Indica) Q

छेबुला (Chhebula)

उक्त औषधियाँ सम भाग में मिश्रित कर 5 से 10 बूँद की मात्रा में थोड़े जल के साथ दिन में चार बार सेवन कराने से यकृत सम्बन्धी उपसर्गों में तो लाभ मिलता ही है, साथ ही यह योग क्षुधा क्षीणता, पुष्टिहीनता, अजीर्ण, कृमि तथा उदर के उपसर्गों के लिए सद्य फलप्रद है।

कॉम्बिनेशन नं. 6

मर्क डलकिस (Merc Dul) Q

सेण्टानाइन (Santonine) Q

थाइमोल (Thymol) Q

पाइपर साइट (Piper Cit) Q

सिना (Cina) Q

ट्यूक्रियम (Teucrium) Q

चेनोपोडियम (Chenopodium) Q

उक्त औषधियाँ सम भाग में मिश्रित कर योग तैयार करें और 2 से 5 बूँद की मात्रा में थोड़े जल के साथ सोते समय रोगी को सेवन करायें। यह योग चिड़चिड़ापन, क्षुधा क्षीणता, रात्रि में मूत्र विसर्जन हो जाना, दाँत किटकिटाना, हाथ पैर जकड़ जाना, आँतों में जलन होना, नाक में खुजली होना, नींद में बेचैनी, उदर शूल, पुट्ठों में दर्द, गुदा में जलन तथा खुजली आदि कृमि के कारण उत्पन्न उपसर्गों में आशातीत सफलता देता है। बच्चों के कृमि रोग की यह उत्तम औषधि है।

कॉम्बिनेशन नं. 7

नैट्रम फॉस (Natrum Phos) 3X

नैट्रम म्योर (Natrum Mur) 3X

साइलीशिया (Silicea) 12X

उक्त औषधियाँ मिश्रित कर प्रतिदिन चार बार 5–5 ग्रेन की मात्रा में सेवन कराने से कृमि रोग के कारण दाँत पीसना, नाक खुजलाना आदि उपसर्गों में आशातीत लाभ मिलता है।

कॉम्बिनेशन नं. 8

नैट्रम फॉस (Natrum Phos) 3X

नैट्रम म्योर (Natrum Mur) 3X

काली म्योर (Kali Mur) 3X

साइलीशिया (Silicea) 6X

उक्त औषधियाँ सम भाग में मिश्रित कर 5 ग्रेन की मात्रा में प्रतिदिन चार बार सेवन कराने से दाँत पीसने आदि सीट वर्म, थ्रेड वर्म, पिन वर्म, केंचुआ आदि के कारण उत्पन्न रोगोपसर्गों में आशातीत लाभ मिलता है।

मधुमेह
(Diabetes)

कॉम्बिनेशन नं. 1

एसिड फॉस (Acid Phos) 12X

सिजीजियम जैम्बोलिना (Syzygium Zamb) 12X

लाइकोपोडियम (Lycopodium) 30X

नैट्रम सल्फ (Natrum Sulph) 12X

यूरेन नाइट्रिकम (Uran Nit.) 6X

सिकेल कॉर (Secale Cor) 6X

उक्त औषधियों को समान भाग में मिश्रित करके 5 बूँद की मात्रा में मधुमेह ग्रस्त रोगियों को प्रतिदिन थोड़े जल के साथ दिन में चार बार सेवन करायें।

कॉम्बिनेशन नं. 2

ईगल फोलिया (Aegle Folia) Q

ओसिमम सेंक्टम (Ocimum Sanctum) Q

सीजीजियम जम्बोलिनम (Syzigium Jombolinum) Q

एसिड फॉस (Acid Phos) 2X

उक्त योग के मिश्रण की 2 से 5 बूँद की मात्रा में थोड़े जल में मिश्रित कर दिन में दो या तीन बार सेवन कराने से मधुमेह (Diabetes mellitus) के उपसर्गों में लाभ होता है।

कॉम्बिनेशन नं. 3

फास्फोरिक एसिड (Acid Phos) 3X

नैट्रम सल्फ (Natrum Sulph) 3X

कैल्केरिया फॉस (Calcarea Phos) 3X

हाइड्रास्टिससेना (Hydrastis Cana) 1X

उक्त औषधियाँ सम भाग में मिश्रित कर 10 से 15 बूँद की मात्रा में थोड़े जल के साथ दिन में चार बार सेवन कराने से मूत्र में शक्कर आना, फास्फेट्स जाना, बार-बार मूत्र होना, अधिक मात्रा में प्यास लगना, शारीरिक दुर्बलता, क्षुधा क्षीणता, ठीक से पाचन न होना, गैस बनना आदि उपसर्गों में आशातीत लाभ मिलता है।

कॉम्बिनेशन नं. 4

सेफलेण्ड्रा (Cephalendra) Q

करेला (Momorodica) Q

साइजीजियम जम्बोलिनम (Syzygium Jambolinum) Q

एसिड फॉस (Acid Phos)

गुड़मार (Gymnema) Q

उक्त औषधियाँ सम भाग में मिश्रित कर 5 से 10 बूँद की मात्रा में थोड़े जल के साथ दिन में तीन बार सेवन कराने से रात में बार-बार पेशाब आना, भूख, प्यास असामान्य रूप से बढ़ने पर भी दुर्बलता अनुभव करना, मधुमेह, मूत्रमेह, जैसे उपसर्गों में आशातीत लाभ मिलता है। मूत्र की मात्रा 6 से 8 लीटर प्रतिदिन हो जाने पर अथवा मूत्र का आपेक्षिक घनत्व 1060 या 1074 हो जाने पर यह औषधि उपयोग में लाना लाभप्रद रहता है।

कॉम्बिनेशन नं. 5

आर्सेनिक एल्ब (Arsenic Alb) 30

आर्स ब्रोम (Ars Brom) 30

उक्त औषधियाँ मिश्रित कर 5 ग्रेन की मात्रा में प्रतिदिन चार बार मधुमेह के रोगी को सेवन कराने से आशातीत लाभ मिलता है।

कॉम्बिनेशन नं. 6

नैट्रम सल्फ (Natrum Sulph) 3X

नैट्रम फॉस (Natrum Phos) 3X

आर्स ब्रोम (Ars Brom) 30

उक्त औषधियाँ सम भाग में मिश्रित कर 5 बूँद की मात्रा में प्रतिदिन चार बार सेवन कराने से मधुमेह उपसर्गों में आशातीत लाभ मिलता है।

मूत्रमेह
(Diabetes Melletus)

मधुमेह की बायोकैमिक चिकित्सा की सैद्धान्तिक व्याख्या करते हुए लिखा है कि कार्बोलिक एसिड तथा जल के योग से लैक्टिक एसिड का निर्माण होता है। रक्त में पाये जाने वाले सोडियम फास्फेट के कारण यह फुफ्फुस तक पहुँचते-पहुँचते विच्छृंखलित हो जाता है। किसी कारणवश शरीर में सोडियम फॉस्फेट की कमी होने से जल का अनुपात अनुपयुक्त हो जाता है और एसिड के परिमाण में वृद्धि हो जाती है। परिणामत: प्रकृति अपनी विशिष्ट प्रक्रिया द्वारा उस जल को बाहर निकालती हैं, जिसे हम 'मधुमेह' नाम देते हैं।

सोडियम फास्फेट की कमी के कारण रोगोत्पत्ति होने पर इस रोग की प्रधान औषधि सोडियम फॉस्फेट (नैट्रम फॉस) होती है। यह औषधि रक्त में जल के अनुपात को संयत करती है। सोडियम फॉस्फेट ऑक्सीजन छोड़ती है। यह चीनी के समीकरण हेतु नितांत आवश्यक है। यह चीनी अपने उसी रूप में गुर्दों तक नहीं पहुँच पाती। यह पित्त का घनत्व भी पतला कर देती है। मधुमेह की विकसित अवस्था में लैक्टिक एसिड तथा चीनी के गुर्दों से निष्कासित होते रहने के कारण वहाँ प्रदाह आ जाता है। उसे ठीक कराने के लिए रक्त के लाल कण जुटते हैं और शरीर में आयरन फॉस्फेट की कमी होने लगती है। इसकी पूर्ति हेतु प्रकृति वात नाड़ियों के तरल पोटेशियम फॉस्फेट का व्यय तीव्र गति से होने लगता है और रोगी अपने स्नायु जाल में भारी थकान अनुभव करता है।

बायोकैमिक चिकित्सा पद्धति के अनुसार उक्त स्थिति में फॉस्फेट ऑफ सोडियम, फॉस्फेट ऑफ आयरन, फॉस्फेट ऑफ पोटैशियम तथा सल्फेट ऑफ सोडियम नामक औषधियों का व्यवहार रोगी के लिए करना चाहिए। फॉस्फेट ऑफ पोटैशियम के परमाणुओं में विघटन होने के कारण रक्त पर दबाव बढ़ता है और नाड़ियों की क्रिया में विघ्न आता है परिणामत: अनिद्रा तथा राक्षसी भूख जैसे विकार उत्पन्न हो जाते हैं। पोटेशियम फॉस्फेट पृष्ठ मस्तिष्क, फेफड़े तथा आमाशय को पोषण तथा नियन्त्रण करने वाले स्नायु गुच्छ की प्राकृतिक क्रिया को गति देता है। तृषाधिक्य, अनिद्रा, शोष तथा नैराश्य भाव शरीर में जल के स्वाभाविक वितरण के अभाव में होता है अत: सोडियम क्लोराइड लाभप्रद हो सकता है। मूत्रमेह की औषधि तैयार करते समय एक से अधिक फॉस्फेट्स मिला कर देने की सलाह

दी गई है परन्तु सोडियम सल्फेट तथा सोडियम क्लोराइड मिश्रित नहीं करने चाहिए भूख की कमी और शोष अधिक होने पर कैल्शियम फॉस्फेट की सूक्ष्म मात्रा भोजन के पश्चात् दे देना उचित रहता है।

मधुमेह रोगी के लिए पथ्यापथ्य का विशेष महत्त्व नहीं है। जो भी भोजन किया जाए उसका पाचन हो जाना महत्त्वपूर्ण है। अत: रोगी को भूख से अधिक भोजन कभी भी नहीं करना चाहिए। दूध तथा पकवान आदि शीघ्र न पचने के कारण उचित नहीं रहते अन्यथा पीलिया तथा यकृत शूल आदि उपसर्ग प्रकट हो सकते हैं।

कॉम्बिनेशन नं. 1

सेफलेण्ड्रा (Cephalendra) Q

करेला (Momorodica) Q

साइजीजियम जम्बोलिनम (Syzygium Jambolinum) Q

एसिड फॉस (Acid Phos) Q

गुड़मार (Gymnema)

उक्त औषधियाँ सम भाग में मिश्रित कर 5 से 10 बूँद की मात्रा में थोड़े जल के साथ दिन में तीन बार सेवन कराने से रात में बार-बार पेशाब आना, भूख, प्यास असामान्य रूप से बढ़ने पर भी दुर्बलता अनुभव करना, मधुमेह, मूत्रमेह, जैसे उपसर्गों में आशातीत लाभ मिलता है। मूत्र की मात्रा 6 से 8 लीटर प्रतिदिन हो जाने पर अथवा मूत्र का आपेक्षिक घनत्व 1060 या 1074 हो जाने पर यह औषधि उपयोग में लाना लाभप्रद रहता है।

कॉम्बिनेशन नं. 2

फॉस्फोरिक एसिड (Acid Phos) 3X

नैट्रम सल्फ (Natrum Sulph) 3X

कैल्केरिया फॉस (Calcarea Phos) 3X

हाइड्रास्टिस केन (Hydrastis Cana) 1X

उक्त औषधियाँ सम भाग में मिश्रित कर 10 से 15 बूँद की मात्रा में थोड़े जल के साथ दिन में चार बार सेवन कराने से मूत्र में शक्कर आना, फॉस्फेट्स जाना, बार-बार मूत्र होना, अधिक मात्रा में प्यास लगना, शारीरिक दुर्बलता, क्षुधा क्षीणता, ठीक से पाचन न होना, गैस बनना आदि उपसर्गों में आशातीत लाभ मिलता है।

रक्त मूत्र
(Hematuria)

कॉम्बिनेशन नं. 1

बर्बेरिस वल्गे (Berberis Vulgaris) Q

आइपोमिया परप्युरिया (Ipomia Purpurea) Q

जैन्थॉर आर्बो (Xanthor Arbo) Q

उक्त औषधियाँ सम भाग में मिश्रित कर 10 से 15 बूँद की मात्रा में थोड़े जल के साथ दिन में चार बार सेवन कराने से मूत्र ग्रन्थि प्रदेश में शूल, मूत्र ग्रन्थि प्रदाह, पित्त-पथरी, रक्त मूत्र, पित्त कोष

सम्बन्धी रोग, कोंचने जैसा दर्द जो मूत्र ग्रन्थि से यकृत, प्लीहा, पक्वाशय एवं वस्ति गह्वर तक फैलता हो, आदि उपसर्गों में आशातीत लाभ होता है।

कॉम्बिनेशन नं. 2

प्लम्बम (Plumbum) 30X
फेरम फॉस (Ferrum Phos) 12X
काली म्योर (Kali Mur) 3X
काली फॉस (Kali Phos) 3X
नैट्रम म्योर (Natrum Mur) 3X

उक्त औषधियाँ सम भाग में मिश्रित कर प्रतिदिन 5 ग्रेन की मात्रा में चार बार सेवन कराने से मूत्र में रक्त मिला हुआ आने अथवा मूत्र में रक्त अलग दिखाई देने जैसे उपसर्गों में आशातीत लाभ मिलता है।

कॉम्बिनेशन नं. 3

फेरम फॉस (Ferrum Phos) 12X
नैट्रम म्योर (Natrum Mur) 3X
काली फॉस (Kali Phos) 3X

उक्त औषधियाँ मिश्रित कर 5 ग्रेन की मात्रा में प्रतिदिन चार बार सेवन कराने से मूत्र रक्तिम, मूत्र हल्का गुलाबी रंग का होने जैसे उपसर्गों में आराम मिलता है।

मूत्र ग्रन्थि प्रदाह
(Inflamation of Prostate Glands)

कॉम्बिनेशन नं. 1

बर्बेरिस वल्गे (Berberis Vulgaris) Q
आइपोमिया परप्यूरिया (Ipomia Purpurea) Q
जैन्थॉर आर्बो (Xanthor Arbo) Q

उक्त औषधियाँ सम भाग में मिश्रित कर 5 से 10 बूँद की मात्रा में थोड़े जल के साथ दिन में चार बार सेवन कराने से मूत्र ग्रन्थि प्रदेश में शूल, मूत्र ग्रन्थि प्रदाह, पित्त पथरी, मूत्र पथरी, रक्त मूत्र, पित्त कोष सम्बन्धी रोग, कोंचने जैसा दर्द जो मूत्र ग्रन्थि से यकृत, प्लीहा, पक्वाशय एवं वस्ति गह्वर तक फैलता हो आदि उपसर्गों में आशातीत लाभ होता है।

कॉम्बिनेशन नं. 2

कैल्केरिया फॉस (Calcarea Phos) 3X
नैट्रम म्योर (Natrum Mur) 3X
काली म्योर (Kali Mur) 3X
कैल्केरिया सल्फ (Calcarea Sulph) 3X

उक्त औषधियाँ सम भाग में मिश्रित कर 5 ग्रेन की मात्रा में प्रतिदिन चार बार सेवन करायें। मूत्राशय प्रदाह तथा प्रदाह का द्वितीय चरण होने पर, सफेद रस स्रावित होने पर यह योग उत्तम कार्य करता है।

कॉम्बिनेशन नं. 3

बैलाडोना (Balladona) Q 1 भाग

एपिस मेल (Apis. M.) Q 2 भाग

सेबाल सेरुलाटा (Sabal Serrulata) Q 3 भाग

उक्त औषधियाँ उचित रूप से मिश्रित कर 5 बूँद की मात्रा में थोड़े जल के साथ सेवन कराने से मूत्र रुकने, प्रोस्टेट ग्रन्थि वृद्धि, प्रोस्टेट प्रदाह, मूत्र कष्ट आदि में आशातीत लाभ मिलता है।

बिस्तर में मूत्र विसर्जन
(Bed Wetting)

कॉम्बिनेशन नं. 1

मर्क डलकिस (Merc Dul) Q

सेण्टोनाइन (Santonine) Q

थाइमोल (Thymol) Q

पाइपर साइट (Piper Cit) Q

सिना (Cina) Q

ट्यूक्रियम (Teucrium) Q

चेनोपोडियम (Chenopodium) Q

उक्त औषधियाँ सम भाग में मिश्रित कर योग तैयार करें और 2 से 5 बूँद की मात्रा में थोड़े जल के साथ सोते समय रोगी को सेवन करायें। यह योग चिड़चिड़ापन, क्षुधा क्षीणता, रात्रि में मूत्र विसर्जन हो जाना, दाँत किटकिटाना, हाथ-पैर जकड़ जाना, आँतों में जलन होना, नाक में खुजली होना, नींद में बेचैनी, उदर शूल, पुट्ठों में दर्द, गुदा में जलन तथा खुजली आदि कृमि के कारण उत्पन्न उपसर्गों में आशातीत सफलता देता है। बच्चों के कृमि रोग की यह उत्तम औषधि है।

कॉम्बिनेशन नं. 2

नैट्रम फॉस (Natrum Phos) 12X

फेरम फॉस (Ferrum Phos) 3X

काली फॉस (Kali Phos) 3X

मेग फॉस (Mag Phos) 3X

उक्त औषधियाँ सम भाग में मिश्रित कर प्रतिदिन 5 ग्रेन की मात्रा में चार बार सेवन कराने से बच्चों के बिस्तर पर मूत्र निकल जाने के उपसर्ग में आशातीत लाभ मिलता है।

16 वात विकार
(GOUT PROBLEMS)

नाड़ी वात
(Sciatica)

कॉम्बिनेशन नं. 1

कोलोसिंथ (Colocynth) 6X

रस टॉक्स (Rhus Tox) 6X

कैमोमिला (Chamomilla) 6X

उक्त योग का प्रयोग नाड़ी वात (गृध्रसी) के उपसर्गों में लाभप्रद रहता है। प्रतिदिन 5-5 बूँद की मात्रा एक बार थोड़े जल में मिश्रित कर सेवन करायें।

कॉम्बिनेशन नं. 2

काली फॉस (Kali Phos) 3X

मैगनेशिया फॉस (Magnesia Phos) 3X

नैट्रम सल्फ (Natrum Sul) 3X

साइलीशिया (Silicea) 12X

कैल्केरिया फॉस (Calcarea Phos) 3X

काली म्योर (Kali Mur) 3X

काली सल्फ (Kali Sul) 3X

फेरम फॉस (Ferrum Phos) 12X

उक्त औषधियाँ सम भाग में मिश्रित कर 5-5 ग्रेन की मात्रा में गर्म जल के साथ प्रतिदिन चार बार सेवन कराने से गृध्रसी के लक्षणों में आराम मिलता है।

कॉम्बिनेशन नं. 3

आर्सेनिक एल्बम (Arsenic Album) 6X

प्लम्बम मेटालिकम (Plumbum Met) 6X

साइलीशिया (Silicea) 6X

कैल्केरिया फॉस (Calcarea Phos) 6X

मैगनेशिया फॉस (Mag. Phos) 6X

उक्त औषधियाँ सम भाग में मिश्रित कर 5 ग्रेन की मात्रा में प्रतिदिन चार बार जल के साथ सेवन कराने से रात में बढ़ने वाले नाड़ी वात, जांघिक स्नायु शूल (साइटिका) में आशातीत लाभ मिलता है। ऐसा साइटिका सेंकने से कम हो जाता है।

स्थूलता (मोटापा)
(Fatness)

त्वचा के नीचे सम्पूर्ण शरीर में मेद (चर्बी) का परिमाण आवश्यकता से बहुत अधिक हो जाने पर व्यक्ति स्थूलकाय हो जाता है। यह स्थूलता (मोटापा) एक रोग बन जाती है। इसके कारण श्वास कष्ट, थोड़े से परिश्रम से ही हाँफने लगना, रक्त का उचित संचालन न हो पाना तथा शारीरिक एवं मानसिक रूप से व्यक्ति में उदासी रहना आदि उपसर्ग कम अथवा अधिक रूप में प्रकट होते हैं। इस रोग का अनुपात महिलाओं में अधिक पाया जाता है।

अधिक परिमाण में खाना पीना, निश्चिंत रहना, शारीरिक अथवा मानसिक परिश्रम न करना अथवा माता-पिता का मोटापा ग्रस्त होना आदि ऐसे कारण हैं जो व्यक्ति को मोटा बना सकते हैं। ऐसे रोगियों को श्वेत सार, शर्करा, आलू, शकरकंद, मक्खन, चीनी, घी, मलाई, मधुर रस युक्त खाद्य अथवा पेय, बियर पोर्ट मद्य, उड़द आदि मेद वर्धक द्रव्य सेवन नहीं करने चाहिए। पथ्य रूप में मक्खन निकाला दूध, ताजे फल, नींबू का रस, चाय, कॉफी, सेव, केला आदि ले सकते हैं। टहलना, पद यात्रा, साइकिल चलाना, सीढ़ी चढ़ना-उतरना तथा अन्य परिश्रम के कार्य अवश्य करने चाहिए।

कॉम्बिनेशन नं. 1

फीकस वेसिक्युलोसिस (Ficcus Vesiculosis) Q
फाइटोलाइन (Phytoline) Q
एस्क्युलेण्टाइन (Aesculentine) Q

उक्त औषधियाँ सम भाग में मिश्रित कर 5 से 10 बूँद की मात्रा में थोड़े जल में मिश्रित कर प्रतिदिन चार बार सेवन कराने से मोटापे में तो लाभ मिलता ही है परन्तु उसके कारण उत्पन्न उपसर्गों जैसे धड़कन, चलने में कष्ट, मिचली आदि में भी आशातीत लाभ मिलता है।

कटिवात
(Lumbago)

कॉम्बिनेशन नं. 1

कोलोसिंथ (Colocynth) 6X
रस टॉक्स (Rhus Tox) 6X
एक्टिया रेसिमोसा (Actia Race) 6X
बर्बेरिस (Berberis) 6X

उक्त योग कटि शूल के उपसर्गों में अत्यन्त फलप्रद है। इस योग की 5 बूँद की मात्रा थोड़े जल में मिश्रित कर एक सप्ताह तक प्रतिदिन एक बार सेवन कराते रहें।

कॉम्बिनेशन नं. 2

बैलाडोना (Belladona) Q
चायना (China) Q
फायटोलक्का (Phytolacca) Q
यूपेटोरियम पर्फ (Eupetorium Perf) Q

एकोनाइट (Aconite) Q

ब्रायोनिया एल्बा (Bryonia Alb) Q

थूजा आक्सी (Thuja Ox) Q

सभी औषधियाँ समान भाग में लेकर इस योग की 5 से 10 बूँद की मात्रा में थोड़े जल के साथ दिन में चार बार सेवन कराने से गठिया (Gout), कटिबात (Lumbago), स्नायु शूल (Neuraligia) तथा इसी प्रकार के अन्य वेदनापूर्ण कष्टों में रोगी को लाभ मिलता है।

कॉम्बिनेशन नं. 3

आरनिका मॉण्ट (Arnica Mont) 6X

बैलाडोना (Belladona) 6X

एकोनाइट नेप (Aconite Nepa) 6X

शूल के अलावा किसी भी प्रकार के दर्द के लिए यह योग अति उत्तम है। यदि अत्यधिक ऊँचा ज्वर हो जाए तब भी यह योग अच्छा परिणाम देता है। इस योग की 2 से 5 बूँद की मात्रा थोड़े जल में मिश्रित करके सेवन कराने से आशातीत लाभ मिलता है। आवश्यकता के समय मात्रा को प्रति घण्टे के अन्तराल पर भी दिया जा सकता है।

कॉम्बिनेशन नं. 4

बाइबर्नम ओपुलस (Vibernum Opulus) Q

चायना (China) Q

अशोका (Ashoka) Q

एब्रोमा ऑगस्टा (Abroma Augusta) Q

कालोफाइलम (Caulophylum) Q

सभी औषधियों को सम भाग में मिश्रित कर 5 से 10 बूँद की मात्रा में थोड़े जल के साथ सेवन कराने से महिला विकारों जैसे ऋतु शूल, श्वेत प्रदर, कमर, पेडू में दर्द, हाथ-पैरों में जलन, बाँझपन आदि में तो लाभ देता ही है साथ ही उनके स्वास्थ्य सौन्दर्य, स्फूर्ति तथा चित्त को प्रसन्न बनाये रखने में विशेष रूप से योग देता है।

कॉम्बिनेशन नं. 5

अशोका (Ashoka) Q

एलेट्रिस (Aletris) Q

एब्रोमा रेडिक्स (Abroma Rad) Q

वाइबर्नम प्रुन (Viburnum Prun) Q

पल्साटिला (Pulsatilla) Q

अर्जुना (Arjuna) Q

नक्स वो. (Nux Vom) Q

उक्त औषधियाँ सम भाग में मिश्रित कर 5 से 10 बूँद की मात्रा में थोड़े जल के साथ दिन में चार बार सेवन कराने से महिला रोगों में विशेष लाभ मिलता है। ऋतु का विलम्बित होना, अनियमित होना, श्वेत प्रदर, गर्भपात की आदत, ऋतु न होना, कमर दर्द, थकान तथा महिलाओं की दुर्बलता आदि उपसर्गों में वह योग सद्य फलप्रद है। ऋतु स्राव काल में यह औषधि सेवन नहीं करें।

संधिवात
(Rheumatism)

कॉम्बिनेशन नं. 1

ब्रायोनिया अल्बा (Bryonia Alb) 6X

रस टॉक्सिकोडेण्ड्रान (Rhus Toxico) 6X

लैडम पैलेस्टर (Ledum Palester) 6X

उक्त योग का उपयोग संधियों के दर्दों में लाभप्रद रहता है। 5 बूँद की मात्रा में प्रथम 6 दिन तक प्रतिदिन एक मात्रा थोड़े जल के साथ सेवन करायें, तत्पश्चात् एक-एक दिन छोड़कर 15 दिन तक दें।

कॉम्बिनेशन नं. 2

कैल्केरिया फॉस (Calcarea Phos) 6X

फेरम फॉस (Ferrum Phos) 12X

काली म्योर (Kali Mur) 6X

मैगनेशिया फॉस (Magnesia Phos) 6X

नैट्रम म्योर (Natrum Mur) 6X

नैट्रम फॉस (Natrum Phos) 6X

साइलीशिया (Silicea) 12X

उक्त औषधियों को समान मात्रा में मिश्रित कर 5 ग्रेन की मात्रा में रोगी को दिन में चार बार सेवन करायें।

कॉम्बिनेशन नं. 3

कॉलचिकम (Colchicum) 3X

रस टॉक्स (Rhus Tox) 3X

ब्रायोनिया (Bryonia Alb) 3X

नेफाइलम (Gnaphylum) 3X

उक्त औषधियों को समान भाग में मिश्रित करके 5 बूँद की मात्रा में थोड़े जल के साथ प्रतिदिन चार बार सेवन करायें।

कॉम्बिनेशन नं. 4

बैलाडोना (Belladona) Q

एकोनाइट नैप (Aconite Nap) Q

ब्रायोनिया (Bryonia Alb) Q

रस टॉक्स (Rhus Toxico) Q

जैतून का तेल (Olive Oil) 9 भाग

उक्त औषधियों को जैतून के तेल (Oliv Oil) में 1 : 9 के अनुपात में भली प्रकार मिश्रित करके संधिवात, गठिया, मोच आदि में पीड़ित भाग पर लगा सकते हैं अथवा मालिश कर सकते हैं।

कॉम्बिनेशन नं. 5

फेरम फॉस (Ferrum Phos) 12X
काली म्योर (Kali Mur) 3X
काली फॉस (Kali Phos) 3X

उक्त औषधियों को समान भाग में मिश्रित कर 5 ग्रेन की मात्रा में दिन में चार बार रोगी को प्रतिदिन सेवन करायें। ज्वर के समय जिह्वा पर सफेद मोटी तह जमे, कोष्ठबद्धता के कारण ज्वर विकार हो, नाड़ी अनियमित तीव्र हो, नजला, जुकाम तथा गठिया के साथ ज्वर हो तो इस योग को प्रथम औषधि के रूप में प्रयोग किया जा सकता है।

कॉम्बिनेशन नं. 6

बैलाडोना (Belladona) Q
चायना (China) Q
फायटोलक्का (Phytolacca) Q
यूपेटोरियम पर्फ (Eupatorium Perf) Q
एकोनाइट (Aconite) Q
ब्रायोनिया एल्बा (Bryonia Alb) Q
थूजा आक्सी (Thuja Ox) Q

सभी औषधियाँ समान भाग में लेकर इस योग की 5 से 10 बूँद की मात्रा में थोड़े जल के साथ दिन में 4 बार सेवन कराने से गठिया (Gout), कटिवात (Lumbago), स्नायु शूल (Neuralgia) तथा इसी प्रकार के अन्य वेदना पूर्ण कष्टों में रोगी को लाभ मिलता है।

कॉम्बिनेशन नं. 7

आरनिका मॉण्ट (Arnica Mont) 6X
बैलाडोना (Belladona) 6X
एकोनाइट नेप (Aconite Nepa) 6X

शूल के अलावा किसी भी प्रकार के दर्द के लिए यह योग अति उत्तम है। यदि अत्यधिक ऊँचा ज्वर हो जाए तब भी यह योग अच्छा परिणाम देता है। इस योग की 2 से 5 बूँद की मात्रा थोड़े जल में मिश्रित करके सेवन कराने से आशातीत लाभ मिलता है। आवश्यकता के समय मात्रा को प्रति घण्टे के अन्तराल पर भी दिया जा सकता है।

गठिया वात
(Gout)

कॉम्बिनेशन नं. 1

बैलाडोना (Belladona) Q
एकोनाइट (Aconite Nep) Q
ब्रायोनिया (Bryonia Alb) Q
रस टॉक्स (Rhus Toxico) Q

जैतून का तेल (Oliv Oil) 9 भाग

उक्त औषधियों को जैतून के तेल (Oliv Oil) में 1 : 9 के अनुपात में भली प्रकार मिश्रित करके संधिवात, गठिया, मोच आदि में पीड़ित भाग पर लगा सकते हैं अथवा मालिश कर सकते हैं।

कॉम्बिनेशन नं. 2

ब्रायोनिया अल्बा (Bryonia Alb) 6X

रस टाक्सिपोडेण्ट्रान (Rhus Toxico.) 6X

लैडम पैलेस्टर (Ledum Palester) 6X

काली कार्ब (Kali Carb) 6X

उक्त योग का उपयोग संधियों के दर्दों में लाभप्रद रहता है। 5 बूँद की मात्रा में प्रथम 6 दिन तक प्रतिदिन एक मात्रा थोड़े जल के साथ सेवन करायें, तत्पश्चात् एक दिन छोड़कर 15 दिन तक दें।

कॉम्बिनेशन नं. 3

कैल्केरिया सल्फ (Calcarea Sulph) 6X

फेरम फॉस (Ferrum Phos) 12X

काली म्योर (Kali Mur) 6X

मैगनेशिया फॉस (Magnesia Phos) 6X

नैट्रम म्योर (Natrum Mur) 6X

नैट्रम फॉस (Natrum Phos) 6X

साइलीशिया (Silicea) 12X

उक्त औषधियों को समान मात्रा में मिश्रित कर 5 ग्रेन की मात्रा में रोगी को दिन में चार बार सेवन करायें।

कॉम्बिनेशन नं. 4

कॉलचिकम (Colchicum) 3X

रस टॉक्स (Rhus Tox) 3X

ब्रायोनिया (Bryonia Alb) 3X

नेफाइलम (Gnaphylum) 3X

उक्त औषधियों को समान भाग में मिश्रित करके 5 बूँद की मात्रा में थोड़े जल के साथ प्रतिदिन चार बार सेबन करायें।

कॉम्बिनेशन नं. 5

फेरम फॉस (Ferrum Phos) 12X

काली म्योर (Kali Mur) 3X

काली फॉस (Kali Phos) 3X

उक्त औषधियों को समान भाग में मिश्रित कर 5 ग्रेन की मात्रा में दिन में चार बार रोगी को प्रतिदिन सेवन करायें। ज्वर के समय जिह्वा पर सफेद मोटी तह जमे, कोष्ठबद्धता के कारण ज्वर

विकार हो, नाड़ी अनियमित तीव्र हो, नजला, जुकाम तथा गठिया के साथ ज्वर हो तो इस योग को प्रथम औषधि के रूप में प्रयोग किया जा सकता है।

कॉम्बिनेशन नं. 6

बैलाडोना (Belladona) Q
चायना (China) Q
फायटोलक्का (Phytolacca) Q
यूपेटोरियम पर्फ (Eupetorium Perf) Q
एकोनाइट (Aconite) Q
ब्रायोनिया एल्बा (Bryonia Alb) Q
थूजा आक्सी (Thuja Ox) Q

सभी औषधियाँ समान भाग में लेकर इस योग की 5 से 10 बूँद की मात्रा में थोड़े जल के साथ दिन में चार बार सेवन कराने से गठिया (Gout). कटिबात (Lumbago), स्नायु शूल (Neuralgia) तथा इसी प्रकार के अन्य वेदनापूर्ण कष्टों में रोगी को लाभ मिलता है।

कॉम्बिनेशन नं. 7

आरनिका मॉण्ट (Arnica Mont) 6X
बैलाडोना (Belladonna) 6X
एकोनाइट नेप (Aconite Nep) 6X

शूल के अलावा किसी भी प्रकार के दर्द के लिए यह योग अति उत्तम है। यदि अत्यधिक ऊँचा ज्वर हो जाय तब भी यह योग अच्छा परिणाम देता है। इस योग की 2 से 5 बूँद की मात्रा थोड़े जल में मिश्रित करके सेवन कराने से आशातीत लाभ मिलता है। आवश्यकता के समय मात्रा को प्रति घण्टे के अन्तराल पर भी दिया जा सकता है।

कॉम्बिनेशन नं. 8

एण्ड्रोग्रेफिस (Andrographis) Q
लूफा बिन्दल (Luffa Bindal) Q
बोरेविया (Boerhaevia) Q
क्लोरीडेण्ड्रन (Chlorodendron) Q
हाइड्रोकोटाइल एसियाटि (Hydrocot. Asiat) Q
निट्र बेन्ज (Nitri. Benz) Q

उक्त औषधियों को सम भाग में मिश्रित कर 5 से 10 बूँद की मात्रा में थोड़े जल के साथ दिन में चार बार सेवन कराने से पीलिया तथा लम्बे ज्वर के कारण बढ़े हुए यकृत में लाभ मिलता है। शिशुकालीन पीलिया (कामला), गनोरिया (प्रमेह), यकृत रोग, गठिया, मूत्र सम्बन्धी बीमारियाँ उदर रोग आदि अनेक उपसर्गों में यह योग सद्य फलप्रद है।

17 त्वचा विकार
(SKIN AILMENTS)

दद्रु/दाद
(Ringworm)

दद्रु (दाद) सामान्यत: रुपया अथवा चवन्नी के आकार में त्वचा पर कहीं भी हो जाता है। आकृति गोल ही रहती है और उसके चारों ओर छोटी-छोटी फुन्सियाँ हो सकती हैं। यदि सिर में हो तो इस गोल आकृति के अन्दर के केश उड़ जाते हैं, गंज के समान हो जाता है। खुजली बहुत होती है। दाद का प्रधान उपसर्ग खुजली ही है चाहे वह शरीर के किसी भी अंग-उपांग में हो।

शिशुओं के केश की जड़ में कभी-कभी 'मधुचाक्रिक दाद' हो जाता है। इसमें गोलाकार दाग के चारों ओर कुछ ऊँचा तथा उसमें मछली के चोइयों जैसा द्रव्य दिखाई पड़ता है, इस स्थल के केश सूखे से होते हैं अथवा झड़ जाते हैं, वहाँ से मधु जैसा रस स्राव होता है। इसकी उत्पत्ति एक प्रकार के उद्‌भिज जीवाणु से मानी जाती है। पूय स्राव वाला गोटियोंयुक्त दाद स्पर्शाक्रामक होता है।

कॉम्बिनेशन नं. 1

क्राइसोरोबिनम (Chrysorobinum) 1 X 1 भाग
टेलूरियम (Tellurium) 3X 1 भाग
बैसलिन बेस (Vaselin Base) 20 भाग

दाद, छाजन, खुजली तथा खुजाने के बाद बदबूदार पानी निकलता हो तो यह औषधि अलौकिक प्रमाणित हुई है। पीड़ित भाग पर दिन में दो बार मालिश करें।

कॉम्बिनेशन नं. 2

सेलिसिलिक एसिड (Salicylic Acid) 1 X 25 भाग
बोरिक एसिड (Boricum Acid) 1X 5 भाग
सल्फर (Sulphur) 1 X 1 भाग
पेट्रोलियम जेली (Petroleum Jelly) 50 भाग

उक्त औषधियों को भली प्रकार पेट्रोलियम जेली में मिश्रित करके मलहम तैयार करें। खोपड़ी की दाद, साइकोसिस (Sycosis), सोरायसिस (Psoriasis), जुलपित्ती (Herpes Tonsuans and Herpes Circinauts) आदि के लिए लाभप्रद है।

कॉम्बिनेशन नं. 3

रेसोरसिनम (Resorcinum) 1 X 1 भाग
ग्रेफाइटिस (Graphitis) 1 X 1 भाग
पेट्रोलियम (Petroleum) 1 X 1 भाग
मेजेरियम (Mezerium) 1 X 1 भाग
चालमूगरा तेल (Chaulmoogra Oil) 1 भाग

पैराफीन वैक्स (Paraffin Wax) 5 भाग

लेनोलीन (Lenoline) 5 भाग

उक्त औषधियों का व्यवस्थानुसार मलहम तैयार कर दाद, छाजन, आमवात तथा त्वचा के संक्रमण में उपयोग करने से आशातीत लाभ मिलता है।

कॉम्बिनेशन नं. 4

ग्रेफाइटिस (Graphitis) 1X

मोम (Paraffin Wax) 5 भाग

लेनोलीन (Lenoline) 5 भाग

उक्त औषधियों को व्यवस्थानुसार मिश्रित कर मलहम बना लें। यह योग पुराने घाव, दाद, अकौता, कनचट, हाथ के गासों के घाव, नाखूनों के आस-पास के घाव आदि प्रत्येक प्रकार के चर्म संक्रमणों में सद्य फलप्रद है।

श्वेत दाग
(Leucoderma)

इस रोग के उपसर्ग रूप त्वचा पर श्वेत वर्ण का दाग आता है और वहाँ के रोम श्वेत हो जाते हैं। इस रोग में त्वचा का पतला आवरण (Dermis) आक्रान्त होता है अतः न यह कष्टदायी है और न स्पर्शाक्रामक। कोई इसकी उत्पत्ति का कारण स्नायविक मानता है तो कोई उपदंश अथवा पारा विष, परन्तु कारण अनिर्णीत ही है। किसी-किसी को जन्म से ही यह रोग रहता है। त्वचा का सूक्ष्म श्वेत दाग एक बिन्दु रूप में प्रकट होकर शनैः-शनैः त्वचा पर फैलने लगता है। इसकी चिकित्सा अपेक्षाकृत लम्बी चलती है।

कॉम्बिनेशन नं. 1

आर्सेनिक एल्बम (Arsenic Album) 6X

काली आयोड (Kali Iod) 6X

कैलोट्रोपिस (Kalotropis) 6X

हाइड्रोकोटाइल (Hydrocotyle) 6X

उक्त औषधियों को सम भाग में मिश्रित कर श्वेत कुष्ठ के उपसर्ग में 5 बूँद की मात्रा में प्रतिदिन चार बार थोड़े जल के साथ सेवन करायें।

कॉम्बिनेशन नं. 2

आर्ससल्फ फ्लेवम (Ars. Sulf. Flav) 6X

काली आयोड (Kali Iod) 6X

समभाग मिश्रित कर उपयोग में लाऐं।

कर्कट (विद्रधि)
(Cancer Or Carcinoma)

शरीर के किसी अवयव में एक प्रकार का फायब्रॉयड (धागे जैसा पदार्थ) शनैः-शनैः बढ़ना प्रारम्भ हो जाता है। उसमें विभिन्न प्रकार के विच्छिन्न न्यूक्लियाइ सैल आदि होते हैं जो बढ़ते रहते हैं

और लिम्फैटिक वैसल्स जो रक्तवाहक का कार्य करते हैं, आक्रान्त होकर एक क्षत युक्त अर्बुद का निर्माण कर देते हैं। इससे शरीर क्षय प्रारम्भ हो जाता है। रक्त संचार अव्यवस्थित हो उठता है। यह रोग सामान्यत: पित्ताशय, आन्त्र, फुफ्फुस, यकृत, स्वर यन्त्र, मूत्र यन्त्र, अन्त्रावरक झिल्ली, क्लोम ग्रन्थि, अन्न नली, गुदा, त्वचा, वक्ष, ओष्ठ, जिह्वा, जरायु, स्तन तथा अस्थि आदि को ही अधिक आक्रान्त करता है। इसमें सन्देह नहीं कि यह एक दुरारोग्य मारात्मक व्याधि है।

कॉम्बिनेशन नं. 1

काली फॉस (Kali Phos) 3X
काली म्योर (Kali Mur) 3X
कैल्केरिया फॉस (Calcarea Phos) 3X
साइलीशिया (Silicea) 12X
फेरम फॉस (Ferrum Phos) 12X

उक्त योग का मिश्रण तैयार कर 5–5 ग्रेन की मात्रा में 3 बार प्रतिदिन गर्म जल से सेवन करायें।

कॉम्बिनेशन नं. 1

काली फॉस (Kali Phos) 3X
फेरम फॉस (Ferrum Phos) 12X
कैल्केरिया सल्फ (Calcarea Sul) 3X
मैगनेशिया फॉस (Mag. Phos) 3X
काली म्योर (Kali Mur) 3X
नैट्रम म्योर (Natrum Mur) 3X
नैट्रम फॉस (Natrum Phos) 3X
साइलीशिया (Silicea) 12X

उक्त औषधियाँ सम भाग में मिश्रित कर 5–5 ग्रेन की मात्रा में प्रतिदिन दो या तीन बार सेवन कराने से रोगी को आशातीत लाभ मिलता है।

कार्बन्कल
(Carbuncle)

कॉम्बिनेशन नं. 1

बैलाडोना (Belladonna) 6X
साइलीशिया (Silicea) 6X
हिपर सल्फर (Hepar Sulphur) 6X
आर्सेनिक एल्बम (Arsenic Album) 6X

उक्त योग कार्बकल आदि विषधर फोड़ों के लिए अति उत्तम है। 5–5 बूँद की मात्रा में प्रतिदिन एक बार थोड़े जल के साथ मिश्रित करके सेवन करायें।

कॉम्बिनेशन नं. 2

चालमूगरा तेल (Chaulmoogra Oil) ½ भाग

रेननकुलस (Ranunculus Bulb) Q 1 भाग

कैलेण्डुला (Calandula) Q 1 भाग

एचिनेशिया (Echinacea) Q 1 भाग

पेट्रोलियम जेली (Petroleum Jelly) 10 भाग

उक्त औषधियों से निर्मित मलहम का बाह्य प्रयोग कटे, आग से जले, खाज-खुजली, फोड़े-फुन्सी, मकड़ी फिरने जैसे छाले, घाव तथा कार्बंकल आदि में सद्य फलप्रद रहता है।

कॉम्बिनेशन नं. 3

कैन्थरिस (Cantharis) Q 1 भाग

पैराफीन (Paraffin) 10 भाग

उक्त योग आग से जले में बाह्य प्रयोगार्थ उपयुक्त है जहाँ त्वचा फटी अथवा कटी न हो। सभी प्रकार के छालों में, जलन होने में, घाव, फिश्चुला, सोरायसिस तथा कार्बङ्कल आदि में यह मलहम सद्य फलप्रद है।

कॉम्बिनेशन नं. 4

थूजा ऑक्सी (Thuja Ox) 1 X 1 भाग

पैराफीन वैक्स (Paraffin Wax) 10 भाग

लेनोलीन (Lenoline) 10 भाग

उक्त योग से मलहम तैयार कर कार्बङ्कल, अल्सर, गुप्तांग के आस-पास के घाव नाखून के पास के चर्म विकार तथा गनोरिया की ड्रेसिंग के लिए उत्तम रूप में प्रयोग किया जा सकता है।

कॉम्बिनेशन नं. 5

ग्रेफाइटिस (Graphitis) 1 X 1 भाग

मोम (Paraffin Wax) 5 भाग

लेनोलीन (Lenoline) 5 भाग

उक्त औषधियों को व्यवस्थानुसार मिश्रित कर मलहम बना लें। यह योग पुराने घाव, दाद, अकौता, कनचट, हाथ के गासों के घाव, नाखूनों के आस-पास के घाव आदि प्रत्येक प्रकार के चर्म संक्रमणों में सद्य फलप्रद है।

कॉम्बिनेशन नं. 6

रेसोरसिनम (Resorcinum) 1 X 1 भाग

ग्रेफाइटिस (Graphitis) 1 X 1 भाग

पेट्रोलियम (Petroleum) 1 X 1 भाग

मेजेरियम (Mezerium) 1 X 1 भाग

चालमूगरा तेल (Chaulmoogra Oil) 1 भाग

पैराफीन वैक्स (Paraffin Wax) 5 भाग

लेनोलीन (Lenoline) 5 भाग

उक्त औषधियों का व्यवस्थानुसार मलहम तैयार कर दाद, छाजन, आमवात तथा त्वचा के संक्रमण में उपयोग करने से आशातीत लाभ मिलता है।

कॉम्बिनेशन नं. 7

नैट्रम म्योर (Natrum Mur) 3X

काली फॉस (Kali Phos) 3X

साइलीशिया (Silicea) 12X

कैल्केरिया सल्फ (Calcarea Sulph) 3X

कैल्केरिया फ्लोर (Calcarea Fluor) 3X

फेरम फॉस (Ferrum Phos) 12X

काली म्योर (Kali Mur) 3X

नैट्रम सल्फ (Natrum Sulph) 3X

उक्त औषधियाँ सम भाग में मिश्रित कर 5-5 ग्रेन की मात्रा में कार्बङ्कल फोड़ों में प्रतिदिन चार बार रोगी को सेवन कराने से लाभ मिलता है।

छाजन (अकौता)
(Eczema)

कॉम्बिनेशन नं. 1

सल्फर (Sulphur) 6X

ग्रेफाइटिस (Graphitis) 6X

पेट्रोलियम (Petroleum) 6X

टेल्यूरियम (Tellurium) 6X

उक्त योग अकौता के रस भरे उद्भेद, शुष्क अकौता अथवा उससे सम्बन्धित अन्य चर्म विकारों के लिए उपयोगी है। इस योग की 5 बूँद की एक मात्रा थोड़े जल में मिश्रित करके एक-एक दिन छोड़कर सेवन करायें। 15 दिन के पश्चात् ऐसी एक मात्रा सप्ताह में एक बार सेवन करायें।

कॉम्बिनेशन नं. 2

ग्रेफाइटिस (Graphitis) 1 X 1 भाग

चालमूगरा तेल (Oil Chaulmoogra) ½ भाग

पेट्रोलियम जैली (Patroleum Jelly) 1 भाग

उक्त योग से निर्मित मलहम छाजन (Eczema) शुष्क हो अथवा गीला, खुजली, खाज तथा चर्म के उद्भेदों में सद्य फलप्रद रहता है।

कॉम्बिनेशन नं. 3

ग्रेफाइटिस (Graphitis) 1 X 1 भाग

मोम (Paraffine Wax) 5 भाग

लेनोलीन (Lenoline) 5 भाग

उक्त औषधियों को व्यवस्थानुसार मिश्रित कर मलहम बना लें। यह योग पुराने घाव, दाद, अकौता, कनचट, हाथ के गासों के घाव, नाखूनों के आस-पास के घाव आदि प्रत्येक प्रकार के चर्म संक्रमणों में सद्य फलप्रद है।

कॉम्बिनेशन नं. 4

रेसोरसिनम (Resorcinum) 1 X 1 भाग
ग्रेफाइटिस (Graphitis) 1X1 भाग
पेट्रोलियम (Petroleum) 1X1 भाग
मेजेरियम (Mezerium) 1X1 भाग
चालमूगरा तेल (Chaulmoogra Oil) 1 भाग
पैराफीन वैक्स (Paraffin Wax) 5 भाग
लेनोलीन (Lenoline) 5 भाग

उक्त औषधियों का व्यवस्थानुसार मलहम तैयार कर दाद, छाजन, आमवात तथा त्वचा के संक्रमण में उपयोग करने से आशातीत लाभ मिलता है।

कॉम्बिनेशन नं. 5

काली म्योर (Kali Mur) 3X
नैट्रम म्योर (Natrum Mur) 3X
नैट्रम फॉस (Natrum Phos) 3X
नैट्रम सल्फ (Natrum Sul) 3X
काली सल्फ (Kali Sulph) 6X
साइलीशिया (Silicea) 12X

उक्त औषधियाँ सम भाग में मिश्रित कर छाजन (पामा) के उपसर्गों में 5 ग्रेन की मात्रा में प्रतिदिन चार बार सेवन कराने से लाभ मिलता है। छोटे दाने, लाली, माता का टीका लगवाने के बाद रोग उपसर्ग प्रकट होना, चर्म प्रदाह, दुधीला रस, शोथ जल भरी फुन्सियाँ, तेजाबी हालत, शहद जैसा रस निकले, कत्थई खुरंट, पपड़ी पड़े, पाली लगने से रोग बढ़े, बन्द कमरे में रोग बढ़े, शाम को रोग बढ़े, खुली हवा अच्छी लगे, सुबह रोग का जोर कम हो, सिर, हाथ तथा बाहों पर रोगोपसर्ग अधिक हों तो यह औषधि सद्य फलप्रद है।

खुजली
(Itching)

कॉम्बिनेशन नं. 1

आर्सेनिक सल्फ फ्लेवम (Ars. Sulph. Flav) 6 X
एमोन कार्ब (Amon Carb) 12 X
सोमराज (Somraj) 12 X
कैल्केरिया फ्लोर (Calc. Fluor) 30 X
फेरम मेट (Fer. Met) 200 X

उक्त औषधियों को समान मात्रा में मिश्रित करके 2 से 5 बूँद की मात्रा में प्रतिदिन तीन बार सेवन कराने से खून की खराबी के कारण उत्पन्न दाग धब्बे तथा विभिन्न शरीर रांगों में उत्पन्न खाज-खुजली के विकार ठीक होते हैं।

कॉम्बिनेशन नं. 2

कैलेण्डुला ऑफ (Calandula Off) 1X 1 भाग

पैराफीन वैक्स (Paraffin Wax) 5 भाग

लेनोलीन (Lenoline) 5 भाग

उक्त योग को व्यवस्थानुसार मिश्रित कर मलहम बना लें और हाथ-पैर फटने, खुरखुरे हो जाने, घाव बन जाने, खाज तथा त्वचा विकार हो जाने पर सफलता के साथ उपयोग करें।

कॉम्बिनेशन नं. 3

ग्रेफाइटिस (Graphitis) 1X 1 भाग

चालमूगरा तेल (Oil Chaulmoogra) ½ भाग

पेट्रोलियम जेली (Petroleum) 10 भाग

उक्त योग से निर्मित मलहम छाजन (Eczema) शुष्क हो अथवा गीला, खुजली तथा चर्म उद्भेदों में सद्य फलप्रद रहता है।

कॉम्बिनेशन नं. 4

एजाडिरेक्टा इण्डिका (Azadirachta Indica) Q

जेंनटियाना (Gentiana) Q

सार्सापेरिल्ला (Sarsaparilla) Q

सल्फर (Sulphur) Q

उक्त सभी औषधियाँ सम भाग में मिश्रित कर योग तैयार कर लें और 5 से 10 बूँद की मात्रा में थोड़े जल में मिश्रित कर सेवन करायें। यह योग दूधिया रक्त को साफ करके फोड़े-फुन्सी, त्वचा के दाग-धब्बे, पित्ती (आमवात) उछलना, खाज-खुजली, मुँहासे तथा अन्य चर्म विकारों के लिए सद्य फलप्रद है।

कॉम्बिनेशन नं. 5

एजाडिरेक्टा इण्डिका (Azadirachta Indica) Q

कालमेघ (Kalmegh) Q

सारसापेरिल्ला (Sarsaparilla) Q

वर्बेरिस एक्वीफोलियम (Berberis Aquifol) Q

उक्त औषधियों का योग अत्युत्तम रक्तशोधक है। त्वचा विकारों के लिए अनमोल औषधि है। फोड़े-फुन्सी, उपदंश, सुजाक आदि के कारण खून में गर्मी का प्रभाव होना तथा अन्य चर्म रोगों में सहायक औषधि अथवा प्रधान औषधि के रूप में इस योग का उपयोग किया जा सकता है। 2 से 5 बूँद की मात्रा में प्रतिदिन चार बार जल के साथ सेवन कराने से आशातीत लाभ मिलता है।

कॉम्बिनेशन नं. 6

नैट्रम म्योर (Natrum Mur) 3X

फेरम फॉस (Ferrum Phos) 12X

काली म्योर (Kali Mur) 3X

उक्त औषधियाँ सम भाग मिश्रित कर 5 ग्रेन की मात्रा में प्रतिदिन चार बार सेवन कराने से शरीर में जगह-जगह खुजली के लाल चकत्ते हों, धूप में कष्ट दें, बिस्तर में खुजली बढ़े आदि उपसर्गों में आशातीत लाभ मिलता है।

त्वचा के दाग-धब्बे (हल्के)
(Faintly Developed Patches)

कॉम्बिनेशन नं. 1

आर्सेनिक सल्फ फ्लेवम (Ars. Sulph Flav) 6X

एमोन कार्ब (Amon Carb) 12X

सोमराज (Somraj) 12X

कैल्केरिया फ्लोर (Calcarea Fluor) 30X

फैरम मेट (Ferem Met) 200X

उक्त औषधियाँ समान भाग में मिश्रित करके 2 से 5 बूँद की मात्रा में प्रतिदिन तीन बार सेवन कराने से खून की खराबी के कारण उत्पन्न दाग-धब्बे तथा विभिन्न शरीरांगों में उत्पन्न खाज-खुजली के विकार ठीक होते हैं।

कॉम्बिनेशन नं. 2

एजाडिरेक्टा इण्डिका (Azadirachta Indica) Q

जेनटियाना (Gentiana) Q

सार्सापेरिल्ला (Sarsaparilla) Q

सल्फर (Sulphur) Q

उक्त सभी औषधियाँ सम भाग में मिश्रित कर योग तैयार कर लें और 5 से 10 बूँद की मात्रा में थोड़े जल में मिश्रित कर सेवन करायें। यह योग दूषित रक्त को साफ करके फोड़े-फुन्सी, त्वचा के दाग धब्बे, पित्ती (आमवात) उछलना, खाज-खुजली, मुहाँसे तथा अन्य चर्म विकारों के लिए सद्य फलप्रद है।

कॉम्बिनेशन नं. 3

एजाडिरेक्टा इण्डिका (Azadirachta Indica) Q

कालमेघ (Kalmegh) Q

सार्सापेरिल्ला (Sarsaparilla) Q

बर्बेरिस एक्वीफोलियम (Berberis Aquifol) Q

उक्त औषधियों का योग अत्युत्तम रक्त शोधक है। त्वचा विकारों के लिए अनमोल औषधि है। फोड़े-फुन्सी, उपदंश, सुजाक आदि के कारण खून में गर्मी का प्रभाव होना तथा अन्य चर्म रोगों में सहायक औषधि अथवा प्रधान औषधि के रूप में इस योग का उपयोग किया जा सकता है। 2 से 5 बूँद की मात्रा में प्रतिदिन चार बार थोड़े जल के साथ सेवन कराने से आशातीत लाभ मिलता है।

कॉम्बिनेशन नं. 4

नैट्रम म्योर (Natrum Mur) 3X

काली सल्फ (Kali Sul) 3X

उक्त औषधियाँ सम भाग में मिश्रित कर 5 ग्रेन की मात्रा में प्रतिदिन चार बार सेवन कराने से चकत्तेदार दागों में आशातीत लाभ मिलता है। चपकीला, पीला, पनीला रस स्रावित हो, चारों ओर की चमड़ी छूटे तो उक्त योग सद्य फलप्रद है।

मुहाँसे
(Acne Vulgaris)

कॉम्बिनेशन नं. 1

बर्बेरिस एक्वीफोलियम (Berberis Aqui) Q

काली ब्रोम (Kali Brom) 200

उक्त औषधियाँ मुहाँसे, झाँई आदि के विकार में सेवन योग्य हैं। इनसे निर्मित योग का दिन में तीन बार 2-5 बूँद की मात्रा में थोड़े जल के साथ सेवन करना लाभप्रद रहता है।

यह योग सुरक्षित विधि से चेहरे की झाँई, कील, दाग-धब्बे आदि साफ करता है उसके पश्चात् चेहरे पर यह योग कोई अपना दाग-धब्बा अथवा मुहाँसे का गड्ढा अथवा चिह्न नहीं रहने देता। इन औषधियों से शरीर अथवा त्वचा का हारमोन सम्बन्धी विकार (Hormonal Imbalance) ठीक हो जाता है, जिससे मुहाँसे आदि में पूर्णत: लाभ मिलता है।

कॉम्बिनेशन नं. 2

कैलेण्डुला एक्सटर्नल (Calandula Ext.) Q

बर्बेरिस एक्सटर्नल (Berbaris Aqui. Ext.) Q

थूजा एक्सटर्नल (Thuja Ext.) Q

सभी औषधियाँ समान मात्रा में लेकर 95% क्रीम में मिला दें और मलहम तैयार कर लें तैयार क्रीम का उपयोग करते समय प्रभावित भाग को गर्म जल तथा नहाने के साबुन से भली प्रकार धो-पोंछ लें और फिर क्रीम मल दें। बाद में धीरे-धीरे अँगुलियों से गोलाई में घुमाते हुए मालिश करते रहें। दिन में दो-तीन बार क्रीम मल सकें तो अति उत्तम है। रात्रि में सोने से पूर्व क्रीम अवश्य लगायें। चर्बी, चिकनाई तथा तीखे मसालेदार व्यंजनों से परहेज रखें।

कॉम्बिनेशन नं. 3

स्कूकम चक (Scookum Chuck) 1 X 1 भाग

पैराफीन वैक्स (Paraffin Wax) 10 भाग

लेनोलीन (Lenoline) 10 भाग

उक्त औषधियों को व्यवस्थानुसार मिश्रित कर मलहम तैयार कर लें। यह योग रक्त निकली चोट, पेय स्रावी घाव, स्तन के अग्र भाग के फटने तथा मुहाँसों के उपचार के लिए सद्य फलप्रद है।

कॉम्बिनेशन नं. 4

एजाडिरेक्टा इण्डिका (Azadirachta Indica) Q

जेनटियाना (Gentiana) Q

सार्सापरिल्ला (Sarsaparilla) Q

सल्फर (Sulphur) Q

उक्त सभी औषधियाँ सम भाग में मिश्रित कर योग तैयार कर 5 से 10 बूँद की मात्रा में थोड़े जल में मिश्रित कर सेवन करायें। यह योग दूषित रक्त को साफ करके फोड़े-फुन्सी, त्वचा के दाग-धब्बे, पित्ती (आमवात) उछलना, खाज-खुजली, मुहाँसे तथा अन्य चर्म विकारों के लिए सद्य फलप्रद है।

कॉम्बिनेशन नं. 5

कैल्केरिया फॉस (Calcarea Phos) 3X

फेरम फॉस (Ferrum Phos) 12X

काली म्योर (Kali Mur) 3X

कैल्केरिया सल्फ (Calcarea Sul) 3X

नैट्रम सल्फ (Netrum Sul) 3X

उक्त औषधियाँ सम भाग में मिश्रित कर 5 ग्रेन की मात्रा में प्रतिदिन चार बार सेवन कराने से चेहरे के कील मुहाँसों में आशातीत लाभ मिलता है।

फोड़े-फुन्सी
(Abscess and Boils)

कॉम्बिनेशन नं. 1

काली म्योर (Kali Mur) 6X

साइलीशिया (Silicea) 6X

उक्त औषधियों को भली प्रकार समान भाग में मिश्रित कर प्रतिदिन रोगी को 5 ग्रेन की मात्रा में चार-चार घण्टे के अन्तर से सेवन करायें। ऐसी शोथ जिसमें पूय (Pus) संचित हो गया हो यह योग लाभदायी है। फोड़े को शीघ्र पकाकर बिना चीर-फाड़ के फोड़ देती है।

कॉम्बिनेशन नं. 2

चालमूगरा तेल (Chaulmoogra oil) ½ भाग

नेननकुलस (Renunculus Bulb.) Q 1 भाग

कैलैन्डुला (Calandula) Q 1 भाग

एचिनेशिया (Echinacea) Q 1 भाग

बिस्मथ (Bismuth) Q 1 भाग

पेट्रोलियम जैली (Petroleum Jelly) 10 भाग

उक्त औषधियों से निर्मित मलहम का बाह्य प्रयोग करें, आग से जले, खाज-खुजली, फोड़े-फुन्सी, मकड़ी फिरने जैसे छाले, घाव तथा कार्बङ्कल आदि में सद्य फलप्रद रहता है।

कॉम्बिनेशन नं. 3

आरनिका मॉन्ट (Arnica Mont) 6X

बैलाडोना (Belladonna) 6X

एकोनाइट (Aconite Nepa) 6X

शूल के अलावा किसी भी प्रकार के दर्द के लिये यह योग अति उत्तम है। यदि अत्यधिक ऊँचा ज्वर हो जाए तब भी यह योग अच्छा परिणाम देता है। इस योग की 2 से 5 बूँद की मात्रा थोड़े जल में मिश्रित कर सेवन कराने से आशातीत लाभ मिलता है। आवश्यकता के समय मात्रा को प्रति घण्टे के अन्तराल पर दिया जा सकता है।

कॉम्बिनेशन नं. 4

थूजा ऑक्सी (Thuja Ox) 1 X 1 भाग

पैराफीन वैक्स (Paraffin Wax) 10 भाग

लेनोलीन (Lenoline) 10 भाग

उक्त योग से मलहम तैयार कर कार्बङ्कल, अल्सर, गुप्तांग के आस-पास के घाव, नाखून के पास चर्म विकार तथा गनोरिया की ड्रेसिंग के लिए उत्तम रूप में प्रयोग किया जा सकता है।

कॉम्बिनेशन नं. 5

चालमूगरा तेल (Chaulmoogra Oil)

रेननकुलस (Ranunculus Bulb) Q

कैलेण्डुला (Calandula) Q

एचिनेशिया (Echinacea) Q

बिस्मथ (Bismuth) Q

पेट्रोलियम जेली (Petroleum Jelly) 10 भाग

उक्त औषधियों से निर्मित मलहम का बाह्य प्रयोग कटे, आग से जले, खाज-खुजली, फोड़े-फुन्सी, मकड़ी फिरने जैसे छाले, घाव तथा कार्बङ्कल आदि में सद्य फलप्रद रहता है।

कॉम्बिनेशन नं. 6

स्कूकम चक (Scookum Chuck) 1 X 1 भाग

पैराफीन वैक्स (Paraffin Wax) 10 भाग

लेनोलीन (Lenoline) 10 भाग

उक्त औषधियों को व्यवस्थानुसार मिश्रित कर मलहम तैयार कर लें। यह योग रक्त निकली चोट, पूयस्रावी घाव, स्तन के अग्र भाग में फटने तथा मुहाँसों के उपचार के लिए सद्य फलप्रद है।

कॉम्बिनेशन नं. 7

एजाडिरेक्टा इण्डिका (Azadirachta Indica) Q

जेनटियाना (Gentiana) Q

सार्सापेरिल्ला (Sarsaparilla) Q

सल्फर (Sulphur) Q

उक्त सभी औषधियाँ सम भाग में मिश्रित कर योग तैयार कर लें और 5 से 10 बूँद की मात्रा में थोड़े जल के साथ मिश्रित कर सेवन करायें। यह योग दूषित रक्त को साफ करके फोड़े-फुन्सी, त्वचा के दाग-धब्बे, पित्ती (आमवात) उछलना, खाज-खुजली, मुहाँसे तथा अन्य चर्म विकारों के लिए सद्य फलप्रद है।

कॉम्बिनेशन नं. 8

बैलाडोना (Belladona) 3X

फेरम फॉस (Ferrm Phos) 12X

मैगनेशिया फॉस (Mag. Phos) 6X

कैल्केरिया सल्फ (Calcarea Sulph) 6X

साइलीशिया (Silicea) 12X

उक्त औषधियाँ सम भाग में मिश्रित करके योग तैयार कर लें और 5 से 10 बूँद की मात्रा में दिन में चार बार थोड़े जल के साथ रोगी को सेवन करायें। यह प्रारम्भिक अवस्था के फोड़े-फुन्सी, गिल्टी अथवा अन्य प्रदाह, लाली, ज्वर, पीड़ा, शोथ आदि में आशातीत लाभ देता है। यदि फोड़े-फुन्सी में पूय संचित हो गया हो तो फूट कर निकल जाता है और घाव सूख जाता है।

कॉम्बिनेशन नं. 9

एजाडिरेक्टा इंडिका (Azadirachta Indica) Q

कालमेघ (Kalmegh) Q

सार्सापेरिल्ला (Sarsaparilla) Q

बर्बेरिस एक्वीफोलियम (Berberis Aquifol) Q

उक्त औषधियों का योग अत्युत्तम रक्त शोधक है। त्वचा विकारों के लिए अनमोल औषधि है। फोड़े-फुन्सी, उपदंश, सुजाक आदि के कारण खून में गर्मी का प्रभाव होना तथा अन्य चर्म रोगों में सहायक औषधि अथवा प्रधान औषधि के रूप में इस योग का उपयोग किया जा सकता है। 2 से 5 बूँद की मात्रा में थोड़े जल के साथ सेवन कराने से आशातीत लाभ मिलता है।

कॉम्बिनेशन नं. 10

फेरम फॉस (Ferrum Phos) 3X

काली म्योर (Kali Mur) 12X

काली फॉस (Kali Phos) 3X

उक्त औषधियाँ सम भाग में मिश्रित कर 5 ग्रेन की मात्रा में प्रतिदिन चार बार सेवन कराने से फोड़े की प्रारम्भिक अवस्था में आशातीत लाभ मिलता है। जलन, ज्वर, लाली, शोथ, शरीर में शुष्क हवा अच्छी लगे आदि उपसर्गों में पूय संचित होने से पूर्व यह योग सद्य फलप्रद है। यदि फोड़े में पत्थर जैसा कड़ापन हो तो योग में कैल्केरिया फ्लोर (Calcarea Fluor) 30X और मिश्रित कर लें।

कॉम्बिनेशन नं. 11

नैट्रम सल्फ (Natrum Sul) 3X

कैल्केरिया सल्फ (Calcarea Sulph) 3X

साइलीशिया (Silicea) 12X

उक्त औषधियाँ सम भाग में मिश्रित कर 5 ग्रेन की मात्रा में प्रतिदिन चार बार सेवन कराने से पकने वाले फोड़ों में आशातीत लाभ मिलता है। फोड़े पकाने, फोड़ने, बहाने में यह योग उत्तम है। मधुमेह रोगी में, प्रत्येक प्रकार के जहरीले फोड़े में, कार्बङ्कल (जहरबाद), नासूर, हरे मवाद वाले फोड़े में यह योग सद्य फलप्रद है।

आमवात पित्त, जुल पित्ती
(Urticarea)

कॉम्बिनेशन नं. 1

रेसोरसिनम (Resorcinum) 1 X 1 भाग
ग्रेफाइटिस (Graphitis) 1 X 1 भाग
पेट्रोलियम (Petroleum) 1 X 1 भाग
मेजेरियम (Mezerium) 1 X 1 भाग
चालमूगरा तेल (Chaulmoogra Oil) 1 भाग
पैराफिन वैक्स (Paraffin Wax) 5 भाग
लेनोलीन (Lenoline) 5 भाग

उक्त औषधियों का व्यवस्थानुसार मलहम तैयार कर दाद, छाजन, आमवात तथा त्वचा के संक्रमण में उपयोग करने से आशातीत लाभ मिलता है।

कॉम्बिनेशन नं. 2

काली सल्फ (Kali Sul) 3X
साइलीशिया (Silicea) 12X
नैट्रम म्योर (Natrum Mur) 6X
काली फॉस (Kali Phos) 3X
कैल्केरिया फॉस (Calcarea Phos) 3X

उक्त औषधियाँ सम भाग में मिश्रित कर 5-5 ग्रेन की मात्रा में प्रतिदिन चार बार सेवन कराने से आमवात के उपसर्गों में आशातीत लाभ होता है। इस विकार को जुलपित्ती अथवा पित्ती भी कहा जाता है। कठिन रोग भोगने के पश्चात् पित्ती होना, संध्या को वृद्धि हो, बन्द कमरे अथवा गर्मी से वृद्धि हो, खुली हवा में रोगोपसर्ग कम हों तो यह योग अच्छा फल देता है।

कॉम्बिनेशन नं. 3

एजाडिरेक्टा इण्डिका (Azadirachta Indica) Q
जेनटियाना (Gentiana) Q
सार्सापेरिल्ला (Sarsaparilla) Q
सल्फर (Sulphur) Q

उक्त सभी औषधियाँ सम भाग में मिश्रित कर योग तैयार कर लें और 5 से 10 बूँद की मात्रा में थोड़े जल के साथ मिश्रित कर सेवन करायें। यह योग दूषित रक्त को साफ करके फोड़े-फुन्सी, त्वचा के दाग-धब्बे, पित्ती (आमवात) उछलना, खाज-खुजली, मुहाँसे तथा अन्य चर्म विकारों के लिए सद्य फलप्रद है।

भोंह का घाव
(Eyebrow Wound)

कॉम्बिनेशन नं. 1

चायना (China) Q 1 ml

एसिड बोरिक (Acid Boric) 1 gm

अर्जेण्ट नाइट्रिकम (Arg. Nit) Q 1 ml

यूफ्रेशिया (Euphresia) Q 1 ml

जिंकम सल्फ (Zinc. Sul) 1 gm

एक्वा रोज (Aqua Rose) 1 Oz

उक्त औषधियों को व्यवस्थानुरूप मिश्रित कर आई-ड्राप तैयार कर विकार-ग्रस्त आँखों में 2-3 बूँद की मात्रा में दिन में 2-3 बार डालने से आँखों की छोटी-मोटी बीमारियों में लाभ मिलता है। यह योग आँख लाल होना, करकराना, चक्षु प्रदाह, भौंह के घाव तथा संक्रमणों में विशेष रूप से लाभप्रद है।

कुष्ठ रोग
(Leprosy)

कॉम्बिनेशन नं. 1

कैल्केरिया फॉस (Calcarea Phos) 30X

काली सल्फ (Kali Sulph) 30 X

काली फॉस (Kali Phos) 30 X

नैट्रम म्योर (Natrum Mur) 30 X

नैट्रम फॉस (Natrum Phos) 30 X

उक्त औषधियों को समान मात्रा में लेकर मिश्रण तैयार करें और मिश्रण की 5 ग्रेन की मात्रा प्रतिदिन एक बार अथवा दो बार रोगानुसार रोगी को सेवन करायें।

कॉम्बिनेशन नं. 2

काली म्योर (Kali Mur) 6X

कैल्केरिया फ्लोर (Calcarea Fluor) 12X

कैल्केरिया सल्फ (Calcarea Sul) 6X

साइलीशिया (Silicea) 12X

उक्त औषधियाँ सम भाग में मिश्रित कर 5 ग्रेन की मात्रा में प्रतिदिन चार बार सेवन कराने से गुल्म अथवा गलित कुष्ठ में आशातीत लाभ मिलता है। उपदंश विष के कारण आतशकी कुष्ठ में भी यह योग सद्य फलप्रद है। अंगों के सिरों को गलाने वाले रोग में भी लाभप्रद योग है।

संक्रमण नाशक
(Antiseptic)

कॉम्बिनेशन नं. 1

एरालिया (Aralia) 6X

हिपर सल्फर (Hepar Sulphur) 6X

हाइपेरिकम (Hypericum) 6X

उक्त योग का उपयोग सड़न नाशक (Antiseptic) औषधि के रूप में किया जाता है। इस औषधि का सेवन प्रतिदिन एक बार 5 बूँद की मात्रा में जल में मिश्रित करके करना चाहिए। एक सप्ताह के पश्चात् यदि आवश्यक हो तो एक-एक दिन छोड़कर ऐसी मात्रा का सेवन करें।

कॉम्बिनेशन नं. 2

ग्रेफाइटिस (Graphitis) 1X

मोम (Paraffin Wax) 5 भाग

लेनोलीन (Lenoline) 5 भाग

उक्त औषधियों को व्यवस्थानुसार मिश्रित कर मलहम बना लें। यह योग पुराने घाव, दाद, अकौता, कनचट, हाथ के गासों के घाव, नाखूनों के आस-पास के घाव आदि प्रत्येक प्रकार के चर्म संक्रमणों में सद्य फलप्रद है।

कॉम्बिनेशन नं. 3

रेसोरसिनम (Resorcinum) 1 X 1 भाग

ग्रेफाइटिस (Graphitis) 1 X 1 भाग

पेट्रोलियम (Petroleum) 1 X 1 भाग

मेजेरियम (Mezerium) 1 X 1 भाग

चालमूगरा तेल (Chaulmoogra Oil) 1 भाग

पैराफीन वैक्स (Paraffin Wax) 5 भाग

लेनोलीन (Lenoline) 5 भाग

उक्त औषधियों का व्यवस्थानुसार मलहम तैयार कर दाद, छाजन, आमवात तथा त्वचा के संक्रमण में उपयोग करने से आशातीत लाभ मिलता है।

कॉम्बिनेशन नं. 4

एजाडिरेक्टा इंडिका (Azadirachta Indica) Q

कालमेघ (Kalmegh) Q

सार्सापेरिल्ला (Sarsaparilla) Q

बर्बेरिस एक्वीफोलियम (Berberis Aquifol) Q

उक्त औषधियों का योग अत्युत्तम रक्त शोधक है। त्वचा विकारों के लिए अनमोल औषधि है। फोड़े-फुन्सी, उपदंश, सुजाक आदि के कारण खून में गर्मी का प्रभाव होना तथा अन्य चर्म रोगों में सहायक औषधि अथवा प्रधान औषधि के रूप में इस योग का उपयोग किया जा सकता है। 2 से 5 बूँद की मात्रा में थोड़े जल के साथ सेवन कराने से आशातीत लाभ मिलता है।

नख विकार
(Nails Problems)

कॉम्बिनेशन नं. 1

थूजा ऑक्सी (Thuja Ox) 1 X 1 भाग

पैराफीन वेक्स (Paraffin Wax) 10 भाग

लेनोलीन (Lenoline) 10 भाग

उक्त योग से मलहम तैयार कर कार्बङ्कल, अल्सर, गुप्तांग के आस-पास के घाव, नाखून के पास के चर्म विकार तथा गनोरिया की ड्रेसिंग के लिए उत्तम रूप में प्रयोग किया जा सकता है।

कॉम्बिनेशन नं. 2

ग्रेफाइटिस (Graphitis) 1X

मोम (Paraffine Wax) 5 भाग

लेनोलीन (Lenoline) 5 भाग

उक्त औषधियों को व्यवस्थानुसार मिश्रित कर मलहम बना लें। यह योग पुराने घाव, दाद, अकौता, कनचट, हाथ के गासों के घाव, नाखूनों के आस-पास के घाव आदि प्रत्येक प्रकार के चर्म संक्रमणों में सद्य फलप्रद है।

कॉम्बिनेशन नं. 3

नैट्रम म्योर (Natrum Mur) 3 X

साइलीशिया (Silicea) 12 X

उक्त औषधियाँ सम भाग में मिश्रित कर 5 ग्रेन की मात्रा में प्रतिदिन चार बार सेवन कराने से नाखून लटक जाने (Hang Nails) के विकार में आशातीत लाभ मिलता है।

नासूर
(Fistula)

कॉम्बिनेशन नं. 1

कैन्थरिस (Cantharis) Q 1 भाग

पैराफीन (Paraffin) 10 भाग

उक्त योग आग से जले में बाह्य प्रयोगार्थ उपयुक्त है जहाँ त्वचा फटी अथवा कटी न हो। सभी प्रकार के छालों में, जलन होने में, घाव, फिश्चुला, सोरासिस तथा कार्बङ्कल आदि में यह मलहम सद्य फलप्रद है।

कॉम्बिनेशन नं. 2

साइलीशिया (Silicea) 2X 1 भाग

जैतून का तेल (Olive Oil) 10 भाग

फिश्चुला के घाव को शीघ्र भरने के लिए उक्त योग को बाह्य उपचारार्थ उपयोग करें और घाव में भरें।

कॉम्बिनेशन नं. 3

कैल्केरिया सल्फ (Calcarea Sul) 3X

नैट्रम सल्फ (Natrum Sulph) 3X

उक्त औषधियाँ मिश्रित कर 5-5 ग्रेन की मात्रा में रोगी को प्रतिदिन 4 बार सेवन कराने से मधुमेह वालों के फिश्चुला रोग में आराम आता है।

कॉम्बिनेशन नं. 4

कैल्केरिया फ्लोर (Calcarea Fluor) 3X

कैल्केरिया फॉस (Calcarea Phos) 12X

कैल्केरिया सल्फ (Calcarea Sul) 3X

काली फॉस (Cali Phos) 3X

नैट्रम म्योर (Natrum Mur) 3X

नैट्रम सल्फ (Natrum Sul) 3X

साइलीशिया (Silicea) 12X

उक्त औषधियाँ सम भाग में मिश्रित कर प्रतिदिन 5 ग्रेन की मात्रा में चार बार सेवन कराने से फिश्चुला में आशातीत लाभ मिलता है।

रक्त शोधक
(Blood Purifier)

कॉम्बिनेशन नं. 1

एजाडिरेक्टा इंडिका (Azadirachta Indica) Q

कालमेघ (Kalmegh) Q

सार्सापेरिल्ला (Sarsaparilla) Q

बर्बेरिस एक्वीफोलियम (Berberis Aquifol) Q

उक्त औषधियों का योग अत्युत्तम रक्त शोधक है। त्वचा विकारों के लिए अनमोल औषधि है। फोड़े-फुन्सी, उपदंश, सुजाक आदि के कारण खून में गर्मी का प्रभाव होना तथा अन्य चर्म रोगों में सहायक औषधि अथवा प्रधान औषधि के रूप में इस योग का उपयोग किया जा सकता है। 2 से 5 बूँद की मात्रा में थोड़े जल के साथ सेवन कराने से आशातीत लाभ मिलता है।

कॉम्बिनेशन नं. 2

नैट्रम फॉस (Natrum Phos) 6X

नैट्रम सल्फ (Natrum Sul) 6X

नैट्रम म्योर (Natrum Mur) 6X

काली सल्फ (Kali Sul) 6X

काली फॉस (Kali Phos) 6X

साइलीशिया (Silicea) 12X

कैल्केरिया फ्लोर (Calcarea Fluor) 6X

कैल्केरिया फॉस (Calcarea Phos) 6X

उक्त औषधियाँ सम भाग में मिश्रित कर सेवन कराने से अति उत्तम रक्त शोधक का कार्य करती हैं। सामान्य चर्म रोगों में भी यह योग उत्तम कार्य करता है।

18 महिला विकार (LADIES PROBLEMS)

ऋतुकालीन कष्ट (Menstruation Disorders)

कॉम्बिनेशन नं. 1

अशोका छाल (Saraca India Cort) Q

अशोका फूल (Saraca India Flora) Q

दोनों औषधियों को सम भाग मिश्रित कर 5 बूँद की मात्रा में जल के साथ प्रतिदिन चार बार सेवन कराने से श्वेत प्रदर, ऋतुकालीन कष्ट, अधिक ऋतु, अल्प रज, बाधक वेदना तथा गर्भाशय के कष्टों में आराम मिलता है। महिलाओं के शरीर को योग हृष्ट-पुष्ट तथा सौन्दर्यपूर्ण बनाता है।

कॉम्बिनेशन नं. 2

भुइ कदम्ब (Bhui Kadamb) Q

एब्रोमा रैड (Abroma Rad) Q

सेबाइना (Sabina) Q

एलेट्रिस फेरि (Aletris Fari) Q

चायना (China) Q

वाइबर्नम प्रुन (Vibernum Prun) Q

हेलोनियास (Helonias D) Q

जनोसिया अशोका (Jonosia A.) Q

उक्त सभी औषधियाँ समान भाग में मिश्रित कर दो से पाँच बूँद की मात्रा में थोड़े जल में मिश्रित कर दिन में चार बार सेवन करने पर विलम्बित ऋतु, अनियमित ऋतु तथा ऋतुकालीन अन्य कष्टों में लाभ होता है। गर्भाशय ग्रीवा में यंत्रणा होने, सिर दर्द रक्ताल्पता आदि जैसे महिला विकारों में यह योग सद्य फलप्रद है।

कॉम्बिनेशन नं. 3

जेनोशिया अशोका (Jenosia Ashoka) Q

सीपिया (Sepia) Q

एलेट्रिस फैर (Aletris Fer) Q

वाइबर्नम प्रुन (Vibernum Prun) Q

उक्त औषधियाँ समान भाग में मिश्रित कर 5 से 10 बूँद की मात्रा में थोड़े जल के साथ सेवन कराने से महिलाओं के ऋतुकालीन कष्टों में बहुत लाभ होता है। विलम्बित ऋतु, ऋतुकालीन वेदना,

ऋतु लोप, श्वेत प्रदर, ऋतु स्राव प्रारम्भ होने से पूर्व डिम्ब ग्रंथियों में यंत्रणा अथवा गर्भकालीन मिचली आदि उपसर्गों में यह योग सद्य फलप्रद है।

कॉम्बिनेशन नं. 4

नैट्रम म्योर (Natrum Mur) 12X
सेबाइना (Śabina) Q
एसाफोटिडा (Asafotida) Q
चिनियम सल्फ (Chin. Sulph) Q
वाइबर्नम प्रुन (Vibernum Prun) Q

उक्त औषधियों के सम भाग का मिश्रण 2 से 5 बूँद की मात्रा में दिन में चार बार जल के साथ सेवन कराने से ऋतु शूल, डिम्ब ग्रन्थि शूल, ऋतु स्राव सम्बन्धी अन्य विकार तथा विलम्बित ऋतु में आशातीत लाभ होता है।

कॉम्बिनेशन नं. 5

आर्निका मॉण्ट (Arnica Mont) 6X
बैलाडोना (Belladonna) 6X
एकोनाइट नेप (Aconite Nap) 6X

शूल के अलावा किसी भी प्रकार के दर्द के लिए यह योग अति उत्तम है। यदि अत्यधिक ऊँचा ज्वर हो जाए तब भी यह योग अच्छा परिणाम देता है। इस योग के 2 से 5 बूँद की मात्रा थोड़े जल में मिश्रित करके सेवन कराने से आशातीत लाभ मिलता है। आवश्यकता के समय मात्रा को प्रति घण्टे के अन्तराल पर भी दिया जा सकता है।

कॉम्बिनेशन नं. 6

अशोका (Ashoka) Q
एलेट्रिस फ. (Aletris F.) Q
बाइबर्नम प्रुन (Vibernum P.) Q
अर्जुना (Arjuna) Q
बर्बेरिस वल्गे (Verb. V.) Q
पल्साटिल्ला (Puls) Q
बेलेरियाना (Velariana) Q
एब्रोमा आग (Abroma Aug) 3X
एब्रोमा रेड (Abroma Rad) 6X
काली ब्रोम (Kali Brom) 6X

उक्त औषधियाँ सम भाग में मिश्रित कर ड्रॉप्स तैयार कर लें और 5 से 10 बूँद की मात्रा में दिन में चार बार थोड़े जल के साथ सेवन करायें। यह योग श्वेत प्रदर, दुर्गन्ध युक्त रक्त स्राव, उदर में दर्द, ऋतु सम्बन्धी अनियमितताओं तथा कष्टों में सद्य फलप्रद है। इन कष्टों के साथ रक्तहीनता, स्नायविक दुर्बलता, थकान आदि हों तब भी यह योग लाभ देता है।

कॉम्बिनेशन नं. 7

नैट्रम म्योर (Natrum Mur) 12X

सेबाइना (Sabina) Q

एसाफोटिडा (Asafotida) Q

चिनियम सल्फ (Chin. Sulph) Q

वाइबर्नम प्रुन (Vibernum Prun) Q

उक्त औषधियों के सम भाग का मिश्रण 2 से 5 बूँद की मात्रा में दिन में चार बार जल के साथ सेवन कराने से ऋतु शूल, डिम्ब ग्रन्थि शूल, ऋतु स्राव सम्बन्धी अन्य विकार तथा विलम्बित ऋतु में आशातीत लाभ होता है।

कॉम्बिनेशन नं. 8

जेनोशिया अशोका (Jono. Ashoka) Q

एलेट्रिस (Aletris. F) Q

चायना ऑफ (China Off) Q

सीपिया (Sepia) Q

हेलोनियास (Helonias) Q

सेबाइना (Sabina) Q

कॉलोफायलम (Caulophyllum) Q

हाइड्रास्टिस (Hydrastis) Q

एब्रोमा रैडिक्स (Abroma Rad) Q

उक्त औषधियों का सम्मिश्रण महिलाओं के ऋतु सम्बन्धी उपसर्गों में आशातीत लाभ देता है। अजीर्ण, सिर दर्द, चक्कर आना, उदासी आना, गर्भाशय का स्थान च्युति होना, प्रदर में जलन, बाँझपन, ऋतु शूल तथा रक्तस्रावी अर्श जैसे रोगों में यह योग सद्य फलप्रद है। 2 से 5 बूँद की मात्रा में थोड़े जल के साथ प्रतिदिन चार बार सेवन कराने से लाभ मिलता है।

कॉम्बिनेशन नं. 9

एसिड फॉस (Acid Phos) 3X

सेलिनियम (Selenium) 3X

हाइड्रोकोटाइल (Hydrocotyl) Q

लाइकोपोडियम (Lycopodium) 3X

अल्फाल्फा (Alfalfa) Q

एग्नस कास्टस (Agnus Castus) 3X

उक्त औषधियाँ सम भाग में मिश्रित कर योग बना लें और 10 से 15 बूँद की मात्रा में थोड़े जल के साथ प्रातिदिन 4 बार रोगी को सेवन करायें। यह योग विवाहित पुरुषों के लिए आदर्श औषधि है। स्वास्थ्य पोषक है। स्नाथु तंत्र से संबंधित समस्त उपसर्गों, अनिद्रा, उदासी, रूहानी शक्ति (Vitality) में कमी, स्मैक, अफीम तथा अन्य ड्रग्स लेने की आदत तथा उनसे उत्पन्न कुप्रभाव, हृदय सम्बन्धी वात पीड़ा, पुराना प्रतिश्याय (नजला), अजीर्ण, कोष्ठबद्धता, सुस्ती, स्मरण शक्ति ह्रास, पुरुषों का शुक्र क्षय, वीर्य विकार, महिलाओं के ऋतु सम्बन्धी उपसर्गों आदि में यह योग आशातीत सफलता देता है।

कॉम्बिनेशन नं. 10

वाइबर्नम ओपु (Vibernum Opulus) Q

चायना (China) Q
अशोका (Ashoka) Q
एब्रोमा ऑगस्टा (Abroma Augusta)
कॉलोफाइलम (Caulophyllum) Q

सभी औषधियों को सम भाग में मिश्रित कर 5 से 10 बूँद की मात्रा में थोड़े जल के साथ सेवन कराने से महिला विकारों जैसे ऋतु असमय होना, अल्प रज अथवा अधिक रज:स्राव होना, ऋतु शूल, श्वेत प्रदर, कमर-पेड़ू में दर्द, हाथ-पैरों में जलन, बाँझपन आदि में तो लाभ देता ही है साथ ही उनके स्वास्थ्य, सौन्दर्य, स्फूर्ति तथा चित्त को प्रसन्न बनाये रखने में विशेष रूप से योग देता है।

कॉम्बिनेशन नं. 11

सेनेसियो ऑरकस (Senecio Aurcus) Q
कॉलोफाइलम (Caulophyllum) Q
पुल्साटिल्ला (Pulsatilla) Q

उक्त औषधियाँ सम भाग में मिश्रित कर 10 से 15 बूँद की मात्रा में गर्म जल के साथ दिन में चार बार सेवन कराने से कष्टदायक मासिक धर्म, अल्प ऋतु, ऋतु लुप्त, देर से ऋतु होने जैसे उपसर्गों में आशातीत लाभ मिलता है।

कॉम्बिनेशन नं. 12

एलेट्रिक फे. (Aletris F.) Q
सी. क्लोवर (C. Clover) Q
एवेना सैटाइवा (Avena Sat) Q
जेनोशिया अशोका (Jenosia Ashoka) Q
मस्कस (Moschus) Q

सभी औषधियाँ सम भाग में मिश्रित कर 5 से 10 बूँद की मात्रा में दिन में चार बार महिलाओं को सेवन कराने से उनके जरायु भ्रंश, पाण्डु रोग, श्वेत प्रदर, हरित्पाण्डु तथा ऋतुकालीन विकारों में आशातीत लाभ देती है।

कॉम्बिनेशन नं. 13

अशोका (Ashoka) Q
एलेट्रिस (Aletris) Q
एब्रोमा रेडिक्स (Abroma Rad) Q
वाइबर्नम प्रुन (Viburnum Prun) Q
पल्साटिला (Pulsatilla) Q
अर्जुना (Arjuna) Q
नक्स वामिका (Nux Vom) Q
हाइड्रास्टिस (Hydrastis Can) Q

उक्त औषधियाँ सम भाग में मिश्रित कर 5 से 10 बूँद की मात्रा में थोड़े जल के साथ दिन में चार बार सेवन कराने से महिला रोगों में विशेष लाभ मिलता है। ऋतु का विलम्बित होना, अनियमित होना, श्वेत प्रदर, गर्भपात की आदत, ऋतु न होना, कमर दर्द, थकान तथा

महिलाओं की दुर्बलता आदि उपसर्गों में यह योग सद्य फलप्रद है। ऋतु स्राव काल में यह औषधि सेवन नहीं करें।

कॉम्बिनेशन नं. 14

नैट्रम म्योर (Natrum Mur) 3X

काली फॉस (Kali Phos) 3X

उक्त औषधियाँ सम भाग में मिश्रित कर प्रतिदिन चार बार 5 ग्रेन की मात्रा में सेवन कराने से ऋतु काल में थकान तथा अधिक नींद आने के उपसर्गों में आशातीत लाभ मिलता है।

कॉम्बिनेशन नं. 15

फेरम फॉस (Ferrum Phos) 12X

नैट्रम सल्फ (Natrum Sulph) 3X

उक्त औषधियाँ सम भाग में मिश्रित कर 5 ग्रेन की मात्रा में प्रतिदिन चार बार सेवन कराने से ऋतु काल में नकसीर बहने के उपसर्ग में आशातीत लाभ मिलता है।

गर्भपात की आदत
(Abortion Habitual)

कॉम्बिनेशन नं. 1

अशोका (Ashoka) Q

एलेट्रिस (Aletris) Q

एब्रोमा रेडिक्स (Abroma Rad) Q

वाइबर्नम प्रुन (Viburnum Prun)

पल्साटिला (Pulsatilla) Q

अर्जुना (Arjuna) Q

नक्स वोमिका (Nux Vomica) Q

हाइड्रास्टिस केन (Hydrastis Can) Q

उक्त औषधियाँ सम भाग में मिश्रित कर 5 से 10 बूँद की मात्रा में थोड़े जल के साथ दिन में चार बार सेवन कराने से महिला रोगों में विशेष लाभ मिलता है। ऋतु का विलम्बित होना, अनियमित होना, श्वेत प्रदर, गर्भपात की आदत, ऋतु न होना, कमर दर्द, थकान तथा महिलाओं की दुर्बलता आदि उपसर्गों में वह योग सद्य फलप्रद है। ऋतु स्राव काल में यह औषधि सेवन न करें।

कॉम्बिनेशन नं. 2

काली फॉस (Kali Phos) 3X

काली म्योर (Kali Mur) 3X

कैल्केरिया फॉस (Calcarea Phos) 3X

साइलीशिया (Silicea) 12X

उक्त औषधियाँ सम भाग में मिश्रित कर 5 ग्रेन की मात्रा में प्रतिदिन चार बार सेवन कराने से गर्भपात की आदत आदि उपसर्गों में आशातीत लाभ मिलता है।

अल्प ऋतु
(Scanty Menses)

कॉम्बिनेशन नं. 1

सेनेसियो ऑरिक्स (Senecio Aurcus) Q

कोलोफाइलम (Caulophyllum) Q

पुल्साटिल्ला (Pulsatilla) Q

उक्त औषधियाँ सम भाग में मिश्रित कर 10 से 15 बूँद की मात्रा में गर्म जल के साथ दिन में चार बार सेवन कराने से कष्टदायक मासिक धर्म, अल्प ऋतु, ऋतु लुप्त, देर से ऋतु होने जैसे उपसर्गों में आशातीत लाभ मिलता है।

कॉम्बिनेशन नं. 2

जेनोशिया अशोका (Jono. Ashoka) Q

एलेट्रिस (Aleteris. F) Q

चायना ऑफ (China Off) Q

सीपिया (Sepia) Q

हेलोनियास (Helonias) Q

सेबाइना (Sabina) Q

कॉलोफायलम (Caulophyllum) Q

हाइड्रास्टिस (Hydrastis) Q

एब्रोमा रेडिक्स (Abroma Rad) Q

उक्त औषधियों का सम्मिश्रण महिलाओं के ऋतु सम्बन्धी उपसर्गों में आशातीत लाभ देता है। अजीर्ण, सिर दर्द, चक्कर आना, उबासी आना, गर्भाशय का स्थान च्युत होना, प्रदर में जलन, बाँझपन, ऋतुशूल तथा रक्तस्रावी अर्श जैसे रोगों में यह सद्य फलप्रद है। 2 से 5 बूँद की मात्रा में थोड़े जल के साथ प्रतिदिन चार बार सेवन कराने से लाभ मिलता है।

कॉम्बिनेशन नं. 3

अल्फाल्फा (Alfalfa) Q

एवेना सेटाइवा (Avena Sat.) Q

हाइड्रास्टिस केन (Hydrastis Can) Q

चायना (China) Q

अश्वगंधा (Ashwagandha) Q

डेमियाना (Demiana) Q

हरपीज मोनीरा (Herpes Moneira) Q

फार्मिक एसिड (Formic Acid) Q

कैल्केरिया फॉस (Calcarea Phos) 3X

मैगनेशिया फॉस (Magnesia Phos) 3X

काली फॉस (Kali Phos) 3X

फेरम फॉस (Ferrum Phos) 12X

नैट्रम फॉस (Natrum Phos) 3X

उक्त औषधियाँ सम भाग में मिश्रित कर योग तैयार कर लें तथा 5 से 10 बूँद की मात्रा में प्रतिदिन चार बार थोड़े जल में मिश्रित कर सेवन करायें। यह औषधि अति मैथुन के कारण आये उपद्रव, स्वप्न दोष, नस-नाड़ियों की दुर्बलता, शीघ्र पतन, अनिद्रा; रक्तहीनता, भूख कम, ऋतु अल्प अथवा दर्द से आये, प्रसव के पश्चात् की दुर्बलता आदि उपसर्गों में लाभप्रद है।

कॉम्बिनेशन नं. 4

साइलीशिया (Silicea) 12X

कैल्केरिया फॉस (Calcarea Phos) 3X

काली फॉस (Kali Phos) 3X

नैट्रम म्योर (Natrum Mur) 3X

उक्त औषधियाँ सम भाग में मिश्रित कर प्रतिदिन चार बार 5 ग्रेन की मात्रा में सेवन कराने से मासिक कम होना, देर से होना, रुक जाना, पैर का पसीना दब जाने के कारण ऋतु कम होना, उसके कारण मन गिरा रहे, सुस्ती, कमजोरी आदि उपसर्गों में आशातीत लाभ मिलता है।

ऋतु लुप्त
(Amenorrhoea)

कॉम्बिनेशन नं. 1

सेनेसियो ऑरकस (Senecio Aurcus) Q

कॉलोफाइलम (Caulophyllum) Q

पुल्साटिल्ला (Pulsatilla) Q

उक्त औषधियाँ सम भाग में मिश्रित कर 10 से 15 बूँद की मात्रा में गर्म जल के साथ दिन में चार बार सेवन कराने से कष्टदायक मासिक धर्म, अल्प ऋतु, ऋतु लुप्त, देर से ऋतु होने जैसे उपसर्गों में आशातीत लाभ मिलता है।

कॉम्बिनेशन नं. 2

जेनोशिया अशोका (Jono. Ashoka) Q

एलेट्रिस (Aleteris. F) Q

चायना ऑफ (China Off) Q

हेलोनियास (Helonias) Q

सेबाइना (Sabina) Q

कॉलोफायलम (Caulophyllum) Q

हाइड्रास्टिस (Hydrastis) Q

एब्रोमा रेडिक्स (Abroma Rad) Q

उक्त औषधियों का सम्मिश्रण महिलाओं के ऋतु सम्बन्धी उपसर्गों में आशातीत लाभ देता है। अजीर्ण, सिर दर्द, चक्कर आना, उबासी आना, गर्भाशय का स्थान च्युत होना, प्रदर में जलन, बाँझपन, ऋतुशूल तथा रक्तस्रावी अर्श जैसे रोगों में यह सद्य फलप्रद है। 2 से 5 बूँद की मात्रा में थोड़े जल के साथ प्रतिदिन चार बार सेवन कराने से लाभ मिलता है।

कॉम्बिनेशन नं. 3

अशोका (Ashoka) Q

एलेट्रिस (Aletris) Q

एब्रोमा रेडिक्स (Abroma Rad) Q

वाइबर्नम प्रुन (Viburnum Prun)

पल्साटिला (Pulsatilla) Q

अर्जुना (Arjuna) Q

नक्स वोमिका (Nux Vomica) Q

हाइड्रास्टिस केन (Hydrastis Can) Q

उक्त औषधियाँ सम भाग में मिश्रित कर 5 से 10 बूँद की मात्रा में थोड़े जल के साथ दिन में चार बार सेवन कराने से महिला रोगों में विशेष लाभ मिलता है। ऋतु का विलम्बित होना, अनियमित होना, श्वेत प्रदर, गर्भपात की आदत, ऋतु न होना, कमर दर्द, थकान तथा महिलाओं की दुर्बलता आदि उपसर्गों में यह योग सद्य फलप्रद है। ऋतु स्राव काल में यह औषधि सेवन न करें।

कॉम्बिनेशन नं. 4

फेरम फॉस (Ferrum Phos) 12X

कैल्केरिया फॉस (Calcarea Phos) 6X

उक्त औषधियाँ सम भाग में मिश्रित कर 5 ग्रेन की मात्रा में प्रतिदिन चार बार सेवन कराने से मासिक स्राव ठंडक लगने से दब जाने की स्थिति में आशातीत लाभ मिलता है।

कॉम्बिनेशन नं. 5

नैट्रम सल्फ (Natrum Sul) 4X

मैगनेशिया फॉस (Magnesium Phos) 3X

काली फॉस (Kali Phos) 3X

उक्त औषधियाँ सम भाग में मिश्रित कर 5 ग्रेन की मात्रा में प्रतिदिन चार बार सेवन कराने से ऋतु लोप जैसे उपसर्गों में आशातीत लाभ मिलता है। अल्प ऋतु तथा ऋतु शूल के विकार में भी योग फलप्रद है।,

श्वेत प्रदर
(Leucorrhoea)

कॉम्बिनेशन नं. 1

क्रियोजोटम (Kreosotum) 6X

एल्यूमेन (Alum) 6X

सीपिया (Sepia) 6X

नैट्रम म्योर (Nat. Mur) 6X

ऑनोस्मोडियम (Onosmodium) 6X

श्वेत प्रदर के उपसर्गों में यह औषधि योग अच्छा काम करता है। इस योग की 5–5 बूँद की मात्रायें प्रतिदिन एक बार 6 दिन तक सेवन कराने के पश्चात् अगले 6 सप्ताह तक प्रति सप्ताह एक बार सेवन कराते रहें।

कॉम्बिनेशन नं. 2

कैल्केरिया फॉस (Calcarea Phos) 12X

काली म्योर (Kali Mur) 12X

काली फॉस (Kali Phos) 12X

काली सल्फ (Kali Sul) 12X

नैट्रम म्योर (Natrum Mur) 12X

नैट्रम फॉस (Natrum Phos) 12X

नैट्रम सल्फ (Natrum Sul) 12X

साइलीशिया (Silicea) 12X

उक्त औषधियों को समान भाग में मिश्रित करके रोगिणी को 5 ग्रेन की मात्रा में दिन में दो बार सेवन करायें।

कॉम्बिनेशन नं. 3

वाइबर्नम ओपुलस (Vibernum Opulus) Q

चाइना (China) Q

अशोका (Ashoka) Q

एब्रोमा ऑगस्टा (Abroma Augusta) Q

कॉलोफाइलम (Caulophyllum) Q

सभी औषधियों को सम भाग में मिश्रित कर 5 से 10 बूँद की मात्रा में थोड़े जल के साथ सेवन कराने से महिला-विकारों जैसे ऋतु असमय होना, अल्प रज अथवा अधिक रज:स्राव होना, ऋतु शूल, श्वेत प्रदर, कमर-पेडू में दर्द, हाथ पैरों में जलन, बाँझपन आदि में तो लाभ देता ही है साथ ही उनके स्वास्थ्य, सौन्दर्य, स्फूर्ति तथा चित्त को प्रसन्न बनाये रखने में विशेष रूप से योग देता है।

कॉम्बिनेशन नं. 4

काली म्योर (Kali Mur) 3X

कैल्केरिया फॉस (Calcarea Phos) 12X

साइलीशिया (Silicea) 12X

नैट्रम फॉस (Natrum Phos) 3X

नैट्रम म्योर (Natrum Mur) 3X

नैट्रम सल्फ (Natrum Sul) 3X

कैल्केरिया सल्फ (Calcarea Sul) 3X

काली सल्फ (Kali Sul) 3X

उक्त औषधियाँ सम भाग में मिश्रित कर 5 ग्रेन की मात्रा में गर्म जल के साथ प्रतिदिन चार बार रोगिणी को सेवन कराने से विभिन्न प्रकार के प्रदर रोग के उपसर्गों में आशातीत लाभ मिलता है।

कॉम्बिनेशन नं. 5

अशोका छाल (Saraca Indica Cort) Q

अशोका फूल (Saraca Indica Flora) Q

दोनों औषधियों को सम भाग में मिश्रित कर 5 बूँद की मात्रा में जल के साथ प्रतिदिन चार बार सेवन कराने से श्वेत प्रदर, ऋतुकालीन कष्ट, अधिक ऋतु, अल्परज, बाधक वेदना तथा गर्भाशय के कष्टों में आराम मिलता है। महिलाओं के शरीर को यह योग हृष्ट-पुष्ट तथा सौन्दर्यपूर्ण बनाता है।

कॉम्बिनेशन नं. 6

जेनोशिया अशोका (Jenosia ashoka) Q

सीपिया (Sepia) Q

एलेट्रिस फेर (Aletris Fer) Q

वाइबर्नम प्रुन (Vibernum Prun) Q

उक्त औषधियाँ समान भाग में मिश्रित कर 5 से 10 बूँद की मात्रा में थोड़े जल के साथ सेवन कराने से महिलाओं के ऋतुकालीन कष्टों में बहुत लाभ होता है। विलम्बित ऋतु, ऋतुकालीन वेदना, ऋतु लोप, श्वेत प्रदर, ऋतु स्राव प्रारम्भ होने से पूर्व डिम्ब ग्रन्थियों में यंत्रणा अथवा गर्भकालीन मिचली आदि उपसर्गों में यह योग सद्य फलप्रद है।

कॉम्बिनेशन नं. 7

एलेट्रिस फे. (Aletris F.) Q

सी. क्लोवर (C. Clover) Q

एवेना सेटाइवा (Avena Sat.) Q

जेनोशिया अशोका (Jenosia Ashoka) Q

मास्कस (Moschus) Q

सभी औषधियाँ सम भाग में मिश्रित कर 5 से 10 बूँद की मात्रा में दिन में चार बार महिलाओं को सेवन कराने से उनके जरायु भ्रंश, पाण्डु रोग, श्वेत प्रदर, हरित्पाण्डु तथा ऋतुकालीन विकारों में आशातीत लाभ देती है।

कॉम्बिनेशन नं. 8

पल्साटिल्ला (Pulsatilla) 1X

नैट्रम म्योर (Natrum Mur) 6X

सीपिया (Sepia) 1 X

थूजा ऑक्स (Thuja Ox) 3X

उक्त औषधियाँ सम भाग में मिश्रित कर 5 से 10 बूँद की मात्रा में थोड़े जल के साथ प्रतिदिन चार बार सेवन कराने से गाढ़ा व पतला श्वेत प्रदर, कमर दर्द, पेडू दर्द, चक्कर आना, हाथ-पैरों में जलन, श्वेत प्रदर के कारण महिलाओं में दुर्बलता, स्नायविक थकान आदि उपसर्गों में आशातीत लाभ मिलता है।

कॉम्बिनेशन नं. 9

अशोका (Ashoka) Q
एलेट्रिस (Aletris) Q
एब्रोमा रेडिक्स (Abroma Rad) Q
वाइबर्नम प्रुन (Viburnum Prun)
पल्साटिल्ला (Pulsatilla) Q
अर्जुना (Arjuna) Q
नक्स वो. (Nux Vom) Q
हाइड्रास्टिस केन (Judrastos Cam) Q

उक्त औषधियाँ सम भाग में मिश्रित कर 5 से 10 बूँद की मात्रा में थोड़े जल के साथ दिन में चार बार सेवन कराने से महिला रोगों में विशेष लाभ मिलता है। ऋतु का विलम्बित होना, अनियमित होना, श्वेत प्रदर, गर्भपात की आदत, ऋतु न होना, कमर दर्द, थकान तथा महिलाओं की दुर्बलता आदि उपसर्गों में वह योग सद्य फलप्रद है। ऋतु स्राव काल में यह औषधि सेवन न करें।

कॉम्बिनेशन नं. 10

जेनोशिया अशोका (Jono. Ashoka) Q
एलेट्रिस (Aleteris. F) Q
चायना ऑफ (China Off) Q
सीपिया (Sepia) Q
हेलोनियास (Helonias) Q
सेबाइना (Sabina) Q
कॉलोफायलम (Caulophyllum) Q
हाइड्रास्टिस (Hydrastis) Q
एब्रोमा रेडिक्स (Abroma Rad) Q

उक्त औषधियों का सम्मिश्रण महिलाओं के ऋतु सम्बन्धी उपसर्गों में आशातीत लाभ देता है। अजीर्ण, सिर दर्द, चक्कर आना, उबासी आना, गर्भाशय का स्थान च्युत होना, प्रदर में जलन, बाँझपन, ऋतुशूल तथा रक्तस्रावी अर्श जैसे रोगों में यह सद्य फलप्रद है। 2 से 5 बूँद की मात्रा में थोड़े जल के साथ प्रतिदिन चार बार सेवन कराने से लाभ मिलता है।

ऋतु शूल
(Dysmenorrhoea)

कॉम्बिनेशन नं. 1

एक्टिया रेसिमोसा (Actia Racemosa) 6X

कैमोमिल्ला (Chamomilla) 6X

सीपिया (Sepia) 6X

मैगनेशिया फॉस्फोरिका (Magnesia Phosphorica) 6X

उक्त योग महिलाओं के रज:स्रावकालीन शूल में तथा ऋतुकालीन अन्य उपसर्गों में अत्यधिक लाभदायी है। 5–5 बूँद की मात्रा में इस औषधि का सेवन थोड़े जल के साथ प्रतिदिन एक बार करें। तीव्र रोग में औषधि की पुनरावृत्ति आवश्यकतानुसार की जा सकती है।

कॉम्बिनेशन नं. 2

अशोका छाल (Saraca Indica Cort) Q

अशोका फूल (Saraca Indica Flora) Q

दोनों औषधियों को सम भाग में मिश्रित कर 5 बूँद की मात्रा में जल के साथ प्रतिदिन चार बार सेवन कराने से श्वेत प्रदर, ऋतुकालीन कष्ट, अधिक ऋतु, अल्प रज, बाधक वेदना तथा गर्भाशय के कष्टों में आराम मिलता है। महिलाओं के शरीर को यह योग हृष्ट–पुष्ट तथा सौन्दर्यपूर्ण बनाता है।

कॉम्बिनेशन नं. 3

जेनोशिया अशोका (Jenosia Ashoka) Q

सीपिया (Sepia) Q

एलेट्रिस फेर (Aletris Fer) Q

वाइबर्नम प्रुन (Vibernum Purn) Q

उक्त औषधियाँ सम भाग में मिश्रित कर 5 से 10 बूँद की मात्रा में थोड़े जल के साथ सेवन कराने से महिलाओं के ऋतुकालीन कष्टों में बहुत लाभ होता है। विलम्बित ऋतु, ऋतुकालीन वेदना, ऋतु लोप, श्वेत प्रदर, ऋतुस्राव प्रारम्भ होने से पूर्व डिम्ब ग्रन्थियों में यन्त्रणा अथवा गर्भकालीन मिचली आदि उपसर्गों में यह योग सद्य फलप्रद है।

कॉम्बिनेशन नं. 4

आरनिका मॉण्ट (Arnica Mont) 6X

बैलाडोना (Belladonna) 6X

एकोनाइट नेप (Aconite Nepa) 6X

शूल के अलावा किसी भी प्रकार के दर्द के लिए यह योग अति उत्तम है। यदि अत्यधिक ऊँचा ज्वर हो जाए तब भी यह योग अच्छा परिणाम देता है। इस योग की 2 से 5 बूँद की मात्रा थोड़े जल में मिश्रित करके सेवन कराने से आशातीत लाभ मिलता है, आवश्यकता के समय मात्रा को प्रति घण्टे के अन्तराल पर भी दिया जा सकता है।

कॉम्बिनेशन नं. 5

वाईबर्नम ओप्युलस (Vibernum Opulus) Q

चायना (China) Q

अशोका (Ashoka) Q

एब्रोमा ऑगस्टा (Abroma Augusta) Q

कालोफाइलम (Coulophyllum) Q

सभी औषधियों को सम भाग में मिश्रित कर 5 से 10 बूँद की मात्रा में थोड़े जल के साथ सेवन कराने से महिला विकारों जैसे ऋतु असमय होना, अल्प रज अथवा अधिक रज:स्राव होना, ऋतु शूल, श्वेत प्रदर, कमर-पेड़ू में दर्द, हाथ-पैरों में जलन, बाँझपन आदि में तो लाभ देता ही है साथ ही उनके स्वास्थ्य, सौन्दर्य, स्फूर्ति तथा चित्त को प्रसन्न बनाये रखने में विशेष रूप से योग देता है।

कॉम्बिनेशन नं. 6

मैगनेशिया फॉस (Magnesia Phos) 3X

कैल्केरिया फॉस (Calcarea Phos) 3X

नैट्रम सल्फ (Natrum Sulph) 3X

फेरम फॉस (Ferrum Phos) 12 X

उक्त औषधियाँ सम भाग में लेकर मिश्रित करें और 5 ग्रेन की मात्रा में प्रतिदिन चार बार रोगी को गर्म जल के साथ सेवन करायें। रोग की तीव्रता के आधार पर मात्रा की पुनरावृत्ति प्रति 15 मिनट पर भी सकते हैं। उदर शूल, पैरों की जकड़न तथा सर्दी के दर्दों में लाभप्रद योग है। शिशुओं के अजीर्ण, झूठा उदर शूल, दंतोद्गम कालीन कष्ट, ऋतु शूल, गर्मी तथा नाड़ी तीव्र होने पर भी यह योग सद्य फलप्रद है। महिलाओं के ऋतु विकारों में भी यह योग अति उत्तम कार्य करता है।

कॉम्बिनेशन नं. 7

नैट्रम म्योर (Natrum Mur) 12X

सेबाइना (Sabina) Q

एसाफोटिडा (Asafoetida) Q

चिनियम सल्फ (Chin. Sulph) Q

वाइबर्नम प्रुन (Vibernum Prun) Q

उक्त औषधियों के सम भाग का मिश्रण 2 से 5 बूँद की मात्रा में दिन में चार बार जल के साथ सेवन कराने से ऋतु शूल, डिम्बग्रंथि शूल, ऋतु स्राव सम्बन्धी अन्य विकार तथा विलम्बित ऋतु में आशातीत लाभ होता है।

कॉम्बिनेशन नं. 8

एलेट्रिस फे. (Aletris F.) Q

सी. क्लोवर (C. Clover) Q

एवेना सेटाइवा (Avena Sat.) Q

जेनोशिया अशोका (Jenosia Ashoka) Q

मास्कस (Moschus) Q

सभी औषधियाँ सम भाग में मिश्रित कर 5 से 10 बूँद की मात्रा में दिन में चार बार महिलाओं को सेवन कराने से उनके जरायु भ्रंश, पाण्डु रोग, श्वेत प्रदर, हरित्पाण्डु तथा ऋतुकालीन विकारों में आशातीत लाभ देती है।

कॉम्बिनेशन नं. 9

अशोका (Ashoka)

एलेट्रिस फ. (Aletris F.)

वाइबर्नम प्रुन (Viburnum P.)

अर्जुना (Arjuna)

वर्बेरिस वल्गे (Verb. V.)

पल्साटिला (Pulstilla) Q

वेलेरियाना (Velariana)

एब्रोमा ऑग (Abroma Aug)

एब्रोमा रेड (Abroma Rad)

काली ब्राम (K. brom)

उक्त औषधियाँ सम भाग में मिश्रित कर ड्रॉप्स तैयार कर लें और 5 से 10 बूँद की मात्रा में दिन में चार बार थोड़े जल के साथ सेवन करायें। यह योग श्वेत प्रदर, दुर्गन्ध युक्त रक्तस्राव, उदर में दर्द, ऋतु सम्बन्धी अनियमितताओं तथा कष्टों में सद्य फलप्रद है। इन कष्टों के साथ रक्तहीनता, स्नायविक दुर्बलता, थकान आदि हो तब भी यह योग लाभ देता है।

कॉम्बिनेशन नं. 10

सेनेसिया ऑरकस (Senecio Aurcus) Q

कॉलोफाइलम (Caulophyllum) Q

पल्साटिल्ला (Pulsatilla) Q

उक्त औषधियाँ सम भाग में मिश्रित कर 10 से 15 बूँद की मात्रा में गर्म जल के साथ दिन में चार बार सेवन कराने से कष्टदायक मासिक धर्म, अल्प ऋतु, ऋतु लुप्त, देर से ऋतु होने जैसे उपसर्गों में आशातीत लाभ मिलता है।

कॉम्बिनेशन नं. 11

अल्फाल्फा (Alfalfa) Q

एवेना सेटाइवा (Avena Sat.) Q

हाइड्रास्टिस केन (Hydrastis Can) Q

चायना (China) Q

अश्वगंधा (Ashwagandha) Q

डेमियाना (Demiana) Q

हरपीज मोनीरा (Herpes Moneira) Q

फार्मिक एसिड (Formic Acid) Q

कैल्केरिया फॉस (Calcarea Phos) 3X

मैगनेशिया फॉस (Magnesia Phos) 3X

काली फॉस (Kali Phos) 3X

फेरम फॉस (Ferrum Phos) 12X

नैट्रम फॉस (Natrum Phos) 3X

उक्त औषधियाँ सम भाग में मिश्रित कर योग तैयार कर लें तथा 5 से 10 बूँद की मात्रा में प्रतिदिन चार बार थोड़े जल में मिश्रित कर सेवन करायें। यह औषधि अति मैथुन के कारण आये उपद्रव, स्वप्न दोष, नस-नाड़ियों की दुर्बलता, शीघ्र पतन, अनिद्रा, रक्तहीनता, भूख कम, ऋतु अल्प अथवा दर्द से आये, प्रसव के पश्चात् की दुर्बलता आदि उपसर्गों में लाभप्रद है।

कॉम्बिनेशन नं. 12

नैट्रम म्योर (Natrum Mur) 3X
काली म्योर (Kali Mur) 3X
काली फॉस (Kali Phos) 3X
काली सल्फ (Kali Sul) 3X
मैगनेशिया फॉस (Magnesia Phos) 3X

उक्त औषधियाँ सम भाग में मिश्रित कर 5 ग्रेन की मात्रा में प्रतिदिन चार बार सेवन कराने से पैर ठंडे रहने, पानी में देर तक पैर रखकर बैठने से सिर तथा कमर में दर्द, ऋतु शूल आदि उपसर्गों में आशातीत लाभ मिलता है।

कॉम्बिनेशन नं. 13

अशोका (Ashoka) Q
एलेट्रिस (Aletris) Q
एब्रोमा रेडिक्स (Abroma Rad) Q
वाइबर्नम प्रुन (Viburnum Prun)
पल्साटिला (Pulsatilla) Q
अर्जुना (Arjuna) Q
नक्स वा. (Nux Vom) Q
हाइड्रास्टिस केन (Hydrastis Can) Q

उक्त औषधियाँ सम भाग में मिश्रित कर 5 से 10 बूँद की मात्रा में थोड़े जल के साथ दिन में चार बार सेवन कराने से महिला रोगों में विशेष लाभ मिलता है। ऋतु का विलम्बित होना, अनियमित होना, श्वेत प्रदर, गर्भपात की आदत, ऋतु न होना, कमर दर्द, थकान तथा महिलाओं की दुर्बलता आदि उपसर्गों में यह योग सद्य फलप्रद है। ऋतु स्राव काल में यह औषधि सेवन न करें।

कॉम्बिनेशन नं. 14

जेनोशिया अशोका (Jono. Ashoka) Q
एलेट्रिस (Aleteris. F) Q
चायना ऑफ (China Off) Q
सीपिया (Sepia) Q
हेलोनियास (Helonias) Q
सेबाइना (Sabina) Q
कॉलोफायलम (Caulophyllum) Q
हाइड्रास्टिस (Hydrastis) Q

एब्रोमा रेडिक्स (Abroma Rad) Q

उक्त औषधियों का सम्मिश्रण महिलाओं के ऋतु सम्बन्धी उपसर्गों में आशातीत लाभ देता है। अजीर्ण, सिर दर्द, चक्कर आना, उदासी आना, गर्भाशय का स्थान च्युत होना, प्रदर में जलन, बाँझपन, ऋतुशूल तथा रक्तस्रावी अर्श जैसे रोगों में यह सद्य फलप्रद है। 2 से 5 बूँद की मात्रा में थोड़े जल के साथ प्रतिदिन चार बार सेवन कराने से लाभ मिलता है।

सरल प्रसव
(Easy and Safe Delivery)

कॉम्बिनेशन नं. 1

आर्निका मॉण्ट (Arnica Mont) 6X

एकोनाइट नेप (Aconite Nepa) 6X

कॉलोफाइलम (Caulophyllum) 6X

इस योग का उपयोग प्रसव के समय दर्द प्रारम्भ होने पर किया जाता है। 5-5 बूँद की मात्रा में थोड़े जल में मिश्रित करके प्रसव होने तक प्रति घण्टे सेवन करायें।

कॉम्बिनेशन नं. 2

कैल्केरिया फ्लोर (Calcarea Fluor) 3X

फेरम फॉस (Ferrum Phos) 12X

काली फॉस (Kali Phos) 3X

मैगनेशिया फॉस (Mag Phos) 3X

उक्त औषधियाँ मिश्रित कर 5-5 ग्रेन की मात्रा में दिन में बार-बार गर्म जल से सेवन कराने पर प्रसव काल में अधिक कष्ट से छुटकारा मिल जाता है।

कॉम्बिनेशन नं. 3

कैल्केरिया फ्लोर (Calcarea Fluor) 3X

कैल्केरिया फॉस (Calcarea Phos) 3X

फेरम फॉस (Ferrum Phos) 12X

काली म्योर (Kali Mur) 3X

काली फॉस (Kali Phos) 3X

मैगनेशिया फॉस (Magnesia Phos) 3X

उक्त औषधियों का सम भाग में मिश्रण गर्म जल में सेवन कराने से प्रसव कष्ट निवारण होता है। 5 ग्रेन की मात्रा हर नही 30 मिनट के अन्तराल पर दी जा सकती हैं।

स्तन प्रदाह
(Inflammation of the Breast)

स्तन के थोड़े से अंश में अथवा पूरी स्तन ग्रन्थि में यह प्रदाह हो सकता है। प्रथमावस्था के पश्चात् यह फोड़ा बनकर पकता है। उत्पत्ति के कारण रक्ताल्पता, उपदंश, ठण्ड लगना, अत्यधिक

परिश्रम, चिरकालीन उदरामय, क्रमागत स्तनपान, चोट लगना अथवा दुग्ध स्रावक ग्रन्थियाँ बन्द होकर उनमें दूध जम जाना आदि माने जाते है।

प्रारम्भ में ठण्ड लग कर ज्वर आता है अथवा बिना ज्वर के ही स्तन में दर्द होता है और वह आंशिक रूप में अथवा सम्पूर्ण रूप से फूल जाता है। रंग लाल हो जाता है। स्तन में कठोर गाँठ प्रतीत होती है। पूय संचार भी अनुभव होता है। यह रोग प्रसव के पश्चात् अथवा अविवाहित जीवन में भी हो जाता है।

कॉम्बिनेशन नं. 1

स्कूकम चक (Scookum Chuck) 1 X 1 भाग

पैराफीन वैक्स (Paraffin Wax) 10 भाग

लेनोलीन (Lenoline) 10 भाग

उक्त औषधियों को व्यवस्थानुसार मिश्रित कर मलहम तैयार कर लें। यह योग रक्त निकली चोट, पूयस्रावी घाव, स्तन के अग्र भाग फटने तथा मुँहासों के उपचार के लिए सद्य फलप्रद है।

बंध्यत्व
(Sterility)

महिलाओं की संतानोत्पत्ति शक्ति का ह्रास हो जाने को 'बध्यत्व' अथवा 'बाँझपन' कहा जाता है। गर्भाशय डिम्ब कोष, योनि आदि जननांगों में कोई विकार आ जाने के कारण यह रोग उत्पन्न हो जाता है। कभी-कभी पुरुषों के जननेन्द्रिय दोष के कारण भी संतान उत्पन्न न होने पर महिला को बंध्यत्व ग्रस्त समझ लिया जाता है। विकार ग्रस्त व्यक्ति की उचित चिकित्सा होने पर बंध्यत्व से बचा जा सकता है। कई स्थलों पर महिला तथा पुरुष दोनों के शारीरिक रूप से विकार ग्रस्त न होने पर भी संतान नहीं होती, ऐसी स्थिति में उचित हारमोन स्रावी औषधियों का उपयोग किया जाता है।

अंडमान निकोबार द्वीप समूह के पुराने तांत्रिकों में एक बड़ी सहज विधि बंध्यत्व निर्णय करने के विषय में मैंने देखी है। वे लोग पुरुष के वीर्य को एक गिलास पानी में डाल देते हैं, यदि वीर्य जल के नीचे गिलास के तले में बैठ जाए तो दोष रहित माना जाता है। महिला के मासिक स्राव में भिगोये कपड़े को सुखा कर बाद में धोकर देखते हैं। यदि कपड़े पर कोई धब्बा न रहे और साफ हो जाए तो महिला को दोष-रहित मानां जाता है। आधुनिक चिकित्सा विज्ञान विभिन्न प्रकार के परीक्षणों (Tests) के द्वारा रोग निर्णय करता है।

कॉम्बिनेशन नं. 1

वाइबर्नम ओप्यूलस (Vibernum Opulus) Q

चायना (China) Q

अशोका (Ashoka) Q

एब्रोमा ऑगस्टा (Abroma Augusta) Q

कॉलोफाइलम (Caulophyllum) Q

सभी औषधियों को सम भाग में मिश्रित कर 5 से 10 बूँद की मात्रा में थोड़े जल के साथ सेवन कराने से महिला-विकारों जैसे ऋतु असमय होना, अल्प रज अथवा अधिक रज:स्राव होना, ऋतु

शूल, श्वेत प्रदर, कमर-पेडू में दर्द, हाथ-पैरों में जलन, बांझपन आदि में तो लाभ देता ही है साथ ही उनके स्वास्थ्य, सौन्दर्य, स्फूर्ति तथा चित्त को प्रसन्न बनाये रखने में विशेष रूप से योग देता है।

कॉम्बिनेशन नं. 2

फेरम फॉस (Ferrum Phos) 12X

कैल्केरिया फ्लोर (Calcarea Fluor) 3X

कैल्केरिया फॉस (Calcarea Phos) 3X

काली फॉस (Kali Phos) 3X

नैट्रम म्योर (Natrum Mur) 3X

काली म्योर (Kali Mur) 3X

काली सल्फ (Kali Sul) 3X

उक्त औषधियाँ सम भाग में मिश्रित कर 5-5 ग्रेन की मात्रा में प्रतिदिन चार बार सेवन कराने से अधिक ऋतुस्राव होना, जल्दी-जल्दी हो जाना, ऋतु की गड़बड़ी के कारण दुर्बलता, स्राव का रक्त पतला होना आदि उपसर्गों में आशातीत लाभ मिलता है।

कॉम्बिनेशन नं. 3

जेनोशिया अशोका (Jono. Ashoka) Q

एलेट्रिस (Aleteris. F) Q

चायना ऑफ (China Off) Q

सीपिया (Sepia) Q

हेलोनियास (Helonias) Q

सेबाइना (Sabina) Q

कॉलोफायलम (Caulophyllum) Q

हाइड्रास्टिस (Hydrastis) Q

एब्रोमा रेडिक्स (Abroma Rad) Q

उक्त औषधियों का सम्मिश्रण महिलाओं के ऋतु सम्बन्धी उपसर्गों में आशातीत लाभ देता है। अजीर्ण, सिर दर्द, चक्कर आना, उदासी आना, गर्भाशय का स्थान च्युत होना, प्रदर में जलन, बाँझपन, ऋतुशूल तथा रक्तस्रावी अर्श जैसे रोगों में यह सद्य फलप्रद है। 2 से 5 बूँद की मात्रा में थोड़े जल के साथ प्रतिदिन चार बार सेवन कराने से लाभ मिलता है।

कॉम्बिनेशन नं. 4

नैट्रम फॉस (Natrum Phos) 3X

साइलीशिया (Silicea) 12X

उक्त औषधियाँ सम भाग में मिश्रित कर 5 ग्रेन की मात्रा में प्रतिदिन चार बार सेवन कराने से बंध्यत्व के उपसर्गों में आशातीत लाभ मिलता है।

गर्भकालीन कष्ट
(Problems of Pregnancy Period)

कॉम्बिनेशन नं. 1

कैल्केरिया फ्लोर (Calcarea Fluor) 6X

कैल्केरिया फॉस (Calcarea Phos) 6X

काली फॉस (Kali Phos) 6X

मैगनेशिया फॉस (Mag. Phos) 6X

गर्भकालीन कष्टों में उक्त औषधियों को सम भाग में मिश्रित कर 5 ग्रेन की मात्रा में प्रतिदिन चार बार सेवन करायें। गर्भावस्था की मिचली, कोष्ठबद्धता, शूल, गर्भपात, अकाल प्रसव, झूठी प्रसव वेदना (Falls Pains) आदि में यह योग सद्य फलप्रद है। प्रसव सरलता से होता है। यह योग गर्भ के आरंभ से ही सेवन कराना प्रारंभ कर देना चाहिए।

कॉम्बिनेशन नं. 2

अल्फाल्फा (Alfalfa) Q 4 भाग

एसिड फॉस (Acid Phos) Q 8 भाग

चायना (China) Q 2 भाग

आर्सेनिक अल्बम (Arsenic Album) Q 1 भाग

नक्स वॉमिक (Nux Vomica) Q 2 भाग

कैफीन (Caffein) 1X 10 भाग

कैल्केरिया फॉस (Calcarea Phos) 6X 10 भाग

फेरम फॉस (Ferrum Phos) 6X 20 भाग

काली फॉस (Kali Phos) 6X 20 भाग

मैगनेशिया फॉस (Magnessia Phos) 6X 20 भाग

नैट्रम फॉस (Natrum Phos) 6X 20 भाग

जल (Pure Water) 1000 भाग

उक्त औषधियों को निर्देशानुसार मिश्रित कर तैयार करें और एक चाय के चम्मच की मात्रा में प्रतिदिन तीन बार रोगी को सेवन करायें। यह योग सभी प्रकार की दुर्बलता में लाभ देता है। नस-नाड़ियों की थकान दूर करता है। लम्बी बीमारी के पश्चात् शेष दुर्बलता में लाभ पहुँचाता है। मानसिक कार्य करने वाले, गर्भवती महिलायें, दूध पिलाने वाली मातायें इस औषधि से विशेष रूप से लाभान्वित हो सकते हैं इस योग की बच्चों के लिए मात्रा आधी रखनी चाहिए।

कॉम्बिनेशन नं. 3

मर्क डलकिस (Merc Dul)

स्टार्च (Starch)

उक्त दोनों वस्तुओं को समान मात्रा में मिश्रित करके मिश्रण की 50 से 100 मि. ग्रा. की मात्रा में हल्के जुलाब के लिए रोगी को सेवन करा सकते हैं। यह योग बाद में उदर शूल उत्पन्न नहीं

करता। बच्चों तथा गर्भवती महिलाओं को भी सेवन कराया जा सकता है। बच्चों को आधी मात्रा में दें तथा गर्भवती को 50 मि.ग्रा. ही देकर देखें।

कॉम्बिनेशन नं. 4

मैगनेशिया फॉस (Mag Phos) 3X

फेरम फॉस (Ferrum Phos) 3X

काली फॉस (Kali Phos) 3X

कैल्केरिया फ्लोर (Calcarea Fluor) 6X

उक्त औषधियाँ सम भाग में मिश्रित कर गर्भवती महिला को यदि प्रसव के 3-4 मास पूर्व से ही प्रतिदिन चार बार सेवन कराया जाए तो प्रसव वेदनायें बहुत कम होती हैं और प्रसव सरलतापूर्वक हो जाता है। यह योग गर्भ में बच्चे को पुष्ट करके अकाल प्रसव को रोकता है। गर्भकालीन कष्टों से भी रक्षा करता है।

कॉम्बिनेशन नं. 5

नैट्रम म्योर (Natrum Mur) 3X

साइलीशिया (Silicea) 12X

नैट्रम सल्फ (Natrum Sul) 3X

उक्त औषधियाँ सम भाग में मिश्रित कर 5 ग्रेन की मात्रा में रोगिणी को प्रतिदिन चार बार सेवन कराने से गर्भावस्था की मिचली, वमन आदि में आशातीत लाभ मिलता है।

प्रसव के पश्चात् दुर्बलता
(Weakness After Delivery)

कॉम्बिनेशन नं. 1

अल्फाल्फा (Alfalfa) Q

एवेना सेटाइवा (Avena Sat.) Q

हाइड्रास्टिस केन (Hydrastis Can) Q

चायना (China) Q

अश्वगंधा (Ashwagandha) Q

डेमियाना (Demiana) Q

हरपीज मोनीरा (Herpes Moneira) Q

फार्मिक एसिड (Formic Acid) Q

कैल्केरिया फॉस (Calcarea Phos) 3X

मैगनेशिया फॉस (Magnesia Phos) 3X

काली फॉस (Kali Phos) 3X

फेरम फॉस (Ferrum Phos) 12X

नैट्रम फॉस (Natrum Phos) 3X

उक्त औषधियाँ सम भाग में मिश्रित कर योग तैयार कर लें तथा 5 से 10 बूँद की मात्रा में प्रतिदिन चार बार थोड़े जल में मिश्रित कर सेवन करायें। यह औषधि अति मैथुन के कारण आये उपद्रव, स्वप्न दोष, नस-नाड़ियों की दुर्बलता, शीघ्र पतन, अनिद्रा, रक्तहीनता, भूख कम, ऋतु अल्प अथवा दर्द से आये, प्रसव के पश्चात् की दुर्बलता आदि उपसर्गों में लाभप्रद है।

कॉम्बिनेशन नं. 2

फेरम फॉस (Ferrum Phos) 12X

काली फॉस (Kali Phos) 3X

कैल्केरिया फॉस (Calcarea Phos) 3X

उक्त औषधियाँ सम भाग में मिश्रित कर 5 ग्रेन की मात्रा में प्रतिदिन चार बार सेवन कराने से प्रसव के पश्चात् शेष दुर्बलता में आशातीत लाभ मिलता है।

गर्भाशय च्युति
(Displacement of Uterus)

कॉम्बिनेशन नं. 1

जेनोशिया अशोका (Jono. Ashoka) Q

एलेट्रिस (Aleteris. F) Q

चायना ऑफ (China Off) Q

सीपिया (Sepia) Q

हेलोनियास (Helonias) Q

सेबाइना (Sabina) Q

कॉलोफायलम (Caulophyllum) Q

हाइड्रास्टिस (Hydrastis) Q

एब्रोमा रेडिक्स (Abroma Rad) Q

उक्त औषधियों का सम्मिश्रण महिलाओं के ऋतु सम्बन्धी उपसर्गों में आशातीत लाभ देता है। अजीर्ण, सिर दर्द, चक्कर आना, उदासी आना, गर्भाशय का स्थान च्युत होना, प्रदर में जलन, बाँझपन, ऋतुशूल तथा रक्तस्रावी अर्श जैसे रोगों में यह सद्य फलप्रद है। 2 से 5 बूँद की मात्रा में थोड़े जल के साथ प्रतिदिन चार बार सेवन कराने से लाभ मिलता है।

कॉम्बिनेशन नं. 2

कैल्केरिया फ्लोर (Calcarea Fluor) 3X

फेरम फॉस (Ferrum Phos) 12X

कैल्केरिया फॉस (Calcarea Phos) 3X

नैट्रम म्योर (Natrum Mur) 3X

उक्त औषधियाँ सम भाग में मिश्रित कर प्रतिदिन 5 ग्रेन की मात्रा में चार बार सेवन कराने से गर्भाशय का टेढ़ापन, गर्भाशय का अपने प्रकृति स्थान से हट जाना, गर्भाशय की नसों का ढीला पड़ जाना आदि उपसर्गों में आशातीत लाभ मिलता है।

दुग्ध ह्रास
(Suppression of Milk)

कॉम्बिनेशन नं. 1

अल्फाल्फा (Alfalfa) Q
चायना (China) Q
मॉस्कस (Moschus) Q
हाइड्रास्टिस (Hydrastis) Q
फैरम फॉस (Ferrum Phos) 12X
कैल्केरिया फॉस्फेट (Calcarea Phos) 3X
मैगनेशिया फॉस (Magnesia Phos) 3X

उक्त औषधियाँ सम भाग में मिश्रित कर घोल तैयार कर लें और 5 से 10 बूँद की मात्रा में थोड़े जल के साथ रोगी को दिन में चार बार सेवन करायें। इस योग से वृद्धावस्था में भी पाचन संस्थान सुचारु रूप से कार्य करता है। स्नायु दौर्बल्य, माताओं में दुग्ध ह्रास, मानसिक अशान्ति तथा अधिक व्यस्त रहने के कारण उत्पन्न अनिद्रा आदि उपसर्गों में आशातीत लाभ मिलता है।

कॉम्बिनेशन नं. 2

कैल्केरिया फॉस (Calcarea Phos) 12X
साइलीशिया (Silicea) 30X

उक्त औषधियाँ सम भाग में मिश्रित कर सेवन कराने से दूध एलकेलाइन (क्षारीय) हो जाना, नमकीन हो जाना, पतला हो जाना, दूध पिलाते समय स्तन में तीव्र दर्द हो जाना आदि उपसर्गों में आशातीत लाभ मिलता है।

●●●

19 पुरुष विकार
(MALE DISORDERS)

स्वप्न दोष
(Spermatorrhoea)

कॉम्बिनेशन नं. 1

आर्सेनिक एल्बम (Arsenic Album) 1X
स्ट्रिकनीन फॉस (Strychni. Phos) 1X
योहिम्बिनम (Yohimbin) 1X
फेरम फॉस (Ferrum Phos) 3X
काली फॉस (Kali Phos) 3X
नेट्रम फॉस (Natrum Phos) 3X
मैग फॉस (Magnesia Phos) 3X

सभी औषधियों को भली प्रकार मिश्रित कर 5 ग्रेन की मात्रा में दिन में तीन बार दूध, पानी या चाय के साथ सेवन करायें। यह योग शक्तिहीनता, स्वास्थ्य भंग, स्वप्न दोष, शुक्रपात तथा अन्य पुरुष रोगों में लाभदायी है। शरीर की नस-नाड़ियों में नये सिरे से शक्ति संचार करने में यह औषधि उत्तम है।

कॉम्बिनेशन नं. 2

अल्फाल्फा (Alfalfa) Q
मॉस्कस (Mosquos) Q
नूफर लुटियम (Nupher Leut) Q
हाइड्रास्टिस (Hydrastis) Q
लुपुलिन (Lupuline) Q
योहिम्बिनम (Yohimbinum) Q

उक्त औषधियाँ सम भाग में मिश्रित करके 5 से 10 बूँद की मात्रा में दिन में चार बार थोड़े जल के साथ देने से स्नायु दौर्बल्य, पौरुष शक्ति क्षीणता, पाण्डु, अनिद्रा आदि विकारों में आशातीत लाभ होता है और व्यक्ति को स्फूर्ति प्रदान करता है।

कॉम्बिनेशन नं. 3

अल्फाल्फा (Alfalfa) Q
एवेना सेटाइवा (Avena Sat.) Q
हाइड्रास्टिस केन (Hydrastis Can) Q
चायना (China) Q

अश्वगंधा (Ashwagandha) Q
डेमियाना (Demiana) Q
हरपीज मोनीरा (Herpes Moneira) Q
फार्मिक एसिड (Formic Acid) Q
कैल्केरिया फॉस (Calcarea Phos) Q
मैगनेशिया फॉस (Magnesia Phos) Q
काली फॉस (Kali Phos) 3X
फेरम फॉस (Ferrum Phos) 12X
नैट्रम फॉस (Natrum Phos) 3X

उक्त औषधियाँ सम भाग में मिश्रित कर योग तैयार कर लें तथा 5 से 10 बूँद की मात्रा में प्रतिदिन चार बार थोड़े जल में मिश्रित कर सेवन करायें। यह औषधि अति मैथुन के कारण आये उपद्रव, स्वप्न दोष, नस-नाड़ियों की दुर्बलता, शीघ्र पतन, अनिद्रा, रक्तहीनता, भूख कम, ऋतु अल्प अथवा दर्द से आये, प्रसव के पश्चात् की दुर्बलता आदि उपसर्गों में लाभप्रद है।

कॉम्बिनेशन नं. 4

एसडि फॉस (Acid Phos) 3X
सेलिनियम (Selenium) 3X
हाइड्रोकोटाइल (Hydrocotyl) Q
लाइकोपोडियम (Lycopodium) 3X
अल्फाल्फा (Alfalfa) Q
एगनस कास्टस (Agnus Castus) 3X

उक्त औषधियाँ सम भाग में मिश्रित कर योग बना लें और 10 से 15 बूँद की मात्रा में थोड़े जल के साथ प्रतिदिन चार बार रोगी को सेवन करायें। यह योग विवाहित पुरुषों के लिए आदर्श औषधि है। स्वास्थ्य पोषक है। स्नायु तंत्र से सम्बन्धित समस्त उपसर्गों अनिद्रा, उदासी, रुहानी, शक्ति (Vitality) में कमी, स्मैक, अफीम तथा अन्य ड्रग्स लेने की आदत तथा उनसे उत्पन्न प्रतिश्याय (नजला), अजीर्ण, कोष्ठबद्धता, सुस्ती, स्मरण शक्ति ह्रास, पुरुषों का शुक्र क्षय, वीर्य विकार, महिलाओं के ऋतु सम्बन्धी उपसर्गों आदि में यह योग आशातीत सफलता देता है।

कॉम्बिनेशन नं. 5

हाइड्रोकोटाइल (Hydrocotyle) Q
चायना ऑफ (China Off) Q
अल्फाल्फा (Alfalfa) Q
सेलिक्स नाइग्रा (Salix Nigra) Q
एसिड फॉस (Acid Phos) 3X

उक्त औषधियाँ सम भाग में मिश्रित कर 10 से 15 बूँद की मात्रा में थोड़े जल के साथ प्रतिदिन चार बार सेवन कराने से विद्यार्थियों की स्मरण शक्ति की कमी, स्नायविक दुर्बलता, वीर्य विकार तथा शारीरिक दुर्बलता आदि में आशातीत लाभ देती है।

कॉम्बिनेशन नं. 6

कैल्केरिया फॉस (Calcarea Phos) 3X

कैल्केरिया सल्फ (Calcarea Sul) 3X

काली फॉस (Kali Phos) 3X

नैट्रम म्योर (Natrum Mur) 3X

नेट्रम फॉस (Natrum Phos) 3X

साइलीशिया (Silicea) 12X

उक्त औषधियाँ सम भाग में मिश्रित कर प्रतिदिन चार बार 5 ग्रेन की मात्रा में सेवन कराने से स्वप्नदोष आदि के द्वारा वीर्य क्षय होने के उपसर्ग में आशातीत लाभ मिलता है। इससे लाभ न मिलने पर काली म्योर (Kali Mur) 3X का सेवन 5 ग्रेन की मात्रा में प्रतिदिन चार बार करायें।

नपुंसकत्व
(Impotency)

कॉम्बिनेशन नं. 1

अश्वगंधा (Ashwagandha) Q

योहिम्बिनम (Yohimbinum) Q

एसिड फॉस (Acid Phos) Q

डेमियाना (Damiana) Q

सेलिक्स नाइग्रा (Salix Nig.) Q

यर्बा साण्टा (Yerba Santa) Q

ओलियम सन्दल (Oleum Sandal)

उक्त औषधियाँ समान मात्रा में मिश्रित कर 5 से 10 बूँद की मात्रा में प्रतिदिन चार बार थोड़े जल के साथ सेवन कराने से शीघ्र पतन, संभोग की इच्छा में कमी, पौरुष शक्ति क्षीणता, जननेन्द्रिय की अपूर्णता आदि विकारों में लाभ प्राप्त होता है। इस औषधि के उपयोग से पारिवारिक जीवन सुखमय और आनन्दपूर्ण बनाने में सहायता मिलती है।

कॉम्बिनेशन नं. 2

अल्फाल्फा (Alfalfa) Q

मॉस्कस (Moschus) Q

नूफर लूटियम (Nupher Leut) Q

हाइड्रास्टिस (Hydrastis) Q

लुपुलिन (Lupuline) Q

योहिम्बिनम (Yohimbinum) Q

उक्त औषधियाँ सम भाग में मिश्रित करके 5 से 10 बूँद की मात्रा में दिन में चार बार थोड़े जल के साथ देने से स्नायु दौर्बल्य, पौरुष शक्ति क्षीणता, पाण्डु, अनिद्रा आदि विकारों में आशातीत लाभ होता है और व्यक्ति को स्फूर्ति प्रदान करता है।

कॉम्बिनेशन नं. 3

अश्वगंधा (Ashwagandha) Q
एवेना सेटाइवा (Avena Sat.) Q
डेमियाना (Damiana) Q
अल्फाल्फा (Alfalfa) Q
नक्स वॉमिका (Nux Vom.)
जेण्टियाना (Gentiana) Q

उक्त औषधियाँ समान भाग में मिश्रित कर योग तैयार कर लें और 5 से 10 बूँद की मात्रा में दिन में चार बार थोड़े जल के साथ रोगी को सेवन करायें। यह औषधि शारीरिक दुर्बलता के साथ-साथ मानसिक दुर्बलता को भी दूर करती है। रक्ताल्पता, इन्द्रिय दौर्बल्य, अनिद्रा, भग्न स्वास्थ्य तथा क्षुधा क्षीणता जैसे उपसर्गों में यह योग सद्य फलप्रद है।

कॉम्बिनेशन नं. 4

एसिड फॉस (Acid Phos) 3X
सेलिनियम (Selenium) 3X
हाइड्रोकोटाइल (Hydrocotyl) Q
लाइकोपोडियम (Lycopodium) 3X
अल्फाल्फा (Alfalfa) Q
एगनस कास्टस (Agnus Castus) 3X

उक्त औषधियाँ सम भाग में मिश्रित कर योग बना लें और 10 से 15 बूँद की मात्रा में थोड़े जल के साथ प्रतिदिन चार बार रोगी को सेवन करायें। यह योग विवाहित पुरुषों के लिए आदर्श औषधि है। स्वास्थ्य पोषक है। स्नायु तंत्र से सम्बन्धित समस्त उपसर्गों अनिद्रा, उदासी, रुहानी शक्ति (Vitality) में कमी, स्मैक, अफीम तथा अन्य ड्रग्स लेने की आदत तथा उनसे उत्पन्न कुप्रभाव, हृदय सम्बन्धी वात पीड़ा, पुराना प्रतिश्याय (नजला), अजीर्ण, कोष्ठबद्धता, सुस्ती, स्मरण शक्ति ह्रास, पुरुषों का शुक्र क्षय, वीर्य विकार, महिलाओं के ऋतु सम्बन्धी उपसर्गों आदि में यह योग आशातीत सफलता देता है।

कॉम्बिनेशन नं. 5

हाइड्रोकोटाइल (Hydrocotyle) Q
चायना ऑफ (China Off.) Q
अल्फाल्फा (Alfalfa) Q
सैलिक्स नाइग्रा (Salix Nigra) Q
एसिड फॉस (Acid Phos) 3X

उक्त औषधियाँ सम भाग में मिश्रित कर 10 से 15 बूँद की मात्रा में थोड़े जल के साथ प्रतिदिन चार बार सेवन कराने से विद्यार्थियों की स्मरण शक्ति की कमी, स्नायविक दुर्बलता, वीर्य विकार तथा शारीरिक दुर्बलता आदि में आशातीत लाभ देती हैं। स्वास्थ्य क्षीण हो जाने पर यह औषधि नव शक्ति का संचार करती है।

कॉम्बिनेशन नं. 6

एवेना सैटाइवा (Avena Sat) Q
अश्वगंधा (Ashwagandha) Q
डेमियाना (Damiana) Q
योहिम्बिनम (Yohimbinum) Q
नक्स वा. (Nux Vom.) Q
कैन्थेरिस (Cantharis) Q

उक्त औषधियों को सम भाग में मिश्रित कर योग तैयार करें। थोड़े जल में मिश्रित कर 5 से 10 बूँद की मात्रा में प्रतिदिन चार बार रोगी को सेवन कराने से नाड़ियों की दुर्बलता, नामर्दी, पौरुषता तथा शक्ति की कमी जैसे उपसर्गों में आशातीत सफलता मिलती है। यह योग कामेन्द्रियों को बहुत देर तक उत्तेजित बने रहने के लिए तैयार करता है और स्वास्थ्य, शक्ति एवं प्रसन्नता प्रदान करता है।

कॉम्बिनेशन नं. 7

नैट्रम फॉस (Natrum Phos) 3X
काली फॉस (Kali Phos) 3X
साइलीशिया (Silicea) 12X

उक्त औषधियाँ सम भाग में मिश्रित कर 5 ग्रेन की मात्रा में प्रतिदिन चार बार सेवन करायें तो नपुंसकता के उपसर्गों में आशातीत लाभ मिलता है।

कॉम्बिनेशन नं. 8

कैल्केरिया फॉस (Calcarea Phos) 3X
कैल्केरिया सल्फ (Calcarea Sul) 3X
नैट्रम म्योर (Natrum Mur) 3X

उक्त औषधियाँ सम भाग में मिश्रित कर 5 ग्रेन की मात्रा में प्रतिदिन चार बार सेवन कराने से वीर्यपात के साथ नपुंसकता होने के उपसर्ग में आशातीत लाभ मिलता है।

शीघ्र पतन
(Early Discharge)

कॉम्बिनेशन नं. 1

अल्फाल्फा (Alfalfa) Q
एवेना सेटाइवा (Avena Sat.) Q
हाइड्रास्टिस केन (Hydrastis Can) Q
चायना (China) Q
अश्वगंधा (Ashwagandha) Q
डेमियाना (Demiana) Q
हरपीज मोनीरा (Herpes Moneira) Q
फार्मिक एसिड (Formic Acid) Q

कैल्केरिया फॉस (Calcarea Phos) 3X

मैगनेशिया फॉस (Magnesia Phos) 3X

काली फॉस (Kali Phos) 3X

फेरम फॉस (Ferrum Phos) 12X

नैट्रम फॉस (Natrum Phos) 3X

उक्त औषधियाँ सम भाग में मिश्रित कर योग तैयार कर लें तथा 5 से 10 बूँद की मात्रा में प्रतिदिन चार बार थोड़े जल में मिश्रित कर सेवन करायें। यह औषधि अति मैथुन के कारण आये उपद्रव, स्वप्न दोष, नस-नाड़ियों की दुर्बलता, शीघ्र पतन, अनिद्रा, रक्तहीनता, भूख कम, ऋतु अल्प अथवा दर्द से आये, प्रसव के पश्चात् की दुर्बलता आदि उपसर्गों में लाभप्रद है।

कॉम्बिनेशन नं. 2

हाइड्रोकोटाइल (Hydrocotyle) Q

चायना ऑफ (China Off.) Q

अल्फाल्फा (Alfalfa) Q

सैलिक्स नाइग्रा (Salix Nigra) Q

एसिड फॉस (Acid Phos) Q

उक्त औषधियाँ सम भाग में मिश्रित कर 10 से 15 बूँद की मात्रा में थोड़े जल के साथ प्रतिदिन चार बार सेवन कराने से विद्यार्थियों की स्मरण शक्ति की कमी, स्नायविक दुर्बलता, वीर्य विकार तथा शारीरिक दुर्बलता आदि में आशातीत लाभ देती हैं। स्वास्थ्य क्षीण हो जाने पर यह औषधि नव शक्ति का संचार करती है।

20 रतिज विकार (VENERAL DISEASES)

प्रमेह/सुजाक
(Gonorrhoea)

कॉम्बिनेशन नं. 1

कोपइबा (Copaiba) 6X
क्यूबेबा (Cubeba) 6X
तुलसी पत्र (Tulsi Patra) 6X

उक्त योग का सेवन 5 बूँद की मात्रा में थोड़े जल के साथ एक-एक दिन छोड़कर करें। 6 सप्ताह के पश्चात् एक-एक सप्ताह के अंतराल पर ऐसी एक मात्रा सेवन कराते रहें।

कॉम्बिनेशन नं. 2

थूजा ऑक्सी (Thuja Ox) 1 भाग
पैराफीन वैक्स (Paraffin Wax) 10 भाग
लेनोलीन (Lenoline) 10 भाग

उक्त योग से मलहम तैयार कर कार्बङ्कल, अल्सर, गुप्तांग के आस-पास के घाव, नाखून के पास चर्म विकार तथा गनोरिया की ड्रेसिंग के लिए उत्तम रूप में प्रयोग किया जा सकता है।

कॉम्बिनेशन नं. 3

एजाडिरेक्टा इण्डिका (Azadirechta Indica) Q
कालमेघ (Kalmegh) Q
सारसापेरिल्ला (Sarsaparilla) Q
बर्बेरिस एक्वीफोलियम (Berberis Aquifol) Q

उक्त औषधियों का योग अत्युत्तम रक्त शोधक है। त्वचा विकारों के लिए अनमोल औषधि है। फोड़े-फुन्सी, उपदंश, सुजाक आदि के कारण खून में गर्मी का प्रभाव होना तथा अन्य चर्म रोगों में सहायक औषधि अथवा प्रधान औषधि के रूप में इस योग का उपयोग किया जा सकता है। 2 से 5 बूँद की मात्रा में प्रतिदिन चार बार थोड़े जल के साथ सेवन कराने से आशातीत लाभ मिलता है।

कॉम्बिनेशन नं. 4

एण्ड्रोग्रेफिस (Andrographis) Q
लूफा बिंदल (Luffa Bindal) Q
बोरेबिया (Boerhaevia)
क्लोरोडेण्ड्रन (Chlorodendron) Q

हाइड्रोकोटाइल एसियाटि (Hydrocot. Asiat) Q

नित्रि बेन्ज (Nitri Benz) Q

उक्त औषधियों को समान भाग में मिश्रित कर 5 से 10 बूँद की मात्रा में थोड़े जल के साथ दिन में चार बार सेवन कराने से पीलिया तथा लम्बे ज्वर के कारण बढ़े हुए यकृत में लाभ मिलता है। शिशुकालीन पीलिया (कामला), गनोरिया (प्रमेह), यकृत रोग, गठिया, मूत्र सम्बन्धी बीमारियाँ, उदर रोग आदि अनेक उपसर्गों में यह योग सद्य फलप्रद है।

कॉम्बिनेशन नं. 5

फेरम फॉस (Ferrum Phos) 12X

काली म्योर (Kali Mur) 3X

नैट्रम फॉस (Natrum Phos) 3X

उक्त औषधियाँ सम भाग में मिश्रित कर 5 ग्रेन की मात्रा में प्रतिदिन चार बार सेवन कराने से प्रमेह (सुजाक) की प्रथमावस्था के उपसर्गों में आशातीत लाभ मिलता है। प्रारम्भ में मूत्र मार्ग में जलन, शोथ, मूत्र बूँद-बूँद दर्द के साथ स्रावित हो आदि उपसर्गों में यह योग सद्य फलप्रद है।

कॉम्बिनेशन नं. 6

नैट्रम फॉस (Natrum Phos) 3X

काली सल्फ (Kali Sul) 3X

उक्त औषधियों को सम भाग में मिश्रित कर 5 ग्रेन की मात्रा में प्रतिदिन चार बार सेवन कराने से प्रमेह में पीला रस, पनीला रस अथवा सुनहरा मलाईदार स्राव होने तथा कपड़े का दाग जल्दी साफ न होने जैसे उपसर्गों में आशातीत लाभ मिलता है।

उपदंश
(Syphilis)

कॉम्बिनेशन नं. 1

मर्क्युरियस सॉल्युबिल (Merc. Sol) 6X

सिन्नाबेरिस (Cinnaberis) 6X

आर्सेनिक एल्बम (Arsenic Album) 6X

फ्लोरिक एसिड (Fluoric Acid) 6X

औषधि की 5 बूँद थोड़े जल में मिश्रित करके एक-एक दिन छोड़ कर सेवन कराने से फिरंग रोग (उपदंश) के उपसर्गों में लाभ मिलता है। लगभग 15 दिन के पश्चात् औषधि की मात्रा सप्ताह में एक बार ही सेवन करें।

कॉम्बिनेशन नं. 2

साइलीशिया (Silicea) 12X

काली म्योर (Kali Mur) 3X

कैल्केरिया फ्लोर (Calcarea Fluor) 3X

काली फॉस (Kali Phos) 3X

कैल्केरिया फॉस (Calcarea Phos) 6X

फेरम फॉस (Ferrum Phos) 12X

उक्त योग उपदंश के उपसर्गों के लिए उत्तम है। सभी औषधियाँ सम भाग में मिश्रित कर 5-5 ग्रेन की मात्रा में प्रतिदिन चार बार सेवन कराने से गरमी के प्रथम चरण के उपसर्गों में; ऐसे शैंकर में जिसके किनारें उभरे, लाली, सूजन, दर्द, पतला जलीय रस स्रावित हो; शैंकर जो फैलने वाला हो; मुलायम शैंकर तथा शैंकर में कड़ापन होने जैसी स्थिति में आशातीत लाभ मिलता है।

कॉम्बिनेशन नं. 3

कैल्केरिया सल्फ (Calcarea Sulph) 3X

साइलीशिया (Silicea) 12X

उक्त औषधियाँ सम भाग में मिश्रित कर 5 ग्रेन की मात्रा में प्रतिदिन चार बार सेवन कराने से पुराने आतशक के उपसर्गों में आराम मिलता है।

कॉम्बिनेशन नं. 4

एजाडिरेक्टा इण्डिका (Azadirechta Indica) Q

कालमेघ (Kalmegh) Q

सारसापेरिल्ला (Sarsaparilla) Q

बर्बेरिस एक्वीफोलियम (Berberis Aquifol.) Q

उक्त औषधियों का योग अत्युत्तम रक्त शोधक है। त्वचा विकारों के लिए अनमोल औषधि है। फोड़े-फुन्सी, उपदंश, सुजाक आदि के कारण खून में गर्मी का प्रभाव होना तथा अन्य चर्म रोगों में सहायक औषधि अथवा प्रधान औषधि के रूप में इस योग का उपयोग किया जा सकता है। 2 से 5 बूँद की मात्रा में प्रतिदिन चार बार थोड़े जल के साथ सेवन कराने से आशातीत लाभ मिलता है।

कॉम्बिनेशन नं. 5

काली म्योर (Kali Mur) 3X

कैल्केरिया फ्लोर (Calcarea Fluor) 3X

काली सल्फ (Kali Sul) 3X

कैल्केरिया सल्फ (Calcarea Sul) 3X

उक्त औषधियाँ सम भाग में मिश्रित कर 5 ग्रेन की मात्रा में प्रतिदिन चार बार सेवन कराने से आतशक के उपसर्ग रूप लिंग पर छिछले ऊँचे किनारे वाले घाव (शैंकर), मुलायम शैंकर अथवा गठोर शैंकर, उपदंश की पकने वाली अवस्था, पुराना उपदंश रोग अथवा उपदंश का आक्रमण, अस्थियों पर उठने जैसे उपसर्गों में यह योग सद्य फलप्रद है।

●●●

21

शिशु विकार
(CHILDS AILMENTS)

बच्चों के दस्त
(Infants Diarrhoea)

कॉम्बिनेशन नं. 1

कैमोमिला (Chamomilla) Q 5 ml
पोडोफाइलम (Podophyllum) Q 5 ml
कोलेसिन्थ (Colocynth) Q 5 ml
एनेंथी क्रोकाटा (Ananthi Crocata) Q 5 ml
नेट्रम कार्ब (Nat. Carb) 6X 5 gm
चायना (China) Q 5 ml
केरीका पपाया (Carica Papaya) Q 5 ml
काली म्यूर (Kali Mur) 3X 5 gm
कैल्केरिया फॉस (Calc. Phos) 3X 5 gm
मैगनेशिया फॉस (Magnesia Phos) 3X 5 gm
नेट्रम फॉस (Natrum Phos) 3X 5 gm

उक्त औषधियों को व्यवस्थानुसार मिश्रित कर 2 से 5 बूँद की मात्रा में दिन में चार बार थोड़े जल के साथ बच्चे को सेवन कराने से पेट में मरोड़, कटन, तीता स्वाद, जिह्वा पीली, मल में आँव, इच्छाओं की पूर्ति करने पर प्रतिशोध, रोते रहना, अजीर्ण की डकार, हरे अथवा दूध के रंग के दस्त, पित्त की वमन, अधिक वायु संचित होना आदि उपसर्गों में आशातीत लाभ मिलता है।

कॉम्बिनेशन नं. 2

कैल्केरिया फॉस (Calcarea Phos) 3X
फेरम फॉस (Ferrum Phos) 12 X
काली फॉस (Kali Phos) 3X
लेसिथिन (Lecithin) Q
पोडोफाइलम (Podophyllum) Q
कैमोमिला (Chamomilla) Q

उक्त योग की औषधियाँ सम भाग में मिश्रित कर 5 से 10 बूँद की मात्रा में थोड़े दूध अथवा जल के साथ दिन में चार बार सेवन कराने से बच्चे सुडौल, प्रसन्न चित्त एवं फुर्तीले रहते हैं और बहुत से प्रकोपों से मुक्त रहते हैं। बच्चों के दंतोद्गम कालीन कष्ट, बालास्थि विकार (रिकेट्स); बच्चों के उदरामय तथा बच्चों के सूखा रोग जैसे विकारों में भी यह योग सद्य फलप्रद है।

कॉम्बिनेशन नं. 3

कैल्केरिया फॉस (Calcarea Phos) 12X
कैल्केरिया कार्ब (Calcarea Carb) 12X
कैमोमिला (Chamomilla) Q
पोडोफाइलम (Podophyllum) Q
चायना (China) Q

उक्त औषधियाँ सम भाग में मिश्रित करें और योग की 5 से 10 बूँद की मात्रा में आयु अनुसार ताजे पानी अथवा दूध के साथ बच्चे के दाँत निकलते समय के कष्टों में आराम मिलता है। आमाशय, उदरामय, दुर्बलता, दूध पलटना, वमन आदि की सफलता के साथ प्रयुक्त होती है। बच्चों के यकृत तथा पाचन की गड़बड़ी में सद्य फलप्रद है, यहाँ तक कि बच्चों के सूखा रोग, ज्वर, निमोनिया, खाँसी, जुकाम, भूख न लगना, कैल्शियम तथा फास्फेट्स की कमी होना आदि विकारों में भी यह औषधि लाभप्रद है।

बच्चों की पेचिश
(Infants Dysentery)

कॉम्बिनेशन नं. 1

कैमोमिला (Chamomilla) Q 5 ml
पोडोफाइलम (Podophyllum) Q 5 ml
कोलेसिन्थ (Colocynth) Q 5 ml
एर्नेथी क्रीकाटा (Ananthi Crocata) Q 5 ml
नेट्रम कार्ब (Nat. Carb) 6X 5 gm
चायना (China) Q 5 ml
केरीका पपाया (Carica Papaya) Q 5 ml
काली म्यूर (Kali Mur) 3X 5 gm
कैल्केरिया फॉस (Calc. Phos) 3X 5 gm
मैगनेशिया फॉस (Magnesia Phos) 3X 5 gm
नेट्रम फॉस (Natrum Phos) 3X 5 gm

उक्त औषधियों को व्यवस्थानुसार मिश्रित कर 2 से 5 बूँद की मात्रा में दिन में चार बार थोड़े जल के साथ बच्चे को सेवन कराने से पेट में मरोड़, कटन, तीता स्वाद, जिह्वा पीली, मल में आँव, इच्छाओं की पूर्ति करने पर प्रतिशोध, रोते रहना, अजीर्ण की डकार, हरे अथवा दूध के रंग के दस्त, पित्त की वमन, अधिक वायु संचित होना आदि उपसर्गों में आशातीत लाभ मिलता है।

कॉम्बिनेशन नं. 2

कैल्केरिया फॉस (Calcarea Phos) 3X
कैल्केरिया फ्लोर (Calcarea Fluor) 3X
साइलीशिया (Silicea) 12X
नैट्रम म्योर (Natrum Mur) 3X
फेरम फॉस (Ferrum Phos) 12X
नैट्रम सल्फ (Natrum Sul) 3X

काली फॉस (Kali Phos) 3X

मैगनेशिया फॉस (Mag Phos) 3X

उक्त औषधियाँ सम भाग में मिश्रित कर 5 ग्रेन की मात्रा में प्रतिदिन चार बार सेवन कराने से बच्चों के पेचिश रोग में लाभ देती है।

कॉम्बिनेशन नं. 3

कैल्केरिया फॉस (Calcarea Phos) Q 12X

कैल्केरिया कार्ब (Calcarea Carb) Q 12X

कैमोमिला (Chamomilla) Q

पोडोफाइलम (Podophyllum) Q

चायना (China) Q

उक्त औषधियाँ सम भाग में लेकर मिश्रित करें और योग की 5 से 10 बूँद की मात्रा में आयु अनुसार ताजे पानी अथवा दूध के साथ बच्चों को सेवन करायें तो बच्चों के दाँत निकलते समय के कष्टों में आराम मिलता है। आमाशय, उदरामय, दुर्बलता, दूध पलटना, वमन आदि में सफलता के साथ प्रयुक्त होती है। बच्चों के यकृत तथा पाचन की गड़बड़ी में सद्य फलप्रद है, यहाँ तक कि बच्चों के सूखा रोग, ज्वर, निमोनिया, खाँसी, जुकाम, भूख न लगना, कैल्शियम तथा फास्फेट्स की कमी होना आदि विकारों में भी यह औषधि लाभप्रद है।

कॉम्बिनेशन नं. 4

फेरम फॉस (Ferrum Phos) 12 X

काली म्योर (Kali Mur) 3X

मैगनेशिया फॉस (Mag Phos) 3X

उक्त औषधियाँ सम भाग में मिश्रित कर 5 ग्रेन की मात्रा में प्रतिदिन 4 बार सेवन कराने से पेचिश में सफेद आँव आने तथा मल के साथ काले रक्त के थक्के, दर्द, जीभ पर सफेद मैल आदि उपसर्गों में आशातीत लाभ मिलता है।

शिशु यकृत
(Infantile Liver Disorders)

कॉम्बिनेशन नं. 1

कैमोमिला (Chamomilla) Q 5 ml

पोडोफाइलम (Podophyllum) Q 5 ml

कोलेसिन्थ (Colocynth) Q 5 ml

चायना (China) Q 5 ml

केरीका पपाया (Carica Papaya) Q 5 ml

एनेंथी क्रोकाटा (Ananthi Crocata) Q 5 ml

नैट्रम कार्ब (Nat. Carb) 6X 5 gm

काली म्यूर (Kali Mur) 3X 5 gm

कैल्केरिया फॉस (Calc. Phos) 3X 5 gm

मैगनेशिया फॉस (Magnesia Phos) 3X 5 gm

नैट्रम फॉस (Natrum Phos) 3X 5 gm

उक्त औषधियों को व्यवस्थानुसार मिश्रित कर 2 से 5 बूँद की मात्रा में दिन में चार बार थोड़े जल के साथ बच्चे को सेवन कराने से पेट में मरोड़, कटन, तीता स्वाद, जिह्वा पीली, मल में आँव, इच्छाओं की पूर्ति करने पर प्रतिशोध, रोते रहना, अजीर्ण की डकार, हरे अथवा दूध के रंग के दस्त, पित्त की वमन, अधिक वायु संचित होना आदि उपसर्गों में आशातीत लाभ मिलता है।

कॉम्बिनेशन नं. 2

फेरम फॉस (Ferrum Phos) 12 X
नैट्रम सल्फ (Natrum Sul) 3X
नैट्रम म्योर (Natrum Mur) 3x
साइलीशिया (Silicea) 12X
काली म्योर (Kali Mur) 3X

उक्त औषधियाँ सम भाग में मिश्रित कर 5-5 ग्रेन की मात्रा में प्रतिदिन 4 बार सेवन कराने से शिशुओं के यकृत सम्बन्धी उपसर्गों में लाभ मिलता है। यह योग यकृत शोथ, शरीर पीला, कब्ज, प्रदाह आदि में सद्य फलप्रद है।

कॉम्बिनेशन नं. 3

कैल्केरिया फॉस (Calcarea Phos) Q 12X
कैल्केरिया कार्ब (Calcarea Carb) Q 12X
कैमोमिला (Chamomilla) Q
पोडोफाइलम (Podophyllum) Q
चायना (China) Q

उक्त औषधियाँ सम भाग में लेकर मिश्रित करें और योग की 5 से 10 बूँद की मात्रा में आयु अनुसार ताजे पानी अथवा दूध के साथ बच्चे को सेवन करायें तो बच्चों के दाँत निकलते समय के कष्टों में आराम मिलता है। आमाशय, उदरामय, दुर्बलता, दूध पलटना, वमन आदि में सफलता के साथ प्रयुक्त होती है। बच्चों के यकृत तथा पाचन की गड़बडी में सद्य फलप्रद है, यहाँ तक कि बच्चों के सूखा रोग, ज्वर, निमोनिया, खाँसी, जुकाम, भूख न लगना, कैल्शियम तथा फास्फेट्स की कमी होना आदि विकारों में भी यह औषधि लाभप्रद है।

दुग्ध वमन
(Milk Vomitting)

कॉम्बिनेशन नं. 1

कैल्केरिया फॉस (Calcarea Phos) Q 12X
कैल्केरिया कार्ब (Calcarea Carb) Q 12X
कैमोमिला (Chamomilla) Q
पोडोफाइलम (Podophyllum) Q
चायना (China) Q

उक्त औषधियाँ सम भाग में लेकर मिश्रित करें और योग की 5 से 10 बूँद की मात्रा में आयु अनुसार ताजे पानी अथवा दूध के साथ बच्चे को सेवन करायें तो बच्चों के दाँत निकलते समय के कष्टों में आराम मिलता है। आमाशय, उदरामय, दुर्बलता, दूध पलटना, वमन आदि में सफलता के साथ प्रयुक्त होती है। बच्चों के यकृत तथा पाचन की गड़बड़ी में सद्य फलप्रद है, यहाँ तक कि बच्चों

के सूखा रोग, ज्वर, निमोनिया, खाँसी, जुकाम, भूख न लगना, कैल्शियम तथा फॉस्फेट्स की कमी होना आदि विकारों में भी यह औषधि लाभप्रद है।

कॉम्बिनेशन नं. 2

नैट्रम म्योर (Natrum Mur) 3X

नैट्रम फॉस (Natrum Phos) 3X

उक्त औषधियाँ सम भाग में मिश्रित कर प्रतिदिन चार बार सेवन कराने से वमन तथा मिचली में आराम आता है। मात्रा 5 ग्रेन की हो। वमन में खट्टा पानी अथवा जमा हुआ दूध का थक्का निकलने पर यह औषधि सद्य फलप्रद है।

सूखा रोग
(Marasmus)

कॉम्बिनेशन नं. 1

कैल्केरिया फॉस (Calcarea Phos) 3X

फेरम फॉस (Ferrum Phos) 12 X

काली फॉस (Kali Phos) 3X

लेसिथिन (Lecithin) Q

पोडोफाइलम (Podophyllum) Q

कैमोमिला (Chamomilla) Q

उक्त योग की औषधियाँ सम भाग में मिश्रित कर 5 से 10 बूँद की मात्रा में थोड़े दूध अथवा जल के साथ दिन में चार बार सेवन कराने से बच्चे सुडौल, प्रसन्न चित्त एवं फुर्तीले रहते हैं और बहुत से प्रकोपों से मुक्त रहते हैं। बच्चों के दंतोद्गम कालीन कष्ट, बालास्थि विकार (रिकेट्स); बच्चों के उदरामय तथा बच्चों के सूखा रोग जैसे विकारों में भी यह योग सद्य फलप्रद है।

कॉम्बिनेशन नं. 2

साइलीशिया (Silicea) 12X

नैट्रम सल्फ (Natrum Sul) 3X

नैट्रम म्योर (Natrum Mur) 3X

काली म्योर (Kali Mur) 3X

कैल्केरिया फॉस (Calcarea Phos) 12X

नैट्रम फॉस (Natrum Phos) 3X

उक्त औषधियाँ सम भाग में मिश्रित कर 5-5 ग्रेन की मात्रा में प्रतिदिन चार बार रोगी को सेवन कराने से सूखा रोग के उपसर्गों में लाभ मिलता है।

कॉम्बिनेशन नं. 3

कैल्केरिया फॉस (Calcarea Phos) Q या 12X

कैल्केरिया कार्ब (Calcarea Carb) Q या 12X

कैमोमिला (Chamomilla) Q

पोडोफाइलम (Podophyllum) Q

चायना (China) Q

उक्त औषधियाँ सम भाग में लेकर मिश्रित करें और योग की 5 से 10 बूँद की मात्रा में आयु अनुसार ताजे पानी अथवा दूध के साथ बच्चे को सेवन करायें तो बच्चों के दाँत निकलते समय के कष्टों में आराम मिलता है। आमाशय, उदरामय, दुर्बलता, दूध पलटना, वमन आदि में सफलता के साथ प्रमुक्त होती है। बच्चों के यकृत तथा पाचन की गड़बडी से सद्य फलप्रद है, यहाँ तक कि बच्चों के सूखा रोग, ज्वर, निमोनिया, खाँसी, जुकाम, भूख न लगना, कैल्शियम तथा फास्फेट्स की कमी होना आदि विकारों में भी यह औषधि लाभप्रद है।

कॉम्बिनेशन नं. 4

साइलीशिया (Silicea) 12X
नैट्रम म्योर (Natrum Mur) 3X
काली फॉस (Kali Phos) 3X

उक्त औषधियाँ सम भाग में मिश्रित कर 5 ग्रेन की मात्रा में प्रतिदिन चार बार सेवन कराने से होठों के सूखेपन में आशातीत लाभ मिलता है।

दंतोद्गम
(Teeth Cutting)

कॉम्बिनेशन नं. 1

कैल्केरिया फॉस (Calcarea Phos) 6X
काली म्योर (Kali Mur) 6X
मैगनेशिया फॉस (Mag Phos) 6X
फेरम फॉस (Ferrum Phos) 6X

उक्त औषधियाँ सम भाग में मिश्रित कर 4-5 ग्रेन की मात्रा में प्रतिदिन चार बार बच्चे को सेवन करायें। यह सभी बायोकैमिक औषधियाँ बच्चों के दाँत सरलता से निकालती हैं। यह योग बच्चे की 5-6 मास की आयु से ही आरम्भ कर देना चाहिए और पूरे दाँत निकल आने तक सेवन कराना चाहिए। अस्थियों में दुर्बलता होने पर अथवा चलना या बोलना देर से सीखने पर यह योग बच्चे को अधिक दिनों तक प्रयोग करायें।

कॉम्बिनेशन नं. 2

कैल्केरिया फॉस (Calcarea Phos) 3X
फेरम फॉस (Ferrum Phos) 3X
काली फॉस (Kali Phos) 3X
मैगनेशिया फॉस (Magnesia Phos) 3X
नैट्रम फॉस (Natrum Phos) 3X

उक्त औषधियाँ समान भाग में मिश्रित कर योग तैयार करें और 5 ग्रेन की मात्रा में दिन में चार बार प्रयोग करें। यह योग तन्तुओं की वृद्धि करता है और दाँतों को सरलता से निकालता है। नव-युवकों की रक्ताल्पता तथा संतानोत्पत्ति के कारण दुर्बल महिलाओं के लिए लाभप्रद है। स्नायविक दौर्बल्य एवं थकान में उपयोगी है। हृदय, मस्तिष्क एवं नाड़ियों को शक्ति देता है।

कॉम्बिनेशन नं. 3

मैगनेशिया फॉस (Magnesia Phos) 3X

कैल्केरिया फॉस (Calcarea Phos) 3X

नैट्रम सल्फ (Natrum Sul) 12X

फेरम सल्फ (Ferrum Phos) 12X

उक्त औषधियाँ सम भाग में लेकर मिश्रित करें और 5 ग्रेन की मात्रा में प्रतिदिन चार बार रोगी को गर्म जल के साथ सेवन करायें। रोग की तीव्रता के आधार पर मात्रा की पुनरावृत्ति प्रति 15 मिनट पर भी कर सकते हैं। यह योग बच्चों तथा शिशुओं के लिए विशेषत: लाभदायी है। उदर शूल, पैरों की जकड़न तथा सर्दी के दर्दों में लाभप्रद योग है। शिशुओं के अजीर्ण, झूठा उदर शूल, दंतोद्गम कालीन कष्ट, ऋतु शूल, गर्मी तथा नाड़ी तीव्र होने पर भी यह योग सद्य फलप्रद है।

कॉम्बिनेशन नं. 4

कैरिका पपाया (Carica Papaya) Q

कालमेघ (Kalmegh) Q

सिना (Cina) Q

चेलीडोनियम (Chelidonium) Q

सभी औषधियाँ सम भाग में मिश्रित कर 2 से 5 बूँद की मात्रा में विकारग्रस्त बच्चे को दिन में चार बार सेवन कराने से आशातीत लाभ मिलता है। यह योग रिकेट्स, दाँत पीसना, चिड़चिड़ापन, दंतोद्गम कालीन कष्ट, उदर शूल, यकृत विकार तथा विटामिन की कमी होने से उत्पन्न उपसर्गों में सद्य फलप्रद है।

कॉम्बिनेशन नं. 5

कैमोमिला (Chamomilla) Q 5 ml

पोडोफाइलम (Podophyllum) Q 5 ml

कोलोसिन्थ (Colocynth) Q 5 ml

चायना (China) Q 5 ml

केरीका पपाया (Carica Papaya) Q 5 ml

एनेंथी क्रोकाटा (Ananthi Crocata) Q 5 ml

नैट्रम कार्ब (Nat. Carb) 6X 5 gm

काली म्यूर (Kali Mur) 3X 5 gm

कैल्केरिया फॉस (Calc. Phos) 3X 5 gm

मैगनेशिया फॉस (Magnesia Phos) 3X 5 gm

नैट्रम फॉस (Natrum Phos) 3X 5 gm

उक्त औषधियों को व्यवस्थानुसार मिश्रित कर 2 से 5 बूँद की मात्रा में दिन में चार बार थोड़े जल के साथ बच्चे को सेवन कराने से पेट में मरोड़, कटन, तीता स्वाद, जिह्वा पीली, मल में आँव, इच्छाओं की पूर्ति न करने पर प्रतिशोध, रोते रहना, अजीर्ण की डकार, हरे अथवा दूध के रंग के दस्त, पित्त की वमन, अधिक वायु संचित होना आदि उपसर्गों में आशातीत लाभ मिलता है।

कॉम्बिनेशन नं. 6

कालमेघ (Kalmegh) Q

कार्डुअस मरिया (Corduus. M.) Q

चेलीडोनियम (Chelidonium) Q

पोडोफायलम (Podophyllum) Q

कोलोसिंथ (Colocynth) Q

सभी औषधियाँ सम भाग में मिश्रित कर ड्रॉप्स के रूप में 5 से 10 बूँद की मात्रा में दिन में चार बार सेवन कराने से बच्चों के यकृत सम्बन्धी उपसर्गों में तो लाभ मिलता ही है, वयस्कों के अजीर्ण, उदर में भारीपन, मिचली, वमन, कलेजे में जलन, पक्वाशय तथा आँतों में शोथ आदि उपसर्गों में भी आशातीत लाभ मिलता है। बच्चों के हरे-पीले दस्तों में भी प्रयोजनीय है। शिशुओं के लिए मात्रा 2 से 5 बूँद रखें।

कॉम्बिनेशन नं. 7

कैल्केरिया फॉस (Calcarea Phos) Q या 12X

कैल्केरिया कार्ब (Calc. Carb) Q या 12X

कैमोमिला (Chamomilla) Q

पोडोफाइलम (Podophyllum) Q

चायना (China) Q

उक्त औषधियाँ सम भाग में लेकर मिश्रित करें और योग की 5 से 10 बूँद की मात्रा में आयु अनुसार ताजे पानी अथवा दूध के साथ बच्चे को सेवन करायें तो बच्चों के दाँत निकलते समय के कष्टों में आराम मिलता है। आमाशय उदरामय, दुर्बलता, दूध पलटना, वमन आदि में सफलता के साथ प्रयुक्त होती है। बच्चों के यकृत तथा पाचन की गड़बड़ी में सद्य फलप्रद है, यहाँ तक कि बच्चों के सूखा रोग, ज्वर, निमोनिया, खाँसी, जुकाम, भूख न लगना, कैल्शियम तथा फास्फेट्स की कमी होना आदि विकारों में भी यह औषधि लाभप्रद है।

कॉम्बिनेशन नं. 8

कैल्केरिया फॉस (Calcarea Phos) 3X

फेरम फॉस (Ferrum Phos) 12X

काली फॉस (Kali Phos) 3X

लेसिथिन (Lecithin) Q

पोडोफायलम (Podophyllum) Q

कैमोमिला (Chamomilla) Q

उक्त योग की औषधियाँ सम भाग में मिश्रित कर 5 से 10 बूँद की मात्रा में थोड़े दूध अथवा जल के साथ दिन में चार बार सेवन कराने से बच्चे सुडौल, प्रसन्न चित्त एवं फुतीले रहते हैं और बहुत से प्रकोपों से मुक्त रहते हैं। बच्चों के दंतोद्गम कालीन कष्ट, बालास्थि विकार (रिकेट्स), बच्चों के उदरामय तथा बच्चों के सूखा रोग जैसे विकारों में भी यह योग सद्य फलप्रद है।

कॉम्बिनेशन नं. 9

कैल्शियम फॉस्फेट (Calcium Phos) 3X

कैल्शियम फ्लोराइड (Calcium Fluoride) 6X

फेरम फॉसफेट (Ferrum Phos) 3X

साइलीशिया (Silicea) 12X

लेसिथिन (Lecithin) 3X

उक्त औषधियाँ सम भाग में मिश्रित कर योग तैयार कर लें और 5-10 ग्रेन की मात्रा में दिन

में चार बार सेवन करायें। यह योग शिशुओं के लिए अति उत्तम टॉनिक है। कैल्शियम की कमी, अस्थियों की दुर्बलता तथा टिशू निर्माण में उपयोगी है। दंतोद्गम काल की निद्राहीनता, विश्रामहीनता, उदर शूल, रक्तहीनता जैसे विकारों में सद्य फलप्रद है।

कॉम्बिनेशन नं. 10

पोडोफाइलम (Podophyllum) Q
कैमोमिला (Chamomilla) Q
कैल्केरिया फ्लोर (Calcarea Fluor) 3X
कैल्केरिया फॉस (Calcarea Phos) 3X
अनेथाइ (Anethai) Q
अनेसाई (Anesai) Q
ओसिमम पेप्सीन (Occimum Pepsin) Q
लेसिथिन (Lecithin) Q

उक्त औषधियों को सम भाग में मिश्रित कर 5 से 10 बूँद की मात्रा में दिन में चार बार थोड़े जल के साथ अथवा दूध के साथ देने से बच्चों की पाचन शक्ति सन्तुलित रहती है। आयु के अनुरूप बच्चे को चलना तथा बोलना न आने पर यह योग अत्युत्तम प्रभाव देता है। स्मरण शक्ति तीव्र करने के लिए भी यह योग सद्य फलप्रद है।

बालास्थि विकार
(Rickets)

कॉम्बिनेशन नं. 1

कैरिका पपाया (Carica Papaya) Q
कालमेघ (Kalmegh) Q
सिना (Cina) Q
चेलीडोनियम (Chelidonium) Q

सभी औषधियाँ सम भाग में मिश्रित कर 2 से 5 बूँद की मात्रा में विकारग्रस्त बच्चे को दिन में चार बार सेवन कराने से आशातीत लाभ मिलता है। यह योग रिकेट्स दाँत पीसना, चिड़चिड़ापन, दंतोद्गम कालीन कष्ट, बच्चों के उदर शूल, यकृत विकार, जड़ता, तथा विटामिन की कमी होने से उत्पन्न उपसर्गों में सद्य फलप्रद है।

कॉम्बिनेशन नं. 2

कैल्शियम फॉस्फेट (Calcium Phos) 3X
कैल्शियम फ्लोराइड (Calcium Fluoride) 6X
फेरम फॉसफेट (Ferrum Phos) 3X
साइलीशिया (Silicea) 12X
लेसिथिन (Lecithin) 3X

उक्त औषधियों को सम भाग में मिश्रित कर योग तैयार कर लें और 5 से 10 ग्रेन की मात्रा में दिन में चार बार सेवन करायें। यह योग शिशुओं के लिए अति उत्तम टॉनिक है। कैल्शियम की कमी, अस्थियों की दुर्बलता तथा टिशू निर्माण में उपयोगी है। दंतोद्गम काल की निद्राहीनता, विश्रामहीनता, उदरशूल, रक्तहीनता जैसे विकारों में सद्य फलप्रद है।

कॉम्बिनेशन नं. 3

कैल्केरिया फॉस (Calcarea Phos) 3X

फेरम फॉस (Ferrum Phos) 12 X

काली फॉस (Kali Phos) 3X

लेसिथिन (Lecithin) Q

पोडोफाइलम (Podophyllum) Q

कैमोमिला (Chamomilla) Q

उक्त योग की औषधियाँ सम भाग में मिश्रित कर 5 से 10 बूँद की मात्रा में थोड़े दूध अथवा जल के साथ दिन में चार बार सेवन कराने से बच्चे सुडौल, प्रसन्न चित्त एवं फुर्तीले रहते हैं, और बहुत से प्रकोपों से मुक्त रहते हैं। बच्चों के दंतोद्गम कालीन कष्ट, बालास्थि विकार (रिकेट्स), बच्चों के उदरामय तथा बच्चों के सूखा रोग जैसे विकारों में भी यह योग सद्य फलप्रद है।

शिशु टानिक
(Baby Tonics)

कॉम्बिनेशन नं. 1

कैल्शियम फॉस्फेट (Calcium Phos) 3X

कैल्शियम फ्लोराइड (Calcium Fluoride) 6X

फेरम फॉसफेट (Ferrum Phos) 3X

साइलीशिया (Silicea) 12X

लेसिथिन (Lecithin) 3X

उक्त औषधियों को सम भाग में मिश्रित कर योग तैयार कर लें और 5 से 10 ग्रेन की मात्रा में दिन में चार बार सेवन करायें। यह योग शिशुओं के लिए अति उत्तम टॉनिक है। कैल्शियम की कमी, अस्थियों की दुर्बलता तथा टिशू निर्माण में उपयोगी है। दंतोद्गम काल की निद्राहीनता, विश्रामहीनता, उदर शूल, रक्तहीनता जैसे विकारों में सद्य फलप्रद है।

कॉम्बिनेशन नं. 2

कैमोमिला (Chamomilla) Q 5 ml

पोडोफाइलम (Podophyllum) Q 5 ml

कोलोसिन्थ (Colocynth) Q 5 ml

चायना (China) Q 5 ml

केरीका पपाया (Carica Papaya) Q 5 ml

एनेंथी क्रोकाटा (Ananthi Crocata) Q 5 ml

नैट्रम कार्ब (Nat. Carb) 6X 5 gm

काली म्यूर (Kali Mur) 3X 5 gm

कैल्केरिया फॉस (Calc. Phos) 3X 5 gm

मैगनेशिया फॉस (Magnesia Phos) 3X 5 gm

नैट्रम फॉस (Natrum Phos) 3X 5 gm

उक्त औषधियों को व्यवस्थानुसार मिश्रित कर 2 से 5 बूँद की मात्रा में दिन में चार बार थोड़े जल के साथ बच्चे को सेवन कराने से पेट में मरोड़, कटन, तीता स्वाद, जिह्वा पीली, मल में आँव,

इच्छाओं की पूर्ति न करने पर प्रतिशोध, रोते रहना, अजीर्ण की डकार, हरे अथवा दूध के रंग के दस्त, पित्त की वमन, अधिक वायु संचित होना आदि उपसर्गों में आशातीत लाभ मिलता है।

कॉम्बिनेशन नं. 3

एबिज नाइग्रा (Abies Nigra) Q
क्वासिया (Quassia) Q
चायना (China) Q
जेनटियाना (Gentiana) Q
कार्डुअस मरि (Carduus M.) Q
हाइड्रास्टिस (Hydrastis) Q
अल्फाल्फा (Alfalfa) Q
कैल्शियम फॉस्फेट (Calcarea Phos) 3x
फेरम फॉस (Ferrum Phos) 12X
नैट्रम फॉस (Natrum Phos) 3X
मैगनेशिया फॉस (Magnesia Phos) 3X
काली फॉस (Kali Phos) 3X

उक्त औषधियाँ सम भाग में लेकर भली प्रकार मिश्रित करके योग तैयार कर लें। शिशुओं को 2 बूँद, बच्चों को 5 बूँद तथा वयस्कों को 10 बूँद की मात्रा में थोड़े जल अथवा दूध के साथ दिन में चार बार प्रतिदिन सेवन करायें। यह योग कुपोषण के शिकार, लम्बी बीमारी के बाद की दुर्बलता, विशेष सिर दर्द, थकावट, जीवनी शक्ति की कमी, भोजन से अरुचि, क्षुधा क्षीणता जैसे उपसर्गों में सद्य फलप्रद है।

कॉम्बिनेशन नं. 4

पोडोफाइलम (Podophyllum) Q
कैमोमिला (Chamomilla) Q
कैल्केरिया फ्लोर (Calcarea Fluor) 3X
कैल्केरिया फॉस (Calcarea Phos) 3X
अनेथाइ (Anethai) Q
अनेसाइ (Anesai) Q
ओसिमम पेप्सीन (Occimum Pepsin) Q
लेसिथिन (Lecithin) Q

उक्त औषधियों को सम भाग में मिश्रित कर 5 से 10 बूँद की मात्रा में दिन में चार बार थोड़े जल के साथ अथवा दूध के साथ देने से बच्चों की पाचन शक्ति सन्तुलित रहती है। आयु के अनुरूप बच्चे को चलना तथा बोलना न आने पर यह योग अत्युत्तम प्रभाव देता है। स्मरण शक्ति तीव्र करने के लिए भी यह योग सद्य फलप्रद है।

कॉम्बिनेशन नं. 5

कैल्केरिया फॉस (Calcarea Phos) 3X
फेरम फॉस (Ferrum Phos) 12 X
काली फॉस (Kali Phos) 3X
लेसिथिन (Lecithin) Q

पोडोफाइलम (Podophyllum) Q

कैमोमिला (Chamomilla) Q

उक्त योग की औषधियाँ सम भाग में मिश्रित कर 5 से 10 बूँद की मात्रा में थोड़े दूध अथवा जल के साथ दिन में चार बार सेवन कराने से बच्चे सुडौल, प्रसन्न चित्त एवं फुर्तीले रहते हैं और बहुत से प्रकोपों से मुक्त रहते हैं। बच्चों के दंतोद्गम कालीन कष्ट, बालास्थि विकार (रिकेट्स); बच्चों के उदरामय तथा बच्चों के सूखा रोग जैसे विकारों में भी यह योग सद्य फलप्रद है।

कॉम्बिनेशन नं. 6

कैल्केरिया फॉस (Calcarea Phos) Q 12X

कैल्केरिया कार्ब (Calcarea Carb) Q 12X

कैमोमिला (Chamomillla) Q

पोडोफाइलम (Podophyllum) Q

चायना (China) Q

उक्त औषधियाँ सम भाग लेकर मिश्रित करें और योग की 5 से 10 बूँद की मात्रा में आयु अनुसार ताजे पानी अथवा दूध के साथ बच्चे को सेवन कराऐं तो बच्चों के दाँत निकलते समय के कष्टों में आराम मिलता है। आमाशय, उदरामय, दुर्बलता, दूध पलटना, वमन आदि में सफलता के साथ प्रयुक्त होती है। बच्चों के यकृत तथा पाचन की गड़बड़ी में सद्य फलप्रद है यहाँ तक कि बच्चों के सूखा रोग, ज्वर, निमोनिया, खाँसी, जुकाम, भूख न लगना, कैल्शियम तथा फास्फेट्स की कमी होना आदि विकारों में भी यह औषधि लाभप्रद है।

कॉम्बिनेशन नं. 7

पोडोफाइलम (Podophyllum) Q

कैमोमिला (Chamomilla) Q

कैल्केरिया फ्लोर (Calcarea Fluor) 3X

कैल्केरिया फॉस (Calcarea Phos) 3X

अनेथाई (Anethai) Q

अनेसाई (Anesai) Q

उक्त औषधियों को सम भाग में मिश्रित कर 5 से 10 बूँद की मात्रा में दिन में चार बार थोड़े जल अथवा दूध के साथ देने से दन्तोद्गम काल में बच्चों की पाचन शक्ति सन्तुलित रहती है। आयु के अनुरूप बच्चे को बढ़ने, चलने और बोलने आदि उपसर्गों में आशातीत लाभ मिलता है।

कॉम्बिनेशन नं. 8

कैल्केरिया फॉस (Calcarea Phos) 3X 1 भाग

फेरम फॉस (Ferrum Phos) 12X 1 भाग

नैट्रम फॉस (Natrum Phos) 3X 1 भाग

काली फॉस (Kali Phos) 3X 1 भाग

मैग फॉस (Mag. Phos) 3X 1 भाग

अल्फाल्फा (Alfalfa) Q 4 भाग

शहद (Honey) 2 भाग

उक्त योग को व्यवस्थानुसार तैयार कर भोजन के पश्चात् 1/2 से 1 चाय के चम्मच की मात्रा में दिन में दो बार सेवन कराने से पाचन शक्ति में वृद्धि होती है। इस योग से स्टार्च शुगर में परणित

हो जाता है। बच्चों तथा वृद्धों के लिए सामान्य टॉनिक का कार्य यह योग करता है। बढ़ते हुए बालकों तथा लम्बी बीमारी भोगने के पश्चात् उत्पन्न दुर्बलता आदि उपसर्गों में यह भोजन के पौष्टिक तत्त्वों की कमी पूरी करता है।

कॉम्बिनेशन नं. 9

कालमेघ (Kalmegh) Q
कार्डुअस मरिया (Carduus. M.) Q
चेलीडोनियम (Chelidonium) Q
पोडोफाइलम (Podophyllum) Q
कोलोसिंथ (Colocynth) Q

सभी औषधियाँ सम भाग में मिश्रित कर ड्राप्स के रूप में 5 से 10 बूँद की मात्रा में दिन में चार बार सेवन कराने से बच्चों के यकृत संबन्धी उपसर्गों में तो लाभ मिलता ही है, वयस्कों के अजीर्ण, उदर में भारीपन, मिचली, वमन, कलेजे में जलन, पक्वाशय तथा आँतों में शोथ आदि उपसर्गों में भी आशातीत लाभ मिलता है। बच्चों के हरे–पीले दस्तों में भी प्रयोजनीय है। शिशुओं के लिए मात्रा 2 से 5 बूँद रखें।

चिड़चिड़ापन
(Irritations)

कॉम्बिनेशन नं. 1

मर्क डलकिस (Merc Dul) Q
सेण्टोनाइन (Santonine) Q
थाइमोल (Thymol) Q
पाइपरसाइट (Pipercit) Q
सिना (Cina) Q
ट्यूक्रियम (Teucrium) Q
चेनोपोडियम (Chenopodium) Q

उक्त औषधियाँ सम भाग में मिश्रित कर योग तैयार करें और 2 से 5 बूँद की मात्रा में थोड़े जल के साथ सोते समय रोगी को सेवन करायें। यह योग चिड़चिड़ापन, क्षुधा–क्षीणता, रात्रि में मूत्र विसर्जन हो जाना, दाँत किटकिटाना, हाथ–पैर जकड़ जाना, आँतों में जलन होना, नाक में खुजली, नींद में बेचैनी, उदर शूल, पुट्ठों में दर्द, गुदा में जलन तथा खुजली आदि कृमि के कारण उत्पन्न उपसर्गों में आशातीत सफलता देता है। बच्चों के कृमि रोग की यह उत्तम औषधि है।

कॉम्बिनेशन नं. 2

नैट्रम म्योर (Natrum Mur) 3X
काली फॉस (Kali Phos) 3X
कैल्केरिया फॉस (Calcarea Phos) 12X
नैट्रम सल्फ (Natrum Sul) 3X
साइलीशिया (Silicea) 12X

उक्त औषधियाँ सम भाग में मिश्रित कर 5 ग्रेन की मात्रा में प्रतिदिन चार बार सेवन कराने से चिड़चिड़ापन में आशातीत लाभ मिलता है।

22 संक्रामक विकार
(CONTAGIOUS DISEASES)

हैजा
(Cholera)

यह अत्यन्त ही संक्रामक एवं तेजी से फैलने वाला संक्रामक रोग है। यह विब्रिया कॉलेरी जीवाणु द्वारा उत्पन्न होता है। इससे ग्रसित होने पर कुछ ही घण्टों में व्यक्ति मृत्यु का शिकार भी हो सकता है। भारत में यह महामारी के रूप में फैलता रहा है। इसका महामारी के रूप में प्रसार मई से अक्टूबर के महीनों में होता है। जल द्वारा संवाहित रोग होने के कारण नदी किनारे के स्थानों में यह रोग अधिक फैलता है।

उद्‌भवन काल—कुछ ही घण्टों से 5 दिन तक है।

रोग फैलने के कारण—हैजा का प्रसार रोगी के दस्त एवं वमन से होता है।

अधिकांशतः इस रोग का फैलना जल के द्वारा होता है। यह पोखरों, तालाबों तथा नदियों आदि के जल में वस्तु धोने, नहाने, मृत शवों को नदी में बहाने से होता है। मक्खियाँ रोगी के मल या वमन पर बैठकर भोज्य पदार्थों को दूषित कर देती हैं।

रोगी के सीधे सम्पर्क में आने या उसके द्वारा प्रयोग की हुई वस्तुओं के माध्यम से भी यह रोग फैलता है।

लक्षण—रोग के प्रारम्भ होते ही उग्र रूप से दस्त और उल्टियाँ होने लगती हैं। पानी से पतले दस्त, दिनभर में 30 या 40 तक हो जाते हैं। दस्तों का रंग चावल की तरह होता है तथा उसमें पपड़ियाँ जमी दिखाई देती हैं। पेट में सुई के समान असहनीय पीड़ा होती है। रोगी को कमजोरी हो जाती है। उसका ताप सामान्य से नीचे गिर जाता है। पाँवों में ऐंठन होने लगती है। गला सूखा रहता है तथा मूत्र लगभग बन्द सा हो जाता है। उपचार के अभाव में मृत्यु भी हो जाती है।

रोकथाम—1. तुरन्त स्थानीय स्वास्थ्य अधिकारियों को रोगी की सूचना दे देनी चाहिए।

2. रोगी को अनिवार्य रूप से अलग कर देना चाहिए।

3. रोगी के मल एवं वमन आदि ढक्कनदार पात्रों में लेकर 5% क्रीसोल, 5% फीनोल या एक तिहाई भाग ताजा ब्लीचिंग पाउडर मिलाकर दो घण्टे तक रखने के बाद मल नाली में बहाना चाहिए या जला देना चाहिए।

4. वस्त्रों को उबाल कर साबुन से धो देना चाहिए।

5. कमरे के फर्श को फीनोल से धोकर साफ रखना चाहिए।

6. सार्वजनिक जल व्यवस्था पर विशेष ध्यान देकर जल सुरक्षित रखना चाहिए। पानी में क्लोरीन की अधिक मात्रा डालनी चाहिए।

7. कूड़े-कचरे और मल-मूत्र के निकास पर विशेष ध्यान देना चाहिए।

8. महामारी के दिनों में मेलों एवं बड़े-बड़े भोजों पर रोक लगा देनी चाहिए।

9. व्यक्तियों के तुरन्त टीका लगवा देना चाहिए।

10. पानी को उबाल कर प्रयोग किया जाना चाहिए।

11. भूखे पेट न रहना अथवा उपवास न करना चाहिए। भूखा रहने से पेट में हाइड्रोक्लोरिक अम्ल की मात्रा पर्याप्त नहीं रह पाती और जीवाणु का आक्रमण हो जाता है।

12. दूध उबाल कर प्रयोग करना चाहिए।

13. बाजार के बने पदार्थों का सेवन नहीं करना चाहिए।

कॉम्बिनेशन नं. 1

विरेट्रम एल्बम (Veratrum Album) 6X
क्यूप्रम मेटालिकम (Cuprum Metalicum) 6X
जैट्रोफा (Jatrofa) 6X
आर्सेनिकम एल्बम (Arsenicum Album) 6X

वमन, उदरामय आदि हैजा के उपसर्गों में यह योग उत्तम कार्य करता है। इस योग की 5 बूँद की एक मात्रा थोड़े जल में मिश्रित कर रोग की उग्रता के आधार पर बार-बार दी जा सकती है।

कॉम्बिनेशन नं. 2

कैम्फर (Camphor)
मेन्थाल (Menthal)
थाइमाल (Thymol)

उक्त औषधियाँ समभाग में मिश्रित करके योग की दो बूँद सुगर ऑफ मिल्क, जल अथवा बताशे में डालकर रोगी को खिलाने से हैजा, उदरशूल, मिचली, वमन, अजीर्ण, खट्टी डकार, अम्लता आदि विकारों में आशातीत लाभ होता है। विषैले कीटाणुओं के काटने पर इस योग को उस स्थान पर मल देने तथा रोगी को खिला देने से आराम मिलता है। औषधि को आवश्यकतानुसार प्रति आधा घंटे पर सेवन करायें अथवा डॉक्टर के परामर्श के अनुसार। कोलाइटिस, गैस, अफरा आदि विकारों में भी यह योग सद्य फलप्रद है।

कॉम्बिनेशन नं. 3

चायना (China) Q
वेरेट्रम एल्बम (Veratrum Album) Q
नैट्रम म्योर (Natrum Mur) 6X

उक्त औषधियाँ मिश्रित कर 5 से 10 बूँद की मात्रा में थोड़े जल के साथ दिन में 4 बार अथवा चिकित्सक के निर्देशानुसार सेवन कराने से नये-पुराने, हरे, पीले, मटीले, सफेद, काले पतले दस्त, पेट की मरोड़, अजीर्ण, वायु न घूमना आदि उपसर्गों में आशातीत लाभ मिलता है। यह योग पाचन क्रिया व्यवस्थित करके आँतों की कई बीमारियों से मुक्ति दिलाता है।

कॉम्बिनेशन नं. 4

नैट्रम सल्फ (Natrum Sul) 3X
काली फॉस (Kali Phos) 3X
नैट्रम म्योर (Natrum Mur) 3X
मैगनेशिया फॉस (Mag. Phos) 3X

उक्त औषधियाँ सम भाग में मिश्रित कर 5 ग्रेन की मात्रा में प्रतिदिन चार बार सेवन कराने से हैजा के उपसर्गों में आशातीत लाभ मिलता है।

कॉम्बिनेशन नं. 5

नैट्रम म्योर (Natrum Mur) 3X
मैगनेशिया फॉस (Mag. Phos) 3X
काली फॉस (Kali Phos) 3X

कैल्केरिया फॉस (Calcarea Phos) 3X

नैट्रम सल्फ (Natrum Sulph) 3X

उक्त औषधियाँ सम भाग में मिश्रित कर 5 ग्रेन की मात्रा में प्रतिदिन चार बार सेवन कराने से हैजे के उपसर्गों में आशातीत लाभ देती हैं। दस्त सफेद, पनीला, वमन जीभ सूखी, प्यास नहीं, ऐंठन, हाथ-पैर ठण्डे आदि उपसर्गों में यह योग सद्य फलप्रद है।

खसरा
(Measles)

यह अधिकांशत: बच्चों में फैलने वाली संचारी बीमारी है। 6 मास तक के शिशुओं में माता से प्राप्त निष्क्रिय रोग क्षमता बनी रहती है। इस उम्र के बाद बच्चे इस बीमारी के शिकार होते हैं।

यह रोग खसरे के विशेष वाइरस द्वारा फैलता है। रोग का प्रसार सीधे सम्पर्क या रोगी के श्वसन संस्थान से निकले स्रावों तथा दूषित संक्रमणी पदार्थों से होता है। घर में एक बच्चे को होने पर दूसरे बच्चों को भी यह रोग होने का भय रहता है, अतएव अन्य बच्चों को इसके संक्रमण से बचाने के उपाय करने चाहिए।

उद्‌भवन काल—10 से 14 दिन।

रोकथाम—1. **अधिसूचना**—चूँकि रोग के उत्पन्न होने के पहले ही वह फैल जाता है, इसलिए अधिसूचना का कोई विशेष महत्त्व नहीं रहता फिर भी सूचना देना अच्छा होता है, जिससे अन्य बच्चों की प्रतिरक्षा की जा सके।

2. **पृथक्कीकरण**—सात दिन तक रोगी को पृथक् रखना चाहिए।
3. रोगी के अश्रावों को जलाकर नष्ट कर देना चाहिए।
4. दानों पर ग्लिसरीन लगा देनी चाहिए।
5. कमरे तथा सामान का विसंक्रमण कर देना चाहिए।

खसरे के साधारण लक्षण—खसरे के लक्षण में पहले सर्दी होती है, आँख नाक से कच्चे पानी की तरह सर्दी निकलती है, छींकें और सूखी खाँसी आती हैं, आँख मुँह लाल और फूले-फूले, तमतमाये दिखाई देते हैं, ज्वर 101 से 104 डिग्री तक होता है। कभी-कभी अकड़न भी हो जाती है। अगर ब्रॉङ्काइटिस हो जाती है तो वक्ष में खिंचाव, जल्दी-जल्दी खाँसी, जल्दी-जल्दी श्वास-प्रश्वास, गले में साँय-साँय की आवाज आदि लक्षण दिखाई देते हैं, वमन होता है, कभी पतले दस्त आते हैं और आँव हो जाता है और कभी कभी कब्ज रहता है। जो हो, खसरा का बुखार पहले अधिक होता है, पर 2-1 दिनों में 2-1 डिग्री उतर जाता है, प्राय: चौथे दिन शरीर पर दाने निकल आते हैं (कभी-कभी 7-8 दिनों में भी निकलते हैं)। उसी दिन ज्वर फिर 104 डिग्री तक बढ़ जाता है, 8-9 दिनों के बाद खसरे के दाने अच्छे हो जतो हैं और ज्वर भी उतर जाता है। ये सब हल्के ढंग के खसरे के लक्षण हैं और अक्सर इलाज किये बिना ही आरोग्य हो जाते हैं, पर इसकी एक तरह की कड़ी बीमारी भी होती है, जिसे रक्तस्रावाधिक्य खसरा (Malignant measles) कहते हैं, उसमें समूचा शरीर लाल दिखाई देता है। नाक, मुँह, आँख या शरीर के किसी अन्य स्थान से खून निकलता है, उसमें रोगी अक्सर मर जाता है और भी एक तरह का खसरे का बुखार होता है—इसमें भी बहुत जोरों का बुखार होता है, गोटियाँ इतनी ज्यादा नहीं निकलतीं या दब जाती हैं, शरीर नीला दिखाई देता है, नाड़ी बहुत कमजोर रहती है और क्षीण हो जाती है, रोगी में टाइफॉइड के समस्त लक्षण दिखाई देते हैं, विकार की तरह प्रलाप बकता है, इसकी चिकित्सा बहुत सावधानी से करनी पड़ती है, यह भी प्राण घातक बीमारी है।

खसरे के ज्वर के प्रधान उपसर्ग के रूप में पहले दस्त, आमाशय आदि तथा पेट की गड़बड़ियाँ, ब्रॉङ्काइटिस (वायु नली भुज प्रदाह), ब्रॉङ्कोनिमोनिया—ये दोनों प्रकार के उपसर्ग अगर दिखाई दें, तो डर

की बात हो जाती है और बहुत सावधानी से चिकित्सा करनी पड़ती है। खसरे के ज्वर में नाक से खून गिरना, आँख उठ जाना, कान में पीव होना आदि और भी 2–1 उपसर्ग दिखाई देते हैं। अधिकांश बच्चे ब्रॉङ्कोनिमोनिया में मर जाते हैं। खसरा संक्रामक रोग है अर्थात् घर में, स्कूल में एक बच्चे को होने पर, प्राय: सभी विद्यार्थियों को हो जाता है। साँस से निकली हुई हवा से यह रोग फैलता है।

रोगी का बदन गर्म पानी से पोंछ दें इससे खसरे के दाने सरलता से निकल आते हैं। मैथी को तल कर पानी में रख दें और वही पानी पिलाने से शरीर का दर्द दूर हो जाता है। ज्वर घटता है और गोटियाँ पूरी तरह निकल आती हैं। ज्वर भोग के समय दूध, बार्ली, सागू, आरारोट, मिश्री का चूर खाने को दें। पेट की गड़बड़ी रहने पर छेना का पानी, पानी की बार्ली, पानी में बना सागू और पानी में बना अरारोट दें। दूध देना मना है। ब्रॉङ्काइटिस रहने पर 1 आउन्स ग्लिसरीन में 20 बूँद ब्रायोनिया 6 मिलाकर उसके 10–15 बूँद छाती और पीठ में मालिश कर रुई या गर्म कपड़े से ढक कर रखें। रोगी को सर्दी नहीं लगनी चाहिए इसे ध्यान में रखें। आमाशय हो जाने पर पेट, रुई या फ्लैनेल से बाँधें और बार्ली अथवा कच्चा बेल जलाकर मिश्री के चूर के साथ खाने को दें। जो सिझाकर कपड़े से छानें वही रस या माण्ड पीने को देने से मल शीघ्र गाढ़ा हो जाता है और मात्रा भी घट जाती है। जो सिझाने के लिये आध पाव जौ कुचलकर डेढ़ सेर पानी में औटायें, जब डेढ़ पाव या आधा सेर रह जाये, उतार लें। बकरी के दूध का दही या मठा पीने को दें। 1 भाग दही 9 भाग पानी बोतल में भर 40–50 बार जोर से हिलाने पर मठा तैयार हो जायेगा।

कॉम्बिनेशन नं. 1

ब्रायोनिया (Bryonia) 6X
पल्साटिल्ला (Pulsatilla) 6X
जैल्सीमियम (Gelsimium) 6X

उक्त योग का उपयोग खसरे के उपसर्गों में किया जाता है। ज्वर, आँख, नाक से पानी टपकना, खाँसी आदि उपसर्गों में लाभप्रद है। इस योग की 5 बूँद की मात्रा प्रतिदिन एक बार थोड़े जल में मिश्रित करके सेवन करायें।

कॉम्बिनेशन नं. 2

पल्साटिल्ला (Pulsatilla) 6X
आर्सेनिक एल्बम (Arsenic Alb) 30X
ऑरम ट्राइफलम (Arum Triphylum) 6X
बैलाडोना (Belladonna) 6X
फेरम फॉस (Ferrum Phos) 12X
मर्क्युरियस सॉल (Mercurius Sol) 6X

उक्त औषधियों को मिश्रित कर योग तैयार करें और उसमें से 5 बूँद की मात्रा में प्रतिदिन चार बार थोड़े जल के साथ सेवन करायें।

कॉम्बिनेशन नं. 3

फेरम फॉस (Ferrum Phos) 12X
काली म्योर (Kali Mur) 3X
नैट्रम म्योर (Natrum Mur) 3X
नैट्रम सल्फ (Natrum Sulph) 3X

खसरे के प्रारम्भिक लक्षणों में यह योग उत्तम कार्य करता है। सभी औषधियाँ सम भाग में मिश्रित कर 5 बूँद की मात्रा में प्रतिदिन चार बार रोगी को सेवन करायें।

23 आपात्कालीन कष्ट (EMERGENCIES)

रगड़/खुरसट
(Abrasion)

किसी कठोर वस्तु में जोर से रगड़ लगकर केवल ऊपरी त्वचा छिल जाने पर कैलेण्डुला ऑयल (Calandula Oil) अथवा कैलेण्डुला ऑइण्टमैण्ट का बाह्य प्रयोग करना चाहिए। यदि घाव होकर पूय स्राव होने लगे तो घाव के समान लक्षणानुसार चिकित्सा करनी होती है।

चोट, घाव व कटन
(Hurts, Wounds and Cuts)

कॉम्बिनेशन नं. 1

हेमामेलिस वर्ग (Hamamelis Berg) 1 X 1 भाग
पैराफीन वैक्स (Paraffin Wax) 10 भाग
लेनोलीन (Lenoline) 10 भाग

उक्त औषधियों को व्यवस्थानुसार मिश्रित करके मलहम के रूप में तैयार करें। यह योग रक्तस्रावी अर्श (Bleeding Piles), सभी प्रकार की कटन-फटन, ओष्ठ फटना, चुलकानी आदि विकारों में सद्य फलप्रद है।

कॉम्बिनेशन नं. 2

कैलेण्डुला ऑफ (Calandula Off) 1 भाग
पैराफीन वैक्स (Paraffin Wax) 5 भाग
लेनोलीन (Lenoline) 5 भाग

उक्त योग को व्यवस्थानुसार मिश्रित कर मलहम बना लें और हाथ-पैर फटने, खुर-खुरे हो जाने, स्राव बन जाने, खाज तथा त्वचा विकार हो जाने पर सफलता के साथ उपयोग करें।

कॉम्बिनेशन नं. 3

थूजा ऑक्सी (Thuja Ox) 1 X 1 भाग
पैराफीन वैक्स (Paraffin Wax) 10 भाग
लेनीलीन (Lenoline) 10 भाग

उक्त योग से मलहम तैयार कर कार्बङ्कल, अल्सर, गुप्तांग के आस-पास के घाव, नाखून के पास चर्म विकार तथा गनोरिया की ड्रेसिंग के लिए उत्तम रूप में प्रयोग किया जा सकता है।

कॉम्बिनेशन नं. 4

स्कूकम चक (Scookum Chuck) 1 X 1 भाग

पैराफीन वैक्स (Paraffin Wax) 10 भाग

लेनोलीन (Lenoline) 10 भाग

उक्त औषधियों को व्यवस्थानुसार मिश्रित कर मलहम तैयार कर लें। योग रक्त निकली चोट, पूय स्रावी घाव, स्तन के अग्र भाग के फटने तथा मुँहासों के उपचार के लिए सद्य फलप्रद है।

कॉम्बिनेशन नं. 5

कैल्केरिया फॉस (Calcarea Phos) 3X

नैट्रम म्योर (Natrum Mur) 3X

उक्त औषधियाँ सम भाग में मिश्रित कर 5 ग्रेन की मात्रा में प्रतिदिन 4 बार सेवन कराने से ऐसे घाव के निशानों में लाभ मिलता है जो बहुत दिनों के बाद फिर लाल हो गये हों, दर्द करने लगें और हरे हो जायें।

कॉम्बिनेशन नं. 6

काली फॉस (Kali Phos) 3X

साइलीशिया (Silicea) 12 X

उक्त औषधियाँ मिश्रित कर 5 ग्रेन की मात्रा में प्रतिदिन चार बार सेवन कराने से खराब रंग वाले, खूनी, चुभन, जलन, कलबलाहट युक्त घावों में आशातीत लाभ मिलता है।

कॉम्बिनेशन नं. 7

नैट्रम म्योर (Natrum Mur) 3X

साइलीशिया (Silicea) 12X

काली फॉस (Kali Phos) 3X

उक्त औषधियाँ सम भाग में मिश्रित कर 5 ग्रेन की मात्रा में प्रतिदिन चार बार सेवन कराने से पारे के दुरुपयोग के कारण बने घावों में आशातीत लाभ मिलता है।

मोच
(Sprains)

कॉम्बिनेशन नं. 1

ब्रायोनिया अल्बा (Bryonia Alb) 6X

रस टॉक्सिकोडेण्ड्रान (Rhus Toxico) 6X

लैडम पैलेस्टर (Ledum Palester) 6X

काली कार्ब (Kali Carb) 6X

उक्त योग का उपयोग संधियों के दर्दों में लाभप्रद रहता है। 5 बूँद की मात्रा में प्रथम 6 दिन तक प्रतिदिन एक मात्रा थोड़े जल के साथ सेवन करायें, तत्पश्चात् एक-एक दिन छोड़कर 15 दिन तक दें।

कॉम्बिनेशन नं. 2

कैल्केरिया सल्फ (Calcarea Sulph) 6X

फेरम फॉस (Ferrum Phos) 6X

काली म्योर (Kali Mur)

मैगनेशिया फॉस (Magnesia Phos) 6X

नैट्रम म्योर (Natrum Mur) 6X

साइलीशिया (Silicea) 12X

उक्त औषधियों को समान मात्रा में मिश्रित कर 5 ग्रेन की मात्रा में रोगी को दिन में चार बार सेवन करायें।

कॉम्बिनेशन नं. 3

कालचिकम (Calchicum) 3X

रस टॉक्स (Rhus Tox) 3X

ब्रायोनिया (Bryonia Alb) 3X

नेफाइलम (Ganaphylum) 3X

उक्त औषधियाँ समान भाग में मिश्रित करके 5 बूँद की मात्रा में थोड़े जल के साथ प्रतिदिन चार बार सेवन करायें।

कॉम्बिनेशन नं. 4

बैलाडोना (Belladonna) Q

एकोनाइट (Aconite) Q

ब्रायोनिया (Bryonia Alb) Q

रस टॉक्स (Rhus Toxico) Q

जैतून का तेल (Olive Oil) 1 भाग

उक्त औषधियों को जैतून के तेल (Olive Oil) में 1 : 9 के अनुपात में भली प्रकार मिश्रित करके संधिवात, गठिया, मोच आदि में पीड़ित भाग पर लगा सकते हैं अथवा मालिश कर सकते हैं।

कॉम्बिनेशन नं. 5

आरनिका मॉण्ट (Arinca Mont) 6X

बैलाडोना (Belladonna) 6X

एकोनाइट नेप (Aconite Nepa) 6X

शूल के अलावा किसी भी प्रकार के दर्द के लिए यह योग अति उत्तम है। यदि अत्यधिक ऊँचा ज्वर हो जाए तब भी यह योग अच्छा परिणाम देता है। इस योग की 2 से 5 बूँद की मात्रा थोड़े जल में मिश्रित करके सेवन कराने से आशातीत लाभ मिलता है। आवश्यकता के समय मात्रा को प्रति घण्टे के अन्तराल पर भी दिया जा सकता है।

कॉम्बिनेशन नं. 6

फेरम फॉस (Ferrum Phos) 12X

काली म्योर (Kali Mur) 3X

उक्त औषधियाँ मिश्रित कर 5 ग्रेन की मात्रा में प्रतिदिन चार बार रोगी को सेवन कराने से चोट-चपेट के कारण कटना अथवा शोथ हो जाना आदि प्रारम्भिक उपसर्गों में आशातीत लाभ मिलता है।

अग्नि दग्ध
(Burns)

कॉम्बिनेशन नं. 1

चालमूगरा तेल (Chaulmoogra Oil) 1 भाग
रेननकुलस (Ranunculus Bulb) Q 1 भाग
कैलेण्डुला (Calandula) Q 1 भाग
एचिनेशिया (Echinacea) Q 1 भाग
बिस्मथ (Bismuth) Q 1 भाग
पेट्रोलियम जैली (Petroleum Jelly) 9 भाग

उक्त औषधियों से निर्मित मलहम का बाह्य प्रयोग कटे, आग से जले, खाज-खुजली, फोड़े-फुन्सी, मकड़ी फिरने जैसे छाले, घाव तथा कार्बङ्कल आदि में सद्य फलप्रद रहता है।

कॉम्बिनेशन नं. 2

कैन्थरिस (Cantharis) Q 1 भाग
पैराफीन वैक्स (Paraffin Wax) 10 भाग

उक्त योग आग से जले में बाह्य प्रयोगार्थ उपयुक्त है जहाँ त्वचा फटी अथवा कटी न हो। सभी प्रकार के छालों में, जलन होने में, घाव, फिश्चुला, सोरायसिस तथा कार्बङ्कल आदि में यह मलहम सद्य फलप्रद है।

कॉम्बिनेशन नं. 3

कैलेण्डुला ऑफ (Calandula Off) 1 X
पैराफीन वैक्स (Paraffin Wax) 5 भाग
लेनोफीन (Lenoline) 5 भाग

उक्त योग व्यवस्थानुसार मिश्रित कर मलहम बना लें और हाथ-पैर फटने, खुरखुरे हो जाने, घाव बन जाने, खाज तथा त्वचा विकार हो जाने पर सफलता के साथ उपयोग करें।

24 अन्य विकार
(OTHER AILMENTS)

फील पाँव
(Fillaria)

कॉम्बिनेशन नं. 1

एकोनाइट नेपलेस (Aconite Nepalis) 6X
रस टॉक्सिकोडेण्ड्रान (Rhus Toxico) 6X
सल्फर (Sulphur) 6X

उक्त योग फाइलेरिया तथा तत्संबंधी ज्वर आदि उपसर्गों के लिए फलप्रद रहता है। इस योग की 5 बूँद की मात्रा 6 सप्ताह में दो बार देना उचित रहता है।

कॉम्बिनेशन नं. 2

सेड्रन (Cedron) 3X
आर्सेनिक एल्बम (Arsenic Alb) 6X
सल्फर (Sulphur) 6X
माइरिस्टिका (Myristica) 6X

उक्त औषधियों को समान मात्रा में मिश्रित कर 5 बूँद की मात्रा में प्रतिदिन चार बार थोड़े जल के साथ सेवन करायें।

कॉम्बिनेशन नं. 3

साइलीशिया (Silicea) 12X
नैट्रम म्योर (Natrum Mur) 3X
नैट्रम सल्फ (Natrum Sul) 3X
कैल्केरिया सल्फ (Calcarea Sul) 3X
काली म्योर (Kali Mur) 3X
कैल्केरिया फॉस (Calcarea Phos) 3X

उक्त औषधियाँ सम भाग में मिश्रित कर 5 ग्रेन की मात्रा में प्रतिदिन चार बार गर्म जल के साथ सेवन कराने से पैरों की शोथ, पैर फूलना जैसे उपसर्गों में आशातीत लाभ मिलता है।

थकान
(Tiredness)

कॉम्बिनेशन नं. 1

काली सिट (Kali Cit) 3X

कैफीन (Caffein) 3X

फेरम फॉस (Ferrum Phos) 12X

कैल्केरिया फॉस (Calcarea Phos) 30X

काली फॉस (Kali Phos) 6X

नैट्रम फॉस (Natrum Phos) 3X

उक्त औषधियाँ सम भाग में मिश्रित कर दिल बैठने के उपसर्ग में 5 ग्रेन की मात्रा में प्रति 10 मिनट पर देना लाभप्रद रहता है। थकावट, शक्ति क्षीणता, नाड़ी कष्ट मानसिक चिंता, मानसिक तनाव तथा स्नायु दौर्बल्य में यह योग लाभप्रद रहता है। बीमारी के बाद की दुर्बलता, गर्भवती तथा दुग्ध पान कराने वाली माताओं के लिए टॉनिक है। क्षुधा वृद्धि के साथ-साथ भोजन पचाने में भी यह योग लाभदायी है।

कॉम्बिनेशन नं. 2

कैल्केरिया फॉस (Calcarea Phos) 3X

फेरम फॉस (Ferrum Phos) 12X

काली फॉस (Kali Phos) 3X

मैगनेशिया फॉस (Magnesia Phos) 3X

नैट्रम फॉस (Natrum Phos) 3X

उक्त औषधियाँ समान भाग में मिश्रित कर योग तैयार करें और 5 ग्रेन की मात्रा में दिन में चार बार प्रयोग करें। यह योग तन्तुओं की वृद्धि करता है और दाँतों को सरलता से निकालता है। नवयुवकों की रक्ताल्पता तथा संतानोत्पत्ति के कारण दुर्बल महिलाओं के लिए लाभप्रद है। स्नायविक दौर्बल्य एवं थकान में उपयोगी है। हृदय, मस्तिष्क एवं नाड़ियों को शक्ति देता है।

कॉम्बिनेशन नं. 3

आर्सेनिक अल्बम (Arsenic Alb) 1 X

स्ट्रिकनीन फॉस (Strychnin Phos) 1 X

योहिम्बिनम (Yohimbin) 1 X

फेरम फॉस (Ferrum Phos) 3 X

काली फॉस (Kali Phos) 3X

नेट्रम फॉस (Natrum Phos) 3X

मैग. फॉस (Mag. Phos) 3X

सभी औषधियों को भली प्रकार मिश्रित कर 5 ग्रेन की मात्रा में दिन में तीन बार दूध, पानी या चाय के साथ सेवन करायें। यह योग शक्तिहीनता, स्वास्थ्य भंग, स्वप्नदोष, शुक्रपात तथा अन्य पुरुष रोगों में लाभदायी है। शरीर की नस-नाड़ियों में नये सिरे से शक्ति संचार करने में यह औषधि उत्तम है।

कॉम्बिनेशन नं. 4

अशोका (Ashoka) Q

एलेट्रिस फ. (Aletris F.) Q

वाइबर्नम प्रुन (Vibernum P.) Q

अर्जुना (Arjuna) Q

वर्बेरिस वल्गे (Verberis Vulgaris) Q

पल्साटिल्ला (Puls) Q

वेलेरियाना (Velariana) Q

एब्रोमा ऑग (Abroma Aug) 1 X

एब्रोमा रैड (Abroma Rad) 1 X

काली ब्रोम (Kali brom) 1 X

उक्त औषधियाँ सम भाग में मिश्रित कर ड्रॉप्स तैयार कर लें और 5 से 10 बूँद की मात्रा में दिन में चार बार थोड़े जल के साथ सेवन करायें। यह योग श्वेत प्रदर, दुर्गन्ध युक्त रक्त स्राव, उदर में दर्द, ऋतु सम्बन्धी अनियमितताओं तथा कष्टों से सद्य फलप्रद है। इन कष्टों के साथ रक्तहीनता, स्नायविक दुर्बलता, थकान आदि हों तब भी यह योग लाभ देता है।

कॉम्बिनेशन नं. 5

पल्साटिल्ला (Pulsatilla) 1X

नैट्रम म्योर (Natrum Mur) 6X

सीपिया (Sepia) 6X

थूजा ऑक्स (Thuja Ox) 3X

उक्त औषधियाँ सम भाग में मिश्रित कर 5 से 10 बूँद की मात्रा में थोड़े जल के साथ प्रतिदिन चार बार सेवन कराने से गाढ़ा व पतला श्वेत प्रदर, कमर दर्द, पेडू दर्द, चक्कर आना, हाथ-पैरों में जलन, श्वेत प्रदर के कारण महिलाओं में दुर्बलता, थकान आदि उपसर्गों में आशातीत लाभ मिलता है।

कॉम्बिनेशन नं. 6

अल्फाल्फा (Alfalfa) Q 4 भाग

एसिड फॉस (Acid Phos) Q 3 भाग

चायना (China) Q 2 भाग

आर्सेनिक अल्बम (Arsenic Alb) Q 1 भाग

नक्स वॉमिका (Nux Vom) Q 2 भाग

कैफीन (Caffein) 1 X 10 भाग

कैल्केरिया फॉस (Calcarea Phos) 6X 20 भाग

फेरम फॉस (Ferrum Phos) 6X 20 भाग

काली फॉस (Kali Phos) 6X 20 भाग

मैगनेशिया फॉस (Magnesia Phos) 6X 20 भाग

नैट्रम फॉस (Natrum Phos) 6X 20 भाग

जल (Purified Water) 1000 भाग

उक्त औषधियों को निर्देशानुसार मिश्रित कर तैयार करें और एक चाय के चम्मच की मात्रा में प्रतिदिन तीन बार रोगी को सेवन करायें। यह योग सभी प्रकार की दुर्बलता में लाभ देता है। नस-नाड़ियों की थकान दूर करता है। लम्बी बीमारी के पश्चात् शेष दुर्बलता में लाभ पहुँचाता है।

मानसिक कार्य करने वाले, गर्भवती महिलायें, दूध पिलाने वाली मातायें इस औषधि से विशेष रूप से लाभान्वित हो सकते हैं। इस योग की बच्चों के लिए मात्रा आधी रखनी चाहिए।

कॉम्बिनेशन नं. 7

अल्फाल्फा (Alfalfa) Q

ऐबेना सेटाइवा (Avena Sat) Q

हाइड्रास्टिस (Hydrastis) Q

उक्त तीनों औषधियाँ समान मात्रा में मिश्रित कर वयस्कों को 5 बूँद तथा बच्चों को 2–3 बूँद की मात्रा में थोड़े जल में मिश्रित कर सेवन करानी चाहिए। एकाएक दुर्बलता, शक्तिहीनता दूर करने में यह योग अति उत्तम है। मानसिक चिन्ता, मस्तिष्क की थकावट, मानसिक दौर्बल्य तथा स्नायु दौर्बल्य में यह लाभप्रद औषधि है। यह योग क्षुधावर्धक भी है।

कॉम्बिनेशन नं. 8

काली सिट (Kali Cit) Q 2 भाग

नैट्रम फॉस (Natrum Phos) 3X 6 भाग

काली फॉस (Kali Phos) 3X 6 भाग

कैल्केरिया फॉस (Calcarea Phos) 3X 6 भाग

फेरम फॉस (Ferrum Phos) 12X 6 भाग

कैफीन (Caffein) Q 6 भाग

ग्लूकोज (Glucose) 15 भाग

उक्त औषधियों को निर्देशानुसार मिश्रित कर वयस्कों को 10 बूँद की मात्रा में जल में मिश्रित कर भोजन के उपरांत दिन में दो बार प्रतिदिन सेवन करायें और बच्चों को इसी प्रकार आधी मात्रा में दें। इस योग में मिश्रित किये गये फॉस्फेट उसी अवस्था में होते हैं जिसमें शरीर में पाये जाते हैं इसलिये शीघ्र ही शरीर में मिल जाते हैं। एकाएक दुर्बलता, हृदय बैठना, थकावट, नाड़ी कष्ट, मानसिक चिन्ता तथा स्नायु दौर्बल्यता में यह औषधि सद्य फलप्रद है।

कॉम्बिनेशन नं. 9

अल्फाल्फा (Alfalfa) Q

एवेना सेटाइवा (Avena Sat) Q

चाइना ऑफ (China Off) Q

एसिड फॉस (Acid Phos) Q

अश्वगंधा (Ashwagandha) Q

हाइड्रास्टिस (Hydrastis) Q

फेरम फॉस (Ferrum Phos) 3X

कैल्केरिया फॉस (Calcarea Phos) 3X

काली फॉस (Kali Phos) 6X

नैट्रम फॉस (Natrum Phos) 3X

मैगनेशिया फॉस (Magnesium Phos) 3X

उक्त सभी औषधियाँ लगभग समान मात्रा में मिश्रित करके टॉनिक ड्रॉप्स तैयार कर लें और थोड़े जल के साथ 5 से 10 बूँद की मात्रा में दिन में चार बार सेवन करायें। यह योग शरीर के कोषाणुओं को विशेष रूप से प्रभावित करता है। शरीर में चर्बी बढ़ाये बिना मांसपेशियों का भार बढ़ाता है। भूख बढ़ाता है जिससे मानसिक एवं शारीरिक रूप से व्यक्ति स्वास्थ्य लाभ करता है। कुपोषण के शिकार रोगियों के लिए अति उत्तम है। स्नायु दौर्बल्य, अनिद्रा आदि दूर करता है। दुग्ध-पान कराने वाली माताओं में दूध की मात्रा बढ़ाता है। मूत्र-मेह (Diabetes insipidus) तथा मूत्र में फॉस्फेट्स आने के समय भी इसका व्यवहार रोग मुक्ति में अन्य औषधियों के साथ लाभप्रद रहता है। संधिवात तथा प्रोस्टेट ग्रन्थि के रोगियों को भी टॉनिक के रूप में यह योग दिया जा सकता है। स्नायु मण्डल तथा मस्तिष्क सम्बन्धी थकान, जननेन्द्रिय की दुर्बलता, रोगों के बाद की दुर्बलता, अफीमचियों की दुर्बलता आदि में यह योग लाभ देता है। शरीर से रस रक्तादि क्षरसा हो जाने के कारण उत्पन्न दुर्बलता, अधिक वीर्य स्राव होने के पश्चात् की शेष दुर्बलता तथा दुग्ध-पान कराने वाली माता में पौष्टिक दुग्ध उत्पन्न करने के लिए यह योग उत्तम है।

कॉम्बिनेशन नं. 10

फॉस्फोरिक एसिड (Acid Phos) 3X
नैट्रम सल्फ (Natrum Sulph) 3X
कैल्केरिया फॉस (Calcarea Phos) 3X
हाइड्रास्टिस केन (Hydrastis Can) 1X

उक्त औषधियाँ समान भाग में मिश्रित कर 5 से 10 बूँद की मात्रा में थोड़े जल के साथ दिन में चार बार सेवन कराने से मूत्र में शक्कर आना, फॉस्फेट्स जाना, बार-बार मूत्र होना, अधिक मात्रा में प्यास लगना, शारीरिक दुर्बलता, क्षुधा क्षीणता, ठीक से पाचन न होना, गैस बनना आदि उपसर्गों में आशातीत लाभ मिलता है।

कॉम्बिनेशन नं. 11

क्रेटागस (Creatagus) Q
कैक्टस (Cactus) Q
अर्जुना (Arjuna) Q
कनवलेरिया (Convelaria) Q
स्ट्रोफेन्थस (Strophenthus) Q
आरम म्यो. नैट (Aur. M. Nat) Q

उक्त औषधियों को सम भाग में मिश्रित कर 5 से 10 बूँद की मात्रा में थोड़े जल के साथ दिन में तीन बार सेवन कराने से हृदय के रोगों में आशातीत लाभ मिलता है। हृदय रोग के आरम्भ में यह औषधि अत्यधिक लाभदायी होती है। दुर्बलता, थकान, कमजोरी, स्नायु उत्तेजना, हृदय सम्बन्धी बेचैनी, मूर्छा, धड़कन, वक्ष में धीमा-धीमा दर्द, दोषपूर्ण रक्त प्रवाह अधिक धूम्रपान का हृदय पर प्रभाव, गला खराब, हृदय की दुर्बलता तथा असामान्य रक्तचाप आदि उपसर्गों में यह योग सद्य फलप्रद है।

कॉम्बिनेशन नं. 12

एबिज नाइग्रा (Abies Nigra) Q
क्वासिया (Quassia) Q
चायना (China) Q
जेनटियाना (Gentiana) Q
कार्डुअस मरि (Carduus. M.) Q
हाइड्रास्टिस (Hydrastis) Q
अल्फाल्फा (Alfalfa) Q
कैल्शियम फॉस्फेट (Calcarea Phos) 3X
फेरम फॉस (Ferrum Phos) 12X
नैट्रम फॉस (Natrum Phos) 3X
मैगनेशिया फॉस (Magnesia Phos) 3X
काली फॉस (Kali Phos) 3X

उक्त औषधियाँ सम भाग लेकर भली प्रकार मिश्रित करके योग तैयार कर लें। शिशुओं को 2 बूँद, बच्चों को 5 बूँद तथा वयस्कों को 10 बूँद की मात्रा में थोड़े जल अथवा दूध के साथ दिन में चार बार प्रतिदिन सेवन करायें। यह योग कुपोषण के शिकार, लम्बी बीमारी के बाद की दुर्बलता, विशेष सिर दर्द, थकावट, जीवनी शक्ति की कमी, भोजन से अरुचि क्षुधा क्षीणता जैसे उपसर्गों में सद्य फलप्रद है।

कॉम्बिनेशन नं. 13

नैट्रम म्योर (Natrum Mur) 3X
नैट्रम सल्फ (Natrum sulph) 3X
साइलीशिया (Silicea) 12X

उक्त औषधियाँ सम भाग में मिश्रित कर 5 ग्रेन की मात्रा में प्रतिदिन चार बार सेवन कराने से ऐसी थकान में लाभ मिलता है जहाँ रोगी घृणा करता हो, चुपचाप सबसे अलग रहना चाहता हो।

कॉम्बिनेशन नं. 14

अशोका (Ashoka) Q
एलेट्रिस (Aletris) Q
एब्रोमा रेडिक्स (Abroma Rad) Q
वाइबर्नम प्रुन (Vibernum Prun) Q
पल्साटिल्ला (Pulsatilla) Q
अर्जुन (Arjun) Q
नक्स वॉमिका (Nux Vomica) Q
हाइड्रास्टिस केन (Hydrastis Can) Q

उक्त औषधियाँ सम भाग में मिश्रित कर 5 से 10 बूँद की मात्रा में थोड़े जल के साथ दिन में चार बार सेवन कराने से महिला रोगों में विशेष लाभ मिलता है। ऋतु का विलम्बित होना, अनियमित

होना, श्वेत प्रदर, गर्भपात की आदत, ऋतु न होना, कमर दर्द, थकान तथा महिलाओं की दुर्बलता आदि उपसर्गों में यह योग सद्य फलप्रद है। ऋतु स्राव काल में यह औषधि सेवन नहीं करें।

कॉम्बिनेशन नं. 15

नैट्रम म्योर (Nat Mur) 3X

मैगनेशिया फॉस (Magnesia Phos) 3X

काली फॉस (Kali Phos) 3X

उक्त औषधियाँ सम भाग में मिश्रित कर 5 ग्रेन की मात्रा को प्रतिदिन चार बार सेवन कराने से थकान के उपसर्ग में आराम मिलता है। काम करते समय हाथ से चीजें छूट जाने के उपसर्ग में भी यह योग सद्य फलप्रद है।

कॉम्बिनेशन नं. 16

नैट्रम म्योर (Natrum Mur) 3X

काली फॉस (Kali Phos) 3X

कैल्केरिया फॉस (Calcarea Phos) 3X

नैट्रम सल्फ (Natrum Sul) 3X

उक्त औषधियाँ सम भाग में मिश्रित कर 5 ग्रेन की मात्रा में प्रतिदिन चार बार सेवन कराने से थकान के ऐसे उपसर्ग में भी लाभ मिलता है, जिसमें किसी से बात करने अथवा कोई काम करने को जी न चाहे।

अशोका (Ashoka) Q

एलेट्रिस फ. (Aletris F.) Q

वाइबर्नम प्रुन (Vibernum Prun P.) Q

अर्जुना (Arjuna) Q

वर्बेरिस वल्गे (Verb. V.) Q

पल्साटिल्ला (Pulsatilla) Q

वेलेरियाना (Velariana) Q

एब्रोमा ऑग (Abroma Aug) 3X

एब्रोमा रैड (Abroma Rad) 6X

काली ब्रोम (K. Brom) 6X

उक्त औषधियाँ सम भाग में मिश्रित कर ड्रॉप्स तैयार कर लें और 5 से 10 बूँद की मात्रा में दिन में चार बार थोड़े जल के साथ सेवन करायें। यह योग श्वेत प्रदर, दुर्गन्धयुक्त रक्तस्राव, उदर में दर्द, ऋतु सम्बन्धी अनियमितताओं तथा कष्टों में सद्य फलप्रद है। इन कष्टों के साथ रक्तहीनता, स्नायविक, थकान आदि हो तब भी यह योग लाभ देता है।

ड्रग लेने की आदत
(Drug Addict)

कॉम्बिनेशन नं. 1

एसिड फॉस (Acid Phos) 3X

सेलिनियम (Selenium) 3X

हाइड्रोकोटाइल (Hydrocotyl) Q

लाइकोपोडियम (Lycopodium) 3X

अल्फाल्फा (Alfalfa) Q

एग्नस कास्टस (Agnus Castus) 3X

उक्त औषधियाँ सम भाग में मिश्रित कर योग बना लें और 10 से 15 बूँद की मात्रा में थोड़े जल के साथ प्रतिदिन 4 बार रोगी को सेवन करायें। यह योग विवाहित पुरुषों के लिए आदर्श औषधि है। स्वास्थ्य पोषक है। स्नायु तंत्र से संबंधित समस्त उपसर्गों, अनिद्रा, उदासी, रुहानी शक्ति (Vitality) में कमी, स्मैक, अफीम तथा अन्य ड्रग्स लेने की आदत तथा उनसे उत्पन्न कुप्रभाव, हृदय सम्बन्धी वात पीड़ा, पुराना प्रतिश्याय (नजला), अजीर्ण, कोष्ठबद्धता, सुस्ती, स्मरण शक्ति ह्रास, पुरुषों का शुक्र क्षय, वीर्य विकार, महिलाओं के ऋतु सम्बन्धी उपसर्गों आदि में यह योग आशातीत सफलता देता है।

●●●

25 परिशिष्ट
(APPENDICES)

ग्लैण्डुलर औषधियाँ
(Glandular Medicines)

एक स्वस्थ शरीर में एण्डोक्राइन ग्लैण्ड्स का वही स्थान है जो एक कम्पनी में बोर्ड ऑफ डायरेक्टर्स का होता है। इन ग्रन्थियों (Glands) का असंतुलित रूप से कार्य करना पैथोलोजी पर बहुत प्रभाव डालता है। इनका स्वस्थ रहना वर्तमान को-थैरेपी पर विशेष रूप से प्रभाव डालता है। विशिष्ट कम्पनियाँ विभिन्न प्रकार की ग्लैण्डुलर औषधियाँ टैबलेट्स आदि के रूप में निर्मित करती हैं। जैसे–

कोर्पस ल्युटियम (Corpus Luteum) 3X

यह ग्लैण्डुलर औषधि नवयुवतियों में ऋतु विलम्बित होने में उपयोगी रहती है। ऋतु अवरोध के कारण मोटापा तथा रक्त चाप (Blood Pressure) में वृद्धि हो जाती है। यह औषधि गर्भाशय को शक्ति प्रदान कर तत्सम्बन्धी उपसर्गों से मुक्ति दिलाती है और महिलाओं को नव जीवन प्रदान करती है।

मात्रा— 3 से 5 ग्रेन प्रतिदिन चार बार।

मैमेरी ग्लैण्ड (Mammary Glands) 3X

ऋतु काल में, उससे पूर्व अथवा उसके पश्चात् अधिक रक्त स्रावित होने पर यह औषधि लाभ देती है। इसका प्रयोग सावधानी से करना अपेक्षित है चूँकि यह गर्भपात भी कर सकती है।

मात्रा—3 से 5 ग्रेन प्रतिदिन चार बार।

ओवरीज (Ovaries) 3X

डिम्बग्रन्थि (Ovary) की कार्य शक्ति में वृद्धि करने के लिए इस औषधि का उपयोग किया जाता है।

मात्रा—3 से 5 ग्रेन प्रतिदिन चार बार।

प्लेसेण्टा (Placenta) 3X

यह औषधि दुग्ध पान कराने वाली माताओं में दूध की मात्रा बढ़ा देती है, जिससे शिशु सुदृढ़ता के साथ तीव्र गति से सुन्दरतापूर्वक बढ़ता है।

मात्रा—3 से 5 ग्रेन प्रतिदिन चार बार।

प्रोस्टेट (Prostate) 3X

यह औषधि प्रोस्टेट ग्रन्थि के ऑपरेशन के पश्चात् होने वाली अनेक व्याधियों में लाभदायी है।

मात्रा—3 से 5 ग्रेन प्रतिदिन चार बार।

थाइमस (Thymus) 3X

बच्चों के शेष, गोएटल की शोथ, जोड़ों की शोथ तथा बच्चों के स्वाभाविक विकास को रोकने वाले उपसर्गों में लाभप्रद औषधि।

मात्रा—3 से 5 ग्रेन प्रतिदिन चार बार।

थाइरॉयड (Thyroid) 3X

मानसिक विकास के अभाव, शारीरिक विकास की गति धीमी आदि उपसर्गों में लाभदायी औषधि है।

मात्रा—3 से 5 ग्रेन प्रतिदिन चार बार।

पेन्क्रियाज (Pancreas) 3X

मधुमेह (Diabetes Mellites) तथा अजीर्ण (Dyspepsia) जैसे उपसर्गों के लिए यह औषधि लाभप्रद रहती है।

मात्रा—3 से 5 ग्रेन प्रतिदिन चार बार।

पैराथाइरॉयड (Parathyroids) 6X

यह औषधि हाथ, भुजा, मस्तक अथवा शरीर के स्वकंपित होने पर उपयोग में लाई जाती है।

मात्रा—3 से 5 ग्रेन प्रतिदिन चार बार।

पैरोटिड (Parotid) 3X

इस औषधि का उपयोग डिम्बग्रन्थि (Ovary) की शोथ तथा ऋतु कालीन कष्टों (Dysmenorrhoea) आदि में किया जाता है।

मात्रा—3 से 5 ग्रेन प्रतिदिन चार बार।

पीनियल (Pineal) 3X

बच्चों के कामात्मक विकास (Sex Development) में असंतुलन होने पर, ट्यूमर होने पर तथा आवश्यकता से अधिक शारीरिक भार वृद्धि होने पर यह औषधि सद्य फलप्रद है।

मात्रा—3 से 5 ग्रेन प्रतिदिन चार बार।

पिट्यूटरी (Pituitary) 3X

ऋतु लोप (Amenorrhoea) के साथ सिर दर्द होने, हृदय गति में अवरोध प्रतीत होने, हृदय में धक्का सा अनुभव होने, रक्तचाप कम हो जाने, कोष्ठबद्धता, मधुमेह मोटापा आदि उपसर्गों में यह औषधि सद्य फलप्रद है।

बायोकैमिक औषधियाँ
(BIOCHEMIC MEDICINES)

बायोकैमिक कम्पाउण्ड नं. 1

रक्ताल्पता (Anaemia) शामक योग

सम्मिश्रण—फेरम फॉस 3X, कैलकेरिया फॉस 3X, नैट्रम म्यूर 6X तथा कैलिफॉस 3X ।

प्रभाव—अत्याधिक मानसिक कार्य करने के कारण दुर्बलता, गुदा, मूत्रनली या नासिका द्वारा रक्तस्राव, असन्तुलित भोजन एवं अस्वास्थ्यकर आवास में रहने के कारण पाचन-यन्त्रों की शिथिलता आदि लक्षणों को दूर कर शरीर को हृष्ट-पुष्ट बनाने में सक्षम है। रक्त के श्वेत कणों को कम करके रक्त कणों की वृद्धि करता है।

मात्रा— वयस्क रोगी को 4 गोली व बाल-रोगी को 2 गोली—दिन में तीन बार गुनगुने जल के साथ सेवन करायें।

बायोकैमिक कम्पाउण्ड नं. 2

दमा (Asthma) शामक योग

सम्मिश्रण—काली फॉस 3X, मैग्नेशिया फॉस 3X, नैट्रम म्यूर 3X व नैट्रम सल्फ 6X।

प्रभाव—श्वास-नली में प्रदाह, श्वास-कष्ट, दम घुटना, श्वास-नली व पेशियों के आक्षेपिक संकुचन के कारण श्वास को फेफड़ों से बाहर फेंकने में कष्ट, रोगी की ताजा व ठण्डी हवा की इच्छा आदि लक्षणों में यह मिश्रण अत्यन्त उपयोगी है।

विशेष—यदि उक्त लक्षणों में सूर्यास्त के समय वृद्धि होती हो तो यह मिश्रण तुरन्त प्रभाव दिखाता है।

मात्रा--वयस्क रोगी को 4 गोली, बालक को 2 गोली गुनगुने जल के साथ दिन में तीन बार सेवन करायें।

बायोकैमिक कम्पाउण्ड नं. 3

उदर-शूल एवं आध्मान 'अफारा' (Colic) शामक योग

सम्मिश्रण—मैग फॉस 3X, कैल्के फॉस 3X, नैट्रम सल्फ 3X व फेरम फॉस 3X।

प्रभाव—अफारा, कोष्ठबद्धता, पक्वाशय व मूत्राशय में ऐंठन, स्नायु वेदना, स्नायु मण्डल में धक्का-सा अनुभव होना, बच्चों के दाँत निकलते समय का उदर-शूल—जिसमें वेदना के कारण बच्चा पैरों को समेटकर मोड़ लेता हो आदि लक्षणों में लाभप्रद है।

मात्रा—वयस्क रोगी को 4 गोली तथा बच्चे को 2 गोली गुनगुने जल के साथ दिन में 3 बार दें।

बायोकैमिक कम्पाउण्ड नं. 4

मलावरोध (Constipation) व कब्ज शामक योग

सम्मिश्रण—कैल्के फ्लोर 3X, कैली म्यूर 3X, सिलीसिया 6X व नैट्रम म्यूर 6X।

प्रभाव—मल का शुष्क व कड़ा होना, कोष्ठबद्धता, मलान्त्र की संकोचक पेशी की उत्तेजना के कारण टुकड़े-टुकड़े में शुष्क मल की गाँठें निकालना, अरुचि, सिर दर्द, पुनः-पुनः अपान वायु का बाहर न निकलना, जीभ का सफेद और शुष्क होना आदि लक्षणों पर यह योग तुरन्त प्रभाव दिखाता है।

मात्रा—वयस्क को 4 टिकिया, बच्चे को 2 टिकिया—प्रतिदिन तीन बार गुनगुने जल के साथ सेवन करायें।

बायोकैमिक कम्पाउण्ड नं. 5

फ्लू, सर्दी व जुकाम (Coryza & Cold) शामक योग

सम्मिश्रण—फेरम फॉस 3X, काली म्यूर 3X, काली सल्फ 3X, व नेट्रम म्यूर 6X।

प्रभाव—नासाछिद्रों का अवरुद्ध हो जाना, नाक से पीला, गन्दा बलगम या पनीला स्राव लगातार बहना, श्लेष्मिक झिल्लियों का तरुण प्रदाह, नाक में सुरसुराहट या खुजली, सूँघने की शक्ति का लोप होना आदि लक्षणों पर यह योग तुरन्त प्रभाव दिखाता है। इसका रोगी खुली हवा में आराम का अनुभव करता है, बन्द कमरे में जाते ही उसके रोग-लक्षणों में वृद्धि हो जाती है।

मात्रा—वयस्क व्यक्ति 4 गोली, बालक 2 गोली प्रतिदिन तीन बार (या चिकित्सक के आदेशानुसार) गुनगुने जल के साथ सेवन करायें।

बायोकैमिक कम्पाउण्ड नं. 6

खाँसी, कास (Cough, Cold & Catarrh) शामक योग

सम्मिश्रण—फेरम फॉस 3X, काली म्यूर 3X, नैट्रम सल्फ 3X, नैट्रम म्यूर 3X व मेग. फॉस 6X।

प्रभाव—सूखी या तर खाँसी, खाँसते-खाँसते अनैच्छिक मूत्र का निकल पड़ना, बच्चों की हूप खाँसी (हूपिंग कफ) व श्वास-नली प्रदाह, कफ का पर्याप्त कष्ट के साथ कम या अधिक मात्रा में निकलना, सिर में भारीपन, सीने में जकड़न, साँस लेने में कठिनाई, खाँसते-खाँसते भोजन का वमन तक हो जाना, स्वर-लोप, गले में दर्द व उत्तेजना, रात में श्लेष्मा की घर-घराहट में वृद्धि हो जाना आदि लक्षणों में उपयोगी।

मात्रा—वयस्क 4 टिकिया, बच्चा 2 टिकिया—दिन में तीन बार (या चिकित्सा के निर्देशानुसार) गुनगुने जल के साथ सेवन करायें।

बायोकैमिक कम्पाउण्ड नं. 7

मधुमेह (Diabetes) शामक योग

सम्मिश्रण—कैल्के फॉस 3X, फेरम फॉस 3X, काली फॉस 3X, नैट्रम फॉस 3X व नैट्रम सल्फ 3X।

प्रभाव—अधिक मात्रा में वर्णविहीन मूत्र का बार-बार आना, शरीर का शुष्क एवं कमजोर होना, नाड़ी की गति बढ़ जाना, कोष्ठबद्धता के साथ-साथ पैर की पिण्डलियों में दर्द, पेशाब करते समय मूत्र मार्ग में जलन, मूत्राशय की ग्रीवा में कष्ट के कारण शूल आदि लक्षणों में सेवनीय।

मात्रा—वयस्क रोगी 4 टिकिया, बच्चा 2 टिकिया—दिन में तीन बार (या चिकित्सक के निर्देशानुसार) गुनगुने जल के साथ सेवन करायें।

बायोकैमिक कम्पाउण्ड नं. 8

अतिसार (Diarrhoea) शामक योग

सम्मिश्रण—कैल्के फॉस 3X, फेरम फॉस 3X, काली फॉस 3X, काली सल्फ 3X व नैट्रम सल्फ 3X।

प्रभाव—उदरशूल, दुर्गन्धित अपानवायु, तीव्र दुर्गन्धयुक्त हरे व पनीले मल की पिचकारी-सी छूटना, मल-त्याग के समय पटर-पटर की ध्वनि, मल में बिना पचे (अनपचे) भोजन के कणों का आधिक्य, बिना ऋतु के अथवा अधिक मात्रा में फलों के सेवन से उत्पन्न हुआ अतिसार, अफरे की अनुभूति आदि लक्षणों में सेवनीय।

मात्रा—वयस्क 4 टिकिया, बच्चा 2 टिकिया—दिन में तीन बार गुनगुने जल के साथ सेवन करायें।

बायोकैमिक कम्पाउण्ड नं. 9

पेचिश (Dysentery) शामक योग

सम्मिश्रण—फेरम फॉस 3X, काली फॉस 3X, काली म्यूर 3X, मैग. फॉस 3X।

प्रभाव—मल त्याग की बार-बार इच्छा होना, किन्तु मल के स्थान पर रक्त मिश्रित ऑव का आना, आमाशय में तीव्र वेदना, कभी-कभी थोड़ी मात्रा में सड़े दुर्गन्धयुक्त मल का भी निस्सरण आदि लक्षणों पर।

मात्रा—वयस्क 4 टिकिया, बालक 2 टिकिया—दिन में तीन बार गुनगुने जल के साथ सेवन करायें।

बायोकैमिक कम्पाउण्ड नं. 10

गल-ग्रन्थि वृद्धि (Enlarged Tonsils) शामक योग

सम्मिश्रण—कैल्के फॉस 3X, फेरम फॉस 3X, काली म्यूर 3X।

प्रभाव—गलकोष में घाव होने जैसी अनुभूति, साँस लेने में तीव्र वेदना, गलकोष से कानों तक काटने जैसा दर्द, गल-ग्रन्थियों का फूलकर मोटा हो जाना, पीठ व हाथ-पैरों में दर्द, जीभ पर गाढ़ा लेप, सम्पूर्ण शरीर में थकान का अनुभव आदि लक्षणों में सेवनीय।

मात्रा—वयस्क 4 टिकिया, बालक 2 टिकिया—दिन में तीन बार गुनगुने जल के साथ सेवन करायें।

बायोकैमिक कम्पाउण्ड नं. 11

ज्वर (Fever) शामक योग

सम्मिश्रण—फेरम फॉस 3X, काली सल्फ 3X, काली म्यूर 3X, नैट्रम सल्फ 3X, नैट्रम म्यूर 6X।

प्रभाव—रक्त के दूषित हो जाने पर ज्वर, ठण्डी वायु में रहने से ठण्ड लग जाना सर्दी, कँपकँपी, न्यूमोनिया, प्लुरिसी या अन्य कोई भी प्रदाहिक ज्वर, ज्वर के साथ ही आँख-नाक से पनीला स्राव बहना आदि लक्षणों पर।

मात्रा—वयस्क 4 टिकिया, बालक 2 टिकिया—दिन में तीन बार गुनगुने जल के साथ (या चिकित्सक के निर्देशानुसार) सेवन करायें।

बायोकैमिक कम्पाउण्ड नं. 12

सिर दर्द (Headache) शामक योग

सम्मिश्रण—फेरम फॉस 3X, नैट्रम म्यूर 6X, काली फॉस 3X व मैग्ने. फॉस 3X।

प्रभाव—कठिन कब्ज, स्नायु शूल, दुश्चिन्ता, बेचैनी, भयाक्रान्त होना, मस्तिष्क में रक्त संचय, अत्यधिक जागरण, तीव्र सर्दी या भयंकर गर्मी लगने के कारण सिर दर्द, वमन में खाद्य-सामग्री का ज्यों का त्यों निकल जाना आदि लक्षणों पर। खुली वायु में रोग लक्षणों का घटना तथा बन्द कमरे में जाने पर दर्द का बढ़ना इस योग का निर्णायक लक्षण है।

मात्रा—वयस्क 4 टिकिया, बालक 2 टिकिया—दिन में तीन बार गुनगुने जल के साथ सेवन करायें।

बायोकैमिक कम्पाउण्ड नं. 13

प्रदर (Leucorrhoea) शामक योग

सम्मिश्रण—कैल्के फॉस 3X, काली सल्फ 3X, काली फॉस 3X, नैट्रम म्यूर 6X।

प्रभाव—त्वचा को काटने वाला पनीला स्राव, अनुत्तेजक या उत्तेजक स्राव का कम या अधिक परिमाण में बहना, भगोष्ठों में खुजली पैदा करने वाला स्राव, अन्दर से सब कुछ बाहर निकल पड़ने की अनुभूति वाला दबाव, दो मासिक-स्रावों के बीच में हरे रंग का स्राव, सुबह खुली वायु में घूमने के बाद सिर दर्द आदि लक्षणों पर।

मात्रा—4 गोली की एक खुराक दिन में तीन बार गुनगुने जल के साथ या चिकित्सक के निर्देशानुसार सेवन करायें।

बायोकैमिक कम्पाउण्ड नं. 14

खसरा (Measles) शामक योग

सम्मिश्रण—फेरम फॉस 3X, काली म्यूर 3X, काली सल्फ 3X।

प्रभाव—जुकाम के साथ छींके, स्वर भंग, श्वास-पथ का प्रदाह तथा खसरा की सभी अवस्थाओं, विशेषकर प्राथमिक तथा पूर्ण अवस्था पर।

मात्रा—वयस्क 4 गोली, बालक 2 गोली—दिन में तीन बार गुनगुने जल के साथ या चिकित्सक के निर्देशानुसार सेवन करायें।

बायोकैमिक कम्पाउण्ड नं. 15

मासिक-विकार (Menstruation Troubles) शामक योग

सम्मिश्रण—कैल्के फॉस 3X, फेरम फॉस 3X, काली फॉस 3X, मैग्नेशिया फॉस 3X, काली सल्फ 3X।

प्रभाव—समय से पूर्व काले रंग का धागे जैसा मासिक स्राव, वेदनायुक्त व अनियमित होने वाला रज:स्राव, वय: सन्धिकाल में प्रकट होने वाले स्राव सम्बन्धी उपसर्ग, युवा व मध्यावस्था की रुग्ण स्त्रियों के स्राव सम्बन्धी सभी उपसर्ग आदि लक्षणों पर।

मात्रा—4 गोली की एक खुराक के क्रम से दिन में तीन बार गुनगुने जल के साथ या चिकित्सक के निर्देशानुसार सेवन करायें।

बायोकैमिक कम्पाउण्ड नं. 16

नैराश्य (Nervous Exhaustion) शामक योग

सम्मिश्रण—कैल्के फॉस 3X, काली फॉस 3X, फेरम फॉस 3X, मैग्नेशिया फॉस 3X व नेट्रमम्यूर 6X।

प्रभाव—नैराश्य, शक्ति-क्षीणता, किसी भी कारण से उत्पन्न थकान या मानसिक अवसाद, स्नायु-दौर्बल्य या स्नायु शूल, पक्वाशय की दुर्बलता, अनिद्रा आदि लक्षणों पर लाभप्रद।

मात्रा—वयस्क 4 गोली, बालक 2 गोली—दिन में तीन बार गुनगुने जल के साथ या चिकित्सक के निर्देशानुसार सेवन करायें।

बायोकैमिक कम्पाउण्ड नं. 17

बवासीर (Piles) शामक योग

सम्मिश्रण—कैल्के फ्लोर 3X, काली फॉस 3X, फेरम फॉस 3X, काली म्यूर 3X।

प्रभाव—बादी या खूनी बवासीर के मस्सों में अत्यन्त जलन, बाहरी अर्श (बवासीर) के कारण पीठ में दर्द, जो त्रिकास्थि तक पहुँचता हो, रक्तस्रावी अर्श आदि उपसर्गों पर।

मात्रा—वयस्क 4 गोली, बालक 2 गोली तीन बार गुनगुने जल के साथ या चिकित्सक के निर्देशानुसार सेवन करायें।

बायोकैमिक कम्पाउण्ड नं. 18

दन्त क्षय (Pyorrhoea) शामक योग

सम्मिश्रण—कैल्के फ्लोर 6X, सिलीशिया 6X, कैल्के सल्फ 3X।

प्रभाव—मसूड़ों से अनायास ही रक्त निकलना या उन्हें दबाने पर रक्त मिश्रित मवाद निकलना, मसूड़ों के किनारों में प्रदाह व सूजन, श्वास में दुर्गन्ध व दाँतों की जड़ें खोखली होना आदि पर।

मात्रा—वयस्क रोगी 4 टिकिया, बच्चा दो टिकिया—गुनगुने जल के साथ दिन में तीन बार सेवन करायें।

बायोकैमिक कम्पाउण्ड नं. 19

वात-रोग (Rheumatism) शामक योग

सम्मिश्रण—फेरम फॉस 3X, मैग्ने. फॉस 3X, काली 3X, नैट्रम सल्फ 3X।

प्रभाव—हाथ-पाँवों के सन्धि-स्थलों में दर्द व सूजन, सामान्य ज्वर का हर समय बने रहना, हड्डियों के जोड़ों में तेज दर्द के कारण रात में नींद भी न आना, कमर में दर्द, स्नायु-वात (गृध्रसी या साइटिका) की वेदना रात में बढ़ जाती हो और एक सन्धि के बाद दूसरी सन्धि को आक्रान्त करती हुई ऊपर वक्ष तक जा पहुँचती हो तो यह योग चमत्कारपूर्ण लाभ दिखाता है।

मात्रा—वयस्क 4 गोली, बच्चा 2 गोली—दिन में तीन बार गुनगुने पानी के साथ सेवन करायें।

बायोकैमिक कम्पाउण्ड नं. 20

चर्म-रोग (Skin Diseases) शामक योग

सम्मिश्रण—कैल्के फ्लोर 6X, कैल्के सल्फ 3X, काली सल्फ 3X, नैट्रम म्यूर 3X, नैट्रम सल्फ 3X।

प्रभाव—दाद, अकौता, छाजन, चम्बल, एगजीमा, चर्मरोग दब जाने के कारण त्वचा का शुष्क होकर उप-त्वचा के छिछले उधड़ना—विशेषकर मस्तक पर, बच्चों के मुख-मण्डल पर अकौता आदि सभी उपसर्गों पर लाभप्रद।

मात्रा—वयस्क 4 गोली, बच्चा 2 गोली—दिन में तीन बार गुनगुने जल के साथ या चिकित्सक के निर्देशानुसार सेवन करायें।

बायोकैमिक कम्पाउण्ड नं. 21

दन्तोद्भेद (Teething Troubles) शामक योग

सम्मिश्रण - कैल्केफास 3X,
फेरमफास 3X,
कालीम्योर 3X,
साइलीशिया 6X।

प्रभाव—दाँत निकलते समय बच्चों का चिड़चिड़ापन, चेहरा तमतमाया रहना, ज्वर बना रहना, आँखों की पुतलियों का चमकदार होकर फैलना, बच्चों के व्यवहार में अस्थिरता और अशिष्टता दिखाई देना आदि लक्षणों पर सेवनीय।

मात्रा—1 या 2 टिकिया दिन में तीन बार गुनगुने जल के साथ सेवन करायें।

बायोकैमिक कम्पाउण्ड नं. 22

कण्ठमाला (Scrofula) शामक योग

सम्मिश्रण—कैल्के फॉस 3X, फेरम फॉस 3X, काली म्यूर 3X, साइलीशिया 6X।

टिप्पणी—यों तो यह योग कण्ठमालाग्रस्त सभी रोगियों को हितकर है, किन्तु 4 से 10 वर्ष तक आयु के बच्चों को विशेष लाभप्रद रहता है। आयु के हिसाब से बच्चे के आकार या वजन में वृद्धि न होना व कण्ठमाला के अन्य सभी उपसर्गों को शान्त करता है।

मात्रा—2 टिकिया गुनगुने जल के साथ—दिन में तीन या चार बार सेवन करायें।

बायोकैमिक कम्पाउण्ड नं. 23

दन्तशूल (Toothache) शामक योग

सम्मिश्रण—फेरम फॉस 3X. मैग्ने. फॉस 3X, कैल्के फ्लोर 6X।

प्रभाव—दन्त-आवरक का नष्ट होना, दाँतों का ढीला पड़ जाना, वायुजनित दन्तशूल, दाँत दर्द के साथ मसूड़ों से रक्त निकलना, भयंकर दन्त वेदना, जो गरम पदार्थों के लगने से शान्त होती हो आदि लक्षणों में उपयोगी।

मात्रा—वयस्क 4 गोली, बच्चा 2 गोली—दिन में तीन बार गुनगुने जल के साथ सेवन करायें।

बायोकैमिक कम्पाउण्ड नं. 24

स्नायु व मस्तिष्क-दौर्बल्य शामक योग
(Tonic : Nerves & Brain)

सम्मिश्रण—कैल्के फॉस 3X, फेरम फॉस 3X. काली फॉस 3X, मैग्ने. फॉस 3X, नैट्रम फॉस 3X।

प्रभाव—यह योग लम्बी बीमारी भोगने के बाद की कमजोरी, प्रसवोपरान्त महिलाओं की कमजोरी व वृद्धावस्था के आलस्य व नैराश्य को मिटाता है। बढ़ने वाले बच्चों के अंग को सुडौल बनाता है व हड्डियों को मजबूत करता है।

मात्रा—वयस्क 4 गोली, बालक 2 गोली—दिन में तीन बार गुनगुने जल के साथ सेवन करायें।

बायोकैमिक कम्पाउण्ड नं. 25

अजीर्ण, अफारा व गैस-वायु शामक योग
(Acidity, Flatulence & Indigestion)

सम्मिश्रण—नैट्रम फॉस 3X, मैग्नेशिया फॉस 3X. नैट्रम सल्फ 3X, साइलीशिया 6X।

प्रभाव—भूख का लोप होना, खट्टे-मीठे डकार आना, अम्लाधिक्य के कारण बार-बार मुँह में पानी भरना, भोजन के तुरन्त बाद या घण्टे दो घण्टे बाद भयंकर उदर शूल, पक्वाशय का क्षत, सिर दर्द तथा अन्य आकस्मिक उपसर्गों पर सेवनीय।

मात्रा—वयस्क 4 गोली, बालक 2 गोली—प्रतिदिन तीन बार गुनगुने जल के साथ सेवन करायें।

बायोकैमिक कम्पाउण्ड नं. 26

सरल प्रसूति (Easy Birth) कारक योग

सम्मिश्रण—मैग्ने. फॉस 3X, फेरम फॉस 3X, काली फॉस 3X, कैल्के फ्लोर 6X।

प्रभाव—गर्भवती महिला को यदि प्रसव के 3–4 महीने पूर्व से ही इसका सेवन कराया जाए तो प्रसव-वेदनायें बहुत ही कम होती हैं और प्रसव सरलतापूर्वक हो जाता है। गर्भ में बच्चे को पुष्ट करके अकाल-प्रसव को भी रोकता है।

मात्रा—एक साथ 4 टिकिया दिन में तीन बार, गुनगुने जल के साथ सेवन करायें।

बायोकैमिक कम्पाउण्ड नं. 27

जीवनी-शक्ति (Vitality) वर्द्धक योग

सम्मिश्रण—नैट्रम म्यूर 6X, काली फॉस 3X, कैल्के फॉस 3X।

प्रभाव—स्नायु-दौर्बल्य, थकान, मानसिक- शक्ति की कमी, नैराश्य, समय से पूर्व बुढ़ापे के लक्षण, सर्वाङ्गिक दुर्बलता आदि उपसर्गों को दूर करके मस्तिष्क व स्नायुकोषों को ताजगी व शक्ति प्रदान करता है।

मात्रा—वयस्क 4 गोली एक साथ—दिन में तीन बार गुनगुने जल के साथ सेवन करायें।

बायोकैमिक कम्पाउण्ड नं. 28

सामान्य पुष्टिकर योग

(General Tonic)

सम्मिश्रण—सभी (बारहों) तन्तु औषधियाँ।

प्रभाव—रोगमुक्ति के पश्चात् की दुर्बलता को दूर करने में यह योग राम वाण है।

सेवन विधि—दोनों समय भोजन के आधा घण्टा पूर्व या आधा घण्टा पश्चात् अथवा रात को सोने से आधा घण्टा पूर्व 4 गोली गुनगुने जल के साथ सेवन करायें।

टॉनिक औषधियाँ

(TONICS)

कॉम्बिनेशन नं. 1

अल्फाल्फा (Alfalfa) Q	समान भाग
एवेना सैटाइवा (Avena Sat.) Q	
चायना ऑफ (China Off.) Q	
एसिड फॉस (Acid Phos) Q	
अश्वगंधा (Ashwagandha) Q	
हाइड्रास्टिस (Hydrastis) Q	

फेरम फॉस (Ferrum Phos) 3 X
कैल्केरिया फॉस (Calcarea Phos) 3X
काली फॉस (Kali Phos) 3X
नैट्रम फॉस (Natrum Phos) 3X
मैगनेशिया फॉस (Magnesium Phos) 3X
} समान भाग

उक्त सभी औषधियाँ लगभग समान मात्रा में मिश्रित करके टॉनिक ड्रॉप्स तैयार कर लें और थोड़े जल के साथ 5 से 10 बूँद की मात्रा में दिन में 4 बार सेवन करायें। यह योग शरीर के कोषाणुओं को विशेष रूप से प्रभावित करता है। शरीर में चर्बी बढ़ाये बिना मांसपेशियों का भार बढ़ता है। भूख बढ़ाता है जिससे मानसिक एवं शारीरिक रूप से व्यक्ति स्वास्थ्य लाभ करता है। कुपोषण के शिकार रोगियों के लिए अति उत्तम है। स्नायु दौर्बल्य, अनिद्रा आदि दूर करता है। दुग्ध-पान कराने वाली माताओं में दूध की मात्रा बढ़ाता है। मूत्रमेह (Diabetes Inisipidus) तथा मूत्र में फॉस्फेट आने के समय भी इसका व्यवहार रोग मुक्ति में अन्य औषधियों के साथ लाभप्रद रहता है। संधिवात तथा प्रोस्टेट ग्रन्थि के रोगियों को भी टॉनिक के रूप में यह योग दिया जा सकता है। स्नायु-मण्डल तथा मस्तिष्क सम्बन्धी थकान, जननेन्द्रिय की दुर्बलता, रोगों के बाद की दुर्बलता, अफीमचियों की दुर्बलता आदि में यह योग लाभ देता है। शरीर से रस रक्तादि क्षरण हो जाने के कारण उत्पन्न दुर्बलता, अधिक वीर्य स्राव होने के कारण दुर्बलता, गैस के विकार जिनमें गैस निकलने पर भी लाभ न प्रतीत हो रहा हो, अचानक चीख पड़ने तथा मस्तिष्क में विचारों की भरमार होने के कारण अनिद्रा जैसी अवस्था होना आदि जैसे विकारों में यह योग सद्य फलप्रद है। वृद्ध, शीघ्र थक जाने वाले, कब्ज के रोगी, कटिवात, यकृत विकृति, गर्भकाल तथा जवानी के समय का घेंघा (Goitre) एवं चेचक के पश्चात् सेवनीय 'योग' है। रक्ताल्पता के रोगियों में हीमोग्लोबिन की वृद्धि करता है। अस्थि विकार, दंतोद्गम कालीन कष्ट, पेशियों की ऐंठन (Cramp), स्नायु शूल, अपच, डकार आदि विभिन्न उपसर्गों में उचित औषधि के साथ सेवनीय टॉनिक है।

कॉम्बिनेशन नं. 2

अल्फाल्फा (Alfalfa) Q
डेमियाना (Damiana) Q
अश्वगंधा (Ashwagandha) Q
एवेना सेटाइवा (Avena Sat) Q
चायना (China) Q
पासीफ्लोरा (Passiflora) Q
हाइड्रास्टिस (Hydrastis) Q
एसिड फॉस (Acid Phos) Q
काली फॉस (Kali Phos) 6X
फेरम फॉस (Ferrum Phos) 6X
नैट्रम फॉस (Natrum Phos) 6X
कैल्केरिया फॉस (Calcarea Phos) 6X
मैगनेशिया फॉस (Mag. Phos) 6X

उक्त औषधियों से मिश्रण तैयार कर 5 से 10 बूँद की मात्रा में थोड़े जल के साथ सेवन कराने से उक्त कॉम्बिनेशन नं. 1 के समान ही रोगियों तथा स्वस्थ व्यक्तियों को लाभ देता है। कुपोषण तथा सामान्य बल क्षीणता, रक्ताल्पता, अग्निमांद्य, अनिद्रा आदि विकारों में उत्तम काम करता है। प्रसव के पश्चात् की शेष दुर्बलता तथा दुग्ध पान कराने वाली माताओं में पौष्टिक दुग्ध उत्पन्न करने के लिए यह योग अति उत्तम है।

कॉम्बिनेशन नं. 3

चायना (China) Q
हाइड्रास्टिस (Hydrastis) Q
डेमियाना (Demiana) Q
कार्डुअस मरि. (Carduus M.) Q
एवेना सैटाइवा (Avena Sat.) Q
काली फॉस (Kali Phos) 3X
कैल्केरिया फॉस (Calcarea Phos) 3X
नैट्रम फॉस (Natrum Phos) 3X
मैगनेशिया फॉस (Magnesia Phos) 3X
फेरम फॉस (Ferrum Phos) 3X

उक्त औषधियों को सम भाग (तरल औषधियाँ 5 एम एल तो विचूर्ण औषधियाँ 5 ग्रेन) मिश्रित कर दुर्बल रोगी को 5 से 10 बूँद की मात्रा में प्रतिदिन 3 बार सेवन कराने से शक्ति संचार करती हैं। यह योग शरीर को पुष्ट कर शक्ति पूर्ण कार्य करने योग्य बनाता है। किसी भी प्रकार की दुर्बलता को दूर करने में यह अनुपम है।

कॉम्बिनेशन नं. 4

एवेना सेटाइवा (Avena Sat) Q
अल्फाल्फा (Alfalfa) Q
हाइड्रोकोटाइल (Hydrocotyl) Q
डेमियाना (Damiana) Q
अश्वगंधा (Ashwagandha) Q

उक्त औषधियों का सम भाग में मिश्रण तैयार कर 5 से 10 बूँद की मात्रा में थोड़े जल के साथ प्रतिदिन चार बार सेवन कराने से लम्बी बीमारी के बाद उत्पन्न दुर्बलता, मानसिक तथा शारीरिक शक्ति क्षीणता, अनिद्रा, क्षुधा क्षीणता आदि विकारों में लाभ मिलता है।

कॉम्बिनेशन नं. 5

अल्फाल्फा (Alfalfa) Q
एवेना सैटाइवा (Avena Sat.) Q
काली फॉस (Kali Phos) 3X
कल्केरिया फॉस (Calcarea Phos) 3X
नैट्रम फॉस (Natrum Phos) 3X
फेरम फॉस (Ferrum Phos) 12 X

मैगनेशिया फॉस (Magnesia Phos) 3X

चायना (China) Q

हाइड्रास्टिस केन (Hydrastis Cana) Q

पासीफ्लोरा इन्कार (Passiflora Inc.) Q

अश्वगंधा (Ashwagandha) Q

सभी द्रव औषधियाँ समान भाग मिली लिटर की मात्रा में तथा सभी लवण औषधियाँ उतने ही भाग ग्रेन्स की मात्रा में प्रयोग करते हुए मिश्रण तैयार कर लें। इस योग की 10 से 15 बूँद की मात्रा थोड़े जल में मिश्रित करके दिन में चार बार सेवन कराने से रक्तहीनता, अजीर्ण, स्नायविक दौर्बल्य तथा बच्चों की जन्मजात दुर्बलता में आशातीत लाभ मिलता है। शारीरिक तथा मानसिक परिश्रम करने वालों के लिए यह एक उत्तम टॉनिक है। अनिद्रा, चक्कर, यकृत विकार, अम्लता तथा स्वास्थ्य भंग आदि जैसे विकारों में भी यह योग एक टॉनिक के रूप में रोगी के लिए उपयोगी रहता है।

कॉम्बिनेशन नं. 6

अश्वगंधा (Ashwagandha) Q

एवेना सेटाइवा (Avena Sat) Q

डेमियाना (Damiana) Q

अल्फाल्फा (Alfalfa) Q

नक्स वॉमिका (Nux Vom) Q

जेएण्टयाना (Gentiana) Q

उक्त औषधियाँ समान भाग में मिश्रित कर योग तैयार कर लें और 5 से 10 बूँद की मात्रा में दिन में चार बार थोड़े जल के साथ रोगी को सेवन करायें। यह औषधि शारीरिक दुर्बलता के साथ-साथ मानसिक दुर्बलता को भी दूर करती है। रक्ताल्पता, इन्द्रिय दौर्बल्य, अनिद्रा, भग्न स्वास्थ्य तथा क्षुधा क्षीणता जैसे उपसर्गों में यह योग सद्य फलप्रद है।

कॉम्बिनेशन नं. 7

कैल्केरिया फॉस (Calcarea Phos) 3X 1 भाग

फेरम फॉस (Ferrum Phos) 12X 1 भाग

नैट्रम फॉस (Natrum Phos) 3X 1 भाग

काली फॉस (Kali Phos) 3X 1 भाग

मैग फॉस (Mag. Phos) 3X 1 भाग

अल्फाल्फा (Alfalfa) Q 4 भाग

शहद (Honey) 2 भाग

उक्त योग व्यवस्थानुसार तैयार कर भोजन के पश्चात् 1/2 से 1 चाय के चम्मच की मात्रा में दो बार सेवन कराने से पाचन शक्ति में वृद्धि होती है। इस योग से स्टार्च शुगर में परणित हो जाता है। बच्चों तथा वृद्धों के लिए सामान्य टॉनिक का कार्य यह योग करता है। बढ़ते हुए बालकों तथा लम्बी बीमारी भोगने के पश्चात् उत्पन्न दुर्बलता आदि उपसर्गों में यह भोजन के पौष्टिक तत्त्वों की कमी पूरी करता है।

कॉम्बिनेशन नं. 8

अल्फाल्फा (Alfalfa) Q

मॉस्कस (Mosquos) Q

नूफर लुटियम (Nuphar Leut) Q

हाइड्रास्टिस (Hydrastis) Q

लुपुलिन (Lupuline) Q

योहिम्बिनम (Yohimbinum) Q

उक्त औषधियाँ सम भाग मिश्रित करके 5 से 10 बूँद की मात्रा में दिन में चार बार थोड़े जल के साथ देने से स्नायु दौर्बल्य पौरुष शक्ति क्षीणता, पाण्डु, अनिद्रा आदि विकारों में आशातीत लाभ होता है और व्यक्ति को स्फूर्ति प्रदान करता है।,

कॉम्बिनेशन नं. 9

अल्फाल्फा (Alfalfa) Q

चायना (China) Q

हाइड्रास्टिस (Hydrastis) Q

एवेना सेटाइवा (Avena Sat.) Q

उक्त औषधियों को सम भाग में मिश्रित करके टॉनिक ड्रॉप्स तैयार कर लें और 5 से 10 बूँद की मात्रा में दिन में दो बार भोजन से आधा घंटा पहले थोड़े जल में मिश्रित करके सेवन करायें। यह योग रोगों के पश्चात् स्वास्थ्य प्रदान करता है, भूख वृद्धि करता है। चिड़चिड़ापन, घबराहट, अनिद्रा, आदि उपसर्गों में सद्य फलप्रद, स्फूर्तिदायक, पुष्टिवर्धक, टॉनिक का कार्य करता है।

कॉम्बिनेशन नं. 11

काली म्योर (Kali Mur) 3X

नैट्रम सल्फ (Natrum Sul) 3X

कैल्केरिया सल्फ (Calcarea Sul) 3X

उक्त औषधियाँ सम भाग में मिश्रित कर 5 ग्रेन की मात्रा में प्रतिदिन चार बार सेवन कराने से शरीर में थकावट होना, रात में स्वाद कड़ुवा हो जाना, सुस्ती, थकान जो कभी सुबह अधिक हो तो कभी शाम को दो बजे के बाद आदि उपसर्गों में आशातीत लाभ मिलता है।

चिकित्सकों के लिए प्रेसक्रिप्शन आदि में व्यवहार करने के कुछ सांकेतिक चिह्न

Abs. feb. .... ज्वर के विराम काल में (बुखार उतरने पर) : In the absence of fever.
Ad 2 vic. .... दो बार सेवन करके : At Twice taking.
Admov .... प्रयोग करो या लगाओ : Apply
Alter. horis .... हर दूसरे घण्टे : Every other hour.
Alt noct .... हर दूसरी रात को : Every other night.
Aq. bull .... खौलता हुआ पानी : Boilling water.
Aq. dest .... चुआया हुआ विशुद्ध जल : Distilled water.
Aq. ferv .... खौलता हुआ पानी : Boiling water.
Aq. font .... झरने का पानी : Spring water.
Aur. 3/30........ औरम 30 शक्ति की 3 गोलियाँ : 3 globs 30 of Aurum.
Aur. 30th gtt. ij or. gr ij .... औरम 30 शक्ति की 2 बूँद या 2 ग्रेन।
Ad. lib .... जैसे खुशी या जब चाहो तब : At pleasure.
Bis., Ind .... दिन में 2 बार : Twice a day.
Cap .... सेवन करो : Let him take.
C. m .... कल (आगामी) सुबह : To-morrow morning.
C. n .... कल (आगामी) रात को : To-morrow night.
Cont. rem .... वही दवा चलेगी जो दी गई थी: Let the medicines be continued.
Crast .... आने वाले कल के लिए : For to-morrow.
C. v .... कल (आगामी) शाम के लिए : For to-morrow evening.
Det .... वही दी जाए : Let it be given.
Dieb alt .... एक दिन छोड़कर या हर दूसरे दिन : Every other day.
Dieb tert .... दो दिन छोड़कर या हर तीसरे दिन : Every 3rd day.
F or ft .... बनाओ : Let it be made.
Gr .... ग्रेन : A grain.
Gtt .... एक बूँद : A drop.
Hd. or hor decub .... रात को सोते वक्त : At going to bed.
H. s. or hor som .... ठीक सोने के पहले : Just before going to bed.
Ind .... प्रतिदिन या रोज : Daily.
Lb .... पाउण्ड (लगभग 400 ग्राम)
M .... मिश्रित करो या मिला दो : Mix.
Mist .... मिश्र या मिश्रित औषध : A Mixture.
Oz .... आउन्स : Ounce : लगभग 30 ग्राम
P .... चूर्ण या बुकनी : Pulvis, Powder.
Pulv, Sacch Lact. Qs .... किसी दवा में मिलाने के लिए दुग्ध-शर्करा का परिमाण।
Q. s .... काफी मात्रा में : Sufficient.
Ss .... आधा : Half.
R .... Recipe : ग्रहण करो या सेवन करो : Take.
X .... ऐसिड : As,—Fl—X, Fluoric acid.
1-) .... स्क्रुपुल : Equal to 20 grains troy.
dr .... ड्राम : Equal to 3 Scruples.
θ .... होमियो मूल अर्क : Mother Tincture.